CHINA E-BUSINESS INNOVATION:
CASES AND APPLICATIONS

电子商务案例分析

蔡剑 叶强 廖明玮 ■ 编著

北京大学出版社
PEKING UNIVERSITY PRESS

图书在版编目(CIP)数据

电子商务案例分析/蔡剑,叶强,廖明玮编著.—北京:北京大学出版社,2011.1

ISBN 978 - 7 - 301 - 16595 - 9

Ⅰ.①电… Ⅱ.①蔡… ②叶… ③廖… Ⅲ.①电子商务-案例-分析-高等学校-教材 Ⅳ.①F713.36

中国版本图书馆 CIP 数据核字(2010)第 243812 号

书　　　名：**电子商务案例分析**
著作责任者：蔡　剑　叶　强　廖明玮　编著
责 任 编 辑：曾默之
标 准 书 号：ISBN 978 - 7 - 301 - 16595 - 9/F·2686
出 版 发 行：北京大学出版社
地　　　址：北京市海淀区成府路 205 号　100871
网　　　址：http://www.pup.cn
电　　　话：邮购部 62752015　发行部 62750672　编辑部 62752926
　　　　　　出版部 62754962
电 子 信 箱：em@pup.cn
印 　刷 　者：北京鑫海金澳胶印有限公司
经 　销 　者：新华书店
　　　　　　730 毫米×980 毫米　16 开本　21.5 印张　421 千字
　　　　　　2011 年 1 月第 1 版　2019 年 8 月第 10 次印刷
印　　　数：28001—30000 册
定　　　价：42.00 元

未经许可,不得以任何方式复制或抄袭本书之部分或全部内容。
版权所有,侵权必究
举报电话：010 - 62752024　电子信箱：fd@pup.pku.edu.cn

前　言

在国际经济形势动荡和国内经济转型升级的环境下,电子商务的蓬勃发展为中国的经济发展提供了强大动力。企业管理者和创业者越来越重视采用先进的技术手段和新的商业模式开展业务及拓展商业空间。广大消费者也越来越习惯于用互联网来从事商业活动。电子商务正改变着我们经济生活的方方面面。

电子商务是一个交叉学科,无论是创办一个电子商务企业还是建设一个企业网站,都会用到经济、管理、工程、技术、文化等多个方面的知识和方法。电子商务也是一门新学科,传统的管理方法和技术手段在日新月异的市场竞争中往往不再有效。因此学习电子商务就要从社会实践的问题出发,用开放的思维吸收和融会来自各个学科领域的新鲜知识,并且在实际运用当中不断总结和提高。本书采用了我们在实践和研究中收集及总结的国内外电子商务案例。通过分析和学习这些案例,读者会加强对电子商务知识的理解和掌握,特别是有关电子商务基本概念、商业模式、技术系统和实施方法的综合掌握。

本书既是一部专门针对管理学院和工学院学生(包括本科生、MBA、研究生)的电子商务教材,也是一本汇集北京大学的研究团队近年在电子商务领域案例研究成果的参考读物。本书可以作为电子商务专业、信息系统专业和企业管理专业相关课程的教材,也可以作为企业IT管理、战略管理、运营管理和营销部门人员的参考读物。本书的目标是:

- 帮助读者理解电子商务商业模式和价值创造的原理;
- 通过案例分析认识电子商务的商业模式和服务模式及其规律;
- 通过案例分析掌握在中国的经济环境下如何正确地设计和运营电子商务的业务。

本书依靠北京大学创新研究院、工学院和光华管理学院有关电子商务研究教学的优势资源进行编写。北京大学创新研究院作为一个交叉学科研究机构,集创新研究、教学和实践于一体,致力于依靠北京大学的综合学科优势提升产业创新能力,互联网和电子商务是创新研究院的一个重要研究方向。本书中的一些案例汇总了北京大学师生的论文和研究实践,在案例中,根据企业状况,我们隐去了部分真名。全书由蔡剑和廖明玮统稿,各章的作者和贡献者如下:

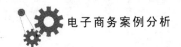

互联网时代的商业价值创造	蔡剑、王海燕、伍刚、刘辉
互联网商贸的发展战略:阿里巴巴向百年老店的关键转型	王彦成
新业务模式开发:腾讯做 C2C 市场的挑战者	孙宇扬
B2B 的价值创造:思科、阿里巴巴、慧聪、中国化工网的商业模式比较	江勇、叶强
电子商务整合行业资源:医药电子商务	陈昊阳
互联网娱乐平台的盈利模式:H8 娱乐网	杨小平
电子杂志产业的形成:四家电子杂志网站的比较	刘辉
在线地图信息服务的价值链:Google 地图和 Mapbar	李洪发
客户关系管理的应用:上海通用、用友、长风汽车	叶强
网络营销的策略与实施:宝洁、乐友网、思科、华夏旅游网	叶强
虚拟社区的价值整合:友人网、奇虎、乐趣园	王海燕
从 Web2.0 到 3D 虚拟世界:第二人生、由我世界、IBM	蔡剑、廖明玮
电子商务与电子政务的对接:城市信息亭的发展	周文
信息化与新农村建设:中国农村电子商务的考察	蔡剑
政府服务流程的改进:海关电子服务	叶强

本书特别强调了中国特色的电子商务案例,包括商贸与流通变革、内容提供与信息服务、网络营销与客户关系管理、虚拟经济与社会交往、公共服务与新农村建设五个部分。其中大部分是中国的电子商务案例,很多案例体现了中国电子商务的独特模式和中国企业的特有风格。在编写时,我们强调分析方法的严谨和系统性,以方便读者理解案例的内容并掌握电子商务知识的精髓。

致谢

编写本书是一项复杂工程,案例的作者和本书的编者都投入了很大精力。在这里,要感谢北京大学的老师和企业界专家对我们的指导以及对本书出版的帮助,他们包括厉以宁、林毅夫、林建华、马俊如、王其文、周其仁、于鸿君、李东、杨壮、陈十一、卢志扬、侍乐媛、刘学、周辉、吴朝东、沈艳、龙军生、付秋涛、杨小平、王雅靖、黄琳、赵文辉、李珥、马翔宇、韩松、薛东波、孙伟舰、殷志松、叶鹏、伍刚。本书的编写和校正得到了韩松、廖明玮等助研的大力帮助,还有本书引用和摘录的文献与论文的作者以及案例的当事人,在此不能一一感谢。另外需要感谢北京大学出版社编辑朱启兵和曾默之耐心和出色的工作。

电子商务领域的知识是复杂和多变的,新的思想、方法和技术也在不断地发展之中。从干中学是创新人才最快的培养方法。教材仅能够提供参考和借鉴,希望读者能够借助本书更快地掌握和理解电子商务的理念和技术。虽然编者尽量完善内容,但书中一定还会有弊漏和不足,希望读者和同行能够指正和谅解,帮助我们共同学习和改进。

编者

目 录

绪 论

1 互联网时代的商业价值创造 …………………………………………… 3
  1.1 电子商务 ……………………………………………………………… 3
  1.2 电子商务的价值分析 ……………………………………………… 19

第一篇 商贸与流通变革

2 互联网商贸的发展战略:阿里巴巴向百年老店的关键转型 ………… 33
  2.1 阿里巴巴的转型 …………………………………………………… 33
  2.2 阿里巴巴商业模式分析 …………………………………………… 43

3 新业务模式开发:腾讯做 C2C 市场的挑战者 …………………………… 61
  3.1 腾讯公司的 C2C 业务开拓 ………………………………………… 61
  3.2 企业多元化战略和腾讯公司战略 ………………………………… 68

4 B2B 的价值创造:思科、阿里巴巴、慧聪、中国化工网的商业模式比较
  ……………………………………………………………………………… 77
  4.1 B2B 电子商务研究综述 …………………………………………… 77
  4.2 四家企业的 B2B 商业模式比较 …………………………………… 87

5 电子商务整合行业资源:医药电子商务 ········· 115
  5.1 医药卫生行业电子商务 ········· 115
  5.2 美日两国医药行业的电子商务的经验 ········· 117
  5.3 中国医药行业特性和电子商务发展 ········· 120
  5.4 在中国的医药行业电子商务模式 ········· 126
  5.5 未来行业性电子商务项目的发展趋势 ········· 139

第二篇 内容提供与信息服务

6 互联网娱乐平台的盈利模式:H8 娱乐网 ········· 145
  6.1 企业情况 ········· 145
  6.2 互联网娱乐市场分析 ········· 150

7 电子杂志产业的形成:四家电子杂志网站的比较 ········· 160
  7.1 电子杂志产业 ········· 160
  7.2 电子杂志价值创造分析 ········· 164

8 在线地图信息服务的价值链:Google 地图和 Mapbar ········· 186
  8.1 在线地图服务 ········· 186
  8.2 在线地图信息服务的商业模式分析 ········· 188
  8.3 Google 地图和 Mapbar 分析 ········· 198

第三篇 网络营销与客户关系管理

9 客户关系管理的应用:上海通用、用友、长风汽车 ········· 215
  9.1 上海通用汽车公司 CRM 实施案例 ········· 215
  9.2 用友售后服务支持信息系统 ········· 223
  9.3 长风汽车网站升级 ········· 227

10 网络营销的策略与实施:宝洁、乐友网、思科、华夏旅游网 ········· 231
  10.1 宝洁贴近用户的网络营销方式 ········· 231
  10.2 乐友儿童用品电子商务网 ········· 236
  10.3 思科网络营销 ········· 241
  10.4 华夏旅游网 ········· 245

第四篇 虚拟经济与社会交往

11 虚拟社区的价值整合：友人网、奇虎、乐趣园 ………………… 253
　11.1　Web 2.0 和虚拟社区 ………………………………………… 253
　11.2　案例分析 ……………………………………………………… 265

12 从 Web 2.0 到 3D 虚拟世界：第二人生、由我世界、IBM …… 274
　12.1　虚拟世界 ……………………………………………………… 274
　12.2　虚拟世界的经济 ……………………………………………… 282

第五篇 公共服务与新农村建设

13 电子商务与电子政务的对接：城市信息亭的发展 ……………… 291
　13.1　政府信息化 …………………………………………………… 291
　13.2　城市信息亭需求分析 ………………………………………… 294
　13.3　城市信息亭的价值分析 ……………………………………… 300
　13.4　城市信息亭现状分析 ………………………………………… 300
　13.5　城市信息亭运营 ……………………………………………… 313

14 信息化与新农村建设：中国农村电子商务的考察 ……………… 317
　14.1　农村电子商务的意义 ………………………………………… 317
　14.2　农村电子商务的相关政策 …………………………………… 324

15 政府服务流程的改进：海关电子服务 …………………………… 329
　15.1　上海海关通关业务的实施 …………………………………… 329
　15.2　新加坡国际贸易 EDI 系统 …………………………………… 330
　15.3　EDI 应用案例——出口贸易无纸化操作 …………………… 332

绪 论

■ 1 互联网时代的商业价值创造

互联网时代的商业价值创造

1.1 电子商务

1.1.1 电子商务的发展

随着全球网络化的快速发展,互联网和信息化改变了传统经济的发展模式。新兴的电子商务作为信息化时代中一种新的交易模式,正以其高效率、低成本的优势,在世界范围内迅猛发展,成为当今世界发展中新的经济增长点,并日益受到世界各国政府和企业的重视。随着新经济的发展,电子商务正在实现整个贸易活动的电子化,也带来了社会形态的改变和消费者生活方式的变化。

电子商务是计算机与网络技术高度发展、广泛使用,尤其是互联网普及的产物。电子商务是人类社会、经济、科学、文化发展的必然产物,是信息化社会的商务模式,也是商务发展的未来。各个政府、组织、公司、学术团体和研究机构都根据自己的理解,给电子商务下了一些定义。概括起来,电子商务就是商业和贸易活动的信息化和电子化,它覆盖与商务活动有关的大多方面。电子商务活动包括通过通信网络进行的生产、营销、销售和流通活动,它是指所有利用电子信息技术来扩大宣传、降低成本、增加价值、创造商机和销售产品及提供服务的商务活动。通过这样应用,电子商务可解决商品与服务交易问题,降低经营成本,增加商业价值并创造新商机从而发展经济。

从企业角度来说,电子商务的运用跟信息化有密切的关系。企业实施信息化的目的,是利用互联网技术,整合企业资源,改造传统业务,加强企业管理,降低运作成本,增强市场竞争力,提高经济效益,从而促进企业的改革与发展。电子商务涵盖的一些业务包括:商务信息交换、售前售后服务(提供产品和服务的细节、产品使用技术指南、回答顾客意见)、广告、销售、电子支付(电子资金转账、信用卡、电子支票、电子现金)、运输(包括有形商品的发送管理和运输跟踪,以及可以电子化传送的产品的实际发送)、组建虚拟企业等。常见的信息化业务系统已经得到了相当广泛的应用,例如企业资源管理(ERP)系统、企业进销存系统、供应链管理系统(SCM)、客户关系管理系统(CRM)、办公自动化系统(OA)、决策支持系统(DSS)、企业绩效管理系统(BPM)、商业智能系统(BI)等。这些系统为企业创造了一种新的不受地域、时间和计算机本身约束的信息交流、共享和协作方式。

目前电子商务的商业模式越来越多样化,并且不断趋于成熟。电子商务商业模式大致可以按照交易对象分为五类:商业机构对商业机构的电子商务(B2B)、商业机构对消费者的电子商务(B2C)、商业机构对政府管理部门的电子商务(B2G)、消费者对政府管理部门的电子商务(C2G)以及消费者对消费者的电子商务(C2C)。虽然一些更新颖的模式如 B2B2C 已经出现,但要想大规模发展起来还需要经过一段比较长时间的成长。而 B2G、C2G 是政府的电子商务行为,不以营利为目的,主要包括政府采购、网上报关、网上报税等,对整个电子商务行业不会产生大的影响。

从网络交易角度,电子商务的运用从企业内部转移到企业之间和消费者之间。企业对企业(B2B)、企业对消费者(B2C)、消费者对消费者(C2C)等电子商务模式发展成熟,但并没有被当做唯一的模式被固定化,各个代表性网站的思维模式的变化推动了电子商务模式的创新。各个模式之间有融合的倾向,尤其是 B2C 和 C2C 之间的界限更为模糊。这种模糊为电子商务的发展以及网络购物提供了新的便利,也成为电子商务销售产品和提供服务的越来越成熟的渠道。

互联网的迅速发展和普及为电子商务发展创造了良好的条件,加之国家对电子商务发展的扶持政策,使得中国电子商务发展拥有了较好的环境。近些年是中国电子商务产业发展比较快的阶段,随着时间的推移,也产生了一些新的变化和特色。从交易额看,中国电子商务交易金额在社会商品零售额中所占比重越来越大,中国电子商务正在逐步形成规模,在未来将逐渐进入交易形式的主流。

随着全球经济一体化的发展,跨国公司大量进入中国,可以相信,在政府、企业和社会各界的共同努力下,中国的电子商务会得到更快的发展。作为政府、企业、公众之间交流的方式,信息发布在互联网技术出现之前有广播、电视、平面媒体等几种形式,在社会生活中起着重要的作用。互联网技术的发展,使社会真正进入了信息化时代,大量的信息可以通过网络方便地获得。电子商务在取得成效的同时,也暴露出了一些问题。网络交易的信用问题、信息的准确性及权威性、信息的整合及互联互通、不同地区信息化水平不均衡、信息的多向交流等都是不可回避的问题,需要在电子商务发展中不断解决。

1.1.2 中国电子商务的环境分析

政治环境

CNNIC 数据显示,截至 2008 年年底,中国网民规模达到 2.98 亿人,较 2007 年增长 41.9%,互联网普及率达到 22.6%,略高于全球平均水平(21.9%),参见图 1-1。继 2008 年 6 月中国网民规模超过美国,成为全球第一之后,中国的互联网普及再次实现飞跃,赶上并超过了全球平均水平。

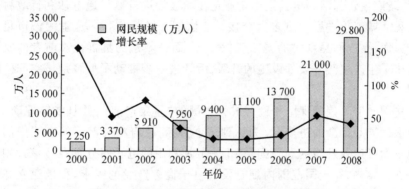

图 1-1　2000—2008 年中国网民规模与增长率

资料来源:《中国互联网络发展状况统计报告》,2009 年 1 月版。

电子商务是与网民生活密切相关的重要网络应用。过去几年中,网络购物市场的增长趋势明显。2008 年年底,网络购物用户人数已经达到 7 400 万人,年增长率达到 60%,参见表 1-1。

表 1-1　2007—2008 年电子商务类应用用户对比

	2007 年年底		2008 年年底		变化	
	使用率	网民规模（万人）	使用率	网民规模（万人）	增长量（万人）	增长率
网络购物	22.1%	4 600	24.8%	7 400	2 800	60.9%
网络售物	—	—	3.7%	1 100		
网上支付	15.8%	3 300	17.6%	5 200	1 900	57.6%
旅行预订			5.6%	1 700		

资料来源:《2008 年中国网络购物调查研究报告》。

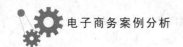

除网络购物外,网络售物和旅行预订也已经粗具规模,网络售物网民数已经达到1100万人,通过网络进行旅行预订的网民数达到1700万人。需要指出的是,这里的网络售物不仅包括网络开店,也包括在网上出售二手物品。与网络购物密切关联的网络支付发展十分迅速,截至2008年年底,使用网络进行支付的网民规模已经达到5200万人,年增长率达到57.6%,有力地推动了网络购物的发展。

为保证我国信息化的健康发展,国家制定并发布了《2006—2020年国家信息化发展战略》、《国民经济和社会发展信息化"十一五"规划》等一系列政策,信息化正在成为促进科学发展的重要手段。农村信息化建设成为其中的重要部分,也逐渐成为农业和农村基础设施建设的重要内容。为了让信息技术与服务惠及亿万农民群众,落实2010年基本实现全国"村村通电话,乡乡能上网"的目标,政府主管部门和电信运营企业正在积极推进自然村通电话和行政村通宽带工程。城市化进程为更多大众接触互联网创造了条件。这里的城市化包括两个方面:一方面是乡村的城市化,另一方面是城市的集群化。前者的发展直接带来了生产生活等硬件设施的升级,后者进一步推动了城乡地域空间差距的缩小。

中国政府希望确保电子商务成为中国的"重要产业",并且能够推动"经济的巨大发展和社会的进步"。为达到这个目标,政府相关部门发布了中国第一个电子商务产业发展规划。配合"十一五规划中的电子商务发展",该计划的目标是在三年内,在全国范围内配合发展电子商务产业的需求,积极建立基础支持系统、技术服务和应用软件程序。在如此短时间内达成这项目标是非常艰巨的任务。伴随电子商务的快速发展,也出现了一些新型的法律案件,通过对网络购物相关法律法规的总结和归纳发现,与互联网相关的法律法规较多也较为全面,而直接涉及网络交易的较少并多以政策性的指导意见为主,这也给网络购物经营和发展带来了一定程度上的政策及法律风险。但从相关法律法规的颁布时间可以看出,国家越来越重视电子商务的发展,相关监管工作也逐步展开和实施,因此可以预计在未来几年内,与网络交易直接相关的法律法规将越来越多,越来越规范。

经济环境

国家统计局核算数据显示,2008年中国国内生产总值为300 670亿元,比2007年增长9.0%。2008年我国城乡居民人均收入分别同比实际增长8.4%和8.0%。同年我国全年居民消费价格指数(CPI)比2007年上涨5.9%,涨幅比2007年提高了1.1个百分点。2008年全全社会消费品零售总额达108 370

亿元,比2007年增长21.6%,增速加快4.8个百分点。城市消费品零售额达74 015.84亿元,比2007年名义增长22.5%左右;县及县以下达34 354.16亿元,比2007年名义增长19.3%左右。伴随改革开放30余年来经济的飞速发展,信息化水平的提高,特别是近年来互联网的普及以及电子商务平台的建设,网络购物已经成为互联网使用者的主要网络生活之一。在各类网络服务的使用情况中,网络购物位列第八。

受中国网民整体年龄和受教育水平偏低的影响,目前互联网热门的服务仍然是以娱乐化为主,而办公和交易等泛商务化应用程度仍然比较低,其中2007年有网络购物经验的用户占所有调研用户的比重为58.8%,位列各类服务的第八位。但随着网民年龄的逐年提高,以及网民网龄的逐年增长,对互联网服务的使用将呈现成熟化趋势,网络购物等交易类的使用比例仍会不断上升。

2007年中国网络购物市场规模为561亿元,同比增长117.4%,艾瑞咨询分析认为这主要得益于占据市场交易份额绝对优势的淘宝2007年交易额的大幅增加以及垂直类B2C电子商务市场的快速增长。艾瑞咨询认为,在2008年奥运会的召开及百度等新进入者对市场发展的拉动下,网络购物市场将继续保持95.0%的高速率增长。考虑以下主要影响未来三年中国网络购物市场发展的因素,总体而言利好因素更多,影响也更大,因此艾瑞咨询预测至2011年中国网络购物市场规模将达到4 060亿元。

从2004年至今,中国网络购物的用户始终保持着较快的增长速度,由于2007年二线城市网民的增速迅猛,而初期的网络使用者对于网络购物相对比较陌生,因此2007年网络购物用户仍以一线城市的网民为主,艾瑞咨询预计经历三年左右的普及后,在购买商品种类限制减少、价格低廉及二线城市物流建设加强等有利因素推动下,二线城市的网民将逐步熟悉并喜爱网络购物,2011年总体网络购物用户将达到2亿。中国的电子商务C2C进入成本低、收益快,但竞争激烈;B2C进入成本高、收益慢,但发展空间更大。

电子商务模式中的竞争呈现以下特点:C2C的用户总量上占据较大优势,发展相对较为成熟;两者面临相同的替代产品——传统购买渠道;两者面临着互相替代的问题,而由于C2C模式在用户规模和黏性上的领先,因此威胁较小;供应商对B2C模式的影响范围和力度更大,而C2C模式中不存在真正意义上的供应商;C2C的集中度更高,对现有市场份额而言,竞争空间相对较小;而B2C竞争分散,竞争结构未稳定,因此竞争空间相对较大;C2C的盈利期更短,进入的最高成本来自营销,但由于对资本储备要求较高,而且目前受制于领先者对市场规则的界定导致短期内无法盈利,因此较少受风险投资关注;而B2C的盈利期较长,进入的最高成本来自于进货等执行成本,对于利润率高的产品

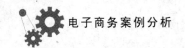

有较大成长空间,近几年受到风险投资的密切关注。

2007年中国C2C电子商务市场交易规模达到518亿元,其中淘宝网的交易份额占比达到84.9%。TOM与易趣合资由于处于磨合期,因此2007年整体成交状况并不理想。拍拍网成交额首次超越TOM易趣,以6.3%的交易份额位居第二。淘宝的市场份额持续上升,寡头垄断已形成。

从2007年各B2C电子商务运营商,尤其是垂直类的B2C电子商务运营商的在线销售成交额的增长以及风险投资对市场的关注度来看,这一年是B2C电子商务市场——更确切地说是在线零售市场——迅速升温的一年。为更清楚地了解和分析该市场的发展和变化,艾瑞咨询对市场规模的统计做出了重新定义,将在线旅行业务和非在线零售相关销售额剥离出统计范畴,据此统计口径,2007年B2C电子商务市场规模达到43亿元,其中当当网以14.6%的市场份额位居第一,卓越网与当当网的份额差距逐步缩小,达到11.9%,随后是北斗手机网、京东商城分别以9.7%和8.1%位列第三、第四位。各运营商的竞争差距逐步缩小,B2C竞争细分时代来临。从以上分析不难看出,消费水平和消费意愿都表明网络购物是传统消费途径的有力补充,是用户消费的途径之一,受到个人消费水平和能力等诸多因素的影响。现阶段,网络购物占社会消费品零售总额的比例还比较低,但随着个人可支配收入的提高以及网络购物群体的增长和成熟,网络购物交易额将在整体经济的大好环境下保持较快的上升势头。

社会环境

中国开展电子商务有必要的基础设施支持,在交易时间与交易费用方面均比传统交易方式有所节省,具有发展前景。目前交易主要限于书籍光盘、计算机及相关产品、信息咨询服务等;传统产品网上交易少、实物性商品网上交易比重较低。服务性交易是电子商务交易的主体。

从付款方式看主要是货到付款方式,即以网下付款为主。上网企业数量增长较快,表明我国电子商务发展具有很大潜力。网络股指数增幅较大,反映我国电子商务景气水平乐观。中国电子商务发展有两个重要制约因素:一是从电子商务的人力资本看,从事电子商务人员的素质不高,是中国电子商务发展的重要制约因素;二是被调查者对于我国电信资费、投资融资、安全保障、法律法规等政策环境方面的满意程度不是很高,政策环境方面的问题是电子商务发展的又一重要制约因素。

中国网络购物经过十余年发展逐渐成熟,用户规模逐年扩大,并且预计逐年以稳定的比例呈上升趋势。在市场发展的早期,教育用户是一项艰巨而又长远的任务,中国网络购物市场经过近十年的培育,网络购物渗透率稳步提升,预计至2011年整体网络购物用户将达到2.1亿,占网民总数的比例将达到41.5%。

网络购物是一种使用以及消费习惯的转变,对于习惯传统接触式和导购式购买的用户来说,驱动第一次网络下订单的因素有很多,价格是其中最重要的一个因素。在此以及相关的利益驱动下,网络购物已经由尝试转变成为部分网民日常购物习惯,网络购物规模逐年攀升。此外,与之相关的物流以及支付等相关社会配套支持服务也决定了用户是否接受网络购物及接受网络购物的程度。伴随这些相关领域的发展,网络购物渗透率逐年提升。在4个直辖市和15个副省级城市的总体网络购物渗透率达到27.9%。其中,上海的网络购物渗透率最高,已达到45.2%,位于第二位的城市是北京,网络购物渗透率为38.9%,再次是广州,为31.9%。其他城市(指除北京、上海、广州之外的其他16个直辖市/副省级城市,下同)的平均网络购物渗透率是21.6%。上海的网络购物人数已经达到375万人,居三大城市之首。根据2007年12月CNNIC的统计结果,全国网络购物人数总规模为4 641万人。北京、上海、广州1 962万的网民数量占全国2.1亿网民的9%,三地788万的网络购物网民数量已经占到全国网购网民数量的17%。4个直辖市和15个副省级城市,即19个城市的网民数量占全国的31%,网购网民数量占到全国网购网民数量的34%。4个直辖市和15个副省级城市中,2008年上半年网络购物金额达到了162亿元。上海的半年人均购物消费金额最高,已达到1 107元。尽管女性网购人数略高于男性,但半年网购金额略低于男性,为78亿元,2008年上半年男性网购总金额为84亿元。学生网购人数约是非学生网购人数的一半,在半年人均网购金额上也约是非学生半年人均网购金额的一半。从总体网购金额上看,学生半年网购总金额为31亿元,是非学生半年网购总金额的1/4。

根据《2008年中国网络购物调查研究报告》,网络购物用户的忠诚度相对较高。有60%的用户只在一个网站上买东西,另有33%的用户只在两个网络购物网站上买过东西。商品在网上畅销与否受网络购物的特点影响很大。按照重要性先后排序,网络购物的优越之处在于:网络商店中的商品种类多而新、价格低、网络购物没有时间限制、商品容易查找、网络商店服务的范围广等。网络购物的不利之处主要有:信誉度问题、配送问题、支付问题、网络安全问题等。服装家居饰品成为用户人数最多的商品,可能有以下这些原因:一是服装类商品的特点是追求时尚新颖,网络多样化的货源是网购服装的天然优势。二是服装类商品存在不易损坏、不易过期、体积小等特点,在物流上也占据天然的优势,对网络购物影响很大的物流问题,在服装上没有构成发展的瓶颈。三是服装类商品的市场规模巨大。根据国家统计局数据,2006年年底中国商品限额以上零售额中,服装类零售额达到2 400亿元,仅次于食品类,位居第二位。书籍音像制品是传统的网络购物商品,目前仍旧占据着重要地位。化妆品及珠宝购买人数占据网购用户的第三位。这一类商品的体积较小,不易过期,物流造成的负担较小,比较符合电子商务在物流方面的要求;另外,传统化妆品和珠宝的中间环节较多,利用电子商务的渠道能够节省相当部分的中间环节费用,符合电子商务方便"直销"的为消费者节省成本的需求;化妆品及珠宝在一定程度上也是标准化的产品,适合通过电子商务发展,就女性来说此类商品市场的需求巨大。但在支付上由于此类商品中的部分商品相对货值较大,银行卡对支付金额上限有所限制,支付手段尚欠便捷。未来发展潜力如何,也还要看对商品品质问题的解决办法如何。书籍音像在北京和广州网民中的购买比例较高;化妆品及珠宝在北京和上海比较热销。其他城市中的服装家居饰品、通信数码产品、充值卡/点卡购买人群比例相对较高。

将每个月购物至少一次的网购用户称为网络购物常客,2008年上半年网络购物常客的比例超过四成(41%)。网民网络购物的频次随着网龄的增加而增加。男性网购用户比女性网购用户购物频率高,25—35岁之间的网民购物频率最高,学历高,购物频率也相对较高。目前53.9%的网购用户表示买每种商品前都会看相关商品评论,已有78.9%的网购网民买大多数商品前都会看看商品评论。学历较高、年龄在25—35岁之间的高价值用户更为看重商品评论。此外,女性更易受商品评论影响。网民发表商品评论的主要渠道在购物网站上。超过九成的网民在原购物网站商品下方发表评论,有近10%的网民在原购物网站社区中发表评论,另有部分网民在其他网站上或自己的博客中发表商品评论。意见领袖乐意在网上发表评论,利用自己的购物经验影响他人。18—30岁群体是发表评论的活跃群体。大专及本科学历网民是在网上较活跃的商品评论意见发表群体。此外,女性比男性更乐意在网上发表评论。43.8%的用户习惯于通过站内搜索浏览商品。站内搜索的改善对用户体验带来的影响最大。其他依次是:在网站首页上浏览、通过百度等专门的搜索引擎搜索商品、进入特定网店挑选商品、进入衣服手机等门类下分类浏览和看排行榜推荐商品。总体来说,其他几项网民的浏览习惯比较分散,但都在网民浏览习惯上占据一席之地。排行榜的频率排在最后,地位下降较多。

对于男性用户来说,站内搜索工具的效率更为重要。对于主要群体为男性用户的网站,需要更重视站内搜索的改进。女性则更为重视主观感觉,在首页上浏览的比例要略高一些。学历越高的网民,对站内搜索工具的依赖性越强。学历较低的网民使用百度等专门的搜索引擎的比例很高。有79.7%的网购用户没有不愉快的购物经历,大部分的网购用户已接受网购。在有不愉快购物经历的网民中,商品质量与物流问题是网购用户有不愉快经历的两个主要方面。较多的网购用户抱怨购买到的商品与图片不相符。物流方面,送货时间太长是网民的主要抱怨点。从网购用户总体来看,使用电子支付手段进行网络购物的网民的比例已达到71.3%,其次是货到付款。电子支付种类方面,目前比例最大的是支付宝,电子支付用户中使用支付宝的比例为76.2%,第三方支付已经在电子支付方面占据主要地位。其次是网上银行支付。值得注意的是,除了第三方支付和网银支付外,手机支付已初露头角。

技术环境

2009年中国网民人数已达到3.84亿,网民群体的快速增长主要来自于城镇及农村,而随着国家对农村信息化建设的重视和投入,这些地区的网民数量将继续保持高速增长的态势。但网络购物是一个至少需要2—3年用户培养教育的市场(随着用户学历升高,培养时间将缩短),因此农村地区网络购物渗透率还较低,加上物流和支付等相关配套服务在农村地区也跟不上,网络购物渗透仍须假以时日。

可以相信,在政府、企业和社会各界的共同努力下,我国的电子商务会得到较快的发展。作为政府、企业、公众之间交流的方式,信息发布在互联网技术出现之前有广播、电视、平面媒体等几种形式,在社会生活中起着重要的作用。互联网技术的发展,使我们真正进入了信息化时代,大量的信息可以通过网络方便地获得。在取得成效的同时,也暴露出了一些不足,信息的准确性及权威性、信息的整合及互联互通、信息的双向交流等都是不可回避的问题。

1.1.3 电子商务的商业模式

商业模式

关于商业模式的真正含义,理论界没有形成统一的权威解释,归纳起来大致有三类。第一类是盈利模式论,此种理论认为商业模式就是企业的运营模式、盈利模式。埃森哲公司的王波、彭亚利(2002)认为,对商业模式可以有两种理解:一种是经营性商业模式,即企业的运营机制;另一种是战略性商业模式,指一个企业在动态的环境中怎样改变自身以达到持续盈利的目的。迈克尔·拉帕(2004)认为商业模式就其最基本的意义而言,是指做生意的方法,是一个公司赖以生存的模式,一种能够为企业带来收入的模式。他认为,商业模式规定了公司在价值链中的位置,并指导其如何赚钱。

第二类是价值创造模式论,此种理论认为商业模式就是企业创造价值的模式。价值创造是指企业如何为目标顾客提供价值,满足顾客对于需求的期望。

顾客获得的价值主要是以企业能提供的产品和服务为载体,体现为顾客的感知价值,包括产品价值、服务价值、人员价值、形象价值。阿米特和左特(2000)认为,商业模式是企业创新的焦点和企业为自己、供应商、合作伙伴及客户创造价值的决定性来源。马格利·杜波森等(2002)认为,商业模式是企业为了价值创造、价值营销和价值提供所形成的企业结构及其合作伙伴网络,以产生有利可图且可以维持收益流的客户关系资本。

第三类是体系论,此种理论认为商业模式是一个由很多因素构成的系统,是一个体系或集合。马哈迪温(2000)认为,商业模式是对企业至关重要的三种流量——价值流、收益流和物流的唯一混合体。罗珉、曾涛和周思伟(2005)认为,商业模式是一个组织在明确外部假设条件、内部资源和能力的前提下,用于整合组织本身、顾客、供应链伙伴、员工、股东或利益相关者来获取超额利润的一种战略创新意图、可实现的结构体系以及制度安排的集合。

这三种理论从不同角度阐述了商业模式的内涵。总体来讲,商业模式的本质是对企业赚钱方式的描述,就是企业为实现盈利的目标而对企业进行的整体设计,是涵盖企业如何整合内外部资源、如何规划战略和运营、如何创造价值产生收入的综合体系。

电子商务由注意力经济向购买力经济意识的转变带动了整个领域的创新和务实趋势,电子商务网站的蓬勃发展和盈利大大鼓舞了电子商务行业,从而电子商务企业的盈利模式的创新成为新的发展课题,如何使线上线下的资源及服务相互结合成为关注的焦点。传统企业依靠本身的强大产品资源以及成本优势纷纷开始电子商务渠道的创新性尝试,探索出了不同于传统经济的商业模式。

有关商业模式的研究一直被国内外学术界所关注。Petrovic, Kittl 和 Teksten(2001)认为商业模式描述了在实际业务流程背后的商业系统的逻辑,阐述了商业模式和企业战略与业务流程之间的关系,可以认为商业模式是企业战略的概念和体系实施框架,以及业务流程实施基础(如图 1-2 所示)。在此基础上,一些学者探讨了商业模式的本质。Allan Afuah 和 Christopher L. Tucci 认为商业模式实际描述了企业现在如何赚钱和未来长期如何规划,它包括价值、规模、收入来源、定价、关联活动、整合运作、各种能力、持久性等部分以及各部分之间的连接环节和系统的"动力机制"。北卡州立大学的杰出教授 Michael Rappa 认为商务模式就其最基本的意义而言,是指做生意的方法,是一个公司赖以生存的模式——一种能够为企业带来收益的模式。商务模式规定了公司在价值链中的位置并指导其如何赚钱。

上述观点虽然各有不同但都揭示了商业模式的一个本质,就是关于企业如

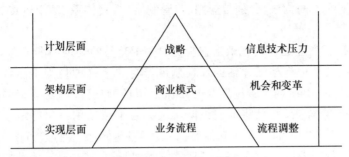

图 1-2　商业逻辑三角形

资料来源：Osterwalder, Pigneur, 2002。

何开展业务和获得利润。另外还有一些学者从商业模式所描述的关系入手定义商业模式。Peter Weil 认为商业模式是对一个公司的消费者、顾客、结盟公司与供应商之间关系角色的叙述，这种叙述能够辨认主要产品、信息和金钱的流向，以及参与者能获得的主要利益。Amit 描述了通过寻找商业机会创造价值的交易内容、结构和管理，认为商业模式是企业和供应商、合作伙伴、顾客创新的重点和价值创造的关键来源。Timmers 将商业模式定义为产品、服务和信息流的结构体系，包括对不同商业活动参与者以及它们在整个商业运作过程中所扮演的角色、潜在收益以及收入来源的描述。从本质上来讲，商业模式描述的是企业的盈利方式，或者可以说是企业的价值创造方式。商业模式主要由三部分组成：商业活动参与者的角色、利益和收入来源。

电子商务模式

商业模式的概念常常用于电子商务的研究中，互联网的出现和繁荣使得越来越多利用互联网进行的商务活动成为可能，也就是电子商务。Schneider 和 Perry（2000）定义电子商务为通过互联网和万维网运用电子数据交换进行的商业活动。Kalakota（2001）认为电子商务不只是电子数据的交换，它更多的是企业的业务流程、应用系统和组织结构的高效集成，即通过电子化手段来完成整个商业活动并提高商业效率，更广泛意义上的电子商务是指企业基于开放式网络（主要指 Internet）执行业务流程，从而用信息手段取代原来手工的业务处理。

关于电子商务模式的研究主要有两个方面：一个是电子商务模式的分类学，另一个是电子商务模式的组成部分。很多学者致力于将两方面的研究结合起来，即从电子商务模式的组成部分来比较不同的电子商务模式。

eBay 是典型的 C2C 模式，其企图建立一个"自由市场"，"让用户自己来决定要卖什么"。因此，eBay 经济模式的建立，是一个自发的过程，它的基本商业

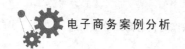

模型由以下几方面构成,分别是规则、监管制度、教育体系、信用机构、自由交易观念等。

eBay 进行商业运作的基础是它制定的关于交易的规定和准则,如让买卖双方就每一次交易进行相互评估的反馈制度等。如果这种规则不能解决问题或者出现了冲突,eBay 的监管制度就开始派上用场,监管部门对登记的交易者进行审查,找出欺诈者,并且将他们清除出去。为了帮助用户更好地使用互联网工具,eBay 专门建立了一套教育体系,在美国各地教授人们如何使用 eBay,并且开发了专门的课程。eBay 甚至还建立了类似于银行的部门,为此它专门收购了 PayPal(这是 2002 年收购的一个支付处理公司,为此 eBay 支付了 15 亿美元),这使得买主得以对没有条件设立商业信用账户的卖方进行电子支付。

eBay 是一个全球性网站,为了适应不同国家的互联网特点和经济特点,各国 eBay 网站所收取的费用各不相同。eBay 的基本费用有开店费、登录费与成交费。以中国市场为例,由于同类网站"淘宝"的竞争,目前已取消了开店费,并调低了登录费,物品登录费按物品的起始价或一口价乘物品数量得出的总金额的一定比例收取,从 0.05 元到 3.00 元不等,成交费按物品在网上成交金额的一定比例收取。除此之外,还有一些可选功能使用费,如底价设置费、橱窗展示费、首页推荐位费、易趣图片服务费、卖家工具使用费等。

与其说 Amazon 是 B2C 模式的典型代表,不如说 Amazon 是一个网络社区。B2C 是 Amazon 的核心,而社区文化是 Amazon 的精髓。Amazon 的 B2C 模式表现为通过 Internet 渠道向全球用户直接出售各种图书、CD、音像制品,并逐步扩展到服装、玩具、珠宝等多个领域。值得强调的是,从 1994 年 Amazon 创办以来,Amazon 一直鼓励用户提供图书评论、图书推荐等,并将这些信息有机链接起来,这为社区文化的形成奠定了基础。由于认识到原创内容的价值,Amazon 为所有书籍的作者开通了博客。博客成为作者营销的网络平台,作者可以借此推广自己的书籍。在产品信息方面,Amazon 允许用户上传与产品相关的图片,并且开始测试 Wiki 产品页面,使消费者可以增加或编辑产品的信息,类似于 Wikipedia(维基百科)编辑方式。除此之外,用户还可以对产品加标签,以方便对产品的浏览。

1.1.4 电子商务模式的分类

分类的方法

商业模式的概念常常运用在电子商务领域,电子商务的商业模式可以称为电子商务模式。对电子商务模式可进行多种不同的分类,用以理解和识别电子商务模式。关于电子商务模式的分类有多种方法,从分类角度对电子商务模式进行分析探讨,是电子商务模式研究的重要角度,它有助于挖掘新的商业模式,为电子商务模式创新提供途径,也有助于企业制定电子商务实施策略和方法。基于此,国内外很多研究人员开展了基于分类体系的电子商务模式研究,主要包括如下几种:

(1) Timmers 分类:基于价值链的分类。
(2) Weill 和 Vitale 分类:基于原模式的分类。
(3) Michael Rappa 分类:基于盈利方式的分类。
(4) B2B 和 B2C 分类:基于参与电子商务角色的分类。
(5) 麦肯锡分类:基于控制方的分类。

其中,基于参与电子商务角色的分类和基于价值链的分类是最通用的两种分类方法。在本书中,我们综合采用这两种方法对电子商务的案例进行分析和分类。

1. 基于价值链的分类

Paul Timmers 提出的分类体系是基于价值链的整合,同时考虑了商务模式创新程度的高低和功能整合能力的大小。按照这种分类体系,电子商务模式可以分为电子商店、电子采购、电子商城、电子拍卖、第三方市场、价值链整合商、价值链服务供应商、虚拟社区、协作平台、信息中介、信用服务等 11 类。其中有些模式只是传统模式在因特网上的翻版,比如电子商店只包含营销职能,创新程度最低,而有些模式则通过创新方法增值,如价值链整合商,创新程度最高。

2. 基于原模式的分类

Weill 和 Vitale 所提出的电子商务模式从本质上来说都属于原模式的一种或者是原模式的组合。最基本的原模式有以下八种:直接面向顾客、全服务提供者、全企业、中间商、共享基础设施、内容提供者、虚拟社区、价值网整合商。

3. 基于盈利方式的分类

Michael Rappa 从互联网上的获利方式出发,识别出九种电子商务模式,这九种模式为中介(brokerage)、广告代理(advertising)、信息中介(infomediary)、销售商(merchant)、制造商(manufacturer)、联盟(affiliate)、社区(community)、固定会费(subscription)和按需定制(utility)等。每种模式又可以进一步细分成子模式,共有 25 种子模式。他识别出来的模式虽然覆盖面很广,但是他所采用的识别机制并不是非常明确,维度单一,企业难以把握所要选择的电子商务模式。

4. B2B 和 B2C 分类:基于参与电子商务角色的分类

这是业内一致认同的分类方法,B 代表企业,C 代表消费者,把企业和消费者作为划分标准,可以划分出企业对企业(B2B)、企业对消费者(B2C)、消费者

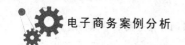

对企业(C2B)和消费者对消费者(C2C)等模式,一般比较重要的是 B2B 和 B2C 模式。中国社科院财贸所按照为消费者提供的服务内容的不同,认为 B2C 商业模式可以分为电子经纪、电子直销、电子零售、远程教育、网上预定、网上发行和网上金融等七种类型。B2B 商业模式包括名录模式、兼营模式、政府采购和公司采购、供应链模式、中介服务模式、拍卖模式和交换模式等七种模式。

5. 麦肯锡分类:基于控制方的分类

麦肯锡管理咨询公司认为存在三种新兴的电子商务模式,即卖方控制模式、买方控制模式和第三方控制模式。这种分类在一定程度上反映了卖方、买方以及第三方中介在市场交易过程中的相对主导地位,体现了各方对交易的控制程度,但是这样的划分具有通用性,并不能用于特定的电子商务模式研究中。另外还有些学者根据不同的识别方法得到不同的电子商务模式,如 Applegate 和 Collura 根据市场角色不同,识别出生产者、分销商、门户三大类共 13 种电子商务模式。Bambury 从新旧电子商务模式的差异角度出发将之分为移植模式和禀赋模式两大类。Dreisban 和 Writer 基于 Internet 的商务功用将电子商务模式划分为基于产品销售的商务模式、基于服务销售的商务模式和基于信息交付的商务模式三类。

B2B、B2C、C2C 分类:基于参与电子商务角色的分类

从实际发展来看,B2B、B2C 和 C2C 这三种业务模式正被赋予越来越多的内涵和意义;另一方面,由于三者逐渐走向融合,也因此衍生出了一些新的业务模式。

比如说,淘宝网上推出的淘宝商城,建立的是一种新的 B2C 模式,传统的 B2C 的盈利模式主要在于压低生产商的价格,进而在采购价与销售价之间赚取差价。新的 B2C 模式则让生产商直接充当卖方的角色,直接让生产商获取更大的利益,是 B2B2C 模式的简化版,即省去了中间的分销环节,使电子商务直接介入到商品从生产到价值变现的流程中来。2006 年 7 月,淘宝又将网上商城搬到了网下,将"淘宝"名称授权给商场使用,为网络买家、卖家提供了一个沟通的平台。

再比如说,阿里巴巴从 B2B 做起,现在已逐步转向 B2B2C 模式,即将生产、分销、零售结合在了一起。在生产上,通过阿里巴巴平台完成产品和原材料的采购;在销售上,通过淘宝平台完成网上商店的构建,实现在线销售。点击淘宝网上的"我要进货"按钮,便会自动链接到阿里巴巴上去。

因此,应该这样理解,B2B、B2C、C2C 仍是典型的基础的电子商务业务模式,其中,B2C 属于直接商务,B2B 与 C2C 属于间接商务,直接商务只获得利润,间接商务只收取佣金。这些业务模式因不同的企业特点会有不同的呈现方式,随着企业的发展,业务模式也在不断发展和变化中。

基于价值链的分类

根据 Timmers 基于价值链的分类,可将电子商务模式分为以下 11 类:

1. 电子商店(E-shops)

电子商店是最为简单和常见的一种电子商务模式,它可以看成是传统商业模式中的商店在网络上的翻版。在很大程度上,电子商店的交易是 B2C 形式的,目前大多数的商业网站都属于或者说都含有 B2C 式的电子商店,完善的电子商店最为核心的部分是产品订购和货款支付系统。国内比较著名的电子商店有当当网、卓越网等。

2. 电子采购(E-procurements)

网上采购一般是针对企业上游的供应商而言的,常常是较大规模和经常性的原材料采购。相对于电子商店,这种电子商务模式侧重于 B2B 的形式。网上采购有助于企业压低成本,寻找质量更为优良的产品。对于供应商而言,网上采购可使其找到更多的潜在客户,赢得更多收益。在电子采购的过程中,企业和企业之间的供应协议往往要比 B2C 中的日常用品交易相对复杂,金额也要大得多,而且对于其中的辅助性问题,比如支付问题、物流问题,要求都要高一些,有时还需要其他电子商务模式比如价值链整合来配合完成交易。

3. 电子商城(E-malls)

不同于电子商店,电子商城的运营商不直接参与网上交易,而是开辟一个商城,把其中的"摊位"租出去,交易由摊主即电子商店的运营商和顾客完成。电子商城的运营商负责管理商城,提供整套服务如网上支付等,以收取管理费、租金以及相关的服务费。对于电子商城的租用者来说,花费低廉的运营成本就可获得一整套完善的服务,这些服务由电子商城的运营商统一完成。Bobensee(http//:www.emb.ch)就是许多电子商店的集中入口,MY8848 在电子商店模式的基础上,结合了电子商城模式。

4. 电子拍卖(E-auction)

电子拍卖提供了一种网上竞价的机制,将传统的拍卖放在网上进行。它可以用多媒体手段为客户展示所拍卖的货物,在交易完成之前商品不必要像传统拍卖那样做物理上的移动。同时,电子拍卖还可以提供一整套的服务,比如签订合同、支付运输等。对于电子拍卖的提供商来说,他们的收入来源于拍卖平台的提供、交易费用的收取以及广告收入。国外比较著名的电子拍卖商有 Infomar 以及 FastParts,国内比较著名的电子拍卖商为易拍网。

5. 虚拟社区(Virtual Communities)

虚拟社区提供了一个网上环境,虚拟社区的成员可以将自己的信息放在上面,对于市场运营者而言,建立一个虚拟社区有助于及时得到客户的信息反馈,提高客户忠诚度。建立虚拟社区成功的关键在于了解目标市场的需求,掌握满足这一市场需求的信息特征,提供高质量的信息服务。远程教育类网站、医疗类网站等都是设有虚拟社区的电子商务模式。虚拟社区运营商的主要收入来源是对社区成员定期收取的费用和广告收入。虚拟社区在电子商务的各个领域都已有所建树,比如在图书领域有 Amazon 建立的社区,在钢铁领域有 www.indconnect.com/steelweb 等。

6. 协作平台(Collaboration Platforms)

协作平台可以提供一定的信息环境和一系列的工具用以创造公司之间的网上合作平台。一般这种模式集中在某些特别领域,比如合作设计项目、工程开发。协作平台这种模式在某些方面类似于电子商城,即都是出租网上区域,收取租金和管理费,但不同的是协作平台的功能整合程度和创新程度要高得多,专业性较强,对技术的要求也更加严格。协作平台的客户一般来自一些特别行业,他们租用协作平台用于网上合作,而不是进行简单的商品买卖。Global Engineering Network 是采用协作平台模式的公司之一。

7. 第三方市场(Third-party Marketplaces)

第三方市场模式主要是指运营商有建立专业性网站的水平和实力,为许多公司承接建立网站的任务,并把涉及网上交易的所有环节,包括品牌营销、网上支付、物流管理以及订货下单等整套承包下来,收取网站建设、技术支持及其他相关服务的费用。第三方市场模式是网络时代专业分工的具体体现,这种商业模式的运营商一般为 ISP 网络服务供应商,因为他们有足够的建设、运营、维护网站的实力和经验。第三方市场虽然以统一的形象和整体的感觉为消费者提供服务,但实质上也可以是多家企业的联合。由于第三方市场所提供的是一整套建设方案,所以在创新程度、功能整合方面的能力要求都高于协作平台。在 MRO(Maintenance Repair and Operating)领域比较出名的第三方市场供应商有 Citius 和 Tradezone。

8. 价值链整合商(Value-chain Integrators)

这种模式是通过对价值链中各个环节(或某几个环节)进行某种程度的整合和优化而探索出更为合理的价值链形式,这种电子商务模式的收入来源主要是咨询和服务费用。价值链整合商模式的创新程度和功能整合程度在所有的 11 种模式中是最高的,因为整合与优化建立在已有流程的基础上,在建设新系统的同时,要对已有系统进行改进,使之与新系统协调运行,它的复杂度和业务集成度较高。多样化运输领域的TRANS2000是采用价值链整合商模式的典型代表。

9. 价值链服务供应商(Value-chain Service Providers)

这种商业模式与价值链整合商模式的不同在于,该商业模式专注于价值链的某些方面,如网上支付或者物流,通过这些服务来加强客户自身的竞争优势,比如银行改变传统的支付方式,采用网上支付、划拨等,此时银行就采用了价值链服务供应商模式。这里的服务供应商可以是第三方,也可以是服务对象自身,如上文中的银行。价值链服务供应商的收入一般是通过服务收费或者按一定比例的收入折扣取得,比较有名的价值链服务供应商有 Fed Ex 和 UPS,它们主要提供网络物流支持服务。

10. 信息中介商(Information Brokerage)

这种商业模式一般是向各个领域提供大量的信息,通过广告、订阅或者付款阅读的方式获得收入,一般综合类的门户网站比如 Yahoo 都属于信息中介商,它们通过提供信息收费或者通过广告获得收入,著名的 Excite 信息门户网站全部收入的75%来自广告。搜索引擎也是一种信息服务。信息中介商提供信息的范围越来越广泛,从日常生活到学术研究、行业研究报告等,这种模式的功能较为简单,只是提供信息,但它的创新程度较高。信息中介商在企业价值链整合的过程中还扮演着重要角色,有时价值链整合商以及价值链供应商都需要信息中介商提供的信息服务。

11. 信用服务及其他服务(Trust and Other Services)

信用服务指运营商在网上为客户提供认证、鉴别授权、咨询等信用服务,这种模式下的运营商往往在特定领域具有专业授权、电子授权或第三方授权,他们的收入主要是通过收取一次性费用取得,还有一些后续的软件销售和咨询费用作为后期的补充收入。中间信用机构的服务在传统模式中也是存在的,如一些商检机构、认证机构,因此这种商业模式的创新程度不是很高,而且由于其功能比较单一,所以整合程度较低,但这种模式可以使交易去伪存真,提高工作效率,因此也创造了很大的价值和收益。

1.2 电子商务的价值分析

1.2.1 电子商务的客户价值

客户价值的定义

关于客户价值的定义,有几种不同的说法。Zeithaml(1988)认为客户价值就是客户感知价值。Kotler(1984)认为客户价值的实质是顾客让渡价值。Heskett,Sasser 和 Schlesinger(1997)提出了服务利润链理论和客户价值等式。

Zeithaml 从客户的角度分析了客户感知价值的四种含义:价值就是低廉的价格,价值就是客户在产品或服务中所需要的东西,价值就是客户付出所能获得的质量,价值就是客户所有付出可以得到的全部。以上四个方面形成了客户感知价值的定义:客户基于其所得和付出而对产品或服务效用的总体评价。价值表示从产品或服务中所获利益与购买、拥有或使用时所付出代价的权衡。客户根据感知价值做出购买决策,并不是单单想降低价格。

Kotler 认为客户价值的实质是顾客让渡价值,指总顾客价值与总顾客成本之差。总顾客价值就是顾客从某一特定产品或服务中获得的一系列利益,包括产品价值、服务价值、人员价值、形象价值。总顾客成本是在评估、获得和使用该产品或服务时引起的顾客预计费用,包括货币价格、时间成本、精力成本、体力成本。

Heskett,Sasser 和 Schlesinger 提出的服务利润链理论,揭示了企业的利润与客户满意度、忠诚度,以及与员工满意度、忠诚度、生产率之间的关系。他们指出,服务利润链的核心是客户价值等式。客户价值等式的含义是:客户价值是服务企业提供给客户的服务或产品的价值,由服务效用、服务质量、价格、服务成本共同决定。如果企业为客户创造的服务效用大,服务质量高,则客户价值也高,换言之,客户价值与服务效用、服务质量成正比,与服务价格、服务成本成反比。

以上几种关于客户价值的定义虽然各有侧重,但是总体上反映出客户价值是客户的收益和客户的付出之间的差,这个差越大,客户价值就越高;同时也反映出客户价值可以通过提升客户收益和降低客户付出两个方面来提高。

传统商业价值创造的观点

Tawfih Jelassi 和 Albrecht Enders(2006)认为价值创造是消费者从给定的商品中得到的收益与企业为生产商品所花费的成本之差。消费者收益由单个消费者对产品或服务所有特征的评价组成,包括产品和服务的质量、递送速度、品牌、声誉等。成本包括为消费者提供产品的所有花费,包括技术开发、原材料、生产、营销、销售以及运送等方面的费用。价值创造本身不能为价值怎样在消费者和生产者之间分配提供任何信息,价值的分配通过企业为产品或服务索取的价格而发生作用。价格将价值创造分为两个部分:生产者剩余和消费者剩余,价值创造的生产者剩余以利润的形式表现出来(如图 1-3 所示)。

传统商业的价值公式是:

$$PROFIT = (P - VC) \times Q - FC$$

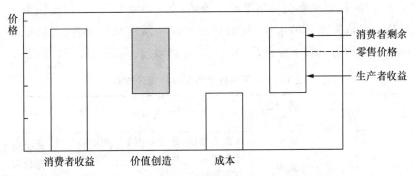

图 1-3 价值创造在生产者和消费者之间的分配

资料来源：D. Besanko, D. Dranove, M. Schaefer and S. Schaefer, *Economic of Strategy*, John Wiley, 2003。

其中，P 表示单位产品的价格；

VC 表示单位可变成本；

Q 表示产品销售数量；

FC 表示固定成本。

电子商务的价值创造模型

随着互联网的快速发展，互联网商业价值创造出现了从货币观点、服务质量观点或商业发展观点出发的很多种不同的概念模型。有些尝试度量商业模式的价值，有些把关注焦点集中在如何提升商业价值上，还有些给出了基于价值主张的设计商业模式的方法。对于互联网商业的商业价值的研究非常广泛。Hame(2000)识别出决定商业模式的财富潜力的四个因素，即效率、独特性、适合、利润支持，这几个因素同时也被运用在分析电子商务的价值上。Melville et al.(2004)运用一个综合了现有的互联网商业价值的一体化模式去指导研究，这个模式将不同的研究流派整合到一个模型中，这个模型认为 IT 在改善商业流程和创造商业价值方面扮演了一个非常重要的角色。因此，这个综合的观点主要用来解释传统商业如何运用 IT 来改善绩效。还有些学者从客户角度来研究商业价值，比如我们前面提到的 Jeamin Han 和 Dooheum Han。

另外一些学者从电子商务的视角研究互联网商业的价值创造。Raphael Amit 和 Christoph Zott 通过对价值链、基于资源的企业能力、基于战略的企业竞争能力和交易成本理论等的研究，认为电子商务价值创造主要来自于四个方面，即新颖(novelty)、锁定(lock-in)、效率(efficiency)、互补(complementarities)。G. T. Lumpkin 和 Gregory Dess(2004)认为企业可以利用网络搜索活动、产品评价活动、解决问题活动和交易活动产生价值(如表1-2所示)。以上研究主要着眼于新技术可以带来新的市场、新的交易伙伴和新的交易内容,在新技术的应用形成大规模后可以带来经济活动的正向外部效应,从而创造新的价值。

表1-2 电子商务价值创造的理论观点

学者	时间	价值创造来源	主要方式	关键属性
RaphaelAmit & Chrostoph Zott	2001	新颖	新交易结构、新交易内容、新伙伴	技术带来新价值;临界规模;网络规模;搜索范围;搜索效率;资源互补
		锁定	转换成本、程序、设计、信任、习惯、网络外部效应	
		效率	搜索成本、选择范围、对称信息、简单、速度、规模经济	
		互补	产品和服务、在线与离线、技术之间、活动之间	
G. T. Lumpkin & Gregory Dess	2004	搜索活动	交易信息速度、范围	产品、服务、交易在虚拟环境中的实现
		产品评价	产品(含数字产品)选择	
		问题解决	用户服务解决	
		交易活动	电子交易实现	

蔡剑提出了一个和传统商业价值公式不同的从虚拟社区中发展出的价值公式:

$$\text{VALUE} = P \times T \times N^2$$

其中,VALUE 表示价值;

P 表示在线交易的平均利润;

T 表示在两个用户之间的交易数量;

N 表示用户的数量。

这个公式从价值而不是利润角度反映了互联网企业的价值创造。互联网商业企业虽然不一定马上有利润出现,但是如果没有产生价值,这些企业同样会很快消失。这个公式给出了互联网企业应该采取的提升价值的方式,同时也解释了为什么有些互联网企业缺乏服务模式和处于亏损状态却依然有很高的价值。

虽然对于互联网商业的价值创造可以有多种不同的说法,但是从本质上讲,互联网商业的价值创造还是通过互联网这种技术工具的运用和相应的商业模式的结合,在增加客户价值的同时降低了成本,从而创造了更大的价值空间,而价值空间的表现形式既可以是利润也可以是其他的价值表现形式。

以上关于客户价值的研究主要集中在传统商业领域。随着互联网的快速发展,互联网在商业领域创造了巨大的价值,但对互联网商业所创造的客户价值的研究却比较少。Jeamin Han 和 Dooheum Han(2001)进行了这方面的研究工作。在他们的研究中,他们对互联网商业的客户价值进行了定义:客户通过互联网交易减少的成本和获得的利益。成本包括了金钱、时间和客户在获得所需要的利益时所付出的努力。根据这种观点,客户价值能够通过增加利益或减少在获得利益时所付出的成本两个方面获得提升。

从 Jeamin Han 和 Dooheum Han 对互联网商业客户价值的定义看,与前面的几种定义相比较,没有本质性的突破,核心思想依然是收益和成本的差决定了互联网商业的客户价值。

Raphael Amit 和 Christoph Zott(2001)通过对价值链、基于资源的企业能力、基于战略的企业竞争能力和交易成本理论等的研究,对 59 家企业样本进行了数据分析,认为电子商务价值创造主要有四个来源:新颖、锁定、效率、互补。他们将电子商务价值定义为在电子商务交易中创造和产生的总价值,不论交易活动的参与者是企业、消费者还是合作伙伴、联盟等,这个价值其实就是顾客价值(见图1-4)。

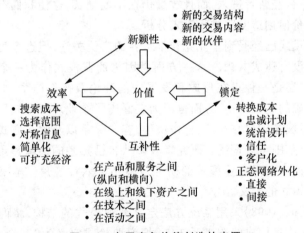

图 1-4 电子商务价值创造的来源

基于新颖来源的主要方式有:新的交易结构、新的交易内容、新的伙伴;

基于锁定来源的主要方式有:转换成本、程序、设计、信任、习惯、直接或间接的网络外部效应;

基于效率来源的主要方式有:搜索成本、选择范围、对称信息、简单性、速度、规模经济;

基于互补来源的主要方式有:产品和服务互补、线上与线下互补、技术之间互补、活动之间互补。

有相当一部分对电子商务价值创造的研究,主要集中在分析电子商务模型的可行性、生存能力、获益能力,或者讨论最佳实践案例,以及电子商务建模方法等方面。Weill 和 Vitale(2001)定义了八种所谓的"基本"电子商务模式:直接客户、完全服务供应商、中间商、企业整体、共享结构、虚拟社区、价值网整合者和内容提供商。这些是"基本单位",企业可以单独使用其中某一种也可以组合使用其中若干种来构建其商业模式。这为传统企业转型互联网提供了结构化的实际操作方法,但随着电子商务的发展,新的商业模型不断涌现,已超越了这些基本单位所有组合的范围。

G. T. Lumpkin 和 Gregory Dess(2004)认为企业可以利用搜索、评价、解决问题和交易活动产生价值,即主要通过搜索交易信息的速度、范围,对评价产品(含数字产品)的选择,解决用户服务问题以及实现电子交易活动等方式增加价值。

随着电子商务的迅猛发展,特别是 B2B 电子商务的发展,对 B2B 平台实践领域的研究备受关注,特别是在许多电子商务平台面临连续亏损的现实情况下,仍有大量平台经营者进入,而且数量仍在不断增长,这使我们有必要对 B2B 平台电子商务价值创造实践进行深入分析。

尽管商业模式已经受到企业界和学术界的广泛关注,但迄今为止关于商业模式的概念并没有达成共识。这一方面是因为商业模式作为一个全新的企业考察角度,目前还是一种正在形成和发展中的理论及操作体系,很多概念和内容尚未得到准确的定位;另一方面也因为它涵盖了企业从资源获取、生产组织、产品营销、售后服务到研究开发、合作伙伴、客户关系以及收入方式等几乎一切经营活动,研究范围十分宽泛。研究者大多从自己熟悉的领域和角度出发研究商业模式。目前人们对商业模式的研究可概括为六种视角。本书借鉴系统的视角给出商业模式的定义。

Paul Timmers(1998)采用系统方法定义商业模式的结构,将商业模式看做由产品、服务和信息构成的有机系统,并把商业模式定义为"一个产品、服务和信息流的框架",其中包括"对商业活动及其作用的描述"、"对不同商业参与者潜在利益的描述"、"对收入来源的描述"。这是最早的对商业模式的定义之一,体现了商业模式分析框架中的基本要素——产品、服务、信息、商业参与者、价值以及收入来源等。此外,Timmers 运用 Michael E. Porter 的价值链理论,对参与电子商务各方的价值链进行解构和重构,在此基础之上考虑价值链各环节之间的相互作用和价值链的整合,将电子商务模式划分为电子商店、电子采购、电子商城、电子拍卖、虚拟社区、协作平台、第三方市场、价值链整合商、价值链服务供应商、信息中介、信用服务和其他服务11类,并从创新程度和功能整合性两个维度对这11种模式进行了分级。Timmers所使用的系统分析方法已经得到后来研究者的广泛认同,而基于价值链对商业模式进行分类的方法,也为商业模式创新提供了一般性的思路。但是Timmers的框架中排除了市场因素,因此不能揭示处于模式内部、作为其中参与者之一的任何一个公司具体的使命实现过程。这大大地制约了这一框架对现实的指导作用,影响了其对具体的商业模式可行性的评估。

Weill和Vitale(2001)在Timmers的定义的基础上引入了市场因素,考虑了市场参与者的角色(roles)和关系(relationships),认为:"商业模式是对公司的消费者、客户、同盟,还有供应商的角色与关系的描述。它定义了公司的主要产品流、信息流、现金流以及参与者的主要利益。"从电子商务的概念入手,Weill和Vitale将商业动机从一般到具体划分为不同的分析层次,识别了每一个特定分析层次上的主要因素,将现有的电子商务商业模式分解为八种基本的电子商务原子模式(Atomic E-business Models),即直接面向客户、全面服务供应商、企业整体、中介、基础设施共享、虚拟社区、价值网络集成商以及内容提供商,并对每一种模式都从战略目标和价值主张、收入来源、关键成功因素以及核心能力四个方面进行了系统的分析。通过研究电子商务原模式,企业可以单独实施某种原子商业模式,也可以将几种原子商业模式组合起来加以实施,还可以通过原子模式将已有的电子商务模式进行分解分析,对于公司根据自身情况,调整原有商业模式,整合实体商务与互联网商务以应对环境变化具有重要的指导意义。

Jeamin Han和Dooheum Han虽然没有在客户价值定义上产生突破性的进展,但是他们给出了一个互联网商业客户价值的分析模型,这个模型将客户价值分为两个部分:价值构成和价值提升(如表1-3所示)。价值构成是指客户价值的组成要素,价值提升指的是提升客户价值的方法或路径。价值构成分为产品价值和交易环境价值两个价值元素。产品价值是指客户从交易的产品中获得的一般性利益。交易环境价值指客户从交易辅助功能或特征中获得的附加利益。产品指物理形式的产品、服务、信息产品等。同时给出了提升客户价值的三条途径:改善质量、减少成本、个性化。从客户价值的两个构成部分和三条改善途径,模型给出了影响客户价值的六个要素。Jeamin Han和Dooheum Han的这个模型回答了两个问题:互联网商业的客户价值是什么?如何提升客户价值?在这个模型的基础上,Han和Dooheum Han进一步提出了客户价值度量模型(如表1-4所示),这个模型提供了对客户价值进行评估的13个维度。

表 1-3 客户价值模型

	价值构成	
	产品	交易环境
价值提升 改善质量	(1) 产品质量	(2) 交易环境质量
减少成本	(3) 产品成本	(4) 交易环境成本
个性化	(5) 产品个性化	(6) 交易环境个性化

表 1-4 客户价值度量模型

价值提升	价值构成	度量	描述
改善质量	产品	有用性	产品内在的优良品质
		代表性特征	与消费者需求相关的产品代表
	交易环境	吸引力	网站的审美效果
		趣味性	附加的娱乐性
		内容多样化	内容的广度和种类
减少成本	产品	价格	较低的价格和运输费用
		交付时间	快速而准确的交付
	交易环境	便捷性	方便寻找、使用和交易相关产品
		可靠性	规避各种风险
个性化	产品	产品个性化	提供个性化的产品
		价格差异化	对不同的产品制定不同的价格
	交易环境	个性化的网站页面	提供差异化页面的页面特征
		个性化的交易过程	提供多种交易形式

Jeamin Han 和 Dooheum Han 给出的客户价值模型和客户价值度量模型主要运用于互联网商业的客户价值分析。

1.2.2 电子商务模式的建模

电子商务建模的方法

很多学者在电子商务模式的概念化和建模方面做了很多研究。其中比较重要的是 Gordijn 的 e3value 方法和 Osterwalder 的 BMO(Business Model Ontology)方法(2004)。这两种方法都可用于支持商业模式的设计,都提供了商业计划者和开发者对于商业模式的描述,但是两者关注的地方略有不同,BMO 集中于讨论单个企业商业模式的设计与价值描述,而 e3value 方法则重在研究商业模式的价值星系(value constellation),即企业与顾客、合作伙伴之间价值的创造、分布和吸收。

对电子商务建模的原因之一是不同电子商务角色和不同利益相关者往往从不同角度看问题。电子商务模式和传统商业模式的区别之一就是电子商务模式通常通过不同的电子商务角色共同向终端用户提供服务。如果不同角色缺乏对整个电子商务模式的统一理解就有可能出现不一致的情况。另外，在电子商务模式开发中需要不同的利益相关者的参与。不同企业和不同利益相关者都需要对电子商务模式有更清晰的认识。另一个原因是概念化和可视化可以增强对电子商务模式的理解。模型由三个标准的部分构成：概念、关系和规则，这使得其能以相同的形式向所有参与角色和利益相关者展示及概念化某个特定的领域。电子商务模式建模的好处归纳起来大致有以下八点：改善交流、公司内部协同、企业之间协同、可靠性、可维护性、知识获取、科学研究、支持工具的基础。

电子商务系统实际有三种不同层次的观点：第一种是价值观点，表示在多角色的网络中经济价值是如何创造、交换和消耗的。第二种是流程观点，表示价值观点以业务流程形式的运作。第三种是系统架构观点，表示信息系统是如何支持电子商务流程的。三者在相关利益群体和关注点上都存在着区别，如表1-5 所示。

表 1-5 电子商务不同观点比较

观点	相关利益群体	关注点
价值观点	高层管理、市场商人、客户	价值、角色、交换
流程观点	策略市场、运作管理	流程、员工、信息、产品、控制流
系统架构观点	IT 部门	硬件、软件、数据、控制流

由于本书着重研究电子杂志行业中各角色的关系和价值交换，所以以价值观点为基础。电子商务的价值观点重点描述电子商务系统中的角色、角色之间的关系和价值交换。

e3value 方法

e3value 方法是荷兰学者 Gordijn 提出的一种电子商务模式的建模方法，用于基于价值多角色的商业建模，描述特定角色之间的价值交换。模型主要概念如下：

角色。角色指的是独立的经济实体。角色通过一定的价值活动营利或者增加效用。这也就是说，电子商务模式中的每个角色都应该具有获得收益的能力。

价值对象。价值对象是提供给一个以上角色的服务、产品、金钱或者体验。

价值端口。角色通过价值端口向其他角色提供价值对象,或者向其他价值对象提出价值交换请求。

价值接口。角色有一个以上的价值接口,按照不同的价值端口划分为组。价值接口表示角色通过价值接口的一个价值端口可以以自己愿意交换的价值对象与另一价值对象进行交换。

价值交换。价值交换连接两个价值端口。它表示两个价值端口之间价值对象的潜在交易。

市场细分。市场细分是指将整个市场划分成不同的具有相同属性的客户群。实际上,e3value方法中市场细分的概念是指具有相同价值接口和价值对象的一系列角色的集合。

价值活动。角色通过价值活动产生利润或增加效用。

以最简单的商业交易价值模型为例(见图1-5)。

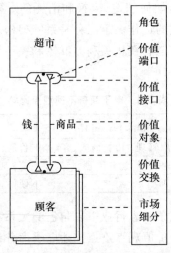

图1-5 超市商业模式的 e3value 描述

超市和单个的顾客都是参与这一价值交换过程中的角色,多个顾客组成了市场细分。超市和顾客通过价值接口进行价值交换,每一个方向上的价值交换都要经过该方向上的价值端口。超市为顾客提供商品,这是超市提供的价值,同时顾客以商品的价格作为交换。图1-5为最基本的价值交换模型,以此为基础可以对复杂商业系统建模。

电子商务是企业运用现代信息技术所从事的商务或经营活动,而电子商务模式是企业在认识了电子虚拟市场运作规律后所构建的经营运作机制,该机制可以反映出企业的价值创造过程。一些文献称电子商务模式为"电子商务的业务模式",两者的概念与定义是相同的,是指在电子商务环境下,商业模式表现出特有的不同于传统形式的运作机制,它直接、具体地体现了电子商务的生存状态和生存规律。通过对电子商务模式的分析研究,我们可以总结出企业在电子商务中创造价值的规律所在,这也是电子商务存在与发展的核心。电子商务模式是研究电子商务的一个重要角度,是企业认识电子商务运作规律的一个出发点。

关于电子商务模式的研究主要是两个方面:一个方面是电子商务模式的分类学,另一方面是电子商务模式的组成部分。很多学者致力于将这两方面的研究结合起来,即从电子商务模式的组成部分来比较不同的电子商务模式。本书讨论的问题主要涉及针对前一方面的研究。

第一篇
商贸与流通变革

- 2 互联网商贸的发展战略:阿里巴巴向百年老店的关键转型
- 3 新业务模式开发:腾讯做 C2C 市场的挑战者
- 4 B2B 的价值创造:思科、阿里巴巴、慧聪、中国化工网的商业模式比较
- 5 电子商务整合行业资源:医药电子商务

互联网商贸的发展战略:阿里巴巴向百年老店的关键转型

2.1 阿里巴巴的转型

回顾 2005 年新春伊始,一系列让阿里巴巴烦心的事接踵而至:先是互联网开始流传"以收购见长的 TOM 在线将收购阿里巴巴"的相关报道;接着 3 月 2 日,慧聪网(www.hc360.com)以"侵犯域名权利"为由向杭州市中级人民法院起诉阿里巴巴(www.alibaba.com.cn);之后,北京又盛传"阿里巴巴的第二大股东软银(Softbank Corp)正就 eBay 收购阿里巴巴进行严肃的商谈"一事……

经过 2001 年到 2002 年的互联网寒冬泡沫后,中国互联网企业都逐渐找到了各自的盈利模式,而不再是以前的烧钱机器,阿里巴巴当然也不例外,从 2002 年开始盈利。正当人们期待着阿里巴巴在自己的领域内飞速发展的时候,2003 年 7 月,阿里巴巴公司正式宣布投资一亿元人民币,开发 C2C 模式的中国个人网上交易平台——"淘宝网"。此举让许多人倍感意外。阿里巴巴成立淘宝网的目的在于阻止著名的跨国公司 eBay 进入中国的 C2C 电子商务市场。这在当时看来是一个不可能完成的任务。因为在 2003 年,eBay 已经是一家世界著名的跨国企业,有着雄厚的资产和一支精良的开发团队,在美国以及世界上的许

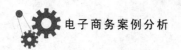

多其他国家都有着辉煌的业绩。而当时的阿里巴巴只是一家崭露头角的小公司,在国内和国际的知名度都不高。

2005年,出生一年多的淘宝网已经烧掉了1亿元人民币现金,像嗷嗷待哺的婴儿,需要追加投资3.5亿元人民币,而手中的钱快花光了。一度传闻,淘宝网2004年的大肆烧钱,已将阿里巴巴拖入了财务窘境……

这是阿里巴巴成立四年来首次对非B2B业务进行战略投资,阿里巴巴想把淘宝打造成为中国网上个人交易最大的平台。而阿里巴巴在2005年的关键转型期会用什么样的战略支撑阿里巴巴的进一步发展,来实现阿里巴巴的战略梦想——做102年的公司呢?

2.1.1 阿里巴巴公司

公司简介

阿里巴巴是B2B类电子商务的著名品牌,其六大网站成功融合了B2B、C2C、支付、搜索及门户等业务。其中,中文站主要为国内的中小企业提供网上交易的机会,国际站主要为国内的出口型企业开拓国际市场服务,日文站主要帮助国内企业与日本开展网上贸易,以上三个网站共同提供B2B业务。淘宝站为个人提供物品交易平台,其上开展的是C2C业务。支付宝为在阿里巴巴和淘宝网上交易的双方提供了一个网上支付平台。雅虎中国则全面转向搜索领域。

截至2007年,阿里巴巴拥有超过4 400名员工,并且在香港证券交易所成功上市。其主要的商业模式是为中国的中小型企业提供B2B服务互联网平台,以及向外国和本国公司提供进出口业务服务。2005年的阿里巴巴(Alibaba.com)是全球企业间(B2B)电子商务品牌,号称是全球最大的网上交易市场和商务交流社区。截至2005年1月,阿里巴巴已成为全球首家拥有600余万商人的电子商务网站。阿里巴巴的优秀表现使得其备受各界人士的关注。WTO首任总干事萨瑟兰出任阿里巴巴顾问,美国商务部、日本经济产业省、欧洲中小企业联合会等政府和民间机构均向本地企业推荐阿里巴巴。阿里巴巴两次入选哈佛大学商学院MBA案例,在美国学术界掀起了研究热潮,连续五次被美国权威财经杂志《福布斯》选为全球最佳B2B站点之一。

阿里巴巴创始人、首席执行官马云被著名的"世界经济论坛"选为"未来领袖",被美国亚洲商业协会选为"商业领袖",是50年来第一位成为《福布斯》封面人物的中国企业家,并曾多次应邀至全球著名高等学府麻省理工学院、沃顿商学院、哈佛大学讲学。2002年5月,马云成为日本最大的《日经》

杂志的封面人物。《日经》杂志高度评价阿里巴巴在中日贸易领域里的贡献："阿里巴巴已达到收支平衡,成为整个互联网世界的骄傲。"阿里巴巴成立至今的五年时间内,全球十几种语言400多家著名新闻传媒对其的追踪报道从未间断过。

2003年"非典"爆发,电子商务价值凸显,阿里巴巴成为全球企业首选的电子商务平台。各项指标持续高速发展,其中代表商务网站活跃程度和网站质量的重要指标——每日新增供求信息量比2002年同期增长了3—5倍。通过对阿里巴巴中国会员的抽样调查,发现在"非典"时期三个月内达成交易的企业占总数的42%,业绩逆势上升的企业的比例达52%,进一步巩固了阿里巴巴全球电子商务平台的龙头地位。全球著名的互联网流量监测网站Alexa.com对全球商务及贸易类网站进行了调查和排名,淘宝网和阿里巴巴网站排名前列。

到2008年,淘宝网络购物用户市场份额已经达到56.3%。位列第二、第三位的当当网、卓越亚马逊网与淘宝网的差距有近45个百分点。当当网和卓越亚马逊网的用户市场份额位于第二梯队,各有10%左右的网民选择。网络购物第三梯队为TOM易趣网和拍拍网。两者的市场份额较为相似,都在5%左右(见图2-1)。

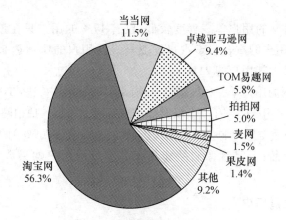

图2-1 网络购物用户市场份额

数据来源:CNNIC 2008.06。

淘宝网的网络购物渗透率已经达到81.5%,居第一位。位列第二、第三位的当当网、卓越亚马逊网的网络购物渗透率分别为16.6%和13.6%。这两个网站与淘宝网的用户市场份额差距为近65个百分点,淘宝网已经形成一定的规模效应,短期内淘宝网的第一地位很难被超越。

另外两家C2C网站——TOM易趣网和拍拍网的网络购物渗透率占据第三

梯队,分别为8.4%和7.2%,较为接近。

淘宝网在上海发展得较好,同时在其他直辖市和副省级二线城市的发展也较为不错。淘宝网的买家和卖家分布较为广泛,在三大中心城市集中的趋势没有其他网站明显。当当网除了北京之外,在广州也发展得较好。与当当网相比,卓越亚马逊网的发展更为集中于三大中心城市。TOM易趣网在上海发展得也比较好。与上述两家C2C网站相比,TOM易趣在非三大中心城市地区的拓展稍弱一些。拍拍网在广州和其他城市的优势则较为突出。

C2C的淘宝网在网络购物的渗透中占据了绝对主导地位,它不仅是C2C的绝对统治购物网站,也是网络购物的领头渠道,并且短期内难以被超越。

淘宝网用户与其他网站用户的重合比例最小,只在淘宝网上购物的用户所占比例达到了67.3%。此外,淘宝网用户与当当网用户的重合数量占淘宝网网民总数的10.6%,与卓越亚马逊网用户的重合数量占淘宝网网民总数的9.6%,与TOM易趣网用户的重合数量占淘宝网网民总数的8%。

当当网用户中只在当当网购物的比例为24.3%,是除了淘宝网之外,用户单一度第二高的网站。此外,当当网用户与淘宝网用户的重合数量占当当网用户的比例达50%,与卓越亚马逊网用户的重合数量占当当网用户的比例为17.2%。

卓越亚马逊网的用户单一程度较低,仅有17%的用户只在该网站上购物。此外,与淘宝网用户的重合数量占卓越亚马逊网用户的比例达55%,与当当网用户的重合数量占其用户的21%。

TOM易趣网的用户单一程度最低,仅有11.2%的用户只在TOM易趣网上购物。其他的非单一用户中,有一半以上都在淘宝网上购物。拍拍网亦是如此。

服装家居饰品是用户购买最多的一类商品,近一半(48.9%)的网民都在网上买过服装家居饰品;书籍音像制品和化妆品类分列用户购买数量的第二和第三位。

转型前的发展历史

1998年年底,阿里巴巴网站推出,1999年3月,团队领袖马云正式回杭州创业。

1999年7月,阿里巴巴中国控股有限公司在香港成立;同年9月9日,阿里巴巴(中国)网络技术有限公司在杭州成立。香港和杭州分别为阿里巴巴公司总部和中国区总部所在地。

1999年10月,由高盛公司牵头,联合Transpac Capital, Investor AB of Sweden以及Technology Development Fund of Singapore,阿里巴巴引入500万美元风

险投资基金。

2000年1月,日本互联网投资公司——"软库"注入第二笔投资——入股2000万美元。

2001年6月,阿里巴巴韩文网站在汉城正式开通。

2001年12月,阿里巴巴公司当月冲破收支平衡线,盈利达数万美金。它标志着中国互联网公司走出了烧钱岁月,迈开了盈利第一步!

2001年12月,阿里巴巴注册商人会员突破100万家,成为全球首家超过百万会员的商务网站。

2002年3月,阿里巴巴与百万商人会员携手共建诚信的网上商务社区。

2002年10月,阿里巴巴正式发布日文网站(http://japan.alibaba.com),全面进军日本市场,此举成为阿里巴巴构建全球最大的网上贸易市场的重要行动。

2002年年底,全面实现盈利,冲破现金盈利600万元大关。

2003年5月,提前实现当月每日收入100万元人民币目标。

2003年7月7日,宣布投资淘宝网站。

2004年2月,阿里巴巴再获8200万美元融资。

2004年,阿里巴巴投资3700万美元在杭州设立研发中心。阿里巴巴称,此次投资兴办的阿里巴巴(中国)软件研发中心,将主要从事各类计算机软件及网络产品的研发、生产及销售并提供相关的技术咨询、技术服务。

2004年7月,阿里巴巴向淘宝网投资3.5亿元,至此对淘宝的总投资已达4.5亿元。

2005年3月,阿里巴巴联手工商银行推出支付宝——网上支付平台。

阿里巴巴在香港成立公司总部,在杭州成立中国总部,并在美国硅谷、英国伦敦等地设立了海外分支机构、合资企业3家,在北京、上海、浙江、山东、江苏、福建、广东等地区设立分公司、办事处10多家。2005年,阿里巴巴全球员工人数已达1800余人。阿里巴巴的注册"网商"数也飞速增长,从1999年的几万发展到2005年的600多万。

经过几年的发展,阿里巴巴在中国的IT行业中用大红大紫来形容,毫不夸张。下面是当时阿里巴巴所得到的部分荣誉:

• 阿里巴巴开创的企业间电子商务平台(B2B),被国内外媒体和国外风险投资家誉为与Yahoo、Amazon、eBay、AOL比肩的五大互联网商务流派之一。

• 2000年6月至2001年9月,美国权威财经杂志《福布斯》四次将阿里巴巴选为全球最佳B2B站点之一,是中国唯一入选网站,马云成为2000年7月号《福布斯》杂志封面人物,是50年来中国企业家享此殊荣的第一人。

• 2000年11月,《远东经济评论》读者评选阿里巴巴为全球最受欢迎的

B2B 网站。

- 2001 年和 2002 年,阿里巴巴两次被哈佛大学商学院选为 MBA 案例,在美国学术界掀起研究热潮。
- 2002 年 5 月,日本最大的财经杂志《日经》封面报道阿里巴巴。
- 2002 年 9 月 19 日,世界上最大的贸易服务和促进组织美国奥克兰 BAWTC CEO Mr. Jose 等一行三人,对阿里巴巴(中国)网络技术有限公司进行了访问,并就合作意向与阿里巴巴高层进行了友好的洽谈。
- 2003 年 7 月 26 日,英国首相布莱尔抵达中国参加企业家峰会,他单独会见了商界精英。阿里巴巴董事长马云位列其中。
- 2004 年 10 月,阿里巴巴第五次当选《福布斯》评选的全球最佳 B2B 网站。
- 2004 年 12 月 28 日,马云获得 CCTV"2004 中国经济年度人物奖"。

公司文化

公司的目标是成为一家持续发展 102 年的企业,成为全球十大网站之一,只要是商人就一定要用阿里巴巴。公司的使命是让天下没有难做的生意!

公司价值观如下:

客户第一——关注客户的关注点,为客户提供建议和资讯,帮助客户成长。

团队合作——共享共担,以小我完成大我。

拥抱变化——突破自我,迎接变化。

诚信——诚实正直,信守承诺。

激情——永不言弃,乐观向上。

敬业——以专业的态度和平常的心态做非凡的事情。

管理团队

软库公司(Softbank)创办人、总裁及首席执行官孙正义出任阿里巴巴首席顾问。2000 年 4 月,世界贸易组织前任总干事彼得·萨瑟兰加入阿里巴巴的顾问委员会。阿里巴巴创办人、主席、首席执行官(CEO)——马云(Jack Ma),首席运营官(COO)——李琪(Liqi),创办人及首席财务官(CFO)——蔡崇信(Joseph Tsai),首席技术官(CTO)——吴炯(John Wu)。

2.1.2 产品与服务介绍

2005 年四大网站

四大站点,搭建起了全球企业间的网上交易市场和商务交流社区,见图 2-2。

中文站

阿里巴巴中文站主要为国内市场服务。积极倡导诚信电子商务，与邓白氏、ACP、华夏、新华信等著名企业资信调查机构合作推出"诚信通"服务，帮助企业建立网上诚信档案，提高网上交易成功的机会。

中文站核心服务： 诚信通服务

国际站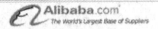

阿里巴巴国际站面向全球商人提供专业服务。为中国优秀的出口型生产企业提供在全球市场的"中国供应商"专业推广服务。

国际站核心服务： 中国供应商

阿里巴巴"中国供应商"是一项旨在帮助国内出口企业开拓全球市场的高级网络贸易服务。➡ 点击进入

日文站

阿里巴巴日文站是中日贸易的桥梁。帮助中国供应商开展与日本的网上贸易，促成买卖双方达成交易。➡ 点击进入

淘宝站

阿里巴巴淘宝站致力于成就中国最大的个人物品交易市场！免费开店，免费交易！用最少的钱淘最好的宝贝！➡ 点击进入

图 2-2 阿里巴巴四大网站

作为网上市场,阿里巴巴的网站主要是为买卖双方服务,因此每个网站都是以买卖双方的交易促成为主要目的来建设的,包括以下主要栏目。

(1) 我要销售栏目:有 30 个行业 700 多种产品分类的商业机会供查阅,每天能新增大约 20 万条供求信息,专门为卖家提供供应商机查询。

(2) 我要采购栏目:按产品分类陈列展示阿里巴巴会员的各类图文并茂的产品信息库,专门为买家提供产品查询。

(3) 公司库:公司信息展示大全。买卖双方可以通过搜索寻找贸易伙伴,了解公司详细资讯。会员也可以免费申请,将自己的公司加入到阿里巴巴"公司全库"中。

(4) 以商会友:这是一个很大的网上商人交流 BBS。在这里,会员可交流行业见解,谈天说地,招揽生意。

(5) 商业资讯:按各类行业分类发布最新动态信息,会员还可以分类订阅最新信息,直接通过电子邮件接受。

支付宝

支付宝是阿里巴巴提供的又一杀手级业务。从表面来看,支付宝是一个独立的第三方支付平台;从深层次说,支付宝为电子商务注入了诚信的强心剂,"你敢付,我敢赔"是支付宝对用户的承诺和保证。2006 年 6 月 16 日,中国工商银行总行正式为支付宝公司出具《客户交易保证金托管报告》,这是中国工商银行将自己的权威信誉和支付宝公司的信誉捆绑在一起,让"支付宝信誉 = 工商银行信誉",让支付宝的独立第三方电子支付平台的公正性和抗风险性在用户心中得到了一个质的提升。

盈利模式

阿里巴巴通过两项主要产品,为自身的发展带来了现金收入。阿里巴巴的盈利模式简单明了,就是通过互联网将买卖双方聚集在一起,使得交易双方能够通过互联网建立起交易联系,进而在网下发生交易,最终向买卖双方收取会员年费。给阿里巴巴贡献收入的主要是会员年费,主要产品为中国供应商和诚信通。中国供应商产品主要适用于从事进出口贸易的企业,阿里巴巴在国际站(www.alibaba.com)和日文站(japan.alibaba.com)两个网站上为会员企业提供展示平台,每个会员的年费为6万—8万元,中国供应商产品带来的收入占阿里巴巴收入的70%;诚信通产品主要适用于通过阿里巴巴进行国内贸易的中国企业,阿里巴巴在中文站(china.alibaba.com)上为会员企业提供网上的贸易和交流平台,每个诚信通会员每年缴纳2 300元。诚信通带来的收入大约占阿里巴巴收入的30%。

源于网络广告和搜索排名等产品的收入目前只占总收入的很小一部分。目前以上两个产品主要通过中文站、日文站和国际站提供,而淘宝站目前免费运营。中国供应商产品主要是为中国的出口型生产企业提供在全球市场的专业推广服务。

阿里巴巴主要通过如下手段为购买"中国供应商"的中国企业提供服务:以阿里巴巴国际站和日文站为载体,通过各种渠道向国外的买家展示中国企业的产品等信息,推荐中国企业,以达到撮合生意的目的。

阿里巴巴每天向会员提供数千条的海外采购信息(由阿里巴巴买家服务部搜集)。阿里巴巴代表中国企业每年在海外参加大量的专业展会,在展位上,服务人员将为"中国供应商"提供如下服务:展示会员企业的样品,印刷有会员企业产品信息的行业手册,免费向买家派送。借助会员企业光盘,向全球买家推荐中国企业。同时,阿里巴巴买家服务人员现场为买家进行生意撮合。此外,阿里巴巴还提供培训服务,包括对会员企业进行出口培训,举办企业管理(战略)研讨会以及商会友俱乐部,以提高会员企业的素质。

诚信通是阿里巴巴针对国内发展中企业推出的网上贸易服务,它通过强大的宣传渠道,使得国内的买卖双方能通过阿里巴巴中文站建立贸易联系,并完成在线下的交易。每年诚信通会员的会员费为2 300元人民币。阿里巴巴结合传统认证服务与网络实时互动的特点,将建立信用与展示产品结合起来,从传统的第三方认证、合作商的反馈和评价、企业在阿里巴巴的活动记录等多方面,多角度、不间断地展现企业在电子商务中的实践和活动。最终这些信息会落实到一个诚信通指数上。诚信通指数越高,代表这个企业的可信度越高,它的出现将为企业及商人建立一个电子商务档案。诚信通指数展示了企业的网上信息公开度和贸易成熟度,是企业之间相互了解和选择的一个重要参考因素。

目前诚信通指数综合了以下六大因素:

(1) 企业身份认证。

(2) 会员评价(好评加分,中评不加分,批评减分)。

(3) 证书及荣誉。

(4) 诚信奖励分(会员为维护诚信社区作出了突出贡献)。

(5) 经验值(与阿里巴巴共同参与诚信体系建设的时间)。

(6) 阿里巴巴培训证书。

从2002年3月起,阿里巴巴全面实施诚信计划。这一计划实际上是变相对产品升级,对一直免费的互联网大餐实施收费的过程,让以前免费注册的用户开始掏钱,就是说经过诚信认证的企业,将会有更多的展示机会。当然,企业只有经过诚信认证,才能进一步提高阿里巴巴网上交易市场的质量,使之真正为会员服务。

为了给诚信通会员提供最好的信用度佐证,阿里巴巴与全球著名的企业资信调查机构邓白氏(Dun&Bradstreet)、澳美资讯有限公司(Asian CIS)、华夏国际企业信用咨询有限公司以及国内的新华信国际信息咨询有限公司合作,为诚信通会员提供公司合法性认证和联络人业务身份认证。

以此为基础,每位诚信通的用户不仅可以通过网络展示自己企业获得的荣誉和各种能表明自己信用度的文件,还可以提供能够证明自己资信和实力的10位合作伙伴的推荐信。此外诚信通用户之间还可以在网上彼此进行客观评价,从而促使企业和商人规范自己的商业行为。同时,阿里巴巴也会把每位诚信通用户的网上活动记录完整地保存和展现出来。在提供以上产品的同时,为了使买卖双方通过互联网能以更低的成本更便捷地取得商务联系,阿里巴巴向会员企业推出了贸易通服务。

贸易通是阿里巴巴网站新推出的一项服务,它的功能主要有以下几项:和百万商人安全、可靠地进行即时在线沟通、互动;结识、管理自己的商业伙伴,开展一对一的在线营销;强大的商务搜索引擎,搜尽天下商机;服务热线为诚信通会员即时解答网络贸易疑问,方便用户享受高质量的在线客户服务。其界面有点类似于常用的聊天工具QQ,非常友好且使用简单。

通过对阿里巴巴以上三种主要产品的服务模式的分析,我们发现,阿里巴巴目前所谓的网上贸易市场,是一个以互联网技术为基础的全球性的电子商务信息平台,阿里巴巴只提供信息服务,企业在阿里巴巴平台上进行商业信息的发布、反馈、收集、检索、评价,即提供各种买卖商机信息、产品展示信息,帮助企业更好地在网上实现商业信息的交流,促进交易的最终发生,亦即所谓的交流在网上,交易在网下。阿里巴巴 CEO 马云作过一个形象的比喻,他说阿里巴巴网站就像一个"茶馆",他们只负责把买卖双方聚在一起,至于生意能否谈成就看双方的实力、价格等因素了。

评判一个企业成功与否的标准有很多种,如是否为全球 500 强,是否为中国信息产业百强等。阿里巴巴目前至少在品牌效益上比较成功,笔者认为这也应该是这家企业应该得到的吧,因此到目前为止阿里巴巴也算是成功的。

2.2 阿里巴巴商业模式分析

2.2.1 B2B 模式成功的原因

有利的"天时"

中国的改革开放、计划经济向市场经济的转轨,促进了中国中小企业的飞速发展,这是阿里巴巴存在的市场基础之一。国家信息中心、国务院发展研究中心中国企业家调查系统等单位联合对我国中小企业的经济发展状况进行了调查和分析。该调查统计显示,截至 2001 年年底,中国共有中小企业 2 930 万家,从业人员 1.74 亿人。从贡献上看,中小企业创造的最终产品和服务的价值占我国 GDP 的 50.5%,中小企业解决的就业占我国城镇总就业量的 75% 以上,中小企业提供的产品、技术和服务出口约占我国出口总值的 60%,中小企业完成的税收占我国全部税收收入的 43.2%。但中小企业有个致命的缺陷,即由于发展时间短,资金不足,从而在产品营销渠道的开发方面显得能力不足。营销渠道开发能力的核心是市场推广能力,在这一推广过程中需要多种工具,中国中小企业非常缺乏运用这些工具的能力。而阿里巴巴很好地利用了互联网这个技术手段,通过自身的运营为众多的中小企业开拓了一个很好的营销渠道,因此有很大的市场需求存在。

2005 年,中国从世界第 32 位贸易国迅速崛起为第三贸易大国,这是全球化进程中最引人注目的现象之一。中国充分抓住了全球化带来的发展机遇,促进了国内经济的快速发展。2003 年,在全球贸易形势低迷的状况下,中国的进出口贸易增长取得了自 1980 年以来最高的发展速度,全年外贸进出口总值高达 8 512.1 亿美元,超过日本成为世界第三大进口市场。2004 年第四季度的统计资料显示,加工贸易增速加快,而外商投资企业和集体私营企业是增长的主要动力,在我国外贸进出口中开始扮演重要角色。外商投资企业和集体私营企业成为拉动进出口增长的主要力量:外商投资企业进出口额 4 729.3 亿美元,增长

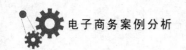

43%,进出口增量占总增量的63.9%;集体私营企业进出口额1 144.5亿美元,增长68.7%,进出口增量占总增量的21%。其中,集体私营企业恰恰都是成长中的中小企业,这些企业同样需要有阿里巴巴这样的营销渠道。而这些集体私营企业正是中国许多中小企业中的生力军。

随着市场化进程的加快,越是经济发达地区,中小企业数量的增长越快。调查显示,越是经济发达地区,中小企业发展得越好。东部地区进出口规模继续扩大,中西部部分省、市、自治区高速增长,长江三角洲地区的江苏、上海和浙江出口规模较以往年份均有较大增长。通过对我国2004年12月各省、市、自治区进出口进行统计分析,我们发现2004年12月出口排在前5名的省、市、自治区分别为广东、江苏、上海、浙江和山东。2005年对阿里巴巴企业库进行统计发现,在阿里巴巴企业数据库中,数量排在前5名的省、市、自治区分别为广东、浙江、江苏、上海和山东。这说明在进出口业务比较发达的省份,企业更加认可阿里巴巴的商务平台。

互联网的发展

CNNIC发布的第15次互联网报告显示,截至2004年12月31日,我国互联网用户总人数为9 400万人,同上一次调查相比,我国互联网用户总人数半年增加了700万人,增长率为8.0%,和2003年同期相比增长18.2%,同1997年10月第一次调查结果62万互联网用户人数相比,2004年互联网用户人数已是当初的151.6倍。可见我国互联网用户总数增长得比较快。同时,这次调查显示获取信息是网民上网最主要的目的。截至2004年12月31日,互联网站点达到66万个,与2003年同期相比增长了12.3%。其中商业站点(.com和.net域名)有55万个。站点数的增长在一定程度上说明了我国互联网应用水平正在提高,说明互联网作为一种新的推广工具,已成为一种趋势,中国企业的网络营销意识正在不断加强。

互联网作为新兴的推广工具,不断为企业所接受,其中中小企业是网络营销这种低成本营销手段的积极使用者。调查发现,有56.1%的企业表示从没做过网络营销活动,有41.1%的企业用户表示曾采用过网络营销方式,有2.9%的企业用户不懂网络营销是什么。

进行过网络营销的企业中,34.8%的规模为30—100人,33%是100人以上的企业,32.2%是30人以下的企业,见图2-3。我国是一个正在高速成长的市场,中小企业数量庞大,分布广泛,潜力巨大,成长迅速,是整个社会经济生活中的重要力量。由于没有过多的条条框框,中小企业反应迅速,行动灵敏,很容易接受这种低成本的推广工具。

2 互联网商贸的发展战略：阿里巴巴向百年老店的关键转型

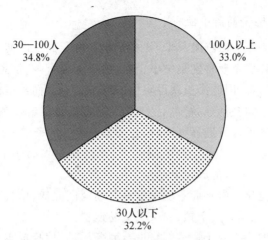

图 2-3　2004 年网络营销认知度

数据来源：该数据于 2004 年 3 月通过 iUserSurvey 对中国网络用户 E-mail 调研获得。

准确的定位

阿里巴巴网站刚推出时，其口号是："商人自己的网站。"随着网站的发展，目前其口号已经变成："让天下没有难做的生意！"在各种媒体报道中，阿里巴巴一再强调其主要是为中国的中小企业服务。正是这个准确的定位，使得阿里巴巴的发展在过去几年中一帆风顺。中小企业在营销方面的特点决定了它们对阿里巴巴的电子商务平台有很大需求。

贴近中小企业营销方面的特点

在市场竞争中，人们常用"大鱼吃小鱼，小鱼吃虾米"形象比喻大企业与中小企业之间的市场争夺战。不少中小企业因生产规模小，所采用的生产技术水平一般远远低于大企业，因而造成大量的资源浪费，难以与大企业、外资企业抗衡，在市场竞争中处于弱势地位。因此，相对于大企业，其平均寿命短，倒闭的可能性大。在经济衰退时期，中小企业受到的打击尤其严重。

资金短缺，几乎是所有中小企业都会遇到的问题。由于资金的匮乏，企业的营销活动也因此受到严重的影响。调查发现，我国不少中小企业通过技术创新活动研制了一些既能有效利用当地资源，又能满足当前市场需要的新产品，但是由于资金不足，无力开展产品的宣传及其他促销活动，以致产品信息不能及时、有效地传递给消费者，企业新产品在市场上少有人问津。同时由于资金的限制，营销人才也很缺乏。因此，中小企业的营销工作面临着许多挑战和困难，能否克服这些困难迎接挑战将最终影响中小企业的发展。

创新的 B2B 电子商务平台

由于电子商务在中国刚刚起步,许多企业对电子商务的初步认识是在网上进行信息查询。许多企业特别是中小企业,由于实力有限,信息闭塞,无法及时掌握供求方面的信息,因此渴望获得实用的商务信息。而阿里巴巴网上交易市场作为供需双方之间的信息桥梁,让产品供应商能够迅速找到买家,让需求方也能根据自己的需求进行选择。同时,它还具备电子商务的一般特征:

(1)市场全球化。凡是能够上网的人,不论在世界的哪个角落,都将被网罗在同一个市场中,都可能成为上网企业的客户。

(2)交易快捷化。电子商务能在世界各地瞬间完成,信息交换的准确性也得到了改善,而且无须人员干预,加快了交易速度。

(3)成本低廉化。由于通过网络进行商务活动,信息成本低,足不出户,可节省交通费,且减少了中介费用,因此整个活动成本大大降低。

(4)交易连续化。由于世界各地存在时差,这对于进行国际商务谈判来说相当不方便。对企业来讲,每天提供24小时的客户支持和服务费用相当昂贵。然而,借助国际互联网的网页,可以实现24小时的在线服务。任何人都可以在任何时候向上网企业咨询信息,寻找问题的答案。若没有理想的答案,还可以发送电子邮件进行询问。阿里巴巴很好地利用了互联网这个技术手段,通过自身的运营,把众多的中小企业推荐给买方,为中小企业开拓了一个很好的网上营销渠道,既能为中小企业降低运营费用,又能为中小企业增加销售机会,因此有很大的市场需求存在。

阿里巴巴网上交易市场的发展并不是照搬美国的商业模式,它主要针对中国的情况制定了自己的发展战略。阿里巴巴根据中国网络发展状况,集中力量做好信息流来构筑网上贸易市场,避开了资金流、物流这些会大幅增加成本的部分,使得企业有较高的毛利率,加快了发展速度。2005年中国的电子商务网站大体分为以下三种模式:

(1)以当当、卓越为代表的B2C购物类网站。在这种电子商务模式下,首先需要企业有库存商品,这样用户才能够购物,购买后需要企业有物流配送体系,因此需要付出较多的人力成本、资金成本和管理成本。最具代表性的Amazon,2003年的营业收入为52.64亿美金,但毛利率仅为23.87%。

(2)以易趣、淘宝为代表的C2C拍卖网站。网络拍卖是一种新兴的C2C电子商务模式,其最大优势在于充分利用了互联网快捷、低成本、广域性等特点,将拍卖这种原本运作复杂的交易方式简易化、平民化,从而使更广大的人群参与到拍卖中来成为可能。在这种模式下,网站实际上被作为一个虚拟的买卖市场,买卖双方在网上谈交易,在网下完成付款和交易。这种模式下,互联网公司不会有库存、物流配送等方面的成本压力。它的创始者和最成功的典范是美国的 eBay 公司。该公司从 1995 年成立至今已成交物品突破 2 500 万件,1998 年一个季度的成交额就达 1 亿美元。网络拍卖正是以其简易化、平民化的优势,迅速风靡美国,2003 年 eBay 的收入为 21.65 亿美金,其毛利率高达 80.7%,所以 eBay 股票现在是纳斯达克 TOP10 之一,原因是众多投资者看好它的盈利模式。

(3) 阿里巴巴为代表的 B2B 网站。阿里巴巴的商业模式和上面的 eBay 大同小异,只是交易主体是企业对企业而已,因此也是一种毛利率较高的电子商务模式,也采用网上信息交流、网下交易的办法,从而避开了不必要的成本麻烦。首先,专做信息流,汇聚大量的市场供求信息。阿里巴巴 CEO 马云曾多次阐述了他的电子商务观点,即中国电子商务将经历三个阶段:信息流阶段、资金流阶段和物流阶段。目前中国电子商务还停留在信息流阶段。阿里巴巴网站 2005 年是在国内外获得成功的为数不多的典型的网上交易市场之一。它实现了虚拟的网络商人社区,汇集众多商家参与,实现了商人最基本、最朴素的愿望——自由贸易。网上交易市场是多端企业间电子商务模式,它通过集合众多的买方与卖方的信息,在网上汇集和处理交易各方的信息,构筑网上市场平台,向相关的厂家和需求方公布,从而创造大量的商业机会,提高市场的运作效率。企业利用电子方式在采购商、销售商、合作伙伴之间实现在线交易、相互协作和价值交换,通过网上交易市场开拓新的市场及客户群,提升运作效率,节约市场开拓方面的资金投入,赢得更高的投资回报。

2.2.2 独特的营销模式与企业文化

顾客导向的 B2B 服务

"阿里巴巴是一家服务型公司,我们的使命是让天下没有难做的生意,因此我们要不断地了解我们的会员生意难做在哪里,为他们提供帮助,这样我们才有存在的价值,企业才能发展。"同时,阿里巴巴有很好的企业文化和一支团结的团队,把彻底为用户负责的态度——不断倾听客户的声音,满足客户的需求——这个运营理念贯穿到整个公司的方方面面。1998 年,alibaba 网站正式创建,1999 年 10 月 www.alibaba.com 正式宣布推出。当时 alibaba 就是以"商人自己的网站"这句口号开始了其艰难的创业历程,那个时候互联网的泡沫在中国刚刚开始,人们对互联网的印象就是瀛海威、雅虎,就连搜狐那个时候在中国也是刚刚起步,接着就是 1999 年各种各样的小互联网公司如雨后春笋般地出

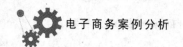

现。由于中国互联网网民人数较少,互联网的影响力还不大,因此以商人这个对互联网还比较陌生的特定群体为定位而开始的阿里巴巴显得格外不起眼。从那时起,阿里巴巴开始全力打造商人自己的网站,想方设法吸引商人到alibaba网上来注册,同时,加紧海外宣传,加快国内市场的培育。

  为了吸引更多的商人上网,阿里巴巴全面转向网上行业市场,在网上添加了很多内容,以期吸引更多的进出口企业加入到阿里巴巴来。随着中国加入WTO脚步的临近,阿里巴巴又推出了精心设计一年之久的、为中国企业量身定制的WTO解决方案,推出了国内第一个有关行业加入世界贸易组织的WTO频道。同时,阿里巴巴在国内四处出击,先是进军东北市场,宣布在大连成立办事处;接着在宁波举办了万余人找市场的活动;随后又在长江三角洲和珠江三角洲地区的宁波、深圳、温州、义乌等地举办了多场会员见面会,以了解用户的需求,培训中国的中小企业主,让他们学会如何在网上推广自己。阿里巴巴每年在全国各地举行数十场客户培训会,提高客户管理企业的能力及电子商务的实际操作技巧,促进客户间的同步交流与事业上的共同成长。在国外,阿里巴巴四处奔波,向全世界推广中国企业,以期将世界上主要的买家和投资家吸引到阿里巴巴上来,使中国企业能够利用电子商务的先进手段,以近乎为零的成本迅速扩大市场份额,成功面对WTO的挑战。阿里巴巴在亚洲先后建起韩文网站和日文网站,打通了邻国通过阿里巴巴寻找中国企业的通路,还宣布与新加坡中华总商会结成战略联盟,建设网上全球华商交易社区,通过互联网将分散在世界各地的几千万华商紧密联系起来,利用现代信息技术,为华商之间的交流和促进华商业务发展创造条件。此外,阿里巴巴还与阿拉伯世界最大的互联网公司结成战略联盟并同步推出阿拉伯世界第一个B2B门户站点,阿拉伯企业可以直接与阿里巴巴全球600多万买家和卖家进行商务联络,并且开始在欧洲和拉美展开大规模的市场推广活动,有意识地促进国际采购集团和中国供应商的联系,促成交易的完成;和"意大利对外贸易联合会"发布结盟网站,把阿里巴巴的"中国供应商"推向了广阔的意大利市场;在纽约举办中美经贸交流活动,向美国企业推荐中国的合格生产商,2004年美国大选期间,美国国家广播公司(CNBC)的黄金时段,阿里巴巴投资四千万美金展开广告轰炸;与土耳其最大的企业结盟,阿里巴巴网上贸易市场所聚集的优秀的中国供应商资源,正是土耳其企业所关注的,与阿里巴巴的合作,可以有效地推动两国企业间的贸易往来。

积极拓展国际市场

  网站一边要不停地吸引更多的商人上网,一边要用实际的服务来留住他们。阿里巴巴开始进行网上贸易市场的新一轮转型,即从基本自由的开放市场转向有限管理的规范市场,强化了作为市场的建设者和运营者的管理功能,以推荐优质供应商和采购商的形式,提升市场交易的信用和效率。为此,阿里巴巴于2000年年底在英国、美国和中国香港分别设立了欧洲、北美和亚洲买家支持中心(后来叫做买家服务部)。阿里巴巴买家支持中心与许多国际采购集团接触,把更多的优质采购集团推荐给阿里巴巴的用户,尤其是推荐给中国出口供应商,并向全球买家推荐在中国的出口供应商,以提高阿里巴巴平台卖家的质量。在起步阶段,网站放低会员准入门槛,以免费会员制吸引企业登录平台注册用户,从而汇聚商流,活跃市场。会员在浏览信息的同时也带来了源源不断的信息流,创造了无限商机。免费会员制是吸引中小企业的最主要因素。在市场竞争日趋复杂激烈的情况下,中小企业当然不肯错过这个成本低廉的机遇,利用网上市场来抓住企业商机。大大小小的企业活跃于网上市场,反过来为阿里巴巴带来了各类供需,壮大了网上交易平台。

从2002年3月起,阿里巴巴全面实施诚信计划。这一计划实际上是变相对产品升级,对一直免费的互联网大餐实施收费的过程,让以前免费注册的用户开始掏钱,就是说经过诚信认证的企业,会有更多的展示机会。这样通过免费使得买家有信息可查询,同时只有购买了诚信通的企业,才有商业机会,而且比没购买诚信通的企业拥有更多的展示机会。这一举措使得阿里巴巴从2002年起开始盈利。企业只有经过诚信认证,才能进一步提高阿里巴巴网上交易市场的质量,使之真正为会员服务。

此外,适度但比较成功的市场运作,比如福布斯评选,提升了阿里巴巴的品牌价值和融资能力。阿里巴巴与日本互联网投资公司软库(Softbank)结盟,请软库公司首席执行官、亚洲首富孙正义担任阿里巴巴的首席顾问,请世界贸易组织前任总干事、前高盛国际集团主席兼总裁彼得·萨瑟兰担任阿里巴巴的特别顾问。通过各类成功的宣传运作,阿里巴巴被多次选为全球最佳B2B站点之一。

最后,阿里巴巴不断完善网站功能,使操作简单化。阿里巴巴的定位就是为中小企业服务,在中国特定的情况下,中小企业的老板文化层次不是很高,电脑操作不是很熟练,这些也制约了企业上网的进程和广度。但是阿里巴巴针对这些情况,尽量开发一些操作简单的功能,让人一看就知道如何操作,一学就会,这不仅符合企业的实际情况,并且大大地弥补了人们电脑操作不熟练的缺陷。

阿里巴巴针对不同国家用户采用当地的语言,使网站信息简易可读。这种便利性和亲和力将各国市场有机地融为一体。阿里巴巴已经建立了5个相互关联的网站:英文的国际网站(http://www.alibaba.com)面向全球商人提供专

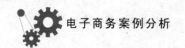

业服务;简体中文的中国网站(http://china.aliaba.com)主要为中国内地市场服务;另外还有针对当地市场的日文、欧洲语言和南美网站。这些网站相互链接,内容相互交融,为会员提供了一个整合一体的国际贸易平台,汇集全球178个国家(地区)的商业信息和个性化的商人社区。

经过五年多的努力,阿里巴巴吸引了全球600多万的卖家和买家通过其电子商务信息平台发布产品销售信息和产品采购信息,并最终完成线下交易。阿里巴巴通过为买卖双方提供有价值的供求信息及服务而实现自身的盈利。正如阿里巴巴所宣称的,其正在通过电子商务信息平台的建设以及提供相应的服务实现买卖双方 meet at ali 的目标。这一切,成功地缔造了被誉为经典的网上交易市场,阿里巴巴凭借其可行的、具有说服力的商业模式以及良好的盈利能力在快速增长的电子商务市场中处于领先地位。

作为一个发布和获取商业信息的电子商务信息平台,相对于传统信息流通渠道而言,阿里巴巴的电子商务信息平台具有传统信息流通渠道无法比拟的性价比优势。同时目前600多万的注册用户,确确实实给不少企业带来实际效益。凭借这些优势,阿里巴巴在电子商务领域获得了高速成长,并受到了越来越多的关注。

正是由于阿里巴巴卓越的竞争优势,越来越多的中小企业把阿里巴巴的电子商务信息平台作为推广产品的一种营销渠道选择,产品推广面的拓展和产品推广费用的降低为企业带来了开源节流的经营效果。随着阿里巴巴电子商务信息平台卖方市场的日渐繁荣,阿里巴巴也正成为全球买家采购产品的一种渠道选择。2000年7月,《福布斯》杂志从全球1 000多家电子交易市场(网上交易市场)中选出做得最好的B2B企业,马云的阿里巴巴被评为综合类B2B网站的第一名。

适应中国C2C市场的企业文化

中国电子商务市场的巨大发展潜力吸引了许多世界著名的跨国公司来中国投资。然而大多数外国企业所获得的回报并没有想象中的那样丰厚。相对于投资来说,跨国公司要想在中国的电子商务市场中取得成功,后期有效的运营策略更为重要。尽管如沃尔玛、宝洁、通用电气等许多世界著名公司在中国成功地扩大了它们的业务范围,提升了其市场份额,但许多其他高科技特别是以互联网为依托的跨国公司却发现自己处于中国本土企业的包围中,并且在法律、政治和文化等方面都存在着不适应及冲突。许多外国知名企业在中国的电子商务市场中很难取得成功,而在电子商务市场中的中国企业却能够赶上并最终超越强大和更有经验的跨国公司,这和建立适应中国C2C市场的企业文化有密切关系。通过对比淘宝网和卓越网的文化可以分析C2C市场战略的特点。

由于拥有准确的远见、精明的商业策略、充满活力的管理人员和雇员,淘宝网发展迅速。2006年年底,淘宝网宣布它已经拥有3 000万个活跃的交易账户,约占全部C2C市场账户数量的75%,总计交易金额超过160亿元人民币(约合20.7亿美元)。与此同时,易趣中国在2006年12月下旬宣布,因为连续三年市场份额下降,公司决定将其C2C的业务并入另一家公司,以换取49%的股份。在这三年中,中国的C2C市场经历了爆炸性的扩张:网上购物的用户数量从2003年的600万增长到2006年的4 000万,互联网的用户数量从5 900万增长到13 700万,利用网络购物的比例从2003年的0.1%增长到2006年的23.6%。

易趣网(www.eachnet.com)于1999年8月成立于上海。易趣中国是由全球知名的易趣公司(www.ebay.com)对易趣网投资3 000万美元在中国建立的C2C网站,并于2002年更名为易趣中国(www.ebay.com.cn)。2003年,易趣中国占据了中国C2C市场73%的份额,网上交易金额超过10亿元人民币(约1.4亿美元),并拥有430万个活跃的交易账户。在同一年,易趣公司投入额外的5亿美元资金到易趣中国。易趣公司的目标是继续巩固其在中国占据的C2C网站的市场份额以及完善易趣中国的交易平台,并将易趣中国融入到易趣全球的战略平台。到2004年秋季,整合已经基本完成。然而,在这段时间里,淘宝网已打入C2C市场,并开始与易趣中国竞争市场份额。在后来的几年中,易趣中国逐渐失去了其在中国C2C市场的份额。2005年,易趣中国拥有1 680万个活跃的交易账户,在中国C2C市场仅排名第三,第三季度的网上交易金额为11.2亿元人民币,仅占C2C网站在线交易额的8.1%。2006年12月,易趣中国宣布与TOM(www.tom.com)一个设于香港的电子商贸公司达成协议,成立一个新的合资公司来经营C2C业务。新的C2C网站的在线平台于2007年8月开放。其域名已更改回原来的www.eachnet.com.cn,标志着易趣公司在中国C2C电子市场运营的结束。

与如此令人印象深刻的数字相比,中国还远远没有达到发展电子商务和与之相关的消费市场的潜力。主要由年轻人组成的中国的1.37亿互联网用户仅占全部人口的10%。他们有着相对较好的教育和较高的收入,而且选择在网上购物的网民仅占互联网用户的四分之一。中国电子商务市场的巨大潜力吸引了许多具有长远眼光的世界著名企业来华投资。然而中国悠久的历史文化、独特的政治和社会结构,以及迅速变化的消费者需求对进入中国市场的跨国公司提出了巨大挑战。虽然中国改革开放三十余年来,一些跨国公司在中国取得了巨大的成功,并且为其他企业提供了宝贵的经验,但是也不乏失败的例子,尽管这些失败企业同样有着严密和高效的管理。所以我们认为文化的因素以及不

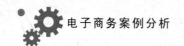

同民族间的组织文化是否相融合是外国企业能否在中国取得成功更为关键的因素。并且在阿里巴巴的案例中,我们认为文化因素决定了企业之间竞争的优势。

由于人们的消费习惯和心理在很大程度上会受到文化的影响,尤其在像中国这样拥有悠久历史文化的国家,如果外国企业没有考虑到文化因素在引导消费过程中的作用,它们所制定的营销策略就可能失败。由于在中国还没有形成完整的社会信用体系,人们还是习惯于进行面对面的交易,因此,制约中国电子商务市场发展的两个最重要的障碍是缺乏信任(客户之间、客户对电子商务运营商)和缺乏健全的网上资金交易管理机制。如果这两个问题得不到有效的解决,中国的电子商务市场便谈不上很好的发展。易趣中国进入C2C市场后所做的创新仅仅在于提供了银行卡的在线支付,并没有解决这两个发展的障碍。与此同时,中国其他的一些电子商务运营商意识到了上述问题,并采取了一些相应的措施,如支持货到付款以及买家和卖家之间的即时通信等。淘宝网率先启动了其"支付宝"在线交易服务平台。"支付宝"不仅支持信用卡和银行账户,而且支持直接的现金存款交易。而"阿里旺旺"这一个即时消息系统,让买家和卖家在交易之前可以直接交谈,从而有效地解决了买卖双方的信任问题。淘宝网的这两项技术创新,目的即在于消除中国电子商务发展的两个障碍,并帮助淘宝赢得了中国C2C电子商务的市场份额。这些创新的营销策略是植根于深刻了解中国的消费文化和市场环境基础上的。

易趣中国和淘宝网有着极大的相似性和鲜明的差异。这两家公司的员工,从高层管理人员到软件工程师,均为最优秀的年轻专业人员,平均年龄约27岁。因此,创造和保持一个愉快的工作环境,提倡奉献精神和创新精神,是其共同的组织文化。同样重要的是,两家公司都将"顾客至上"作为其核心价值观。管理人员和员工都清醒地认识到,在争夺激烈的C2C市场中,拥有客户多的一方将在竞争中取胜。两家公司也有着明显的差异。易趣中国,作为易趣的子公司,虽然几乎所有的员工和高层管理人员都是华人,但在许多方面的做法都类似于其美国母公司,包括其管理理念、组织结构和业务流程。易趣中国的一位管理者指出,自从易趣网被收购以后,其运营制度以及组织的等级制度均发生了重大变化,虽然采用开放式的管理方式并强调员工之间的相互沟通,但在企业内部还是形成了较强的等级观念。一位管理者说,过去员工在需要时可以直接走进总裁的办公室,现在是不允许的,而现在上下级之间沟通的会议多数都是形式上的。

与此相反,淘宝网似乎用一种十分自然和有效的方式完成了这个艰巨的任务。其策略就是将企业的核心价值观融入到组织的文化中。从组建淘宝网的第一天起,管理者就注意将中国传统的武侠精神融入到淘宝团队的组织文化中。淘宝的创始人马云热爱武侠小说,尤其是著名作家金庸先生的武侠作品。每位淘宝的员工从被雇用的第一天起就拥有一个金庸先生武侠小说中人物的名字。事实上,所有淘宝的员工,他们的真实姓名都几乎被人遗忘,因为在公司里大家都相互称呼其武侠角色的名字。更有趣的是,淘宝的核心价值观被概括为金庸小说中的一种神秘武功——"六脉神剑"。"六脉神剑"分别代表客户第一、拥抱变化、团队合作、诚信、敬业、激情六种价值观,见图2-4。以"六脉神剑"作为比喻的六种核心价值观深深地植入了每位淘宝员工的头脑。这个组织文化的标志符号也被印在每位淘宝员工的名片背面。

图2-4 淘宝网的"六脉神剑"代表的核心价值观

这个以武侠精神为代表的企业核心价值观给员工和客户传递了一些重要的信息,并收到了一些意想不到的积极效果。例如,在武术的世界里,领导人往往被认为是超级英雄,并拥有超自然的神秘力量。团队的成员信任他们的领导人,并无限忠诚于领导人和团队。淘宝网的高层管理人员通常采用金庸小说中超级英雄的名字作为昵称,员工对领导者的高度信任和尊重是淘宝网可以不断前进的重要法宝。就像一位淘宝的员工指出的那样:"当我们的总裁说,我们明年的销售额将达到100亿元人民币时,我们也相信会做到,即使它是我们今年所做到的10倍。"

淘宝网将客户关系管理比喻成中国武侠文化中的"店小二"精神。当淘宝的管理者或者员工称自己为金庸武侠作品中的一个角色时,顾客就会把武侠小说中角色的性格和面前的人联系起来,这样就在顾客和公司之间建立了一种融洽的关系。另一方面,淘宝的员工认为自己是客户的仆人,并将尽一切可能使客户满意。这也体现在了淘宝网和易趣中国对待顾客对公司产品及服务的反馈意见的态度上。淘宝网每个月除了正规的数据分析以外,还要求不同城市的员工以一种朋友式的、非正规的方式与客户进行沟通。淘宝网的客户和员工之间的边界相对比较模糊,顾客被看做企业的重要组成部分。淘宝网的客户服务部门和产品开发部门经常与客户进行面对面的交流，以了解客户的需求。许多热心的客户还对淘宝网如何提供更好的服务以及开发更贴近客户的产品提出了积极的建议。其中的一些客户甚至说服身边的一些易趣中国的客户，使之成为淘宝网的客户。许多淘宝网的客户认为淘宝的员工像兄弟姐妹一样地对待自己，并通过淘宝网平台帮助自己完成个人或企业的目标。而易趣中国则采取美国公司常用的方式，主要依靠专业研究公司在每季度提供的客户调查数据来了解客户的需求。这样，在客户与企业之间形成了一个比较清晰的边界，有许多微小但是很关键的细节信息不能及时地以报表的方式传递到公司内部。

淘宝网和易趣中国之间不同的组织文化也导致了两种不同的运营风格。表2-1对比了两家公司主要的运营风格。

表2-1 易趣中国与淘宝网的主要运营风格对比

运营风格	易趣中国	淘宝网
内部沟通	半正规 等级制度	非正规 直接沟通
雇员	受过高等教育、有一定经验的精英	有干劲的大学毕业生，将彼此视为兄弟姐妹
领导者	受过西方教育、有一定经验、从世界各地招聘	当地的大学毕业生，从公司内部选拔
运营战略	将易趣中国融入到全球战略平台，执行总部的决策	依据经验，根据市场迅速调整
如何决策	集中分析 专家的研究和历史的数据	分散的半分析 依赖于顾客的反馈
客户	企业外的实体 强调客户服务	企业的一部分 强调共同成长
对媒体的态度	消极的 尽量避免接触	积极的 包容并利用

通过对易趣中国与淘宝网竞争策略的比较，我们不难理解企业对民族文化的理解以及发展和谐的组织文化在国际商业竞争中的重要作用。也可以看出，在消费者对企业品牌的忠诚度相对较低的市场中，一位具有人格魅力的领导者在企业中起到的重要作用，以及企业的领导者对当地文化的理解程度对企业取得成功的关键作用。只有充分地认识到以下四点，跨国企业才可能在与中国本土企业的竞争中处于主动。

第一是高层管理团队的本土化。对于许多外国公司来说，中下层管理人员的本土化是一个被普遍采用的策略，但高层管理团队的本土化在许多外国公司中遇到了阻力。许多公司并不充分信任当地的华人，很少任命他们为高级管理人员。他们往往会选用一些在美国受过教育的中国人，或在亚洲较发达地区有着较好绩效的中国管理者作为公司的高级管理人员。他们认为这些人毕竟是中国人，必然了解当地的文化。这些高级管理人员经常被称为"空降兵"。可事实上，这些"空降兵"往往缺少真正的本地人拥有的三个基本要素：在当地广泛的社会网络、深入了解普通中国消费者的需求和偏好以及员工的归属感。

第二是迅速决策的组织结构。易趣中国在三年中绝大多数的经营决策都是由易趣的高层领导者在硅谷总部做出的。总部的一个决策做出后经常需要数周甚至数月才能在中国市场得到相应的执行。与之形成鲜明对比的是，淘宝网可以在几个小时之内针对市场需求的变动进行策略上的调整。在易趣中国被易趣总部接管以后，为了融入易趣公司的全球战略平台，易趣中国还决定将其服务器设在美国总部。这样做的后果是大大减慢了服务器对顾客提交信息及检索的反应速度。因此，成千上万的原易趣中国用户转向了淘宝网。一位淘宝网的经理说："如果易趣中国不将其服务器设在美国，就不会有淘宝网的成功。"由此可以看出一个小小的决策，往往可以决定企业在市场竞争中的成败。

第三是重视媒体和网络口碑。易趣中国的管理者认为试图通过操纵媒体来帮助自己在竞争中取得优势的做法是一种不公平的竞争行为。而淘宝网的做法是采取主动与媒体沟通的态度并注意保持与媒体的融洽的关系。淘宝网的领导人愿意在媒体上露面，他富有远见的眼光以及被广泛认可的武侠精神为他增加了一种具有些许神秘力量的魅力，这种魅力吸引了众多淘宝网员工、客户以及潜在的客户。自从有了文化开始，中国就被皇帝、君王以及一些具有传奇色彩的人领导。在这种文化氛围中，拥有受人尊敬的领导人的企业理所当然会得到更多顾客的青睐。近年来，建立在互联网基础上的社会关系网，包括在线视频、在线聊天等方式已经成为互联网在中国发展最为迅速的部分。由淘宝员工积极参与和主办的众多在线聊天室和论坛已经成为淘宝网自己的媒体机器。淘宝网在互联网上良好的口碑以及媒体对淘宝网的宣传使得其赢得了众多客户。

第四是建立与当地政府和企业的关系。淘宝网的领导者认为相对于其他消费产品市场的领先者，例如沃尔玛、可口可乐、麦当劳、宝洁、通用电气、索尼等公司来说，国际互联网公司如 eBay、雅虎和谷歌等品牌的优势很难移植到中国的电子商务市场上。著名的互联网公司来中国投资，除了强大的财政和技术资源以外，基本上失去了其大部分的竞争优势。由于缺乏对当地文化和消费心理的了解以及很难形成社会关系网，这些公司很难融入当地社会。一个更好的选择是挑选一家效益好的当地公司进行投资，给予其技术和资金上的支持，并且在公司早期的发展阶段由当地的高层管理者进行决策,当公司的运营稳定后再逐渐引入西方的管理制度,这样在一定程度上可以降低风险并保证投资的收益。

2.2.3 从 B2B 到 C2C 的关键转型战略

开拓新的电子商务市场

2005 年阿里巴巴正在努力促使网商们完成从营销电子化向商务流程电子化的转变。2005 年 3 月 17 日,阿里巴巴正式推出了"拍卖企业库存"。企业可以在网上拍卖产品,也可以装饰自己的商铺。可以看出阿里巴巴并不仅仅想将阿里巴巴网站打造为一个信息平台,而是更希望它能成为一个交易平台。因此,它力图转变网商们的观念,告诉他们通过阿里巴巴不仅能够发布供求信息,还可以在线销售产品(即通过营销电子化开拓新的市场),这意味着企业可以与合作伙伴和客户之间发展出更加密切的关系以及更高的忠诚度,而这正是现代商业竞争中至关重要的。然而,正如我们所见到的,通过阿里巴巴的电子商务信息平台,网商们已经实现了营销电子化,但是,当时多数网商们所实现的营销电子化仅仅处于初级阶段,仅仅处于把企业形象和企业产品通过阿里巴巴平台推广出去的阶段,并没有实现真正意义上的"全"销售电子化,要实现真正的"全"销售电子化,需要经过市场开拓、竞争整合、资源重置、产业链的衔接等一系列市场运作的考验,每个环节都充满了竞争和挑战,毫不夸张地讲,达到真正的"全"销售电子化的过程就是企业间竞争、整合、淘汰的过程。然而,当时阿里巴巴不能很好地满足网商们自由竞争的需求,这一问题在某种程度上已经制约了网商们进一步参与竞争、发展壮大的主观能动性,阻碍了网商们实现真正的"全"销售电子化的发展步伐,所产生的后果就是网商们不能实现真正意义上的营销电子化,只能在营销电子化的初级阶段徘徊。从理论上讲,处于营销电子化初级阶段的网商们也就没有必要或根本无法实现商务流程电子化,然而,电子商务是商务发展的趋势,这是谁都不能回避的问题,企业需要发展,企业不会因为环境的制约而放弃发展,但企业会放弃制约它们发展的环境,所以,阿里巴巴应该全力帮助网商们完成由初级电子化营销阶段向"全"电子营销阶段的转变,由营销电子化阶段向商务流程电子化阶段的转变。所以,为网商们提供最佳的竞争环境和竞争解决方案已成为 2005 年阿里巴巴迫在眉睫需要解决的问题。

拓展海外业务

2004 年是阿里巴巴巩固自己在 B2B 领域内地位的一年。在国外,阿里巴巴借美国大选之机花费重金在美国电视台宣传中国企业；在国内，阿里巴巴利用CCTV、新浪网等强势媒体发动宣传攻势，力图吸引更多的国内商家。进入2005年后，阿里巴巴不断开发金牛产品潜力，以便为明星产品的发展提供更多资金。阿里巴巴的中文站、日文站和国际站是目前阿里巴巴的金牛产品，它提供着阿里巴巴发展所需要的资金；而淘宝网站则是阿里巴巴的明星产品，需要阿里巴巴的不断投入。2005年阿里巴巴的目标是每天交税100万元，这就意味着每天要有1818多万元的收入，全年有66亿元的收入，这是一个很宏大的目标，因为为了实现这个目标，2004年阿里巴巴开始挖掘各种收入潜力。2004年12月初，阿里巴巴海外部正式成立，专门为阿里巴巴海外200多个国家的会员服务，促进海外买卖双方会员的商业交往，将成为未来阿里巴巴海外战略的核心部门。虽然阿里巴巴的主要市场还是国内市场，但是这一措施会让之后其国外的收入急剧增长。

搜索营销模式

搜索引擎作为连接互联网的一座桥梁，越来越受到人们的重视，也逐渐成为继广告、短信、邮箱后的又一收入增长点。根据艾瑞市场咨询(iResearch)的测算，中国的搜索引擎市场2003年达到了5亿元，2004年中国搜索引擎市场增长至8.4亿元，2006年更是达到了23亿元。因此，随着阿里巴巴会员数的不断增多，阿里巴巴已经形成了一个很大的企业数据库，这就为阿里巴巴挤进搜索引擎市场奠定了基础。2005年3月10日，阿里巴巴推出的"搜索关键字竞价"正是阿里巴巴进军搜索引擎市场的一个缩影。阿里巴巴的"搜索关键字竞价"是在阿里巴巴关键字搜索结果排名的一种固定推荐位。其具体操作模式是，诚信通会员通过"16 000元人民币的一口价"或"相互抬价"的方式竞拍以获得"三甲标王"，中标会员的供应信息将在一个月内持续固定在前三位出现。此"关键字搜索"，覆盖了阿里巴巴36大行业的所有热门关键字。阿里巴巴拥有的网商达600万之多，这是一个极富拓展性的市场空间，是成为网络"注意力经济"最典型的体现。

培育交易人群

"网商"，是阿里巴巴自己创造的名词，按照阿里巴巴自己的说法，"网商"即网上商人，是在网络上从事商业经营的人群，而且这些"网商"一般都是个人或者中小企业，它们是中国经济中最活跃的群体。这个概念把电子商务这个概念做了适当简化，便于理解，让老百姓易懂、易接受。2004年6月，阿里巴巴在杭州召开第一届网商大会，会上评出了中国十大"网商"，既为阿里巴巴的B2B网站用户树立了楷模，同时也向C2C市场抛下一个诱饵——上阿里巴巴是能赚钱的。通过这次大会,"网商"这个词被炒了起来。然后阿里巴巴通过淘宝这颗棋子,试图把以前在互联网上只浏览信息、接收邮件的中国网民,通过C2C电子商务平台,培育成能在网上开店的"老板"。如果阿里巴巴只守着B2B(企业间电子商务市场),就会让许多人打消成为"网商"的念头,堵住了"网商"进一步扩军的通道,许多个人用户将无法加入其中,阿里巴巴推出淘宝网则正是为了弥补传统B2B的不足,进一步扩大"网商"概念的覆盖面。目前中国中小企业的数量是2 000万,但是网民数量则达到了9 000多万。

投资淘宝,扩展"网商"群体,服务领域从原来的B2B扩展到C2C,为打造电子商务王国奠定了基础。阿里巴巴也许并不满足于600多万企业作为网上市场中的交易主体,而希望中国的9 000万网民也来参与到网上交易中来。2003年7月7日,阿里巴巴宣布投资一亿元人民币开发C2C模式的中国个人网上交易平台——淘宝网。这种C2C模式是一种新兴的电子商务模式,其最大的优势在于充分利用了互联网快捷、低成本、广域性等特点,将拍卖这种原本运作复杂的交易方式简易化、平民化,从而使更广大的网民参与到网上交易中成为可能。它的创始者和最成功的典范是美国的eBay公司。该公司从1995年成立至今已成交物品突破2 500万件,2003年eBay公司的营业收入为21.65亿美金,而到2004年的营业收入达到66亿美金。eBay的案例同时也说明,一个面向个人的虚拟市场可以对广大的厂商有巨大的控制力,形成一条全新的、与传统销售完全不同的产业链。阿里巴巴要使自己成为一个伟大的电子商务王国,要打造102年的老店,没有办法回避这样一个虚拟市场,它意味着对商业力量的完全融合和控制。

互联网支付市场

如果说扩大"网商"范围是阿里巴巴在做"圈地运动"的话,那么要彻底占领这块土地,还需要先占领制高点——支付市场,控制未来电子商务价值链中的关键环节。2005年3月,阿里巴巴和中国工商银行达成了战略合作伙伴关系,联合推出第三方网络支付平台——"支付宝",希望能借以解决困扰中国电子商务的支付瓶颈难题。支付宝不仅仅向来自阿里巴巴和淘宝网的客户提供服务,同时也为其他电子商务公司的客户提供服务。很多中小购物网站和电子商务网站都无力自建支付系统,选择一个通用第三方支付平台或许是最好的选择。如果"支付宝"能在短时间内被买卖双方广泛接受进而习惯,那么,这个市场将是十分巨大的。"支付宝"除了解决中小企业贸易的支付难问题外,还肩负着更大的使命,即"占位"对未来网上支付市场的抢夺,希望成为国内电子商务在线支付的技术标准,从而成为买卖双方交易的唯一途径。换句话说,"支付宝"已经不只是支付问题,而是阿里巴巴未来市场布局中的一个重要环节。它反映出的是阿里巴巴在战略上的筹划和推进。作为新推的业务,除了辅助阿里巴巴平台上的交易外,更多的是实现了一种战略布局,一种网站盈利模式上的实践和探索。这才是"支付宝"更深远的意义。

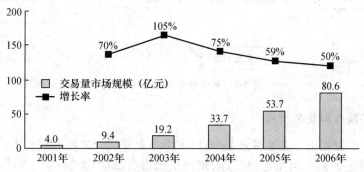

图2-5 网络拍卖交易市场情况

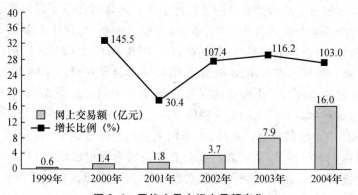

图2-6 网络交易市场交易额变化

对比美国网上购物(C2C)市场,采用网上支付的成交金额占总成交金额的43%。而目前在美国首屈一指的支付平台Paypal占据了整个网上支付市场的90%。从图2-5可以看出,2004年,中国电子商务仅C2C领域,成交总量即达33.7亿元规模。同时我们还没有算阿里巴巴的进出口贸易、B2B的交易量。加起来肯定不是一个小数字。而网络支付就是阿里巴巴开始掘金的开始。从图2-7所示的电子商务系统流程中可以看出,网上支付环节,是整个电子商务流程上的一个关键点,只有通过这个环节,才能把买卖双方很紧密地黏着到网上。而阿里巴巴专注了信息流的环节,因此在未来中国互联网的发展中,取得了关键的地位。

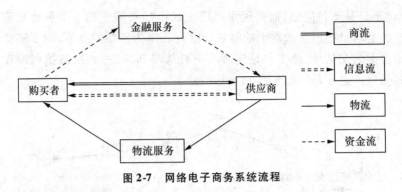

图 2-7　网络电子商务系统流程

互联网虚拟商务世界

阿里巴巴把中小企业聚集起来，成为中小企业的一个网上销售平台。下一步它希望让他们在阿里巴巴工作，用阿里巴巴自己的话说就是完成从 meet at alibaba 到 work at alibaba 的转变。由此出发，阿里巴巴希望商家把买卖信息、财务、行政人事等商业活动都放到阿里巴巴上来。这样就创造了以阿里巴巴为平台，逐步将中小企业的销售中心、人事中心、技术中心、支付中心和财务中心都放在上面的一个企业工作平台，其间横亘在 B2B、B2C 及 C2C 之间的一切环节都将被打通。阿里巴巴的 B2B 网站和 C2C 网站会合并成一个网上交易市场。那时，阿里巴巴将成为一个虚拟的商务王国，其中有自己的货币、自己的游戏规则、自己的运行体系和巨大的交易群体。阿里巴巴的收入来源就是这些进行交易的"网商"们上缴的税金。此外，由于网上交易会带来巨大的物流需求，因此通过控制网上支付环节，庞大的物流企业将会成为阿里巴巴的"打工仔"，靠阿里巴巴吃饭，因此也需要向阿里巴巴交钱，这是阿里巴巴正在做着的梦。

新业务模式开发：腾讯做 C2C 市场的挑战者

3.1 腾讯公司的 C2C 业务开拓

3.1.1 2007 年的腾讯公司

腾讯公司于 1998 年 11 月在深圳成立，并于 2004 年 6 月 16 日在香港联交所主板上市（股票代号 700）。腾讯已经初步完成了面向在线生活产业模式的业务布局，经过 9 年发展，到 2007 年，腾讯已经成为一家拥有 4 000 左右员工的中型上市公司，是中国最早也是目前中国市场上最大的互联网即时通信软件开发商，公司自主开发的即时通信软件——"腾讯 QQ"的注册用户已经超过了 5.490 亿，并提出了"在线生活，业务多元化"的整体战略目标。围绕这个目标，各个业务单元都要制定各自的业务单元战略。腾讯公司公布的 2006 年第二季度业绩显示，总收入为人民币 7.050 亿元（8 817 万美元），比第一季度增长 9.2%，比 2005 年同期增长 111.3%。其中，互联网增值服务收入占总收入的比例为 65.6%，移动及电信增值服务收入占总收入的比例为 25.3%，网络广告收入占总收入的 8.9%。腾讯公司互联网增值服务收入占 65.6%，突破了靠广告收入和移动电信服务生存的经营模式，创造了网络公司持续盈利的模式。其背后的运营状况是，注册账户总数 5.490 亿户中，活跃注册账户达到 2.242 亿户。

即时通信服务最高同时在线账户数达到 2 010 万。QQ 游戏门户(包括小型休闲游戏和中型休闲游戏)最高同时在线账户数达到 280 万。互联网增值服务付费包月用户数为 1 470 万。移动及电信增值服务付费包月用户数为 1 010 万。吸引并能维持数目庞大的注册账户及活跃账户,是腾讯公司的核心竞争力。

分析腾讯公司的经营特色,可以看出腾讯的成功源于以下要素:(1) 大多数网民需要的优秀核心软件。腾讯靠免费注册、免费使用的优秀即时通信软件 QQ 吸引了大量注册用户,使 QQ 成为广大网民在线交流的首选,成为其生活中的一部分。(2) 核心软件登录平台直接占据用户桌面。QQ 即时通面板直接占据用户桌面,便于直接登陆。(3) 推出有特色的免费业务,实行一号登陆制,与核心软件形成良性互动。QQ 的免费特色业务直接链接 QQ 即时通面板,形成良性互动,某个特色业务增加的吸引力,经过 QQ 即时通面板,直接对其他业务产生影响。一号登录制方便用户在各种业务间直接切换,多管齐下增强对用户的吸引力,提高客户忠诚度。(4) 区分网民上网的基本需要和高级需要。基本需要是免费的,增强网民的体验参与度,高级需要是部分网民的需要,对其收费最终实现盈利。

腾讯公司对"在线生活,业务多元化战略"的定义就是在互联网普及、融入生活的情况下,互联网在任何时间、地点,用任何终端、任何接入方式都可以满足人们的各种需求,主要是信息获取、通信沟通、休息娱乐、商务这四方面的需求。

第一是信息。在传统生活中我们是通过报纸、书籍、电视广播等获取信息的,这是一种割裂、被动式的信息获取方式。在线生活则是通过搜索引擎,通过新闻门户,通过互动的网络电视、网络电台的方式,能够非常便捷地获取海量的信息,分享信息的时候还可以和社区进行互动。

第二是通信。相比于传统的通信方式如书信、电话、传真、寻呼,在线生活中人们可以文本、视频等方式进行非常有效的沟通,形式非常多样化,并且有更多个性化的服务在里面。

第三是娱乐。在传统的生活中,人们是通过电影、电视、户外活动等方式休闲娱乐的,在线生活则通过网络实现娱乐,我们可以通过游戏、音乐、个性形象等各种丰富的方式来享受休闲娱乐。

第四是商务方面的需求,这是更加高端的需求。在现实生活中,我们过去进行的大多是面对面的商品交易,并且用现金和票据进行支付,但在在线生活中,人们可以通过网络、电子商务平台、电子支付的平台来进行。这种方式不仅更加便利,而且成本更低,效率更高。

3.1.2 进入 C2C 市场的战略

随着我国电子商务的外部环境不断得到改善,一直困扰电子商务的诚信、安全、支付、物流等问题,通过政府、社会和各厂商的共同努力,正在逐步得到解决并已初见成效,这也促使越来越多的企业开始认识到电子商务的作用并开始应用。

进入 C2C 市场作为腾讯公司"在线生活"的整体战略中的重要一环,需要有较完善的进入该领域的战略,来支撑公司对其资源的投入,并建立高级管理层甚至董事会对公司在该领域发展的信心。对于进入战略的研究的重要性具体表现在:

(1) 已有的竞争对手业务模式相对成熟,市场占有率大,整体战略的不确定将直接影响到公司在电子商务领域成功与否。

(2) 高端用户是腾讯公司业务的忠实用户,也是最有价值的用户之一,通常这类用户也是最愿意接受 C2C 模式的人群。如何通过公司自身拥有的电子商务平台增加高端用户的黏性,已经成为较为紧迫的问题。

(3) 腾讯公司拥有的用户覆盖了中国互联网用户的 80% 以上,C2C 业务是否成功,将直接影响到整体互联网用户的消费习惯,加之不断增加的用户积累,腾讯公司进入 C2C 领域的影响层面非常广泛。

进入 C2C 领域,企业的进入战略是关键。投入的资源、本身的核心竞争力、成本及管理手段都需要重点关注。在战略制定中,腾讯公司对自身其他业务发展的实际情况进行分析后,决定了进入电子商务领域的战略目标,并从资源、管理多角度分析和论证了企业本身所具有的优势及如何利用优势发展自身核心竞争力;在此基础上,进一步对中国目前 C2C 电子商务市场发展现状,包括经济环境、法律环境、消费群、主要竞争者及运营模式进行了分析,认识到了电子商务在今后互联产业当中的重要地位,从而积极探索进入 C2C 领域的战略。

在腾讯看来,互联网用户的需求,可以总结为四个层次:第一层次是信息传递与知识获取的需求;第二层次是群体交流和资源共享的需求;第三层次是人们对于个性展现和兴趣满足的需求;第四层次则是交易的需求。信息传递与知识获取的需求作为最基础的层次,与第二、三、四层次依次构架出金字塔形结构,四个层次的细分用户需求,是依次递进的,而不是互相取代升级的关系,见图 3-1。腾讯将这四个层次的需求所组成的互联网重新定义为一个产业化概念,即在线生活产业。

对于这个产业的形成,腾讯公司认为是技术创新和用户需求两个因素共同驱动的结果。技术条件的允许是催化剂,而用户的需求才是绝对的基础。爆发

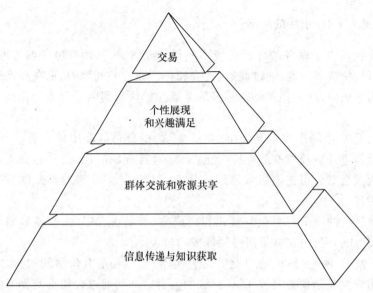

图 3-1 互联网用户需求的四个层次

性的技术进展,也能激发用户需求潜能进一步迸发。例如,在互联网发展的早期,应用创新带来的商业模式大多只是基于信息流,用户彼时彼刻的需求更多的是进行信息传递和资源共享,例如邮件、即时通信。而随着宽带和无线网络应用的发展,相关的应用和服务大大丰富,用户一方面需要与更多的人交流,以慢慢构建自己的交流群体;另一方面还希望能够在这些群体中展现个性,并完成自己的虚拟世界建设,这里面有个性秀、宠物等。而在真正的互联网 G 时代,人们将会更多地依赖于线上,如在线欣赏音乐、电影等。这些事实都说明,人们的生活正在由线下走向线上,从单一发展到丰富。

在线生活的产业模式,是一个由电信运营商、IT 产品制造企业、广大互联网增值服务企业共同参与的、合作更加紧密、资源得以共享、优势得以互补、在产业价值链上分工明确的产业。而腾讯则是其中重要的一环,因为腾讯拥有中国最大的单一文化的互联网社区。在这个网络社区中,用户需求的趋同性是非常高的,而用户彼此之间的关系又非常紧密,社区间用户彼此的关系及黏性决定了潜在的消费需求。正因为如此,也只有腾讯最有理由去开创和实现这个产业模式。网络社区使得企业可以更准确地把握细分用户需求,强化用户体验,最终依赖抓住用户细分的需求点来构架"线上生活"。

腾讯的愿景是要成为"最受尊敬的互联网企业",使命是"通过互联网服务提升人类生活品质"。与公司愿景和使命相对应,腾讯开始执行"在线生活战略",在整个互联网的各个业务方向(除了和传统行业结合较为紧密的几个方向,例如网上票务、网上人才、网上零售),腾讯几乎是全线出击。

经过7年的发展,2005年的腾讯已经有员工2000多人,市值100多亿元人民币,从一个创业期的快速成长的公司成为一个要求稳健持续发展的中型公司。在企业较小、快速成长的时候,腾讯的发展驱动力可以来自于个人驱动、技术驱动和机会驱动。但是当腾讯已经成为一个持续发展的中型公司的时候,企业发展的驱动力必然要来源于组织驱动、管理驱动和战略驱动。腾讯的决策层清楚地认识到了这一点,因此在2005年4月腾讯的第一季度工作会议上,当时腾讯的CEO马化腾制定了腾讯到2010年的5年发展规划和发展战略。

在业务领域,到2010年,腾讯的目标是:

(1) 即时通信平台,继续保持国内市场的主导地位。

(2) 门户网站QQ.com,达到全国第一的流量。

(3) 互动社区及通信,做到中国第一。

(4) 休闲游戏:中国第一;大型网络游戏:中国前三。

(5) 广告收入进入中国前三位。

(6) 无线传统业务进入中国前三;3G:流量达到中国第一。

(7) 在电子商务、搜索、RTX、VOIP、IPTV方面,找到有力切入点,储备充足经验及人才。

腾讯通过庞大的用户群优势,专注于发展QQ用户成为C2C电子商务用户,降低买家进入的门槛,同时为卖家提供人流资源;通过QQ平台强黏性的用户群体优势主攻买家,抓住最有潜力的"What-Ifer"好奇人群,以及喜欢社交、沟通,有表现欲,希望特别的用户群。吸引大量的买家进入活跃市场,才是卖家的利益驱动。因此需要对服务、品牌需求提高和扩宽,通过QQ平台有针对性的市场活动获得卖家,提高卖家数量和质量。同时由于腾讯用户群庞大但收入和消费能力较低,需要针对付费用户群特制电子商务市场和服务的策略。

捕获成熟的C2C用户并满足其需求的成本较高,特别是在各平台皆已培养出一定成熟C2C用户的情况下。腾讯需要通过特有的IM线上用户关系链的特有渠道优势,进行用户间线上深度传播推广和宣传,将电子商务网与QQ有机结合起来,使买卖双方和买卖群体可以畅通无阻随时随地地沟通。同时,买卖双方和买卖群体反过来又会形成新的关系链,不但会促成电子商务交易的达成,而且还会拓宽QQ用户新的需求和巩固QQ用户群的黏度。并且,此类渠道相对于传统线下和电视媒体等渠道而言,可以大量节省成本投入和市场费用,从而可以使企业在公平竞争的电子商务市场上获得更高的利润。

人力资源在高科技行业中是非常重要的,员工是公司与顾客之间的纽带。

对于顾客来说,员工是公司的代表,反过来,员工又从顾客那里给公司带回许多有关顾客的有用信息。为了吸引、留住和积累电子商务人才,公司必须认真考虑,制定相应的人才战略。知识型员工在考虑自己职业发展的时候,考虑最多的就是薪酬和培训两个方面。因此,要通过薪酬来吸引人才,通过职业发展体系来引导员工的发展。

腾讯聘请韬睿顾问公司制定了薪酬战略,并把薪酬策略和 SVM 体系结合了起来。腾讯总体的薪酬指导思想是在业界提供一个 50 分位的薪酬标准(对比的竞争对手是微软中国、百度、华为、中兴等)。尽管在竞争对手中仅处于 50 分位的薪酬水平,但是在业界还是处于领先水平的。为了吸引高素质的销售代表,公司需要拟订一个具有吸引力的薪酬计划。业界通行的办法是把销售人员的薪酬分为固定薪酬和变动薪酬两个部分。以此为基础又产生了三种基本的薪酬制度——纯薪金制、纯佣金制和薪金佣金混合制。大部分的公司都采用薪金佣金混合制。另外在电子商务领域,腾讯的主要人才竞争对手是淘宝、eBay,因此有必要和竞争对手的薪酬体系进行对比,并据以制定符合腾讯需求的薪金制度。

纯薪金制的优点是,提供给人员稳定的收入,使他们更愿意去完成非销售活动,管理简单化,并且降低了人员的流动性。纯佣金制则可提供更多的激励,从而吸引更好的销售人员,减少监督和控制销售的成本,缺点则是过于强调销售而忽略了与顾客建立关系。薪金佣金混合制则对两种制度进行了折中,根据销售队伍工作性质的不同,权衡薪金和佣金所占的比例,以求达到最优。采用工资加奖金的薪酬方式,可使管理简单化,团队也较为稳定。

腾讯公司定义的 C2C 的新内涵是 Communication to Commerce,即沟通达成交易。其新内容是"泛C2C",即其电子商务不仅包括商品交易,而且还根据消费者的需求,突出同城概念,涵盖服务、资讯、社区交友等。腾讯的目标是让沟通自然产生交易,通过服务持续提高用户的生活品质。

沟通分为个体沟通(点对点,如 QQ 对话)、小众沟通(多对多,如 QQ 群)、大众沟通(全公开,如评论/论坛/分类广告)。

有效小众沟通的要点

(1) 共同关心的话题:从地域、兴趣、商品、服务等多个维度,根据人气合理划分话题,方便搜索定位和加入。

(2) 有序、可控、不骚扰:进入可控,需要登录,信息提示可定制,可退出,提供投诉功能。

(3) 可信:通过认证、评价、发言和发帖累积等级。

(4) 回复及时:有 Presence 状态,支持即时会话。

(5) 表现丰富,功能强大:支持图片共享、多人语音等,如 QQ 群等。

(6) 好的群体管理员:需要有效的激励和竞争机制培养及管理群体管理员。

互联网与生活结合得越来越紧密,在信用累积加强的同时,生活本身的区域化特性导致互联网表现的区域化也将加强。网上的表现和联系工具与现实生活中的物流等进一步结合,这也就是所谓的"近联网"。用户的参与程度越来越高,发布供、需、评论等各种信息,自发产生很多互联网的信息来源和知识。大部分用户既读也写,这也就是所谓的"Web 2.0"。

利用直接购买体系

(1) 严格认证,抓住和鼓励大卖家,为用户提供更好的服务。

(2) 要求马上付款,减少流拍,跨越诚信平台。

(3) 借用第三方支付体系,跨越支付门槛。

(4) 增加购物车体验,方便用户,挑战传统的 C2C 运作模式。

(5) 鼓励用户增加购买。

(6) 方便卖家管理流程。

中国 C2C 市场还处于成长期,市场还没有发育成熟,而且各项环境都有待于进一步完善,尤其是用户基础还比较薄弱。所以,腾讯公司应避免产生急功近利的心态。鉴于市场发展的不成熟和竞争的激烈程度,C2C 电子商务网站还需要新一轮的投入。一方面,通过各种途径增加注册用户数,提高活跃用户所占的比例。卖家用户多,提供的产品多,购买者就多,这又将吸引新卖家的加入,发挥出正反馈效应。另一方面,应该致力于打造更为完善的信用体系、安全体系、支付体系、服务体系以及技术平台,增强系统功能,提高服务质量,提高交易体验。

对于信用体系的应用和改善,设定合适的信用评价登记制度,使其更加真实地反映交易双方的信用水平。另外,对商家/消费者进行各种形式的评选和推优等活动,倡导诚信经营和交易,提高成交量。

在买卖双方之间权利和义务的规定上,以及在纠纷问题的处理上,秉承"公正"的原则,平衡双方的责、权、利,避免某一方的合理利益受到过分保护或者侵害,避免抑止任何一方的交易积极性。

通过各 C2C 网站的通力合作,实现买卖家信用度的共享,尤其是卖家信用度的自由流通。作为一种商业资源,尤其在网络经济中,这种信用度的共享显得特别重要。此举的作用在于降低用户的进入和退出壁垒,加强市场的竞争性，提高市场的效率。但同时这种做法会面临两方面的困难：一是先行者不愿意共享其用户信用度，避免因此而对自己形成竞争压力；二是信用共享涉及各平台数据后台的共享，在技术上具有一定难度，同时各家的信用度计算方法不同，也给信用度信息共享的实施带来了困难。

诚信为本，保证产品质量和服务，并且在交易的同时，进行市场推广业务，赠送小礼品，对老顾客开展优惠活动，用以提高消费者忠诚度，提高美誉度和好评率。

结合自身资源，销售具有相对优势的产品，实行差异化战略，如价格较低的产品、极具特色的产品、稀缺商品、二手货、典藏物品等。

网上交易会带来巨大的消费需求，客观上要求卖家在进货、仓储、物流和售后服务等方面的管理与控制水平进一步提高，以满足消费者的需求，扩大经营规模，并采用安全的途径进行交易，如选择信誉好的快递公司，并注意记录交易信息，以备不测。

为防止上当受骗或者产生其他麻烦，在购买时要注意卖方的信用登记、好评率和产品评论，甚至可以到实体店进行考察，尽量减少信息不对称的程度，实现理性购买。

如果发生付款不发货的现象，需要多次尝试与卖方联系，明确告知对方，如果再收不到货物就会追究到底。如果发生货品质量问题，可以到权威的质量检查部门进行检验；如实为不合格产品，可要求退还。

如果卖家不予以回应，则向网站的投诉管理中心进行投诉，争取解决的办法和途径，并注意保存相关信息（如出价的物品资料、汇款凭证、与交易对方联络往来的信件、鉴定结果等资料）。若已经确定对方的行为构成欺诈，而且金额已经达到我国《刑法》规定的600元起算点（对方涉嫌刑事诈骗罪），可以向公安机关报案。

3.2 企业多元化战略和腾讯公司战略

3.2.1 竞争资源分析

资源学派的观点

资源学派认为，企业的竞争优势和经济利润来自于有价值的稀缺资源与能力，企业在资源与能力上的差别形成了企业战略选择上的差别。企业资源与能力上的差别根源于资源与能力的难以学习和模仿性，成功企业的资源与能力之所以难以学习和模仿,是因为这些资源与能力具有历史和路径依赖性、因果关系的模糊性、社会复杂性和小决策的重要性。根据资源学派的理论,资源学派的战略管理思想可概括为五个方面:构建企业竞争优势的重心应放在对稀缺资源与能力的整合和控制上;战略联盟是整合企业的资源与能力,形成战略优势的有效途径;确认战略成功的关键因素应当是寻找企业内部积累形成的特殊资源;企业竞争优势的保护要靠持续的创新能力;归核化是多元化发展的方向。

资源学派是 20 世纪 80 年代发展起来的一个战略管理学派,这一学派主要包括韦勒费尔特的"基于资源的企业观"以及哈默尔和普拉哈拉德的"核心能力"理论。资源学派打破了经济利润来自垄断的传统经济学思想,认为企业资源与能力的价值性和稀缺性是其经济利润的来源。

资源与能力是企业战略选择的基础,企业拥有的资源与能力是各不相同的。这种资源与能力上的差异导致了企业战略选择上的差异。为什么相互竞争的企业拥有各不相同的资源与能力?为什么成功企业的资源与能力难以被学习和模仿?资源学派认为有以下四个原因:

- 历史和路径依赖性。资源学派认为,有些资源与能力的形成是有其特定的历史和路径依赖性的。从这个意义上讲,只有那些经历过特殊的历史的企业才具有某种特有的资源与能力。当一个企业通过由历史和路径依赖得到的资源与能力拥有竞争优势时,竞争性企业模仿或复制这种资源与能力的代价将是十分高昂的。当模仿和复制的成本高昂时,这种资源与能力便可成为企业持续的竞争优势和经济利润的来源。
- 因果模糊性。因果模糊性意指人们弄不清楚成功企业的成功原因是什么,它们为什么具有竞争优势,其竞争优势和经济利润来自何处。正因为如此,竞争对手才不知道如何去模仿或学习它这种能力,也不知道到底应当用自己的资源与能力去实施一种什么战略。模糊性还体现在人们不清楚自己的企业为什么成功,其竞争优势来自何处,自己拥有哪些特殊的资源与能力。如果每个人能将自己成功的原因说清楚,那么它的竞争对手也同样能够弄清楚这一点,从而就能够成功地学习和模仿。一旦这些成功的做法被其他企业成功地模仿,这种资源与能力就不再是该企业特有的了,作为竞争优势就不存在了。
- 社会复杂性。资源学派认为,使企业具有竞争优势的资源与能力有时是一些复杂的社会资源,例如企业高管层的人际关系、企业的文化、企业在供应商和消费者心目中的形象、企业的社会声誉和各种社会关系等。
- 小决策的重要性。资源学派将决策分为大决策和小决策,大决策是由管理者做出的决策,小决策是企业的职员每天做出的决策。大决策对企业竞争优势的决定作用是明显的,但更经常的是,企业的竞争优势更多地依赖于小决策,企业的资源与能力要经由许多的小决策而发挥作用。例如产品质量的竞争力更多地取决于员工的日常决策,如是否严格按操作规程操作,是否精益求精等。从可持续的竞争优势来看,小决策比大决策更有某种优势,因为小决策比大决策更难模仿。很多绩效明显优于同行的企业,从大决策是很难找出其竞争优势的。企业的成功不仅取决于把几件大事做对,而且取决于把许多的小事做对,细节决定战略的成败。

我们可以用资源学派的竞争理论来分析腾讯的核心竞争力。2002年,腾讯QQ的用户群已经成为中国最大的互联网注册用户群,腾讯已成为中国最大的即时通信服务网络,甚至现在很多人已经把QQ号码作为与电话号码、电子邮箱等并列的重要联系方式之一。腾讯QQ由此成就了腾讯最核心的竞争力——客户端渠道的垄断性地位。腾讯每横向拓展一个新的盈利阵地,皆无须太多创新,无须太多市场推广投入,仅是凭借客户渠道的垄断性优势这一点,就能获得令竞争对手欣羡不已的丰厚回报。

腾讯公司在 C2C 市场中的核心竞争力

腾讯庞大的用户群为其进军互联网的各个领域奠定了很好的基础,不仅能够为卖家提供人流资源,还能为买家降低进入门槛。腾讯公司提供的资料显示,腾讯积累了黏性极强的用户群体,QQ 已经拥有 5.49 亿的注册账户和超过 1.7 亿的活跃账户。根据艾瑞推出的网民连续用户行为研究系统 iUserTracker 的最新数据,2006 年 12 月,即时通信软件的月度总覆盖用户数为 10 183 万人,比 2006 年 11 月上升了 0.8%,比 2006 年 9 月上升了 1%。

2006 年 12 月,使用即时通信软件的用户数达到了 10 183 万人,其中使用腾讯 QQ 的用户最多,占 94%,MSN Messenger 排名第二,占 35.6%,淘宝旺旺排名第三,占 29%,见图 3-2。腾讯 QQ 在中国即时通信软件市场拥有较大的领先优势,94% 的渗透率意味着十个使用即时通信的用户中有九个半使用过腾讯 QQ 产品。相比较排名第二、三位的 MSN 和淘宝旺旺,优势明显。要想从腾讯 QQ 手上夺取用户殊非易事。

在中国的互联网产业中,腾讯具有无可比拟的渠道优势。凭着对用户具有的强大锁定效应、能让用户形成"成瘾性消费"的 IM 服务,腾讯在渠道的发达程度和坚固程度上是任何一家本土互联网公司都无法与之媲美的。所以,当腾讯发展新业务的时候,不是"水到渠成",而是"水未到,渠先成"。

正如腾讯提出的"在线生活"一样,腾讯 QQ 就像水和电一样已经融入到上亿网民的日常生活中,成为一种习惯并且是不可或缺的重要组成部分。因此,

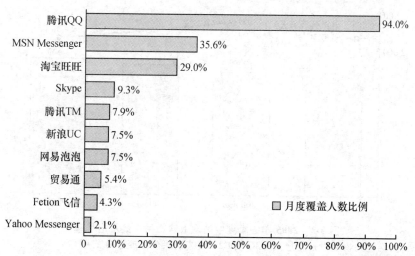

图 3-2 中国 2006 年 12 月即时通信软件月度总覆盖用户数的市场份额
资料来源:IResearch IUserTracker, 2007-01。

腾讯对 C2C 赋予了全新的内涵,即"沟通达成交易"(Communicate To Commerce),旗帜鲜明地把"沟通"作为卖点,将腾讯拍拍网的 C2C 与即时通信软件 QQ 二者有机地结合了起来。买方与卖方通过 QQ 号就可以畅通无阻地实现随时随地的沟通,而这种用户间的紧密沟通进一步增强了相互的信任感,并且创造了新的需求,最终促成交易的达成。

这种利用网民沟通习惯的关系链营销方式,比广告投入要小得多,但效果却毫不逊色,甚至远远超过传统的广告营销。与此同时,这样的活动还能让 QQ 用户体验到腾讯一直倡导的"在线生活",让用户进一步了解电子商务,培育其在线交易的消费习惯。

3.2.2 环境分析

外部环境分析

2005 年各季度中国网上购物用户数保持平稳的增长,平均每季度增加 100 万人左右。到 2005 年第四季度,中国网上购物用户数已达到 1 855 万,见图 3-3。

中国改革开放以来,经济水平有较大的提高,且人们的消费观念和方式正逐步发生改变,其中,网上购物这一新型消费方式和购物观念也逐步深入人心,正被许多网民所接受,特别是受到了年轻一代人的喜欢,因为年轻人的文化素质高,对网络知识了解得比较多,并且他们很容易接受新事物,并勇于尝试;同

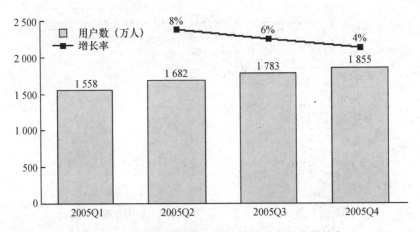

图 3-3　2005 年各季度中国网上购物用户数及增长率

注:网上购物用户是指通过 B2C 或 C2C 模式购买产品或服务的用户。
资料来源:《2005 年中国网上购物研究报告》。

时网上购物带给顾客的是一种全新的体验和感觉,可让顾客得到实惠和方便,这也是网络消费观念得到普及的原因。2001 年中国网络购物用户数仅为 208 万人,此后一直保持稳步增长,到 2005 年中国网络购物用户数高达 1 855 万人,复合增长率(CAGR)高达 72.8%,参见图 3-4。

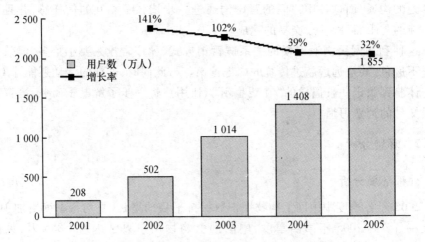

图 3-4　2001—2005 年中国网上购物用户数及增长率

注:网上购物用户是指通过 B2C 或 C2C 模式购买产品或服务的用户。
资料来源:《2005 年中国网上购物研究报告》。

对于许多消费者来说,网络购物已经从一个新鲜的事物逐渐变成日常生活的一部分。进行网络购物的网民比例正逐步提高。2001年中国网上购物用户数占互联网用户数的比例为6%左右,此后该比例一直保持提高。2005年中国网上购物用户数占互联网用户数的比例已经达17%左右,见图3-5。

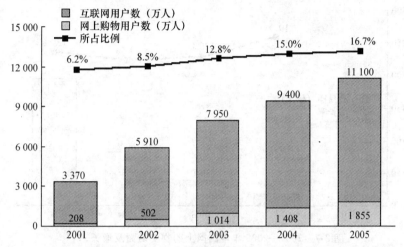

图3-5　2001—2005年中国网上购物用户数占互联网用户数的比例
注:网上购物用户是指通过B2C或C2C模式购买产品或服务的用户。
资料来源:《2005年中国网上购物研究报告》。

2005年各季度中国网上购物交易额保持增长趋势,其中以第四季度增长最为迅速,该季度交易额达到77.3亿元,比第三季度增长60%,见图3-6。

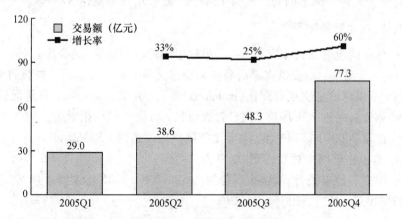

图3-6　2005年各季度中国网上购物交易额及增长率
注:网上购物交易额包括B2C和C2C的交易额。
资料来源:《2005年中国网上购物研究报告》。

伴随着消费者网络消费观念的逐渐普及,加上网上购物支撑条件的日益改善,中国网上购物市场交易额获得很快的发展。2001年中国网络购物市场交易额仅为6.0亿元,到2005年该市场交易额高达193.1亿元,复合增长率高达138.2%,见图3-7。

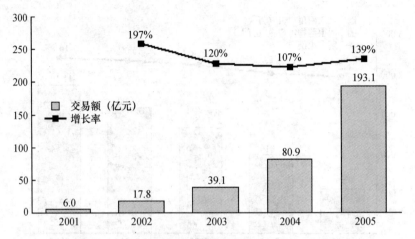

图3-7　2001—2005年中国网上购物交易额及增长率

注:网上购物交易额包括B2C和C2C的交易额。
资料来源:《2005年中国网上购物研究报告》。

网络消费者用于网上购物的金额也在逐步提高,即深度增加。2001年中国网上购物者人均年网上购物金额为288元,此后该金额有增无减,2005年中国网上购物者人均年网上购物金额为1 041元,复合增长率高达37.8%。

威胁:对比竞争对手

- 行业同盟建立得不完善,在价值链里的地位不显著,见表3-1。

eBay:交易平台,提供完善的服务和全球交易平台,实际是广告商的角色。
淘宝:供求信息交换和配比(matching)平台(类似于alibaba,着重配比)。

- 竞争对手进入市场早,而且各有所长,市场推广也很激进。
- 截至2005年第四季度,淘宝注册用户总数达到1 390万。
- eBay注册用户总数达到1 510万。
- 按成交额来统计,淘宝市场份额为57.10%(2005年第四季度淘宝宣称这一数字接近70%),eBay为34.19%。

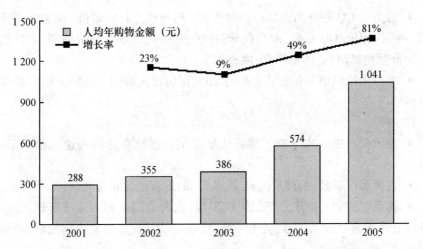

图 3-8　2001—2005 年中国网上购物用户人均年购物金额及增长率
注:网上购物用户是指通过 B2C 或 C2C 模式购买产品或服务的用户。
资料来源:《2005 年中国网上购物研究报告》。

表 3-1　竞争对手威胁分析

竞争品牌	竞争分析
eBay	• 走高端路线,着重大买家的服务(Power Seller 占 eBay30% 的销量) • 发挥全球资源优势,打网络国际贸易牌(致力于打破区域和国界) • 在用户获取上投入很大的力量和资源(其根基是为卖家的广告服务)
淘宝	• 强调免费 • 贴近生活和广大用户,强调大众化 • 依靠雄厚的阿里巴巴资金支持,巨额广告投入 • 广泛的商业联盟,为其迅速吸引眼球积攒人气

内部环境分析

1. 优势

- QQ 平台大量高黏性用户群,是腾讯所有业务的核心优势;
- 良好的企业文化和薪酬激励制度,员工士气高昂,积极性高,稳定性强;
- 腾讯品牌和互联网行业较高的知名度;
- 独一无二的广告形式——即时通信软件 QQ 广告,是腾讯和其他竞争对手竞争的独门武器;
- QQ.com 的访问量快速增长,进入国内前三门户网站之列,为电子商务提供平台支持;
- 免费策略——挑战 eBay、淘宝;

• 借力于QQ现有的诚信资源和机制,迅速建立社区诚信,鼓励新买家和卖家(Paipai评价、QQ积分、游戏积分、社区积分、论坛积分集成并列),并建立虚假评价惩罚机制,抓住新用户,挑战淘宝;

• 考虑采用诚信担保方式,利用SNS和病毒式传播,鼓励新用户和筛选有价值的用户。

2. 劣势

• 腾讯公司进入市场晚,品牌认知度低,还没有达到关键规模(Critical Mass);

• 宣传和广告经费有限,人员少,C2C的运营经验相对短缺;

• 腾讯实行的是准事业部的组织架构,在跨部门协调方面难度较大,电子商务没有产生直接收入,因此较为弱势,难以驱动其他部门的协调配合,跨部门协调难度大。

腾讯公司进入C2C电子商务领域SWOT分析见表3-2。

表3-2 腾讯公司进入C2C电子商务领域的SWOT分析

优势	劣势
• 拥有庞大QQ用户群的直接入口 • 目标对象群对网络熟悉,有网络操作经验和信心 • 年轻人士为主,喜欢尝试新事物,人数跟随中国互联网人数增长	• 新品牌,认识的和信任的人不多 • 在商品、社区、服务等方面的建设还不完善 • 资源短缺
机会	威胁
• 电子商务还有很多新用户等待着来尝试 • 国内的电子商务市场才刚起步,发展空间相当巨大 • 淘宝、eBay都有自身的劣势	• 竞争对手中eBay及淘宝强势的公司背景和资金支持,在C2C领域拥有较深厚的基础 • 两家的品牌知名度较高,已形成口碑;现有用户具备一定的忠诚度

4

B2B 的价值创造：思科、阿里巴巴、慧聪、中国化工网的商业模式比较

4.1 B2B 电子商务研究综述

4.1.1 B2B 电子商务的概念

B2B 电子商务(Business-to-Business e-commerce，B2B EC)即企业对企业电子商务，是指供求企业之间以及协作企业之间利用互联网、内部网、外部网或者企业私有网络，以电子方式实现的交易，是商务活动电子化的典型应用。由于 B2B 本身具有广泛的含义，因此本书中使用 B2B 一词均指 B2B 电子商务。

除了 B2B 以外，根据交易对象的不同，还有 C(consumer)代表消费者，G(government)代表政府的划分，从而演化出企业对消费者(B2C)、企业对政府(B2G)和消费者对消费者(C2C)等电子商务模式，一般比较重要的电子商务模式是 B2B 和 B2C 模式。

B2B 市场飞速发展，企业对企业电子商务成为当前不可逆转的潮流。由于亚太地区的经济高速增长，以及各国政府对信息化及电子商务市场的重视，全球经济环境日益好转，未来几年全球电子商务市场将迎来高速发展局面。2008年全球电子商务交易总额约为 12.7 万亿美元，B2B 电子商务市场交易额约为 10 万亿美元，B2B 交易额占整个电子商务市场 80% 左右。另据艾瑞咨询数据，

中国的电子商务市场2007年约为17 000亿元的交易规模,其中B2B电子商务交易额就占到16 900亿元。

一种观点认为目前的B2B电子商务正处于第五代,这一代包括供应商、购买者以及其他商业伙伴之间的合作,内部和外部的供应链改进,以及专业的销售体系。当然,这个时期存在着新旧体系共存的现象,一些企业和运营者仍然采用早期阶段的电子商务,详见图4-1。

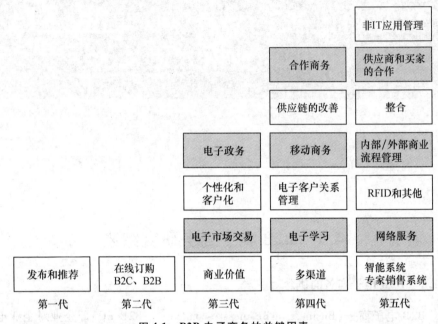

图 4-1　B2B 电子商务的关键因素

4.1.2　B2B 电子商务模式分类

B2B 电子商务模式

电子商务模式种类众多,根据 Weill & Vitale(2001)介绍的电子商务模式分析方法,有参与者、关系、流三个主要部分。B2B 电子商务模式如果从参与者角度考虑,依据买方和卖方数量、控制权重以及参与 B2B 的模式来看可分为:

- 卖方模式。一个卖家对应多个买家。
- 买方模式。一个买家从多个卖家手中购买。
- 网络交易市场模式。多个卖家对应多个买家。
- 协同商务模式。企业伙伴之间买卖之外的活动,例如交流、合作和共享相关设计规划信息等类似的活动。

中国社科院财贸所电子商务课题组按照为消费者提供的服务内容不同,认为B2B电子商务模式包括名录模式、兼营模式、政府采购和公司采购、供应链模式、中介服务模式、拍卖模式和交换模式七种模式。

B2B电子商务平台(或称之为B2B电子市场)是基于B2B电子商务发展起来的交易平台,为用户提供高效的供应、采购服务及其产品、服务信息的传播、搜索便利,以及完备的支付、物流配送体系,方便用户借助于网络平台实现营销传播及网上交易的电子化。

理解B2B电子商务平台的特点,可以从理解B2B交易的特征入手,这对在当前激烈的竞争环境下决定B2B电子商务平台的模式十分重要。B2B交易的特征主要包括下面几个方面:

1. 参与交易的对象

B2B交易可以在买卖双方之间直接进行,也可以通过中介商进行,例如提供买卖撮合服务的电子交易平台,这样的平台是一个由复杂的相互依存关系联系起来的采购商和供应商的集合。B2B交易通过中介平台进行,使得买卖双方的关系更加紧密,促进了集中采购和价格优惠,削减了供应链成本,扩展了供应商市场。

2. 交易类型

B2B交易有两种类型:实时采购和战略采购。实时采购是以市场价格购买所需产品和服务,价格动态变化,受供求关系影响。战略采购是以长期合同为基础的。实时采购通常通过公共交易市场进行最为经济,而战略采购则通过买卖双方在线直接协商更为高效和经济。

3. 交易的物料类型

B2B交易的物料有两种类型:直接物料和间接物料。直接物料是指用于生产商品所需的原材料,例如,生产汽车用的钢铁和出版图书用的纸张。直接物料的特点是物料的使用是有计划的、定期的。这些物料通常不是现用现买,而是广泛协商和签订合同后大宗订购的。间接物料是指诸如办公用品和灯泡之类的材料,这些材料支撑着生产。它们通常用于维护、修理和运营(即MRO),属非生产用物料。

4. 交易方向

B2B市场分为水平市场和垂直市场。垂直市场是同一产业部门之间的交易,包括电子、汽车、钢铁和化工行业等。水平市场是指那些可以适用于所有产业的商品和服务的交易,例如办公用品、礼品、电脑和运输服务。

在不同的B2B交易类型中,商业活动通常顺着企业的供应链进行。从购买原材料到生产产品和提供服务,再到送货给批发商和零售商,最终用户购买产品或服务。B2B省略了一个或多个中间环节,使得整个供应链能更有效地运转,从这个角度看,保证采购流程的畅通,提高交易量的规模成为B2B电子商务平台交易的基础。在保证一定处理速度和市场容量的前提下,只要具备足够多的网上采购商、供应商和总交易量,B2B电子商务平台就能够将其传递信息、资金、物流效率的潜力很好地转化为价值的增值。

B2B电子商务平台的分类

1. 平台分类方式一

从涉及的交易对象或参与角色的买卖关系来看,麦肯锡基于控制方的不同将B2B电子商务平台分为卖方控制型、买方控制型和第三方(中介)控制型模式,见图4-2。

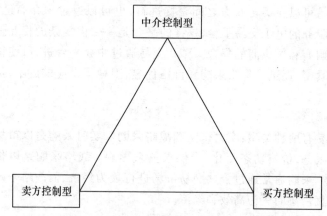

图4-2　按参与角色控制类型区分平台

卖方控制型平台指由单一卖方建立,以寻求众多的买者,其目的是建立或维持其在交易中的优势地位。例如,由全球最大的网络路由器生产商思科(Cisco)系统公司建立的因特网站,使顾客能够了解他们订货的全过程,检查生产提前期、价格、订货和货物发运的状态,并在网上获得相关的技术咨询服务。其网上营销过程,也通过加速订单处理和订货状态实时跟踪而增加了顾客的品牌忠诚。

买方控制型平台由一个或多个购买者建立,旨在把市场势力和价值转移到买方。虽然很多情况下涉及中介商,但有些特别大的购买者已经为自己建立了电子市场。例如,以沃尔玛、通用电气、通用汽车为代表的超大型企业,在其内部建立了以单一采购方为中心的B2B交易网,以便发现最有吸引力的供应商。

中介控制型平台由买卖双方之外的第三者建立,旨在匹配买卖双方的需求与价格,它既不偏向买家也不偏向于供应商一方,这使三方都受益:卖方获得了比传统批发或经销商出价更高的销售价;买方则可能以低于市场价的价格迅速获得需要的产品,而第三方则通过佣金或会员服务费获益。例如,阿里巴巴、慧聪网等均采取这种形式,而这类平台也逐渐成为 B2B 平台的主流。

2. 平台分类方式二

根据 B2B 交易的基本类型,B2B 电子商务平台可以分为以下几类:

第一,一对多和多对一的私有电子市场。这时,一个企业通过电子市场既完成所有的购买活动(卖方市场),也完成所有的销售活动(买方市场)。由于电子商务注重于单个企业在交易中买或卖的需求,因此这种类型也称为以企业为中心的电子商务。

第二,中介商。一些复杂的交易通常会借助中介商完成,例如拍卖、团购。

第三,多对多交易市场。多对多交易市场是众多买方和卖方在网上接触并交易的一种类型,与通常所称的交易市场一样,它通常属于第三方集团或团体,并且由其管理。该交易市场对所有的参与方都是公开的,所以也称为公共电子市场。

第四,协同商务。协同商务指企业之间接洽的目的不仅仅是买卖商品,还包括交流、设计、筹划以及商业伙伴之间的信息共享,即除了经济交易之外还有别的合作,比如可能涉及设计、制造或管理等。

B2B2C 模式

这种类型比较特殊,也是 B2B 的一个特例,即一家企业向另一家企业出售商品的同时,还会出售少量商品给个人或者企业客户。

从实物经济的角度看,企业间电子商务交易的对象是中间产品,因此根据产品线的宽度和深度的不同,可以将 B2B 电子商务平台分为企业平台、垂直平台、水平平台,在垂直平台和水平平台基础上又可新发展出一种混合平台,见图4-3。

当平台在跨产业链方向上发展时,产品线宽度增加,企业数量扩张,形成水平平台;而当平台向提供行业纵深服务的方向发展时,产品关联性增强,服务更专业细致,则将形成垂直平台;当水平平台垂直化发展,或者垂直平台水平化发展时,将形成混合平台。上述不同类型 B2B 平台的主要特点如表 4-1 所示。

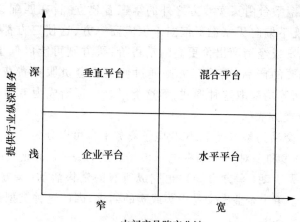

图 4-3 按产品线宽度和服务深度不同区分 B2B 平台

表 4-1 不同类型 B2B 平台的主要特点

分类	简述	特点	典型代表
企业平台	基于大型企业建立的以采购和分销为中心的 B2B 平台	优势在于可以方便地通过网络进行全球采购和销售,最大限度改善供应链管理,缺陷是可扩展性不足,投入较大,只是极少数市场份额较大公司的专利	思科(CISCO) 通用电气(GE)
水平平台	一种跨产业链的综合平台,涵盖较多的产品类别,信息量丰富,分布在不同产业链条上的企业之间存在复杂的上下游关系	产品线宽度是其特有优势,用户在网站上可以方便地进行货比三家操作,采购到更适合的商品;但深度和专业配套方面的欠缺使其在满足用户个性化需求方面处于不利地位	阿里巴巴(alibaba) 买麦网(com.cn)
垂直平台	单一行业 B2B 门户,有较为专业的纵深细分,提供某一类产品及其相关产品的系列服务	优势在于产品的互补性,可以满足用户一站式采购需求;缺陷是用户群较为固定,易受行业或企业的影响	中国化工网(chemnet) 我的钢铁网(Mysteel)
混合平台	未来 B2B 电子商务平台发展的一种融合模式,既有水平平台产品线宽度,又在局部有专业纵深服务	既有水平发展的丰富的产品线以及紧密的供应商、采购商上下游关系,又有纵深服务和专业配套,能较快解决和提升服务用户数量及在线交易的平均利润,但易受水平平台、垂直平台的竞争挤压	慧聪网(hc360) 生意宝(netsun)

B2B 电子商务平台的盈利模式

目前 B2B 电子商务平台普遍采用的基本盈利模式主要有:网上目录模式、内容服务模式、广告支持模式、入网收费模式、交易佣金模式、销售佣金模式。

1. 网上目录盈利模式

网上目录盈利模式从具有一百多年历史的邮寄目录模式发展而来,是企业利用网上信息替代商品目录的分发,创建品牌形象,并利用形象优势向潜在购买者不断分发进而促进产品销售,从而形成的盈利模式。

2. 内容服务盈利模式

拥有知识产权的企业认为网络是新兴的高效分销机制,因此,通过在网上开展数字内容的采购、订阅、咨询、浏览和下载,从而收取一定内容享用和服务费用。

3. 广告支持盈利模式

通过对由网络吸引的特定访问群的细分,让广告主直接在平台上发布特定内容的信息或广告从而获得收入。只要有浏览、点击或是注册等,平台经营者就可以从广告主那里按浏览量、点击数、吸引注册量等获得回报。

4. 入网收费盈利模式

用户受平台综合服务的吸引而申请加入,需要交纳一定的会员服务费。通常是在固定时间内,对加入平台的用户固定收取一定的注册费用或是年度服务费用。

5. 交易佣金盈利模式

这种模式通过平台中会员间销售产品或提供服务,按比例或固定额度提取每笔交易佣金从而获得收入,费用根据所处理交易的数量或规模来确定。

6. 销售佣金盈利模式

作为传统企业的经销商、代理商,直接通过 B2B 平台销售产品而获得销售佣金,比如通过某类产品的销售,获得进货与出货差价而得到的佣金。

这些盈利模式随着企业应用电子商务的深入发展,会有一定的调整和转变,例如有些门户站点,从最初的单纯广告支持盈利模式转变为数字内容服务盈利模式,以及广告+收费的混合模式。

在上述盈利模式中,B2B 电子商务平台最主要的盈利还是通过入网收费和交易佣金获得,并在发展中有一些新的变化。

此外,基于广告支持盈利模式与入网收费模式发展起来的"电子商务+搜索引擎"、会员费收入模式正蓬勃发展,商机搜索引擎排名带来的广告收入正逐渐上升,阿里巴巴推出的"竞价排名"服务,慧聪网的"金榜题名"服务,使商机搜索排名服务这一新的混合模式得到很大的发展。

可以看出，各 B2B 电子商务平台正在从入网收费、交易佣金、广告收费的盈利模式之外寻求更多新的盈利模式，通过提供附加的产品或服务或者增加用户价值来获得新的利润来源。

4.1.3　B2B 电子商务平台营销策略

营销、营销策略和整合营销

Philip Kotler（2000）指出，营销（Marketing）是个人和集体通过创造、提供、出售，并同别人自由交换产品和价值，以获得其所需之物的一种社会和管理过程，认为营销概念基于目标市场、顾客需要、整合营销、盈利能力四个主要支柱，实现组织诸目标的关键在于正确确定目标市场的需要，并且比竞争对手更有效、更有利地传送目标市场所期望得到满足的东西。

无论是传统企业还是 B2B 平台，营销的最终目的都是获利。而为了实现盈利，就要实施营销策略，了解用户需求，提供产品或服务，不断开拓市场，满足用户需求，这本身就是价值创造的过程。

目前普遍认同的营销策略是基于麦卡锡（McCarthy）4P 营销工具——产品、价格、分销和促销——发展起来的 4Ps 组合，即产品策略、价格策略、分销策略和促销策略及其组合，以及 Robert Lauterborn 提出的与 4Ps 相对应的顾客 4Cs 策略组合——顾客问题解决（Customer solution）、顾客的成本（Cost of the customer）、便利（Convenience）、传播（Communication）。

围绕顾客这个核心，当企业中所有部门都能为顾客利益服务时，就形成了整合营销。整合营销是随着以关注个性化需求的满足为特征的定制化营销思想的发展而发展起来的。企业以顾客需求为中心，并通过信息技术手段、业务流程再造等，寻求快速反应，以企业自身资源为依托确立企业自身的核心竞争力，从而确立市场竞争优势。

伴随网络营销产生和发展的 B2B 平台营销策略

B2B 平台作为一类电子商务企业，一方面实践着 4Ps 或 4Cs 策略，推动平台的营销，另一方面因其根植于网络，其营销策略又是伴随网络营销的产生、发展而发展的，作为网络营销服务的主要提供商，推动着网络营销与 4P 要素组合的紧密结合。

网络营销是借助联机网络、电脑通信和数字交互式媒体来实现营销目标的一系列活动，或者说网络营销是企业整体营销战略的一个组成部分，是为实现企业总体经营目标所进行的，以互联网为基本手段营造网上经营环境的各种活动,目的是更有效地促成个人和组织交易活动的实现。1993 年,基于互联网的搜索引擎诞生,成为当今搜索引擎营销的基础;1994 年 4 月,美国两个律师制造垃圾邮件,引起对邮件营销的广泛关注和思考;同年 10 月,网络广告诞生;1995 年 7 月,网上销售随着亚马逊等网上商店的建立逐渐发展。到 2000 年左右,围绕创建企业网络品牌、提供信息发布、扩展销售渠道、提供在线咨询服务、网站推广、销售促进、网上调研获取信息、推进顾客关系管理等一系列网络营销职能的不断丰富,网络营销作为一种新的营销战略,被广泛应用,并与 4P 要素组合(产品、价格、促销、渠道)及其延伸紧密结合。例如,通过网络表现手段将客户分组,针对不同客户组进行目标营销,有的采取以产品为核心的营销战略,有的采取以客户为核心的营销战略;而根据市场细分将不同细分市场作为目标市场的微观营销,在网上发挥得更加淋漓尽致,可以做到针对不同客户的个性定制和选择,实现一对一营销;甚至做到超越市场细分,通过对客户行为细分,对客户生命周期细分,建立细分市场营销数据库,从而进一步推动网络营销。

因此,B2B 平台营销策略随着网络营销策略的发展,从最初的网上广告、电子邮件营销发展到利用网络的沟通特性和链接跟踪能力,实现技术支持的客户关系管理,使广告、定位、促销、折扣、分销、产品服务定价、新产品特性、客户关系衡量等均可以根据客户需求定制,此外,在网上创建和维护品牌,确立域名与搜索引擎排名等不同营销策略都显现出以顾客为中心的整合营销战略趋势。

B2B 电子商务平台的营销策略

可以这样理解 B2B 平台的营销策略,B2B 电子商务平台作为网络营销服务的提供商,其产品策略融合了网络营销各项服务内容,例如,以客户需求为导向,推动企业网站建设、更新和维护;协助企业建立市场、销售、物流等动态数据库;提供网络广告及产品推广;搜索引擎排名;邮件营销;网上信息调查与反馈;第三方认证;电子证书;交互式在线订单及网上银行支付体系;网络分销体系;在线虚拟社区;网络即时通信;物流管理软件;客户关系管理系统等。

其价格策略依据盈利目标,按现有产品或服务所形成的投入,以及能够吸引争取的服务覆盖用户数量确定。为了最大限度挖掘顾客的剩余价值,根据产品或服务内容项目,制定阶梯价格是 B2B 平台普遍采用的定价策略,同时基于安全性考虑,对于付款期限、支付方式等也制定了较为严格的限制条件。

其分销策略通过各地区线上线下分销体系建设实现,即根据区域服务特点设立地区站点甚至仓库,与地区网络营销服务提供商、渠道商、物流企业结成合作伙伴关系等,通过提供线上线下配套服务实现。

其促销策略为树立良好品牌和形象,提升 B2B 平台用户数量,一般在广告上的投入较高,同时也会采用网络广告、搜索引擎排名、邮件营销、网上信息调查与反馈、人员推广、公共关系等手段。

在实践中,B2B电子商务平台的营销策略是以顾客为中心的,为用户提供全面的营销资源支持和技术实现手段,最终实现网上产品销售或者服务提供的整合营销策略。

B2B电子商务平台营销策略选择与价值创造的关系

冯英健(2000)从用户需求出发提出,B2B平台的营销策略从吸引用户的角度考虑,可分为强势推广型、用户培育型、用户自助型、门到门服务型等四种类型,认为用户需求分析是制定B2B平台营销战略的基本内容之一,并从B2B平台的用户行为特征、参与者需求特征等角度分析了不同类别用户对网站的要求和关注侧重点的不同,得出B2B平台营销策略是针对平台自身目标用户需求,采取相应措施,赢得用户认可,将潜在顾客转变为真正顾客,并逐步从顾客身上获取利润。

依据梅特卡尔菲(Metcalfe)定律,网络价值随参与者数量的平方而增加。因此,网络规模成为B2B电子商务平台致力发展的主要目标。如前所述,B2B电子商务平台的盈利来源于广告费、内容服务费、入网会员费、交易佣金、销售佣金。而能否吸引会员加入,活跃交易,并让其愿意为广告付费,很大程度取决于电子商务平台自身的人气。为了吸引足够的人气,必须满足更多用户的个性化需求,提高网站的黏性。B2B电子商务平台需要不断扩展和整合服务内容,在产品策略上进行叠加和组合,在为用户提供附加增值服务的同时,实现平台的价值创造过程。

这可以用来解释B2B平台营销策略选择和价值创造的关系,即B2B电子商务平台营销策略选择要以B2B电子商务平台的核心资源、技术优势和服务整合能力为依托,扩大服务覆盖用户数量以及提高服务用户的平均利润,最终实现盈利目标。

B2B电子商务平台营销策略,一方面要着眼于拥有的资源,对企业至关重要的网络营销手段进行组合和提供对应的服务,如企业级网站的建立(三级域名)、动态产品数据库的建立、网络广告及产品推广(搜索引擎排名),交互式在线订单及网上银行支付体系,第三方认证,电子证书,在线虚拟社区、俱乐部,即时通信,网上信息调查与反馈,网络分销体系,邮件营销体系,物流管理软件,客户关系管理系统建立等,通过服务内容的叠加,扩大B2B平台的产品线宽度,同时扩大服务满足和覆盖的用户的数量及规模,并提高服务价格。另一方面,要从信息流、资金流、物流配送和供应链管理的角度入手,使企业之间信息、资金、物料能够及时传递和交互,为用户之间的交易行为和过程提供更多便利,促进交易数量和规模的提升,降低用户单笔交易的成本,提高用户间在线交易的数量,从而提高 B2B 平台的利润,创造更多的价值。

就目前看,B2B 电子商务平台主要是通过强化信息沟通纽带、提供增值服务和集中采购这三个方面为参与者创造价值。每个平台的初始价值目标在于信息沟通纽带,仅作为公共信息平台为企业交换信息和进行贸易服务;为了利用既有资源从增值服务提供中获益,B2B 电子商务平台经营者必须提供业务接入,其范围从目录服务、广告推广、网上销售到在线支付等特殊服务;B2B 电子商务平台还必须起到集中采购的作用,通过批量购买使采购商可以协商到较低价格,从而吸引更多采购商,这些采购商又会进一步带动更多供应商的加入,进一步提高用户数量和交易数量,从而为参与各方创造价值。

4.2 四家企业的 B2B 商业模式比较

4.2.1 分析框架

如前所述,B2B 平台作为交易平台,通过信息流以及完备的支付、物流配送体系,方便用户借助其实现营销传播及网上交易的电子化,从营销观念上看,其作为一个实体特别是第三方集团或单位,一定会着眼于既定目标市场,分析和把握用户需求,通过产品、价格、促销、分销策略的整合,最终在为用户创造价值的基础上,实现自身的盈利目标。因此,B2B 平台无论采用什么样的盈利模式,为了创造更多价值,首先要找准目标市场,通过有效的整合营销手段,不断提高服务覆盖用户的数量和规模,其次要分析和把握服务用户的需求,强化信息纽带作用,不断改进产品和服务,吸引和增加新的客户,并通过增值服务叠加等增加收益,此外,以技术为主要驱动力,从增加价值创造来源着手,提高服务效率,加强对各类服务内容的相互补充,提高服务对象忠诚度,降低转化成本,创新产品结构、交易服务内容等,强化平台采购能力,提升用户间的交易数量和服务价值,降低交易成本,提高在线交易的平均利润,帮助用户创造价值,从而最终实现盈利目标。

根据 1.2.1 节的电子商务新的商业价值公式,B2B 平台的营销策略选择也将围绕提高 P、T 和 N 分别展开,为此,可将营销策略与盈利模式结合起来看,当前 B2B 平台服务涉及的层面,大型企业平台已经可以将服务延伸到资金流的层面,而垂直平台在资金流层面有一些尝试,水平平台、混合平台还都主要集中在信息流层面提供服务。这与电子商务的根本变革在于把商品流、资金流、技术流、业务流完全反映在信息流上有关,主要由信息流来组织和支配,使价值链重组产生革命性变革,见图 4-4。

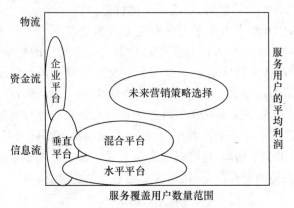

图 4-4 不同 B2B 平台营销策略选择示意图

服务用户的平均利润,对于 B2B 平台来说就是在线交易的平均利润(P),服务覆盖用户数量就是在 B2B 平台的用户数量(N)。不同平台在营销策略选择提高 P、N 方面有不同的侧重点,而提高在线交易的平均利润(P),提高参与交易的用户数量(N),增加用户间交易的数量(T),是各类 B2B 平台营销策略选择的未来主要目标。

假设 1 企业平台的营销策略选择,侧重于提高供应链管理能力,通过改善成本控制,从而间接提高在线交易的平均利润(P),进行价值创造。

假设 2 水平平台的营销策略选择,侧重于提高总体服务用户数量(N)和用户间的交易数量(T),从而实现价值创造。

假设 3 垂直平台的营销策略选择,侧重于提高在线交易的平均利润(P)和用户间的交易数量(T),从而实现价值创造。

假设 4 混合平台的营销策略选择,侧重于提高总体服务用户数量(N)和局部在线交易的平均利润(P),以及用户间的交易数量(T),从而实现价值创造。

我们将把重点放在对垂直、水平和混合型的第三方平台的研究上。B2B 平台选择不同的营销策略,通过提升 P、T、N 三个因子来实现价值创造。深入分析不同平台通过不同的营销策略选择进行价值创造过程,有利于理解 B2B 平台营销策略选择与价值创造的关系,即依托 B2B 平台既有资源,会围绕哪些方面通过营销策略组合来创造更多价值,进一步辨析不同 B2B 平台在服务对象选择、策略组合、服务叠加等方面的异同之处,并最终找到合理的增加交易平均利润、提高服务用户数量和用户间交易数量的方法,帮助确立 B2B 平台,搭建进行价值创造的框架以及选择恰当营销策略,同时也能对未来 B2B 平台发展趋势做出基本判断。

企业 B2B 电子商务平台主要为行业龙头企业兴建,它们依托雄厚的资金实力,构建复杂的信息采集、组织、选择、综合和分发平台,其平台功能以采购和分销为主,关键优势在于企业对其关键业务的熟练掌握,建立此类平台的代表公司如国内的海尔、康佳,国外的通用、福特、克莱斯勒、思科等。一个值得注意的现象是,B2B 电子商务平台产生的交易额中有 90% 以上是来自企业 B2B 电子商务平台的交易。思科公司是典型的企业平台。

水平 B2B 电子商务平台是一种跨产业链的综合平台,从参与平台交易的对象来看,采购商、供应商在此汇集,分布在不同产业链条上的企业之间存在复杂的上下游关系。产品涵盖较多类别,信息量丰富但分散,交易信息充分流动。阿里巴巴是典型的水平 B2B 电子商务平台。

垂直 B2B 电子商务平台是提供同一产业部门之间交易服务的平台,比如我的钢铁网、中国化工网、全球五金网等。此类平台在专业上更权威、更精确,但对于大多数行业垂直类 B2B 电子商务网站来说其缺点则是受众过窄,难以形成规模效应,另外,产业链问题是垂直平台发展的关键。中国化工网是典型的垂直 B2B 电子商务平台。

混合平台,融合了垂直平台与水平平台的特点,既在局部上有行业专业性的深入发展,又在全局上有水平平台用户群庞大的特点。目前没有非常典型的混合平台,但慧聪网和垂直平台联盟 NETSUN 生意宝均有混合平台的一些特点,我们可以以慧聪网为例介绍混合平台的发展趋势。

4.2.2 思科(CISCO)案例

思科(Cisco)概述

总部位于美国加利福尼亚州圣何塞的思科公司是全球领先的互联网设备供应商和互联网解决方案提供者。它的网络设备和应用方案将世界各地的人、计算设备以及网络联结起来,使人们能够随时随地利用各种设备传送信息。1984 年 12 月,思科公司在美国成立;1986 年,思科第一台多协议路由器面市;1993 年,世界上出现一个由 1 000 台思科路由器连成的互联网络。自此,思科在其进入的每一个领域都占有第一或第二的市场份额,成为市场的领导者。思科中国网站(见图 4-5)的公司介绍中指出,目前,思科公司在全球拥有 5 万多名雇员,在全世界 70 多个国家和地区设有不同语种的网络站点,向用户提供便捷周到的服务,其 2006 年营业额达到 285 亿美元,其全球销售额 25% 以上都基于在中国生产制造的产品。

图 4-5　思科中国(cisco.com.cn)网站截图

思科(Cisco)的网上业务模式

思科公司的 CEO 约翰·钱伯斯将 Internet 的应用分为三层:第一层是电子商务、员工自服务和客户服务支持,能实现的网络效应是产品和服务的多样性。可定制的个性化服务,提高了客户满意度。第二层是虚拟生产和结账。第三层是电子学习。

作为互联网设备供应商和互联网解决方案提供者,思科公司是较早创建 B2B 平台的制造企业之一,通过广域网(WPN)、虚拟专用网络(VPN)与互联网的接入,通过电子商务服务应用(E-commerce)和供应链关系管理(Supply Chain Management,SCM)来处理其与客户、潜在客户、合作伙伴、供应商及员工的业务关系。

思科全球业务中 90% 以上的交易是在网上完成的,70% 的服务支持可通过访问思科的网站完成,同时,在客户支持、产品预定以及交货时间上的竞争力也大大提高,销售与技术培训可在线进行,这些都增加了客户与合作伙伴的满意度,并由此每年为企业带来巨大经济效益。

4 B2B 的价值创造：思科、阿里巴巴、慧聪、中国化工网的商业模式比较

思科从供应链管理上盈利

思科在推动电子商务平台建设时，通过技术手段，实现了企业销售、制造与运输、市场、财务、采购等部门与应用软件、服务器等的无缝集成，客户通过各种方式接入互联网，再与思科的电子商务服务挂接，通过整合信息流传递，资金流兑付，以及合作伙伴、签约客户、代理、分销商、直接购买者的订单履行，实现了对供应链的整合，建立了一个全球性的定购与产品供应实时动态网络，能与合作伙伴的主页迅速相连，这使其与供应商、合同制造商和装配商群体一同成为构建在互联网上的"虚拟公司"，客户的订单下达到思科网站，思科的网络会自动把订单传送到相应的组装商手中，在订单下达的当天，设备基本组装完毕，贴上思科的标签，直接由组装商或供应商发货。

正是通过供应链管理的推行与应用，从客户下定单到生产组装、产品运输再到最后交付这一系列过程的时间大大缩短，节约了大量交易成本，使思科应对用户需求的即时响应速度大幅提高，并摆脱牛鞭效应的困扰，整个体系保持高效运转。

营销策略选择创造价值过程

思科在推动其电子商务平台建设的过程中，在供应链管理系统的计划、设计和实施的过程中，从可用性（Availability）、服务品质（Quality of Service）、安全性（Security）、可测量性（Scalability）、易管理性（Manageability）、遗留系统及结构（Legacy systems and infrastructure）等方面对其网络技术进行了衡量，并通过VPN 实现一定范围内的信息共享，对普通上网者、零售商、代理商、签约服务客户（Contracted Service Customers）、签约制造商（Contracted Manufacturer）、产品直接购买者实施用户授权分级管理等。以用户需求为中心，重点通过互联网应用接入及软件、硬件集成的供应链关系管理，减少了用于生产、配送、销售、客户服务等环节的费用，提高了整个公司对于用户需求的响应速度和效率，节约了库存、制造、交易成本，从而提高了在线交易的平均利润，实现了价值创造。

以用户需求为中心，技术的先进性、可靠性，服务的高品质，使思科所服务的用户对思科产品和服务表现出极高的忠诚度，能紧密配合思科共同实现供应链即时响应，当购买者发起订单时，系统中枢立即做出反应，信息被分发至不同的合同供应商、合同制造商那里，并通过物流合作伙伴转给分销商并最终送达购买者手中，订单处理时间和周期缩短，交易成本下降，有效提升了平台价值。

价值公式分析

从思科的案例中可以看到，企业平台目前除了面向用户需求设计技术、服

务支持体系外,倾向于通过供应商、合作伙伴的专业化分工与合作,使整个供应链关系管理更加安全、可靠、便捷和完备。

根据前述新的商业价值公式可知,由于企业平台业务范围的关系,在服务覆盖用户数量(N)扩张方面有限,因此,可以通过提高因子 P、T 进行价值创造。

在思科的案例中,企业平台的营销策略选择更多的是通过技术和服务手段,降低交易成本,更倾向于通过提高在线交易的平均利润,即提高新商业价值公式中的因子 P,提升平台总价值。案例中已经指出,思科建立了庞大的在线系统,可支持供应商、制造商、分销商、用户共享信息,从普通用户的一个订单到合同制造、分销、物流配送,均通过虚拟网络平台实现,使成本得到最大限度的控制,因而形成了良好的收益。

企业平台由于提供服务的全面性,应更多考虑利用在信息流、资金流、物流集成上的优势,通过改善物流和供应链管理能力,与用户形成紧密合作关系,从提高订单响应速度到 JIT 生产改进等,降低交易成本,提高在线交易的平均利润(P),从而促进平台价值创造。当然,在提供交易便利的同时,也会一定程度上促进交易数量(T)的增加,进而促进平台价值创造。

为了更好地提升平台价值,企业平台在未来也有扩张服务用户数量(N)的愿望,比较可能的方式是,基于服务链条的完善,而与其他企业平台或服务平台达成合作,共同组建协同商务平台来实现服务用户数量的共同扩张。

4.2.3 阿里巴巴的案例

经营模式

由"中国黄页"起家的阿里巴巴网站(www.alibaba.com.cn),1999 年起开始迅速发展,以建立全球领先的网上贸易市场,让天下没有难做的生意为目标,经过马云及其创业团队的努力,阿里巴巴已经是目前国内甚至全球最大的专门从事 B2B(企业对企业)业务的服务运营商,从其企业分类列表查询的结果统计看,累计注册会员(非付费和付费)已逾 600 万,拥有庞大的商机数据库,成为第三方电子商务平台服务的领军者,也是水平 B2B 电子商务平台的典型代表(见图 4-6)。

依托不间断的广告整体攻势,以及分散在各地办事机构的市场推广人员,阿里巴巴聚拢了大量企业会员,力图把网站整合成一个不断扩张的供应商集合和网上交易市场,通过向付费会员提供第三方认证、求购信息查询、采购信息匹配等服务,吸引了越来越多的企业会员注册和加盟。

庞大的供应商群体吸引了来自不同地区、不同行业或产业链上的采购群

4 B2B 的价值创造：思科、阿里巴巴、慧聪、中国化工网的商业模式比较

图 4-6 阿里巴巴（www.alibaba.com.cn）网站截图

体,这些群体的采购行为又进一步促进了其付费会员的反馈效果的实现,从而带动和吸引了大批供应商的加入。

通过专注于提供信息流层面的服务,通过提供买卖双方对信息浏览、搜索、发布、匹配等的信息服务便利,阿里巴巴获得了众多中小企业的支持,汇聚了大量供求信息。基于此,可将阿里巴巴提供信息流服务循环示意图表示如下,见图 4-7。

阿里巴巴设置了多类信息服务栏目：

（1）供求商机。根据产业链划分为原材料、工业品、消费品及商务服务类信息,涵盖 40 个大类 1 000 多个小类的上千万条供求商机,供买卖双方查询、比较、匹配,力图为网络贸易创造更多机会。

（2）公司库。仍然按行业分类,汇聚各类企业 600 余万家,注册会员可以免费申请加入,方便贸易伙伴检索查询。

（3）以商会友。主要有直播中心和商人社区。商人社区包括贸易、创业、管理等主题论坛,以及在交互问答、经验共享基础上发展起来的"阿里帮帮",会员间互动交流活跃;直播中心则邀请各类营销专家、商界名人做客直播间与网友直接在线对话,吸引众多浏览者的关注。

（4）市场动态。提供阿里巴巴市场内部公告,根据不同行业向市场提供企

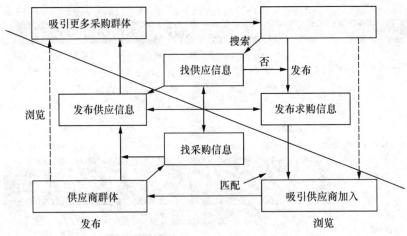

图 4-7 阿里巴巴平台供求交易循环示意图

业最新报价的价格快报,按行业分类发布的最新行业热点等内容,会员可以按分类用邮件或 RSS 订阅最新动态信息。

(5) 商业服务。涵盖各类服务信息及相关公司的信息,包括物流服务、创意设计、广告服务、展会服务、进出口代理、咨询服务、教育培训、知识产权服务、公关服务、企业日常服务、公司注册服务、认证服务、项目合作等。

(6) 热门活动。为吸引更多会员加入,刺激会员参与各种市场活动,推出以季节促销、功能推广等为主题的最新热门活动,进一步活跃网上交易市场。

通过这些信息的提供,为受众提供充满丰富、活跃、实用商业信息的网上交易平台。

盈利模式分析

阿里巴巴基本上采用的是在入网收费的基础上发展起来的会员费盈利模式。这种收费模式是建立在大量免费用户基础上的,通过信用认证、采购信息资源的稀缺性、展示推广整合的梯次服务,吸引部分会员按年度交纳服务费。目前其 B2B 业务旗下主要有诚信通会员服务、竞价排名服务、中国供应商服务三种收费模式。

诚信通会员服务。该服务主要针对经营国内贸易的中小企业、私营业主,费用为 2 800 元/年,主要包括第三方信用认证,产品展示排名优先,采购信息查阅,产品、供应信息图文发布,网络商铺展示等服务内容。

竞价排名服务。阿里巴巴在提供诚信通会员服务的基础上,推出了以其站内商机搜索引擎排名为基础的竞价排名服务,采取按月度进行关键字竞价排名的收费模式,费用为 100 元/月—3 000 元/月不等,每个关键字只销售搜索结果前 3 位的竞价排名业务。

中国供应商会员服务。这一服务针对的是经营国际贸易的大中型企业、有实力的小企业和私营业主,费用为 6 万元/年—12 万元/年不等,主要包括全英文商铺展示、英文产品、商机图文展示、公司图片全景展示、海外采购信息等服务内容,另外配套有展会宣传光盘、纸媒宣传等服务内容。

除了中国供应商和诚信通会员,阿里巴巴上面还活跃着大量的免费会员,他们在论坛、博客中较为活跃,并通过阿里帮帮、阿里旺旺等工具,在财富值激励体系下保持着较高的互动参与积极性,成为不断转化为付费会员的源泉。

营销策略选择创造价值过程

阿里巴巴在营销策略选择中更多考虑了以下内容:

海量用户和交易信息。只有汇聚大量的市场供求信息,拥有为数众多的活跃会员的商人社区,才能吸引企业登录 B2B 平台,从而进一步提升服务用户数量。为此,阿里巴巴大量投放路牌、电视、网络广告和购买引擎排名服务,举办"十大网商"评选,参加"广交会"等重要活动,树立"让天下没有难做的生意"的贸易平台形象。

创新增值服务。单一的信息平台难以盈利,通过服务内容的增加,阿里巴巴使平台逐渐发展成为网络营销的工具,使服务用户的忠诚度得以保证。阿里巴巴在提供诚信通网上商铺展示的基础上,不断提供新的增值服务内容,比如提供订单反馈及收到留言的邮件、手机短信提醒服务等,这在一定程度上提高了信息匹配和撮合服务的能力,使服务用户数量和发生在两个用户间的交易数量得到提升。

技术集成能力。阿里巴巴不断加强技术研发能力,将供应链与决策系统、交易平台进行无缝对接,使浏览、搜索、查询、发布、比较等功能均具有较好的易用性,在搜索技术上更注重用户体验,强化了智能匹配、关联搜索、按参数条件筛选等服务的便利性;同时,加强客户端软件——客户管理系统和邮件集成的推广与应用,提高了企业决策的效率和客户关系管理能力。这些技术改进,也使用户忠诚度和交易数量得到提升。

交互水平。通过论坛、博客、阿里帮帮等互动内容,以及阿里旺旺即时通信工具(IM)、手机短信互通等,提升用户之间的交互水平,强化用户间的对话数量,在用户忠诚度提升的同时,有助于增加交易数量,这从一定程度上确保了平

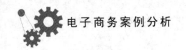

台价值的增加。

正是这些策略的共同影响,使阿里巴巴延长了服务性产品的生命周期,当会员不断在促销政策和人员推广的带动下加入该平台时,就形成了交易的自循环过程,从而带来更多的交易和更高的交易平均收益,也成就了阿里巴巴领跑B2B平台的业绩。

价值公式分析

由阿里巴巴的案例可明显看出水平平台通过大范围的广告宣传推广、事件公关,提升对目标用户的影响力,同时面向用户提供更多交易增值服务——信誉保障服务、在线征信机制、在线洽谈(IM)、CRM服务、咨询指导等,旨在通过服务内容的增加提升用户间的交互水平,进而提高用户忠诚度。

根据前述新商业价值公式,水平平台应通过电视、广播、杂志、网络广告等多渠道进行形象与品牌推广;通过成功的交易案例,形成口碑吸引;借用平台重大活动或重要事件公关;购买主流搜索引擎排名,主动进行邮件营销等策略推进,同时辅之以服务内容的叠加,来提高用户数量(N)。比如提供客户端管理工具(CRM集成小软件)、绑定邮件、日历提醒、便笺功能等,同时赠与一定的免费短信、免费邮件广告,方便用户对自己的客户进行及时管理和营销推广;再如,协同权威的第三方认证机构,对用户进行第三方认证,进一步提升用户在线交易的安全性。

通过改进用户体验及技术集成能力,为更多的用户交易提供便利。比如将论坛、交易平台进行有机融合,提供对于产品的互动评论,同时将即时通信工具与短信工具相结合,这类似于QQ绑定手机短信,为用户间相互交流提供便利,并提供实时交易信息提醒;再如,为用户提供交易信息的关键词自动匹配服务,类似于tag(标签)的作用,在用户发布某类信息时,提供固定的1—3个关键词,并为其提供与关键词相匹配的信息。这些有助于提升用户间的交互水平,提高服务对象忠诚度,刺激用户间交易数量(T)的提高,降低对用户的单位服务成本,也在一定程度上帮助水平平台创造了更多价值。

为了更好地提升平台价值,水平平台在未来也有提高每笔交易收益的趋势,而现实可能的方式是,通过深化某些产业链条上的服务,使水平平台局部向垂直纵深发展,或者与其他垂直平台合作,进一步增加和深化服务内容,提升服务价格,创造更多价值。

国内主要B2B电子商务平台如表4-2所示。

表4-2 国内主要B2B电子商务平台

序号	网站名称	访问页面	平台类型
1	阿里巴巴	http://www.alibaba.com/	水平
2	慧聪网	http://www.hc360.com/	混合
3	中国制造网	http://www.made-in-china.com/	水平
4	中国产品平台	http://www.mainone.com/	水平
5	金银岛	http://www.315.com.cn/	垂直
6	买麦网	http://www.com.cn/	水平
7	中国服装网	http://www.51fashion.com.cn/	垂直
8	环球资源企业网	http://www.globalsources.com/	水平
9	自助贸易	http://www.ebigchina.com/	水平
10	中国国际海运网	http://www.shippingchina.com/	水平
11	锦程物流网	http://www.jctrans.com/	垂直
12	全球五金网	http://www.wjw.cn/	垂直
13	万国商业网	http://www.busytrade.com/	水平
14	中国化工网	http://www.chemnet.com.cn/	垂直
15	一大把	http://www.yidaba.com/	水平
16	中国食通网	http://www.tw128.com/	垂直
17	环球鞋网	http://www.shoes.net.cn/	垂直
18	中国食品产业网	http://www.foodqs.com/	垂直
19	efu.com.cn	http://www.efu.com.cn/	垂直
20	125	http://www.b2b168.com/	水平
21	中国机械网	http://www.jx.cn/	垂直
22	跨国采购网	http://www.globalimporter.net/	水平
23	中国建材第一网	http://www.jc001.cn/	垂直
24	中华广告网	http://www.a.com.cn/	垂直
25	勤加缘网	http://www.qjy168.com/	水平
26	全球纺织网	http://www.globaltexnet.com/	垂直
27	中华工控网	http://www.gkong.com/	垂直
28	商品资源网	http://www.goodsres.com/	水平
29	千禧网	http://www.qx100.com/	水平
30	我的钢铁网	http://www.mysteel.com/	垂直
31	环球经贸网	http://www.nowec.com/	水平
32	中国国际电子商务网	http://www.ec.com.cn/	垂直
33	糖酒快讯	http://www.tjkx.com/	垂直
34	中国国际鞋贸网	http://www.jujoe.com/	垂直
35	中国塑料门户网	http://www.yxx.com.cn/	垂直
36	搜捕网	http://www.51sobu.com/	水平

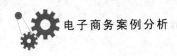

(续表)

序号	网站名称	访问页面	平台类型
37	世纪辰光商务网	http://www.21ct.cn/	水平
38	中国安防产品网	http://www.secu.com.cn/	垂直
39	易龙商务网	http://www.etlong.com/	水平
40	万通商联	http://www.mmimm.com/	水平
41	百纳网	http://www.ic98.com/	水平
42	无忧交易	http://www.ec51.com/	垂直
43	掌商网	http://www.zs91.com/	水平
44	营商电动车网	http://www.ebb365.com/	垂直
45	中国商业企业网	http://www.863171.com/	水平
46	中华传感器网	http://www.17b2b.net/	垂直
47	广东服装网	http://www.gdfz.com/	垂直
48	商讯网	http://www.suminfo.com/	水平
49	中国宗教用品网	http://www.zjypw.com/	垂直
50	全国企业网	http://www.qychina.com/	水平
51	中华采购网	http://www.yp160.com/	水平
52	书生商务网	http://www.booksir.cn/	水平
53	中采网	http://www.cnebuyer.com/	垂直
54	自由呼	http://www.ziyouhu.com/	水平
55	中国市场信息网	http://www.infocom.cn/	水平
56	中国塑料模具网	http://www.plasticmould.net/	垂直
57	中国灯饰商贸网	http://www.lighting86.com.cn/	垂直
58	壹捌陆	http://www.186.com/	水平
59	商智通	http://www.b2b-163.com/	水平
60	中国金融采购网	http://www.cnfp.net/	垂直
61	中国针织网	http://www.eck.com.cn/	垂直
62	慧通网	http://www.ht200.com/	水平
63	天天轴承网	http://www.ttzcw.com/	垂直
64	中国市场联盟	http://www.shichang.com/	水平
65	商格里拉	http://www.net114.com/	水平
66	全球采购网	http://www.123trading.com/	水平
67	全球商贸网	http://www.wbn.cn/	水平
68	生意宝	http://www.netsun.com/	混合

注：更多 B2B 平台，可参见 http://b2b.netsun.com/。

4.2.4 中国化工网案例

中国化工网概述

中国化工网(ChemNet)成立于1997年10月，同年12月正式开始商业运营；现已建成国内最大的化工行业数据库之一，内含40多个国家和地区的5.6

万多个化工站点,20余万条中文企业产品信息,50余万条英文企业产品信息。2006年12月15日,以中国化工网为主体的纯网络股"网盛科技"在深交所正式挂牌上市。

中国化工网抓住国内化工行业企业数量多、规模大、交易额大、产业链长、产品种类多、标准化程度高等特点,较早地切入这一领域,利用网络服务优势,为化工企业提供了更多的交易信息和商务机会,并通过减少商务环节降低交易成本,为网上交易服务打下了坚实的基础(见图4-8)。

图4-8 中国化工网(chemnet.com.cn)网站截图

经营模式

中国化工网(中文版:www.chemnet.com.cn,英文版:www.chemnet.com)作为专业垂直平台,提供信息服务的栏目包括:

交易中心——各类供应求购信息的发布、查询、管理平台;

产品大全——各类化工产品的数据库;

企业大全——化工行业企业数据库;

化工站点——化工行业企业、机构站点汇总;

企业报价——化工产品行情报价信息;

化工资讯——化工行业动态;

化工展会——最新、最全的化工展会预告及网上展会;

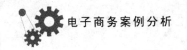

人才中心——最新的化工专业人才招聘、求职信息；

专家技术——行业专家数据库，提供技术交流内容。

此外，还有涉及互动交流的化工园区、化工助手、化工论坛、会员商务室等栏目。

中国化工网提供的主要服务项目有：专业的化工企业网站建设；化工企业网上推广、广告宣传、产品信息发布；网上化工贸易信息撮合；化工资讯电子杂志订阅；市场行情信息服务；化工企业电子商务解决方案、《网上化工资源》的强力推广，以及功能强大的化工搜索引擎和多种形式的产品检索方式；限量发展中国优秀化工企业服务，面向海外重点推广；面向行业的网下增值服务，包括参加国际化工展、专业刊物与光盘推广、企业资料详尽介绍与包装等。

盈利模式

中国化工网采取的是会员费+广告费的收费模式，这也是目前很多垂直B2B平台广泛采取的一种盈利模式。中国化工网以会员资源为基础，利用对会员的梯次增值服务，充分利用稀缺资源，提供化e通基础会员和高级会员服务、竞价排名服务、中国供应商服务。化e通服务主要包括帮助企业建设网站，产品信息发布、管理，行情信息服务，资源库查询，化工展会刊管理等，收费标准根据服务内容变动。化工搜索引擎的竞价排名服务也是一项新推出的服务内容，采用"竞价排名、按天消费、限量发展、左右兼顾"的模式，以在搜索结果页左侧只排前3位，右侧排前5位的方式，对每个关键字销售前8位，根据位置从6元/天到30元/天起拍不等。中国供应商服务，主要面向海外做重点推广，以在线展会、合作网站推广等形式向海外浏览者宣传中国优秀化工企业，属于高端服务项目。

营销策略选择创造价值过程

中国化工网在其服务性产品组建上，叠加组合了多项服务，重点提供企业网站建设、产品大全、企业大全、行业站点、智能邮件、产品供求、市场行情、项目技术、会员商务室等多项服务，并通过细化、深化产品内容，开拓网上网下两个渠道，为客户提供包括资讯服务、会展服务、人才服务、技术服务和交易服务在内的多元化专业服务。

中国化工网服务化工行业多年，宣传推广主要通过邮件营销及线上线下结合进行，行业展览、会议、交易服务口碑也成为其营销策略选择的重点，广告成本相对低廉。

其收费模式主要侧重于增加服务内容，并将整合的信息服务内容按阶梯分级，形成免费会员、企业会员、高级会员、中国供应商等梯次，通过服务项目的增加,在会员费级别上创造盈利点。

其在行业会员数量较为固定的前提下,通过深挖会员潜力,不断刺激和促进用户间交易行为,提升用户交易数量,以形成良好的口碑,从而扩大其在行业市场上的占有率,再进一步通过梯次服务提高在线交易的平均利润来创造利润。

价值公式分析

从中国化工网的案例看,垂直平台在行业、产品细分和专业性上下工夫,提供的服务内容较为专业和全面,有的甚至超越了线上内容,并辅之以一定的线下展会、媒介宣传服务,以此寻求更多的盈利。

根据前述新商业价值公式,垂直平台受服务用户范围限制,在用户数量(N)变化不大的前提下,营销策略选择主要是为了提高在线交易的平均利润(P)和用户间的交易数量(T)。而对于提高在线交易的平均利润,采用的主要方法是通过服务内容的叠加来提升服务价格,而服务内容的增加,势必影响到成本,因此,服务价格的提升必须能够克服因服务内容叠加而造成成本增加的问题。比如,为以较低成本扩大行业影响力,垂直平台倾向于参加线下展会进行推广,由此,不少垂直平台衍生出以代企业参加展会为主要服务内容的展会服务,带着集成用户资料的光盘、纸媒去参加各种行业展会,为用户提供展会名片收集、客户名录整理等服务。如果服务价格不足以支撑参加展会的费用,在线交易的平均利润为负,将不利于垂直平台价值的创造。

再比如,为提供有效的交易信息撮合服务,可直接将用户的供求信息做对应,这样做,无疑可以提升用户的忠诚度,但在交易信息不丰富的时候,信息不对称比较明显,要提高信息匹配度,必须通过人工电话沟通的方法逐一撮合,这时用于服务的成本明显增加,必须提升此类服务的价格,才能保证利润。

因此,垂直平台在提供全面服务的同时,应考虑以不同的服务性产品对应不同的价格梯次,从而有效提升在线交易的平均利润,即因子 P,进行价值创造。

在交易用户数量有限的情况下,还应通过提供交易决策参考信息、互动交流平台等,促进用户间交互水平的提高,通过提升用户间交易数量因子 T,实现更多的价值创造。

比如中国化工网提供价格趋势分析、交易情报等,我的钢铁网(www.mysteel.com)提供行情、价格、市场分析栏目。上述栏目提供关于产品的价格走势、深度分析产品市场,帮助用户更准确地把握市场走势,同时通过多入口、简化发布信息环节,提供交易信息发布的便利,使平台内交易信息集中、丰富,从而增进服务用户之间的交互水平,这些举措都有利于提升用户间交易数量。

同样,为了更好地提升平台价值,垂直平台也有扩张服务用户数量(N)的趋势,一种比较便捷的途径可能是与其他垂直平台合作,通过资源互补,增加服务用户数量,并提高服务用户的忠诚度,另一种可能是自行复制并发展多个垂直平台,同时实现服务用户数量和在线交易的平均利润的提升,创造更多价值。

4.2.5 慧聪网的案例

慧聪网概述

慧聪网最早是一家商务资讯服务机构,是国内分类广告服务行业的开创者,2000年以后,由传统分类广告业务成功转型互联网,2003年12月在香港创业板上市,拥有60多个垂直行业频道的320万家稳固客户和上千万信息应用用户,在行业纵深耕耘多年,进入B2B电子商务平台运营商领域后,依托服务行业用户多年的经验积累,迅速由行业门户集群成长为国内综合B2B电子商务平台的典型代表(见图4-9)。

图4-9 慧聪网(hc360.com)网站截图

经营模式

慧聪网采用"超市+行业专卖"的经营策略,既有资深的垂直门户,广电、安防、家电、汽车用品、水工业等行业平台,又有涵盖33个大类1 000多个细类的B2B网上交易市场。

慧聪网一方面把网站整合成一个不断扩张的供应商集合和网上交易市场,另一方面,在部分行业领域,不断向专业纵深发展,挖掘新的用户需求。慧聪网"超市+行业专卖店"的混合平台构架是其转型时期的产物。

对于慧聪网营销模式,可以用客户争取、转变与维系漏斗模型来理解(见图4-10)。

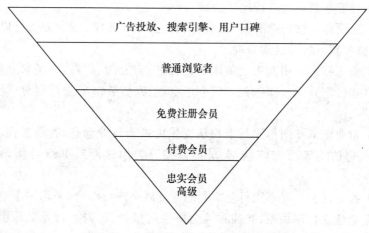

图4-10 会员争取、转变与维系漏斗模型

慧聪网首先通过广告投放、搜索引擎、用户口碑等不断吸引聚集普通浏览者,普通浏览者在交易氛围的驱使下,注册转化成为免费会员,开通网上店铺,进行信息发布、浏览、查询、比较等活动,从而使慧聪网有了开展网上贸易的基础;然后通过提供第三方资信认证、采购信息浏览、发布信息优先排名等服务,使免费会员进一步转化成为付费会员。同时,随网络营销服务内容的进一步增加,包括专题、采访、形象展示等,服务价格上也相应提升,进一步吸引会员升级为高级会员,辅之以反馈效果吸引等,使用户进一步成为忠实会员。

行业专卖的营销模式则是利用垂直门户的媒介作用,对用户进行全方位的形象展示和推广,整合服务依然停留在信息流层面,但个性化服务明显加强。

在会员积累方面,慧聪网通过向付费会员提供第三方认证、求购信息查询、采购信息匹配等服务,赢得越来越多的企业会员注册和加盟。在会员贡献方面,利用垂直门户地位,吸引会员进行长期的定向广告投放,并为部分资深会员提供VIP专属服务。

慧聪网同样专注于信息流层面的整合。通过向买卖双方提供在信息浏览、搜索、发布、匹配等信息服务方面的便利,慧聪网聚集了320万注册用户,这些用户分布在不同地区、不同行业之中,并吸引了大批专业的MRO采购群体。这些采购群体又进一步带动和吸引了大批供应商群体的加入。

慧聪网在整合信息流方面提供的服务包括:

(1) 供求商机。涵盖62个行业33个大类1000多个小类的上千万条供求商机,向买卖双方提供查询、比较、匹配服务,为企业网上贸易创造更多机会。

(2) 产品库。汇集了上百万条企业提供的各类详尽产品信息,方便采购者根据产品性能参数属性进行比较、筛选。

(3) 公司库。按行业分类,汇聚各类企业320万家,注册会员可以免费申请加入,方便贸易伙伴检索查询。

(4) 商人社区。用商人交流圈子的概念,对管理、财富、市场研究等主题,以及按产业链划分的汽车汽配、IT、电子电器、家居装饰等进行划分,吸引众多浏览者的关注。

(5) 行业资讯。向不同行业市场提供的最新行业动态、行业热门事件、行业焦点人物访谈等原创信息,会员可以按分类用邮件或RSS订阅最新动态信息。

(6) 行业展会。对不同行业举办的各类展会进行综合,采取网上直播的方式与展览会建立合作关系,并通过展会服务更多受众,树立行业纵深服务的品牌形象。

(7) 网络采购洽谈会、特卖会。针对买卖双方在线寻求合作的需求,利用即时通信工具买卖通IM推动的在线网络洽谈服务内容,提供在线撮合服务。

(8) 市场研究。可根据行业及用户需求,提供个性定制的市场研究报告,或者按月、季度、年度提供行业常规研究报告,为用户进行商业决策提供参考。

通过对这些信息的整合,既为部分专业受众提供详尽的行业动态信息、市场发展趋势参考和形象推广平台,又为广大注册会员提供汇集丰富、实用的商业信息的网上交易平台。

盈利模式

慧聪网采用的是会员费+广告费+内容服务费的混合盈利模式。这种收费模式基于企业在转型中存在的复杂运营结构,既有对行业纵深市场研究后形成的自主知识产权内容收费,又有在垂直行业门户地位巩固的行业频道针对用户的推广广告收费,还有建立在大量免费用户基础上,通过信用认证、求购信息的稀缺、展示推广整合的梯次服务,吸引部分会员按年度交纳的会员服务费。目前其B2B业务旗下主要有买卖通会员服务、"金榜题名"排名服务、广告服务、内容服务四种主要服务。

买卖通会员服务。该项服务针对的是经营国内贸易的中小企业、私营业主，它同时与商机搜索引擎排名服务、专业形象展示服务捆绑，服务费用从1980元/年到48 000元/年不等。基础会员服务的收费标准为1980元/年，主要包括第三方信用认证，产品展示排名优先，采购信息查阅，产品、供应信息图文发布，网络商铺展示等服务内容。而银牌、金牌、铂金、VIP会员服务均建立在服务内容叠加的基础上，例如，配套的形象推广、企业专题、企业总裁访谈服务，以及为高级会员专门定制的采购洽谈会服务等。

"金榜题名"排名服务。慧聪网在提供买卖通会员服务的基础上，推出了以站内商机搜索引擎排名为基础的金榜题名排名服务，按关键字搜索结果固定排名，采取谁先购买谁先得的方式，费用由150元/月到600元/月不等，每个关键字只销售搜索结果前8位排名业务。

广告服务。为企业利用慧聪网首页资源、行业频道各级页面资源做推广提供服务，包括各级页面banner、button、文字链广告，价格从400元/月到20 000元/天不等。

内容服务。该项服务基于慧聪网市场研究及媒体研究资源，包括为媒体提供整合服务的中国媒介情报系统（CIMS-CHINA MEDIA INFORMATION STYSTEM）和针对大中型企业、投资公司提供的企业资讯管理系统（EIMS），费用为3万元/年及以上不等。此外，还提供线下各类委托定制咨询，用户满意度和竞争对手调查，管理咨询及行业月度、季度、年度报告等在线调研及线下调研等服务。

营销策略选择创造价值过程

慧聪网推动营销策略选择，主要是从以下方面考虑的：

（1）全方位推广与促销。一方面通过网络广告、购买搜索引擎排名、举办网络展会、电子智商评选等网上活动进行网络推广宣传；另一方面广泛投放路牌、灯箱、招贴画广告等，同时通过各地市场人员推广，频繁参加各类行业及综合性展会，通过多渠道、多层次广告的推广与促销，吸引更多新会员加入，提升会员数量。

（2）交易服务叠加。除提供用户可自行装饰和布置的买卖通网上店铺，以及交易信息发布、检索、查询、比较等服务以外，还将搜索引擎关键词排名、重点产品专题、专栏展示位、企业专访、线上线下供需见面会等捆绑叠加到交易服务之中，拉开了服务价格的梯次，同时通过增加诸如采购洽谈会、特卖会等交易撮合服务内容，提升用户间交易的数量和用户忠诚度。

(3) 围绕用户的服务技术应用与开发。在服务用户的过程中,帮助用户追踪访问记录,对浏览者进行访问路径追踪,通过"我的访问者"直接发现和管理潜在目标用户;通过"创建组织结构"帮助用户进行分支机构管理,并在 IM 上直接进行沟通等。这些技术的应用与开发,对于用户捕捉外部商机、强化内部管理均起到了良好的作用,增强了访问黏性,有利于交易数量和用户数量的提升。

(4) 互动通话能力。利用即时通信工具买卖通 IM、商人交流群组、社区商圈、买家询盘、卖家在线留言等,提升用户间互动沟通的频次;提供基于 Web 的网络对话工具,可实时与浏览页面的用户进行即时沟通等,增加用户使用上的便利性。

服务内容叠加、技术改进与应用、交互水平提高,为提高每笔交易平均收益,增加用户间多次交易几率,提升用户数量,进而创造价值奠定了基础。

价值公式分析

从慧聪网的案例看,这类具有混合平台特性的平台正通过增加更多交易增值服务内容,吸引服务对象的关注和加入,同时将服务内容分级,向细分和专业性纵深方向发展,以此寻求更多的盈利。

由前述新的商业价值公式可知,基于混合平台创立时的特点,混合平台营销策略选择会通过影响 P、T、N 三个因子来提高价值创造能力。从影响力度来看,通过广告、公关、人员推广、促销、口碑等吸引更多交易参与者,提高服务用户数量(N)将会更有助于价值创造。

在提升用户数量(N)方面,最直接的途径是进行广告与口碑推广。比如慧聪网举办的互联网商圈大会、电子商务智商评选等公关活动,生意宝网站发起的垂直网站联盟等公关活动,也都会借助于 PR(Public Relation)文章与现有领先 B2B 平台产生关联,并在网上热炒,迅速向 B2B 平台的目标用户群传播;再比如,借助于窄告、分众传媒、互联网定向广告等新媒体形式定向投放广告,迅速扩大在目标群体中的影响,提高用户数量。

此外,搜索引擎优化(SEO)也逐渐被作为一种间接推广方式接受。在这方面,搜索引擎提供商的反 spam 小组也在不断排除网站作弊的嫌疑。而在既定规则下,基于内容对搜索关键词的敏感性,设置对应的页面 title,keywords,description,加之关键词所在页面内容与关键词本身有较高的匹配度,使搜索引擎算法赋予关键词更高的权重,更易为搜索引擎识别,从而成为搜索引擎使用者的优先选择,这将为平台带来更多潜在用户。

而用户间交易数量(T)的提高,需要通过技术与互动通话能力的改进,提供更多交易便利,提高服务用户的忠诚度。比如,慧聪网把买卖通 IM 与交易市场捆绑在一起,利用 SSO 技术设置单点登录,用于解决即时通信与交易信息结合的问题,买卖通 IM 上集成交易信息搜索条、论坛、个人账户信息管理等方便用户操作的内容,有助于用户间交互水平的提高。通过"我的访问者"对访问自己网络商铺的用户进行管理,可使用户间的交流更接近于达成交易,有助于用户间交易数量的提升。

要创造更高在线交易的平均利润(P),除了压缩成本,主要是人工成本外,B2B 混合平台的优势在于能够在纵深服务上提供更多组合,挖掘用户深层次需求,从而提高其价值创造能力。比如,慧聪网设置的 VIP 服务,其实包含了网络广告、搜索引擎关键词排名服务、企业专题、总裁专访、为企业定制的采购洽谈会等内容,旨在向中小企业提供一站式网络营销方案,费用高达 48 000 元/年,而铂金、金牌、银牌会员服务内容各有不同,关键词排名可单独销售。这些组合,一方面使不同会员的需求得到满足,另一方面也提升了在线交易的平均利润。

混合平台目前会与垂直平台、水平平台形成较多竞争关系:与垂直平台主要在提供服务内容和服务价格方面产生竞争,成本会大大增加;与水平平台会在吸引服务用户方面形成竞争。而水平平台垂直化、垂直平台水平化发展会进一步加剧这种竞争,因此混合平台的发展空间会受水平平台和垂直平台的挤压。

4.2.6 B2B 平台搭建及营销策略选择框架

如何搭建 B2B 电子商务平台

搭建一个完整的 B2B 电子商务平台,除了需要准确定位用户群及用户需求,通过 SWOT 分析和投资回报评估形成完整的商业计划书之外,还必须从价值过程角度对平台搭建加以考虑。

建立 B2B 平台从价值过程角度进行理解涉及三个层次,见图 4-11。

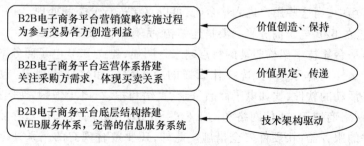

图 4-11 B2B 电子商务平台搭建示意

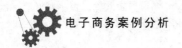

1. B2B 电子商务平台是在价值驱动下建立的,必须为参与各方创造价值

B2B 平台应把具有相同商业利益的买卖双方集聚起来,组成贸易伙伴,使商务活动的速度和效率最大化,减少交易成本,强化销售和配送处理,提供增值服务,实现对客户的全程管理。因此,产品供应商、采购商和 B2B 电子商务平台创建者都应从 B2B 平台中获得利益。

供应商通过使用电子商务平台应能降低成本和扩大用户群,通过平台建立和提高贸易伙伴间的合作,密切买卖双方的关系,促进集中购买和价格优惠,使市场得到进一步拓展。采购商通过电子商务平台应能提升全球市场规模,挑选适合的供应商,降低采购、运输等成本。平台创建者作为 B2B 电子商务运营的核心,应通过扩展 B2B 电子商务的知识和应用,加强客户关系和供应链管理,推动 B2B 电子商务交易的增长,并从买卖双方通过 B2B 电子商务平台所得到的利益中获得好处。

2. 依据 B2B 交易的特点和已掌握的资源选择适合的平台运营模式

作为新的企业间电子商务的核心,B2B 平台必须使部分企业交易过程和要求成为现实,同时兼容已有的采购过程和买卖关系,提供与现实市场的对接和匹配。

已经掌握的既有资源也是影响 B2B 平台运营的一个重要因素,这种资源不仅仅是指已经建立的某类产品买卖用户关系群体、硬件软件基础,还包括政府关系、对政策变化的敏感性、市场影响力、竞争地位、供应链技术整合能力等虚拟的资源。

依据交易特点和已掌握资源选择适合的平台运营模式要关注以下内容:

(1) 采购过程。B2B 电子商务平台需在网上构建一个虚拟的采购系统,重现采购过程,在把购买任务分配给终端用户的同时,允许采购企业控制所有的购买过程。

(2) 买卖关系。B2B 电子商务平台应了解供应商和采购商以什么方式进行交易,使采购商、供应商在向网上平台转移时,能把现存的商业关系反映到这个新型市场中,当这些用户进入平台时,可以直接进行分类和处理。

3. 建立 B2B 电子商务平台要搭建结构、完善信息服务系统

B2B 平台靠技术架构驱动的特点越来越明显,建立 B2B 电子商务平台要考虑采取什么样的体系结构,选择什么样的应用软件和软件代理等,包括支持 B2B 商务活动的软件,比如电子商品目录、直销和拍卖、电子采购、逆向拍卖、电话中心、网络商铺等;通信网络和协议(包括 EDI、外部网和 XML);存放数据和运行软件的服务器;软硬件安全措施。此外,还要整合现有的一系列电子商务软件,例如市场数据和来源于其他各部门的数据、可能含有采购功能的 ERP 软

件、产品目录信息、支付系统、CRM 软件、物流和库存系统、MIS 工作流系统、销售统计、SCM 系统等；采用 XML 标准以及网络服务、软件代理等，完善 B2B 数据交互，从而整合信息系统，实现 B2B 电子商务平台需要的各类功能。

B2B 平台营销策略选择框架

B2B 平台对于营销策略的选择，能否把握优势和机会，规避劣势和威胁，将决定 B2B 是否能实现成功运营，达到盈利目标。因此，B2B 电子商务平台营销策略选择必须从价值创造角度考虑。B2B 平台价值创造的主要手段见图 4-12。

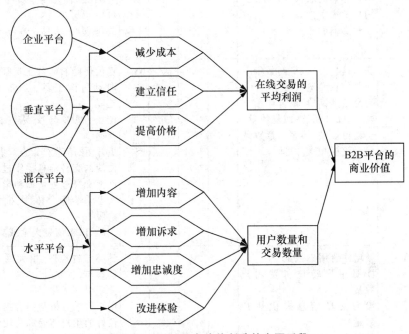

图 4-12 B2B 平台价值创造的主要手段

前述新商业价值公式揭示了 B2B 平台创造价值的三个主要来源，即增加用户数量（N），提高在线交易的平均利润（P），以及增加用户间的交易数量（T），见表 4-3。企业在营销策略选择上围绕这三个来源服务，将使 B2B 平台创造出真正的价值。例如，慧聪网 2006 年财报显示，其仍有数目巨大的亏损，但随主营业务买卖通付费会员数量的增加，其主营业务亏损实际正在逐步减少。一方面，说明其目前的 P 指标为负，但另一方面说明其付费用户数量及其创造的 P 指标正在向好的方向发展。由于既有模式下，慧聪网提供服务的固定成本基本不变，随着付费用户数量的增长，其在线交易的平均利润 P 指标逐渐为正，在目前其用户数量 N 和交易数量 T 持续增长的情况下，可以预见，慧聪网将表现出良好的价值增长空间。再比如,中国化工网也正是基于其 P 指标的良好表现,连续多年保持了盈利,成为网盛科技上市的主要保障,而上市之后,为了进一步向股东表明其增长潜力,需要在 N 指标、T 指标增长上施加影响,为此,网盛科技旗下新推出的垂直门户联盟生意宝网站,重点在这两方面做了考虑。

表 4-3 B2B 平台价值创造影响因素与策略选择框架

影响价值创造指标	提高指标绩效主要影响因素	企业平台	水平平台	垂直平台	混合平台	营销策略选择
P	用户影响的收入数量 用户的成本数量 用户影响的收入比例	√		√	√	叠加、延伸服务内容,阶梯价格 改进服务功能,提供交易便利
T	交易信息发布、更新数量 交易信息浏览数量 交易信息询价、留言数量 留言、邮件阅读、回复数量 交易论坛帖、博客文章数量 网上洽谈频次、时间		√	√	√	提供便捷的信息交互服务 即时通信工具、手机 WAP 互联 论坛、博客与交易内容的互通 更方便的信息搜索查询手段 便捷的交易信息操作过程 网上交易过程培训和指导 大型采购联合体、大批量采购吸引 产品、供求信息大全或集成
N	新增注册用户数量 注册用户转化付费用户数量 参与交易信息提供用户数量 参与交互活动用户数量		√		√	各类广告推广、重大网上活动参与 搜索引擎优化 用户需求分析与内容提供 良好的用户体验和易用性 典型交易成功案例吸引

结合前面关于企业平台、水平平台、垂直平台、混合平台价值创造与营销策略选择的分析,可以得到不同平台从价值创造角度出发考虑的营销策略选择框架。此框架基本概括了目前各类平台在实际运营中的侧重点,另外,通过与 P、T、N 指标的结合,也可以为构建新的 B2B 商业模型,提供参考依据。

从表 4-3 中看到,在具体实践中,B2B 平台要在营销策略选择中重点考虑以下因素:

1. 识别并恰当地满足用户需求,并给用户以良好的体验

营销策略选择要以能满足用户需求为依据,但用户需求是多方面的,必须清楚地识别这些需求,依据自身实力,找到合适的服务边界。

现在越来越多的 B2B 平台强化对用户行为路径的分析,以判别用户需求。例如,阿里巴巴、慧聪网均通过在页面底部及链接上加入 JavaScript 代码,采用"trace_log"手段记录用户访问的日志,结合 Webtrends 等日志分析软件,对进入平台的用户行为进行跟踪和分析,掌握用户行为习惯,从而有针对性地通过技术手段,改进服务性产品,满足用户需求。这同样有赖于它们对于用户体验、引导的重视,以及页面每个小的细节是否足够清晰地向用户表达了所希望表达的意思。阿里巴巴在其改版后做了大量调查,并开发了换肤和页面拖拽等功能,以适应不同用户的浏览习惯,良好的用户体验和引导,使用户更易被黏住,从而提升了用户数量。慧聪网在满足用户需求方面做了许多工作,但也导致了产品线过于宽泛的问题,其一度因重视互联网广告业务,偏向于行业媒体发展,而干扰了主营业务的增长。因此,营销策略选择首先要充分了解用户的需要,并有限度地满足那些影响用户行为的关键需求,这才是平台用户数量持续增长的保证。

2. 销售、采购及提供便捷交易服务的能力

B2B 平台的销售或采购能力,是其可以影响和驱动的交易数量,反映了平台自身所拥有的品牌知名度、影响力和核心竞争力,拥有较多采购企业聚合的联合体或是大型采购企业,将吸引更多采购者的注意力,从而集聚更多供应商,形成频繁互动、成交活跃的交易平台。阿里巴巴、慧聪网等平台都把世界 500 强企业、国内知名制造企业、大型超市、零售企业采购视为自己驱动用户数量增加的重要手段。慧聪网买卖通融合了 IM 即时通信和聊天室技术,开发出网络洽谈室服务,供买卖双方直接在线洽谈,买家可直接发起洽谈,促进了交易量的增长。

中国化工网、生意宝、我的钢铁网把提升交易信息发布、浏览、回复等交互作为重点建设目标,并把采购信息或是供应信息在重要位置集成展示,而且同时提供价格行情、市场分析、指数趋势变化图等辅助交易决策的内容,让交易信息更加公开化、透明化,也使交易数量得到提升。

3. 通过服务节约交易成本、增加收益

B2B 平台应该详细分析整个业务处理过程,特别是采购和销售过程,以便帮助企业更有效率地处理交易、降低成本,这也是当前企业参与电子商务活动的首要原因。例如,阿里巴巴、慧聪网均采用了向新注册用户推介 5—10 个同行,以及根据注册用户主营供应、求购信息,提供对应求购、供应信息匹配服务

的策略,帮助卖方通过平台扩大潜在用户的范围,并用邮件、IM 即时沟通等方式,使其从扩展的商友圈、网络效应中受益;同时帮助买方不断扩大潜在供应商集群,提供供应商主要产品价格变动提醒,使其在更透明的市场竞争中因价格降低而受益。买麦网甚至把手机短信服务纳入到其"行行行"会员服务中,当需要发布或有新的交易信息时,通过短信直接管理和提醒。另外,B2B 平台还可通过组织逆向拍卖(RFQ)、提供采购工具等内容,鼓励平台上的企业发布报价,让更多的采购者直接获取价格信息,从而不断提升用户间的交易数量,节约交易成本。

此外,要从提高技术推动实力和竞争响应速度两方面入手,参与竞争日益激烈的 B2B 平台运营竞争。每个 B2B 平台要获得先动优势或建立进入壁垒,一方面需要整合客户端技术,采购商和供应商必须能够通过网站进行商务活动,包括从填写订单、网上支付、发货单流转到订单完全履行的全过程。金银岛(www.315.com.cn)正致力于信息流、资金流、物流服务的整合,目前在石化领域,其以仓单交易所服务为代表的全程电子商务模式正在探索之中。这种对采购全过程的支持需要一个能够支持大量广泛分布的用户和因特网环境的网络应用结构,需要提高技术实力,整合网络商铺、在线订单与支付体系,支撑电子供应链管理(e-SCM)、技术支持的客户关系管理(e-CRM)等,还应当支持复杂的销售、财务规则,与现实的工作流程和买卖关系相匹配。另一方面,面对日益增加的竞争对手,必须依据当前交易信息、参与交易者的习惯等情况,迅速开发和完善新的服务。

B2B 平台营销策略选择的趋势及存在的问题

B2B 电子商务平台由最初的垂直平台即第三方行业电子集市逐渐发展出企业平台、水平平台、混合平台等新的平台模式,尽管不同平台模式拥有不同的优势资源,但在营销策略选择上却逐渐趋同。

不同营销策略均把满足多用户需求作为重点,这有利于提升整体网络应用水平,吸引、教育、培训更多用户,使用户在 B2B 电子商务平台上有更好的用户体验,利于增强网站黏性、强化用户间的交互水平,有利于价值创造和平台盈利;在服务细节上,由于不同平台专注范围和资源的有限性,加之成本制约因素,会促进不同服务内容的专业化分工,比如物流体系的外包、资金流管理及支付体系的专业协作;在技术实现上会促进不同电子商务应用软件接口、EDI 标准的统一,比如平台内多信息系统之间的中间件,让彼此可以互操作,不同的业务逻辑散布在不同的应用中,形成不同的数据库,需要进行企业应用整合,而未来不同平台之间的联盟或统一将使跨平台协同和互操作更需要通过 XML 标准,简单对象访问协议(SOAP),Web 服务描述语言(WSDL),统一描述、发现与集成协议(UDDI),为用户提供 Web 服务,与 ERP 系统进行集成;此外,整合营销策略的实施,将使网络定向广告、垂直搜索引擎的应用更加广泛。

B2B 电子商务平台运营模式和提供的服务内容同质化现象随电子商务的发展越来越明显,为了使自身平台有别于其他同类平台,实现差异化运营,建立基于自己核心资源的竞争优势,必须通过技术推动和营销策略组合的方式,不断巩固竞争地位,寻找新的"蓝海"。因此,基于 B2B 平台的信息流、资金流、物流与供应链的整合,成为 B2B 电子商务平台不断竞争与发展的需要。

1. 基于 B2B 平台的信息流整合

信息发布与推广:帮助企业方便地向目标受众传递信息,并让信息准确到达目标受众,让更多的目标用户和潜在用户了解企业信息。

信息交互:能够方便地通过在线 FAQ、社区或是即时通信工具与用户进行及时的信息交互,提供高品质的在线客户服务。

信息响应与学习:能够主动采集目标受众在接收到信息后输出的行为,并对信息积极加以响应,并将所有受众行为输出的信息加以整理、分析和学习,帮助企业充分理解用户行为,方便进行客户关系管理。

销售推进:在采集到有关信息后,帮助销售人员进一步落实受众的有关意向,力求促成销售。

协助完成采购:推动信息流双向流动的最主要目的,还是侧重于协助完成采购行为。

2. 基于 B2B 平台的资金流整合

B2B 电子商务交易金额大,处理过程复杂,包括采办、合同管理、网上实现、交付、保险、信用评价、运输规划、订单对接、支付鉴别、汇款对接、财务管理等诸多环节,B2B 电子商务平台可以通过提供支付与金融服务,帮助企业改善现金流、提高财务服务水平以及降低发货单处理成本,使企业能够提高结算处理速度、审计能力,提高支付便利性和安全性,强化资金有效控制,解决电子支付与会计系统的整合、汇款信息标准化、贸易伙伴间系统不对称等许多瓶颈。

3. 基于电子商务的物流和供应链管理

B2B 电子商务平台在考虑解决订单履行时,必须面对提供电子商务对接的承运方不多、电子商务交易途径复杂等问题,因此,可以从简化支持服务,从电子供应链管理(e-SCM)、客户关系管理(CRM)的角度,提高客户获取,提供购买支持,确保客户满意和持续购买,优化采购流程,降低采购成本,在反应时间、网络连接、下载时间、及时性、安全和隐私保障方面有效帮助企业解决物流处理过程。

不难看出 B2B 电子商务平台营销策略选择仍然存在以下一些问题：

为提高用户数量，盲目实施扩张策略，急于扩大用户群，忽视了个体价值和用户满意度，形成恶性循环，损伤普通中小企业应用电子商务平台开展网络营销的积极性。特别是重视用户服务的营销策略选择有一定滞后性，对于重视短期利益的企业，这种营销策略代价可能过高，其短期行为可能会损害企业对网络服务效果及诚信的认识。例如，搜索引擎的作弊行为、不恰当的垃圾邮件营销、IE 或即时通信工具附带插件等，尽管短期内可使网络用户数量增加，但对 B2B 平台的长远发展肯定是一种戕害。

产品和服务的同质化竞争越来越激烈，竞争中可能因为价格、促销政策等而形成相互倾轧的局面，造成 B2B 平台利润的损失。世界经理人网站（www.icxo.com）在推出全球商会平台时就曾经打出让阿里巴巴、慧聪网会员免费搬家的口号。这种竞争并不只存在于 B2B 领域。

为了满足大部分用户需求，营销策略选择可能会以牺牲部分个性化、灵活性为代价，不利于服务个体的价值获得。这在其产品策略上表现尤为突出，例如，阿里巴巴的众多诚信通会员共同在其平台上经营，而搜索关键词竞价排名只对部分会员有效，其他诚信通会员因而可能在交易量上遭受到损失。

5 电子商务整合行业资源：医药电子商务

5.1 医药卫生行业电子商务

中国医药卫生电子商务网作为首家电子商务示范工程，面向医药卫生及相关行业的企业、机构，发布实时的机构信息及产品商情，提供方便快捷的电子商务网络服务平台。医药电子商务的服务有两个层面：(1) 商务机构与商务机构之间，包括合法的医药生产企业与生产企业(原料药、制剂)、流通企业及医院的网上交易，合法的医药流通企业与流通企业(批发、零售)及医院的网上交易；(2) 商务机构与消费者之间，包括零售药店对消费者的网上销售等。目前，我国由于企业信息化普及率较低，金融服务水平和电子化程度不高，网上支付问题没有很好地解决，因而我国大多数医药电子商务为非支付型的电子商务，如网上电子邮件的收发、网上医药信息的发布、医药信息查询、在线谈判、合同文本的形成等。

国内主要的医药电子商务网站如下：

(1) 中国金药网(http://www.gm.net.cn)。中国金药网络系统将在全国陆续建立100个地区服务网站，形成覆盖全国并与世界相联的信息网络系统，其中全国医药技术市场网、中国中药材网(http://www.gmzy.net.cn)、中国医药卫生电子商务网(http://www.gmec.net.cn)和全国医药统计网已开通使用，依托先进的通信、软件技术和一大批商流、物流、资金流及软件开发等方面的优秀专业人才,为医药卫生行业的生产企业、流通企业、科研院所、医疗机构以及政府职能部门提供电子商务、信息交流、信息检索、统计、科研成果交流等全方位的服务。

(2) 中国医药经贸网(http://www.yyjm.net.cn)。该网站由国家经贸医药司主办,包含了政策法规(药政管理、药品管理等)、行业管理(管理机构、行业管理文件、医疗机构信息等)、行业动态(地方信息、焦点透视)等内容。

(3) 中国药品信息网(http://www.zgyp.com.cn)。由北京众策医药信息咨询中心主办。其服务项目有:新药研发、注册和转让,包括组织新药开发实验、临床实验、起草报批文件、成果转让等;产品上市前的市场预测、营销策划和效益分析;代理企业在京设立办事机构、组织区域性产品销售网络;为制药企业实施 GMP 提供顾问服务,包括预审、文件编制指导、人员培训等;原料药和天然药物在美国和欧洲的注册代理,包括编制英文注册文件、注册事务代理等。

(4) 中国医药市场(htttp://www.chinapharmarket.com)。中国医药市场是 B2B 电子商务专业性网站,由北京洪国士医药开发有限公司发起,网站从事医药市场的开发和信息网络的业务,已形成了包括与医药相关的生产、销售、科研机构在内的国内 8 000 余家客户资源。

以中国金药网为例,它设置了行业动态、医药商情资源、医药展会快递、网上直播、金药会员、电子期刊等栏目。若要查最近一周中药方面的最新动态,选择"行业动态"栏目,输入日期 2003/7/22—2003/7/28,关键词为中药,在行业动态分类中,选择"动态",点击"查询",显示标题名"杭州将举办中药与植物药国际高级论坛",点击标题名,则显示简介:"中药与植物药国际高级论坛将于今年 10 月 18 日在杭州召开。……它是国家药品监督管理局成立以来首次举办的大型国际会议。"若要了解某一产品的供求信息,选择"医药商情资源",它分为产品名称、产地、分类、供应商情、需求商情等。如要了解复方丹参片的供应情况,点击供应商情框,使供应商情框由黄色呈灰色,输入要查的内容"复方丹参片",则出现供应的详细情况,包括商品名称、供求状态(供应)、规格包装(0.28 克,100 片×200 瓶)、参考价格(批发 10.26 元;零售 11.28 元)、产地(哈慈制药)、通信地址、电话传真及邮编等。同样,查找需求信息,则点击需求商情框,输入所需内容即可。此外,还可到中国金药网的四大专网中查找相关的信息,但该网站对于网上交易、仓储配送、货款结算等服务实行网员制管理,须到相关网站注册申请后才能交易。

上述网站的主要服务内容以信息为主,严格意义上来说都不属于行业电子商务项目,在整体药品供应链流程中也不是核心的流程。相比而言,E1 医药电子商务网更类似于行业电子商务项目,直接参与采购过程中买卖方主体的核心采购流程,并且根据成交金额收取费用。

5.2 美日两国医药行业的电子商务的经验

5.2.1 2000年年初的药品市场

1. 日本药品市场概况

日本是世界上第二大药品生产和消费市场,2001年药品销售额为60 947亿日元(507亿美元),人均消费药品385美元,其中处方药销售额为55 500亿日元(462亿美元),占药品销售额的91.1%。在日本排名前8位的制药公司中,80%的销售额来自本土市场,12%来自北美,6%来自欧洲,2%来自其他地区。

日本的制药企业通过药品批发商分销的药品额占市场总额的99%。由制药企业直接销售的药品数量很少,仅占市场总额的1%。医疗机构是日本的主要药品分销渠道。2000年,各类医疗机构共销售药品39 571亿日元(329亿美元),占市场总额的64.9%;调剂和零售药店共销售药品20 312亿日元(169亿美元),占市场总额的33.3%;其他渠道共销售药品1 064亿日元(8.8亿美元),占市场总额的1.8%。在医疗机构销售的药品中,大医院(200床位以上)18 179亿日元(151亿美元),占市场总额的29.8%;中小医院(20—200床位)6 947亿日元(58亿美元),占市场总额的11.4%;诊所(20床位以下)14 445亿日元(120亿美元),占市场总额的23.7%。

2. 美国药品市场概况

美国是全球最大的药品生产和消费国。2001年,美国处方药市场总额为1 760亿美元,约占全球市场总额的40%,人均消费药品670美元。美国的药品分销渠道以零售为主。2001年,药品零售企业实现分销额1 318亿美元,占处方药市场总额的74.9%。其中连锁药店518.89亿元,占30.1%;独立渠道287.86亿元,占16.7%;邮购203.41亿元,占11.8%;药店157.48亿元,占9.1%。2001年,医疗机构分销药品438亿美元,占市场总额的24.7%。其中非联邦医院173.60亿美元,占10.1%;诊所133亿美元,占7.7%;长期医疗服务56.88亿美元,占3.3%;其他医疗机构62.51亿美元,占3.6%。监狱、大学等渠道市场份额很小,仅有7.13亿美元,占市场总额的0.4%。

5.2.2 市场的特点

较高的市场集中度

市场集中度高是日、美两国药品市场的共同特征。美国的医疗服务机构从20世纪80年代初开始实行集团采购,利用买方市场中买方的优势去获取更低的价格,导致了医药企业激烈的合并。2002年,在美国排名前10位的制药企业实现销售收入1050亿美元,占市场总额的59.7%。销售量最大的10个品种实现销售收入317亿美元,占市场总额的18.1%。美国的药品批发商早已完成市场整合,实现了寡占型的市场集中度。截至目前,在美国的药品流通市场上还有很多二级批发商和小批发商(具体数量不详),但一级批发商只有5家,地方性批发商只有70家,其中5家一级批发商的市场占有率达到90%。

在日本,由于经济长期衰退,药品价格下降,市场竞争日益激烈,导致医药行业的兼并重组步伐不断加快。1988年,日本的药品批发商共有418家。到2002年,批发商数量已锐减至165家,其中规模最大的10家批发商集团的市场占有率达到90%。目前,日本药品流通市场的兼并重组进程仍在继续进行中。据铃谦公司介绍,该公司的市场占有率在日本曾长期高居榜首。2001年,由于市场占有率排名第二和第三的两家公司合并,使铃谦公司的市场占有率屈居第二。2002年10月,铃谦与大森公司合并。合并后的铃谦公司处方药销售额达到1兆1244亿日元(98亿美元),市场占有率达到16.7%,再次成为日本最大的药品批发商。

现代化的物流配送系统

我们看到的强生公司、铃谦公司和山之内公司,都建立了自动化立体仓库,订单处理、拣货、补货、发货等主要作业项目都基本实现了自动化、标准化、智能化,大大降低了劳动强度,提高了工作效率。

铃谦公司设在爱知县的江南物流中心占地面积13 224平方米,建筑面积5 070平方米,处理商品种类26 000项,保管商品37 000项,长期雇员24人(不含临时雇员),日处理订单3 500份,入库、出库药品6 800箱,约5亿日元(410万美元)。山之内公司在东京、大阪、北九州和札幌建立了四个物流配送中心。其中东京物流配送中心占地16 000平方米,建筑面积10 000平方米,负责该公司50%产品的订单处理和物流配送。

强生公司在美国新泽西州建立了三个自动化立体仓库,负责149亿美元药品的订单处理、物流配送和数千名医药代表的供应保障,员工总数仅为160人,配送成本仅占药品销售收入的0.5%。

据有关专家介绍,目前全美的药品经销企业每天需要处理 25 万份订单,订单条目多达 1 000 万条,需要配送到 12.5 万个分销机构,隔天配送的响应率高达 95%,准确率达到 99%。每个订单条目的配送成本大约仅 0.3 美元。

发达的信息网络技术

20 世纪 90 年代后期,美国、日本的医药企业广泛利用现代信息网络技术替代手工订单处理流程,通过传统的 EDI、手持便携式订单处理系统和互联网系统生成的订单占订单总数的 90%。电子商务成为药品流通的主流模式。

美国、日本的制药企业和批发商,都致力于推动医疗服务机构药品采购活动的信息化。在美国,药品经销企业为医疗机构和其他分销机构提供各种信息系统,包括订单处理、库存管理、决策支持、合同管理以及处方调剂系统,以降低供应链成本。铃谦公司定制的药品采购简易终端机可以方便地进行市场信息查询和订单处理,目前已推广应用到 6 313 家医疗机构。

日本的药品批发商共设置业务代表 26 955 人,每人负责 20—30 个客户的采购订单和其他市场信息的采集,并将这些信息及时反馈给制药企业。据铃谦公司介绍,药品批发商因对制药企业提供信息服务而得到的回报,最高可以达到回款金额的 3%。山之内公司要求所有药品销售人员都要依据昨天的市场数据制订今天的销售计划。强生公司的信息化建设预算按公司销售收入的 3%—4% 编制,年信息化建设投资达到 10 亿美元以上。2000 年度统计表明,由于 B2B 电子商务系统在美国的广泛应用,药品经销企业在药品流通供应链上降低的医疗费用每年约为 470 亿美元。

成熟的行业组织和中介服务机构

日本医药品批发商协会成立于 1941 年,现有会员企业 165 家,从业人员约 60 000 人,主要任务是收集、提供市场信息,进行行业自律,强化流通过程的质量管理,推动药品流通的现代化、标准化等。该协会组织编制的药品编码(JAN 编码)、医疗机构代码等技术标准,以会员制的方式在日本医药行业广泛应用,提高了医药企业的信息共享水平。该协会制定的遵守《独占禁止法》的指导方针,是药品批发商必须遵守的交易规则和行为规范。

美国药典委员会(USP)成立于 1820 年,是全球唯一一个独立于政府系统之外的药典编撰机构,现有员工 300 余人,属非营利性组织。USP 的主要任务是编撰美国药典,提供标准品等,其地位由法律确定。USP 编撰的美国药典,过去每 5 年出版一次,现在每年出版一本补充卷,1992 年开始出版电子版。USP 提供的标准品已达到 3 650 个,每个标准品售价 150 美元,是 USP 的主要经济来源。

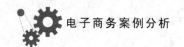

美、日两国的医药企业尊重企业之间的专业化分工,已经形成了比较成熟的药品流通中介服务市场。与药品流通相关的产品分类与编码、组织机构代码、数据通信服务、市场信息服务、企业信用服务等,都由专业化的服务机构为医药企业提供中介服务,大大降低了信息化成本,提高了信息共享的程度。

由日本制药协会发起建立的日本药品电子网(Japan Drug Net),作为专业化的药品数据通信服务机构,可以为所有医药企业提供互联网药品数据交换服务。Japan Drug Net 实行会员制管理,目前已拥有会员企业 360 家。会员企业在缴纳会员费后(如山之内这样规模的制药企业,每月约缴纳 300 万日元)就可以完成同所有批发商的数据交换,每个订单条目的数据交换成本仅为 2 日元。

近年来,美国出现了药品集中采购组织(Group Purchasing Organization,简称 GPOs)和药品购买福利组织(Pharmacy Benefit Management,简称 PBMs)等营利性中介服务机构,为医疗机构和医疗保险公司提供药品采购的专业化中介服务。药品集中采购组织通过接受多家医疗机构的委托形成较大的药品采购订单后,同药品生产商或批发商谈判,获得比医疗机构分散采购更低的价格,同时把医疗机构从烦琐的采购事务中解放出来,降低了医疗机构的运行成本。药品购买福利组织为医疗保险公司提供制定药品目录、采购所需药品、审核医生处方和办理药费支付等服务,是药品流通的一个重要环节。

5.3 中国医药行业特性和电子商务发展

我国现有医药流通体系是从计划经济时代沿袭下来的,在很长时间内为我国医疗事业的发展作出了重要的贡献。在改革开放和建设市场经济的过程中,我国医药流通领域也采取了一些开放和改革措施,一定程度上适应了经济发展和人民群众生活水平提高的需要。但是,由于行业管理和体制建设等方面的原因,这一体系中存在的严重弊端也日益显现出来,集中表现为"多、小、低、散、乱"。据统计,我国目前共有药品生产企业 6 390 多家,药品批发企业 16 500 多家,药品零售企业 63 000 多家,还有上万家的医院制剂室。另外,对于我国每年 1 500 亿元的医药交易额来说,医药流通和生产行业都存在严重的低水平重复建设现象,导致药品生产过剩,流通领域经营混乱、竞争无序的现状。

多年来,医药市场一直存在严重的供过于求,药品生产和经营企业为求生存而进行过度竞争,让利、回扣、低价倾销等经营手段的滥用造成了严重的后果。我国医疗机构长期形成的"以药养医"的机制和分散采购药品的管理模式,为药品市场的不正当竞争提供了土壤。流通领域的秩序混乱,使得药品质量难以保证,伪劣药品屡禁不止。非法药品市场的存在,更使供求失衡的药品流通秩序雪上加霜。这造成了药品流通中的费用居高不下,药品购销中的不正之风盛行。目前一般的回扣率为15%左右,有的地方达到20%—30%,实物回扣的价码也不断提高,导致药品价格虚高,人民群众利益受损,药品工商企业的效益严重流失。由于秩序的混乱和交易的不规范,药品质量和临床用药安全、医疗机构合理用药也受到很大影响。流通环节不通畅必然导致医药市场交易成本居高不下,这不仅影响市场功能的发挥,也使得国家通过市场实施的宏观调控难以奏效,最终阻碍医药生产、流通的社会化进程和整个医疗保障的社会化进程。因此,对我国医药流通体制进行改革的呼声日益高涨,成为我国医疗保障制度改革的热点问题。

结合深化医药卫生体制改革、建设城镇职工基本医疗保险制度的需要,国务院及有关部委先后下发了《关于城镇医药卫生体制改革的指导意见》及其配套文件,对医药流通体制的改革提出了明确的方向和要求,其中关键的一个环节就是实行医疗机构药品集中招标采购,彻底改变现有的医药购销体制,从源头上整顿医药流通秩序,解决医药流通中存在的各种问题。

近几年,药品集中招标采购在一些地方的试点工作取得了一定成果,在纠正医药购销领域中的不正之风和规范医疗机构购药行为方面做出了有益的探索。但是由于种种原因,药品集中招标采购虽然在逐步推行,但仍然存在着种种问题。在现有体制和框架下,运用原有分散采购过程中的手段来进行药品的集中招标采购已经不能适应情况的变化。从药品采购的角度来看,医院临床用药品种很多,有数千甚至上万种,同时又要求把采购周期从过去的几个月缩短为几周。从市场角度来看,医药市场流通着上万个品种、数不清的品牌和千差万别的报价。因此,在改革的同时依靠医疗机构自身的力量来应对这个市场确实有些勉为其难,也难以出现好的结果。这样,药品的集中招标采购与公开、公平、公正和诚实信用的原则相去甚远,改革的初衷远远未能实现。在国务院建立城镇职工社会医疗保障制度的总体要求下,加快推进药品的集中招标采购工作迫在眉睫。

从药品购销过程来看,除物流和资金流外,信息流是关键一环。为实现改革所要求的公平、公开、公正和诚实信用原则,同时也为实现市场分散决策和社会集中决策的有效结合,交易过程的参与者必须拥有完善的信息,具备良好的信息处理能力以便传递、反馈和处理交易过程中的信息,而传统的手段难以胜任这一要求。信息网络技术革命的蓬勃发展,特别是电子商务的兴起为解决药品集中招标采购这个重大课题提供了一条崭新的思路。由于网络上信息传递的公开性和及时性、迅速反馈与互动沟通等特点,依靠现代信息网络技术,可以为医药采购建立一个完整、即时的信息平台,从而极大地推动药品集中招标采

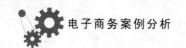

购的进程。

电子商务的引入可以给药品集中招标采购带来以下好处:(1)网络信息的完整性和及时性可以大大降低医疗机构收集和处理医药产品信息的成本和时间,把医疗机构从这种琐碎、重复的劳动中解放出来;(2)采用网上投标、交易的电子商务方式,可以把医疗机构分散的药品采购科学、合理地集中起来进行招标,在扩大采购批量的基础上进一步降低采购的成本,为医疗机构压缩管理费用奠定基础;(3)电子商务的引入,既可以使医疗机构适应瞬息万变的市场形势,大大缩短采购周期,最大限度地维护医疗机构的合法权益,又可以及时、充分地满足医疗机构的用药需求;(4)专家委员会评审和会员资格认证制度的存在,可以很好地保证医药产品的质量,确保临床用药的安全有效;(5)网上交易公开和透明的特征,可以很好地保证药品集中招标采购原则的实现,其封闭管理的方式也为纠正药品购销中的不正之风提供了良好的手段。

如此一来,药品购销将出现三个转变:(1)由分散到集中。药品采购由个体行为转变为集团行为,由分散决策转变为集中决策,信息传递由分散的"人对人"转变为网上集中发布,市场状况由多品牌、小批量转变为少品牌、大批量。(2)由一体化到专业化。药品的采购、销售和配送将分别实现专业化管理。(3)由"人对人"到"人机对话",彻底改变信息传递和交易过程的方式。采用电子药房、实行在线交易的医院,药品的出入库、收支和病人查询等,全部可以通过计算机网络实现。采用拨号上网方式、非在线交易的医院,可采用人工数据维护的方式通过计算机网络实现信息传递和交易过程。不能配置终端设备的买方和卖方可在中介组织的帮助下,利用公共服务的终端设备进行"人机对话"。这样,药品购销在决策方式、技术手段和管理思想上将发生极大的改变,从而在药品流通领域引发一场重新分配权力和利益的革命,很好地解决"多、小、低、散、乱"等问题。因此,推广应用药品集中采购电子商务解决方案,真可谓是正当其时。

"E1项目"的控股公司是一家在中国深圳证券交易所上市的企业,上市之初主营业务为传统工业的生产加工和销售,从1998年开始逐步进入了互联网和数字娱乐行业。从1999年开始,伴随中国在全国范围内开展药品集中招标采购项目,E1开始介入医药行业的电子商务项目运作。该项目从2000年正式启动后,基本经过了以下几个过程:

2000—2002年,根据国家卫生部等主管部门的要求,设计开发了专供药品集中招标的单一站点型电子招标系统,并在全国范围内推进该系统的应用;

2002—2004年,设计完成全国联网的数据中心系统建设,形成了以省、市为单位的招标项目支持系统和面向全国的药品实时交易的网上采购系统;设计完成了全国联网的医疗器械集中采购系统,形成了覆盖药品和医疗器械(主要是低值易耗品和部分高值产品的)的整体集中采购系统和网上交易系统;

2004年至今,逐步完成医院采购客户端系统的开发和部署,以省市为单位的医药行业政府网上实施监管系统的部署,正在尝试在浙江、北京、海南等地开展由银行参与的网上结算项目的试点。

从E1项目的运作模式可以看到一些行业电子商务项目的特点:

第一,专业性。"E1项目"将建立一个能够覆盖整个医药流通领域的信息和数据交换平台,为全行业提供信息服务、交易服务和技术支持,以区别于一般的门户网站。同时,项目将致力于深入的二次开发,培育自己强大的技术开发力量,以适应全国各个地区不同的业务需求,形成项目本身的弹性扩张模式,这是"E1项目"的显著特征。

第二,标准化。"E1项目"致力于数据交换内容、格式的标准化。在数据收集方面,结合国家有关规定,制定科学的、标准化的产品编码体系,以此为基础已经建立了统一的医药产品数据库。在数据发布、传输的过程中,制定统一的操作规范,也实现标准化。同时对所有分支交易网站的管理也实现标准化,采用标准化的交易合同和相关凭证。"E1项目"的目的在于真正实现全行业的信息资源共享,形成强大的信息优势。

第三,中央网站与地方网站体系。"E1项目"建设的是一个中央网站和地方网站互为补充的综合体系。中央网站负责信息的总体收集、加工和发布工作,为全国性的网络系统提供基础数据服务和技术支持,同时也承担一些专业性的咨询与顾问服务。地方网站以省、区为单位展开建设,在中央网站的支持下拓展本区域内的业务,发展本区域的会员,建立自己的专家委员会,从而形成一个互动互联的全国网络体系。

第四,会员制。"E1项目"实行会员制管理方式,在开展药品集中招标采购的基础上发展会员。会员的主体是全国的15 000多家县级以上医院和6 000多家医药生产企业及大医药经销企业。对会员的加入将进行严格的认证制度和定期评价制度,定期公布相关信息,以提高"E1项目"的声誉。在会员的基础上逐步形成全国性医药流通电子商务网络。

第五,专家委员会评审制。"E1项目"的各个地方网站成立专家委员会数据库,由该地区业内权威的专家组成,对药品的质量、价格、交易条件等进行综合的评审,为招标采购工作把好关;同时,在中央网站组织成立全国性的专家委员会联合会,定期召开专家委员会联席会议,探讨和研究医药行业发展和药品购销中存在的重大问题,设立"专家论坛"。专家委员会是开展药品集中招标采购电子商务的一个关键环节,是该项业务运作的决策机构,其成立和顺利运作将使药品购销向专业化和社会化方向迈出重要一步。

第六,第三方开发的系统应用。对于所有应用电子商务系统的市场主体来说,利用第三方提供的统一数据标准的电子商务系统,优势是十分明显的。首先每个市场主体都大幅节约了信息化的投入成本。我们曾经做过估算,一套以单一买方或单一卖方为核心的采购和报价系统单纯开发的费用接近 50 万元,而单一买方或卖方的采购和报价系统远远不足以吸引足够的用户来摊销成本。而以城市为单位的多买方和多卖方的采购和报价系统开发费用将达到 500 万元左右。2000 年上海医药股份公司下属的上海医药信息公司开发出了一套用于上海市内医院与上海医药股份公司下属各销售子公司进行网上交易的系统,但投资开发费用近 2 000 万元,而且每年的运营维护费用接近 600 万元。所以,不论对于类似于医院的买方还是类似于上海医药股份公司这样的卖方而言,单独投资或者各方集资建设这样的系统,投入都必将是巨大的。同时,卖方合作或者买方合作的集中销售系统或者几种采购系统,都存在先天的不足,参与建设的各方往往会因为用户间的同业竞争,最终使行业电子商务项目走向末路。

而"E1 项目"是完全的第三方系统,E1 在 2000 年进入医药行业电子商务项目的初期就已经承诺,并且在以后的多年经营中一直严格遵守最初的承诺:完全不介入医药行业的生产经营活动,与医药行业的各种市场主体之间不存在任何经济利益关系和行政隶属关系。也只有这样才能够保证该系统的独立第三方身份,才能得到该系统的所有应用客户的信任。而客户在应用 E1 项目所提供的系统功能时,绝大多数是免费的,只有按照客户要求定制的某些特殊功能需要另外付费。

第七,高度可扩展性。"E1 项目"的高度可扩展性体现在如下几个方面:

首先,可以实现并且正在实现和买方、卖方信息系统的融合,即在买方(医院)用户和卖方(医药经营企业和生产企业)用户原有的管理信息系统中嵌入 E1 项目的应用插件,实现和用户系统的无缝连接。这种连接的最大好处是不改变原有用户的信息应用系统,对原来用户的操作习惯不做重大改变,同时节约客户开发应用新系统的资金和投入(时间和人力),保证在最短的时间内使新功能能够被客户应用。

其次,在行业用户应用的基础上,产生的大量数据资源可以被行业用户再次利用,当然这种应用是需要另外付费的。这完全符合 UGC(User Generates Contents)的应用设计思想。同时这种类型的应用对象可以是原来的买卖双方用户,也可以是其他的用户,比如银行、政府、科研机构等单位,使原有数据的应用价值被多次利用。

再次,以数据为基础可以为政府监管提供信息来源,既降低了医院和企业用户被监管的成本,也减少了政府部门为了实现监管而支付的高额成本。2002年北京市卫生局、药监局、物价局(现发改委)、纠风办等十个相关部门组成的北京市药品集中招标采购十局联席会议为了检查药品集中招标后的采购执行情况,组成了20人左右的调研队伍,行程总计40天,对全市的30家医院进行了抽查和考核。初步估算,仅此一项工作的支出成本就超过10万元。试想,如果是以一个省为单位的例行检查将耗费多少人力物力?正是由于如此高额的代价,导致了招标后检查工作的滞后甚至被忽略,可以说检查的不到位也是导致药品集中招标采购工作后期出现大量不执行招标结果等不良后果的间接原因。而"E1项目"在一些地方试点开展的网上监管实施后,不论是被监管者还是政府监管人员的工作量和成本都大幅地减少了。每周各医院和药批经营企业药品采购的报告会自动更新,监管人员只要定期上网更新报表,就可以实现对采购过程的监管。同时,系统还可以根据监管部门的要求,定制特殊的应用功能,比如对一些特殊用药的特别监管。在2003年"非典"期间,北京市卫生局对北京地区的73家医院实现了170种相关用药的特别监管,在接近4周的时间中,每天每家医院都要在网上填报相关用药的进出量,极大地方便了"非典"期间北京各主要医院的特别用药监控。

最后,当实现了医院用药采购过程的网络化以后,在对医院的用药数量、采购金额、采购渠道、汇款周期都能够详细掌握的基础上,银行将有条件实现对医院药品采购的网上结算,进而在网上结算的基础上尝试进行保理或银行承兑,这一功能的实现必将对中国医药行业的供销供应链带来巨大的变化。中国医院药品采购的一般回款期在药品到货后的3—6个月,相应的药品经营企业面向药品生产企业的回款期也是药品到货后的3—6个月(极少数外资药品生产企业的回款流程比较特殊,不在本章的讨论范围内),这意味着中国的大多数药品在运输途中存储的资金占压是极其巨大的。我们曾经做过面向部分生产企业的专项调研,如果在药品面向医院销售后,可以缩短回款周期到当月回款,接受调查的70%左右的药品生产企业承诺平均可以降低药品销售价格5%左右,其中最高的承诺可以降低销售价格16%。这意味着在中国医院每年1500亿元药品消费量可以节约5%的资金支出,即75亿元人民币。在此调研的基础上,我们与中国银联、中国银行、中国工商银行、中国农业银行、中国建设银行、中国交通银行、华夏银行、中国民生银行、招商银行、光大银行等多家银行进行了交流,几乎每家银行都对该分支项目表示出了强烈的兴趣。但是多家银行都提出必须要对各医院的资信情况进行详细了解,而在这个过程中,网上交易的记录无疑将为医院的资信提供最详细的数据证言。不难看出,未来在"E1项目"深入发展过程中,逐步引入银行结算和由银行信用作为担保的新型支付方式,不仅是电子商务项目本身的特点(资金流、信息流、物流的统一),也是行业发展的必然之路。

5.4 在中国的医药行业电子商务模式

5.4.1 电子商务的价值

改变医药流通现状,促进医药流通大市场的形成

实行以电子商务为核心的药品集中采购之后,医疗机构获得的市场信息全部由电子商务系统提供,专家委员会的存在使得该系统可以在买方和卖方之间形成一道现代技术构筑的虚拟屏障。在资格审查和质量认定的制度下,合法的企业、合格的药品可以进入信息发布平台,从而获得交易资格;不合法的企业和不合格的药品将失去交易资格。这样可以净化医药市场,遏制药品非法经营活动。另一方面,实行药品集中招标采购电子化,转变了原来的采购、销售和配送方式,"人机对话"将建立药品购销中的分工制衡新机制,药品采购的透明度将大大提高,过去的"暗箱操作"将变成"阳光下的交易",从根本上铲除在采购活动中滋生不正之风的土壤。在公开、公平、公正和诚实信用的原则下,逐步杜绝药品购销中的不正之风和其他违法行为,解决这个多年来一直困扰医药流通领域的顽疾。

这样,把电子商务引入药品集中招标采购,可在促进信息的充分流动和透明的基础上,利用网络的全国性,引入有效的社会监督机制,推动市场竞争的发展,形成统一、开放、竞争、有序的医药流通大市场,树立医药流通的新秩序。

保证质量,缩短周期,加快医疗机构信息化建设进程

专家委员会是联合起来的医院药事委员会,是医疗机构药品集中采购的决策机构。这一机构把分散在药事委员会的资格审查、品种筛选、质量认定等控制责任集中起来,利用专家委员会的专业知识和经验互补,对药品的临床疗效、毒副作用、质量价格比等方面进行客观的评价。虽然在药品集中招标采购中的主要依据是药检部门的药品质量检验报告和临床用药经验,但是专家委员会也将起到重要的把关作用,从而使医院的药品质量和临床用药安全得到有效保证。

同时,网络信息传递的即时和互动特征,使得医院原来需要由自己组织的、冗长的采购过程在网络上可以在瞬息之间完成,大大缩短医院的药品采购周期。按一般估计,电子商务的介入可以使商品的流通时间缩短2/3。医疗机构的信息化建设工作也会因为药品集中招标采购电子商务的发展而有一个很大的促进。以电子商务介入药品的采购为契机,医疗机构提供医疗服务的网络化和信息化过程也必然被加快。

降低药价与减少不合理用药,减轻患者和医疗机构负担

实行集中采购之后,药品流通的中间环节大大减少,同时过去普遍存在的同一医疗机构内一个品种、多个品牌的现象将成为历史。集中招标采购使得市场集中度提高,价格也高度透明,交易的规范使得原来的回扣难以继续存在,药品价格中的虚高成分将不可避免地被挤出,药品价格将逐步回落到正常水平,预计将比原来的价格平均下降30%—40%。集中招标采购还可以在大批量的基础上进一步降低药价,得到质量价格比更高的产品。药价的下降,将同时给患者和医疗机构带来直接的经济效益,减轻患者的负担,降低医院的医疗费用。同时,采购周期的缩短大大减轻了药品库存的成本,采购的社会化和专业化也使医疗机构可以节约许多与采购有关的直接费用,这都可以进一步降低医疗机构的成本,为下一步的医疗改革提供坚实的基础。

促进医药生产企业的产品开发工作,提高医药工商企业竞争力

集中招标采购的电子化,大大减少了医药购销环节,使得医药生产企业能够把高额的销售费用和巨大的人力投入降下来;同时,医药生产厂家将把提高质量和服务水平作为竞争的根本,大力提高自己的标准化建设水平,如尽快获取GMP认证,大大改善原来的信息化建设状况,等等。

生产企业可把节约的资源用于药品的研究和开发,提高我国医药行业的科研水平,以增强企业的竞争能力,实现可持续发展。同时,医药生产企业由于交易费用的大幅下降,也可以改变原来艰难经营的状况,扭转亏损的局面。对医药经销企业来说也一样。因此,通过药品的集中招标采购,行业内的市场集中度将大大提高,从而改变低水平竞争的局面,优胜劣汰,形成一批大型医疗工商企业,适应新时期市场发展和竞争的需要,提高企业的生存能力和发展潜力。一组数据为电子商务系统提高行业集中度提供了有力的证据:2003年我们对2000年到2003年北京和海南两个地区的药品成交记录数据进行汇总分析发现,2000年海南省内最大的10家药品批发企业在海南的药品成交记录中所占的市场份额不到45%,而经过3年的药品集中招标采购和网上交易,这一数字在2003年达到了75%,而代理品种的数量更占到了总体数量的81%;相应的北京地区的数字变化更加明显,2000年北京最大的3家药品批发企业的交易金额仅占全部药品成交金额的30%,而2003年这一数字发展为60%,成交代理品种的比例达到74%(数据来源于"E1项目"的内部调研资料)。从上述数据中足可见以电子商务为核心的药品集中招标采购项目对提高行业集中度的作用。

有利于加强监管

药品是一种特殊的商品,药品集中招标采购的电子化,为药品监督管理部门加强药品质量和流通秩序的监督提供了有利条件。市场信息、销售渠道、配送业务的相对集中,使得监督管理工作目标更加明确、工作量逐步减少,大大提高了监督管理效率。

总之,基于电子商务的药品集中采购,将给患者、医疗机构、医药工商企业均带来不同程度的经济利益,大力促进医疗机构和医药工商企业的信息化、标准化认证等建设进程,使中国逐步形成宏观调控有力、微观运行富有生机的医药流通新体制,逐步与国际接轨,为医疗改革的顺利实行奠定良好的基础。

5.4.2 制约行业性电子商务发展的主要因素

对整体行业信息化的推进作用大于单个企业的信息化

行业性电子商务项目应在统一的整体安排下开展,一开始通过买方集合和卖方集合的方式把行业中的交易主体聚集到一起,通过对他们的业务流程调研和提炼,形成对电子商务系统的统一开发需求,这样开发出来的系统可以最大限度地保留共性,甚至一定程度上有助于把用户的操作习惯往一定的标准上统一。比如"E1 项目"中,所有买方的操作流程都是"药品搜索——供应商选择——填写购买数量——填写到货要求——发送订单——跟踪订单——到货确认"这样统一的操作流程。统一的操作流程有很多优点,首先可以节约大量客户个性化需求带来的高额开发成本;其次可以把所有的关键流程进行统一规范,在统一规范的基础上,有助于搜集和整理流程处理的各种相关信息,比如查询某一时点的所有未到货订单数量等;再次通过电子商务系统统一流程帮助客户对已经实施的企业内部信息化流程进行改进,向更加接近电子商务要求的方向靠拢;其他的好处还包括人员培训的方便、系统安装设置的方便等。

通过统一的电子商务系统和一定的政策要求,可以将所有在行业中参加交易的企业都聚集到网上,在网上操作的过程中提高企业和所有行业用户的电子商务技能,同时提高各个参与主体的信息化意识。举例来说,在北京地区 2000 年能够在网上进行电子订单买卖的医院数量基本为零,经过多年的推广,2005 年北京全市网上订单来自 140 多家医疗机构,其中三级甲等医院实现了 90% 的网上订单发送率。作为其中的佼佼者,北京市肿瘤医院、北京大学第三附属医院等多家医院在 2005 年已经实现了全年 96% 以上的药品订单上网传递的高比率。北京地区的卖方市场中,基本上参与药品集中招标采购的所有批发企业和部分药品生产企业都参与了网上的订单响应。尤其是药品交易量排名在前几名的企业,包括北京医药股份公司、北京国药股份公司、北京科园信海医药公司等,在北京地区药品供应中,网上订单的响应占全部订单数量的比例也非常高(估计分别占到了45%、70%、62%)。根据E1内部的调研记录,北京天坛医院、北京积水潭医院等多家医院,北京医药股份公司等多家医药企业都曾经尝试过通过自己的信息化要求供应商或者客户上网来完成订单,但是几乎没有任何效果,结果往往是发起方投入了大量的人力物力,由于得不到大多数用户的认可,最后不得不草草收场。我们感觉到问题的关键在于是否能够有足够多的用户在使用这样的系统。

网上订单的响应率提高的同时,必然带来企业和医疗机构内部信息化的重视程度和信息化流程的改造。北京的十多家市属医院和北京大学的所有附属医院中,都有专职的药品订单处理人员,以前这些人的业务流程处理方式基本停留在手工记账的层次,在实现了网上采购后,逐步都实现了根据内部信息系统和网上采购信息来进行订单统计和制定。企业方面从2004年起订单量大的企业开始设立专职的订单响应人员,其中少数企业实现了订单管理员24小时职守的制度。2005年的统计数据表明,北京地区70家有网上订单响应能力的药品批发企业中,已经有35%左右实现了4小时内响应普通订单,紧急用药2小时内响应,当天送达,而且这个比例也在逐步提高。

尽管笔者并没有在其他行业中进行过相应的调研,无法从数据统计的角度进行比较,但是从公开信息渠道显示的信息看,通过一个电子商务项目,能够让市场中的买卖主体高度重视电子订单,并且形成一定的依从程度,这样的项目在中国是不多见的,也说明了行业性电子商务项目对行业整体信息化的作用大于单个企业的信息化。

有助于促进行业信息化统一标准的建立

从医药行业电子商务的流程上来说,统一标准的建立几乎是所有流程的基础,包括药品编码、机构编码(卖方、买方、配送方、资金支付方等)、订单流程标准等在内的一系列标准都是必不可少的。其中药品编码等大量的行业标准类的标准化工作本该由政府或者行业协会来制定完成,但是在中国的医药市场中,这方面的工作是非常薄弱的。1995年前后国家卫生部开始对药品编码工作进行规划,1997年推出了第一个版本的编码,此后陆续推出了从9位的编码到16位编码等一些编码标准,但是由于后期的推广不到位,几乎没有什么机构在使用。2002年以后药品编码的管理工作从卫生部转到了国家药监局,这项工作的进展就更滞后了。现在在应用市场上,药品的编码出现了协和编码系统、卫

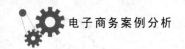

生部1997年版编码系统、部队军惠系统编码系统等不同的编码体系,这样就给编码工作带来了极大的难度。2000年开始,基于1997年版本的卫生部编码体系,E1根据电子商务系统的应用需求,对编码进行了补充和改造,随后逐年推出了16位、22位系统。目前在E1全国29个地区交易中心中使用的数据全部是按照统一的E1编码进行规范的。

原来编码的不统一,一定程度上也有用于进行比较和筛选的需求比较少的原因。但是E1编码系统统一后,我们就有条件对全国的药品采购信息进行跨用户、跨部门、跨地区的横向比较了,尤其是对于同样的药品在不同地区的价格可以很方便地进行统计和比较。

由于以前的企业信息化系统很少考虑到与别的信息化系统进行交流和数据传输的需要,所以不需要应用统一的编码体系,这样给后期的操作应用带来的损失是十分惊人的。2000年对北京的83家医院近100种抗生素药品的用药数量进行统计时,北京市卫生局和E1公司共抽调近20人,耗时10天,也没有完成,最后不得不放弃在招标说明中对于数量的估计。最重要的原因就是药品没有统一的编码,甚至有的医院对于药品的名称都没有统一的规定,简写的、缩写的、用拼音首字代替的、用本院代号的都有,真可谓是五花八门、无奇不有。通过这一项目,我们再一次看到了没有一个行业统一的编码体系,想进行行业不同用户之间的数据比较简直是天方夜谭。

E1编码体系出现后,并没有停留在仅仅是E1公司内部自己应用的层次,目前已经有10个以上的HIS品牌的编码系统和E1系统实现了相互比对,同时也陆续有医院和企业提出要求与E1共用同一套编码体系,应该说E1编码正在逐渐从一个企业编码走向行业编码。

有助于降低整体行业的信息化成本

在前面的论述中已经提到2000年上海医药股份公司投入2 800万元左右建设自己的电子商务系统,最后这个系统只有企业内部的关联交易在应用。类似于这样的信息化项目在中国还有很多,这种项目的一大特点就是设计之初无法准确评估建成后会有多少用户,又往往在设计的时候好大喜功,从而造成了极大的资源浪费。2000年前后这样的项目建设曾经一度达到高潮。2005年前后,中国物流信息系统建设又重蹈覆辙,几乎可以用"大干快上"来形容。2004年年底,北京主管部门接到的在北京各区县建设药品物流中心的项目提案多达9个,而且多数是本地药品流通企业的龙头企业。其中有一个较早完成系统的,投资为4 000万元人民币,预计日处理订单的能力可以达到8 000个,但是北京地区日订单量几乎不超过9 000个,这就意味着一个地区只要有一个大型物流中心就足够了。那么其余的物流中心的建设完成后,必将存在大量物流配送资源的浪费。对于配套物流系统的信息化系统,每个项目的投资都在500万元以上,最高的甚至占到总体物流投资的1/3。

而利用E1的电子商务平台,每个批发企业的投资成本几乎等于该企业为上网传输数据所占用的通信费用,每年投资不超过3 000元(按照ADSL包月统计),即使是类似于北京医药股份公司这样的大型企业,平均每天的网上订单接近200条,雇用专职的业务人员安排值守,其成本也不超过10万元每年。如果北京药品流通企业中有10%的企业(北京地区注册在案的药品批发企业有400家,2004年年底数字)投资建设自己的电子商务系统,每个企业投资500万元,就意味着要增加投入2亿元。某行业一个省份电子商务投资2亿元可能看上去不多,但是当全国有10个地区搞这样的建设时,就意味着增加20亿元的投入。最可怕的是,这样的投入很多最后像上海医药股份公司的投入一样,没有产生效益,经营运作费用居高不下,最后不得不放弃。

"E1项目"在建设之初,投入约1.5亿元人民币,2001年一年就迅速建立了海南、北京、山东、天津、吉林等服务于多个地区行业用户的电子商务系统,由于一个企业投资运作,很多行业经验可以在各个地方复制,从而使用户使用电子商务系统的成本降到了最低。在北京甚至有的企业在访谈中告诉我们,在实施了网上采购后,它们只增添一台可以上网的电脑,成本不超过一万元,就可以实现在网上向医院供货了,既不需要自己投资硬件设备的采购和软件开发的费用,也不需要考虑未来高额的人员维护费用。所以这样的企业、医院、政府用户的信息化成本是最低的,节约的大量资金可以投入到企业的产品研发等项目中去,大大提高了企业参与信息化的积极性。同时,前面的论述中也已经阐明,简化和统一的商业运作流程也必将降低培训、维护、更新系统等方面的成本,即让E1这样的项目运营方的成本也尽可能地降低了。

企业独立信息化造成的系统兼容障碍和客户端系统的重要性

中国的企业信息化从20世纪90年代初期开始,经历了10年左右的各自为政的发展历史,基本上企业的业务流程都没有经过仔细规划,而是简单地把手工状态下的业务流程电子化。这样带来的问题是非常明显的:

第一,在全国范围内,即使是同样行业、同样规模的企业,也不可能互相交流企业信息系统的数据信息,因为大量的业务流程不用,数据标准不同。这样的条块化的、孤岛式的信息化系统在不需要进行企业间交互的时候可能还能够相安无事,但是到了2000年前后,企业间的数据交流、企业与用户间的数据交流、企业与政府的数据交流都意味着工作量成倍地增加。而这样的工作往往是可以通过一次整理多次分发实现的。

举例来说，北京的三甲医院，配备有信息系统的几乎达到了100%，同时三甲医院的数量有50家。但是这50家医院的HIS品牌大概有15种之多，这意味着每家医院都有独立的、与其他医院品牌不同、业务流程不同、数据编码不同的信息系统。更有甚者，在某一家医院，我们看到病房管理系统、药房管理系统、收费划价系统分别来自不同的品牌HIS系统提供方。每当某个系统的内部进行某些小更改时，所有与其相关的其他联动部分也必须跟着更改，我们经常能够看到几家公司的IT人员团团围住医院的信息管理干部，为了一个变更项目争得面红耳赤。根据北京市卫生局副局长邓小虹公开演讲的资料，最多的时候北京曾经出现过70多个品牌的HIS供应商。

第二，由于信息化工作长期滞后，我们看到现在系统供应商和客户的关系不是单纯的服务关系，而往往是客户求供应商帮忙解决问题。比如北京某医院在开发一项药库功能的时候，应付款的一部分一直没有支付，导致后来所有项目的变更、各系统的更新升级，都像在求人。所以在这种情况下，E1的系统必须和很多套HIS去做接口程序，甚至必须以医院为单位建立，而且即使面向同样的系统医院用户，系统的药品编码等单元也需要做完全的个性化处理。这无疑增加了连接成本，使项目开展的速度受到很大的影响。

在这种背景下，客户端系统不得不以每一家医院为单位去做接口程序，但是接口程序一旦完成，对提高整体项目效率的作用却是非常巨大的。原因包括以下几点：

第一，不改变医院的运行习惯。尽管目前的操作系统已经非常落后和不方便了，但是用户的习惯已经养成，为了一个电子商务系统的更新全面改变医院的信息系统运行习惯既不现实也不经济，要耗费更多的人力物力去改变才行。在这种背景下，并未改变医院的原有操作习惯，只是在所有原有操作结束后，再增加一两个操作步骤，按照一个统一的数据标准把数据通过网络传递到数据系统中，成本低、速度快，同时不需要改变用户的习惯，用户系统中的原用编码可以继续使用，但凡是上传的数据已经按照我们约定的系统进行了比对，上传的数据在中心数据库中就都是符合全国统一的编码原则的，可以在数据标准统一的基础上进行跨医院、跨地区的比较分析。

第二，可以离线操作，最大限度地降低成本。以前的电子采购网站必须在线上进行采购订单的制定和查询，现在不需要了，根据在客户端的数据可以在离线的情况下查询和生成采购订单，只有在发送订单的时候才需要上网，这样可以大幅降低网络费用。通过计算发现，一个80个品种的药品订单的制定，在线方式的制定需要60分钟，而离线制作订单并发送订单的上网时间只需要约15

秒钟。时间短，效率高，使用这样的系统比以前的电话和传真订购的方式更便捷、更准确，肯定可以吸引一部分用户。

政府的作为与不作为

政府在电子商务项目上的定位应该是管理者，即帮助行业中的专业机构制定业务流程和信息标准，而不应该是直接的业务指导者或者参与者。E1 这个项目在运作过程中，基本上得到了来自各个主管部门的支持，主要是行业主管部门，包括卫生部门、药监部门、国家价格监管部门、信息产业部门等。在项目的运作过程中，可以看出很多政府工作并没有做到位，也有很多越位的地方。

在数据标准和行业业务流程标准方面，政府应该支持龙头企业推广自己的标准，如果行业中的多数企业都能够接受这样的标准并按照标准运作，应该可以考虑直接把企业标准转化成为行业标准，或者在企业标准的基础上制定行业标准。2001 年国家卫生部根据各个部门的综合意见和药品集中招标采购项目在全国各个试点地区的经验，制定了药品集中招标采购工作手册，并在 2001 年 11 月海南会议后下发至全国的地方卫生主管部门。这个手册的制定和下发，对统一药品招标采购项目的流程、规范操作有着至关重要的意义。此后，全国开展的药品集中招标采购过程中基本上做到了有法可依，也使药品招标采购项目在全国迅速推广开。而在药品编码等一系列行业编码上，政府显示了一定程度的不作为，对编码工作的滞后采取了一种听之任之的态度，导致中国在 1998 年以后的近十年中，各地编码类型五花八门。一定程度上，统一药品编码的缺失导致了中国药品统计信息领域的混乱。即使是中国药学会这样的权威机构统计的全国 14 个城市的药品消费和流通数据准确率仍旧不高，很多企业表示与自己的销售员统计的数据相比，准确率仅能够达到 30% 左右。

政府在其他标准的维护方面运作效果也不理想：比如在药品网上交易的过程中，很多医院不做到货确认，这是交易过程的标准化的问题；比如在各个药品招标采购的中介机构中，药品的数据格式不统一，导致不同分组的医院数据不能统一整理；等等。

政府部门在对行业标准进行推动和推广的过程中，一定要注意不要介入具体的行业运作，某些地区的地方政府直接介入药品招标采购的过程，或者直接承担了药品采购的中介机构的职能，或者作为招标的组织方用政府采购的形式替代了医院的药品采购，或者在电子商务操作环节中作为一个直接的干预方。在这个过程中一定要适当引导政府减少直接干预电子商务的过程，因为政府的直接干预势必影响市场的公平性和公正性。根据我们的经验，把电子商务过程的全程公开，一定程度上可以防止政府过多地介入，也可使有的部门在考虑特殊利益团体的时候有所顾忌。所以,我们认为电子商务系统在项目操作过程中在防止腐败和舞弊事件方面有一定的作用,可引导公众进行关注和监督。

电子政务系统的应用与电子商务系统如何结合

在电子商务系统开发和应用有了一定基础的时候,可以考虑把电子政务系统和电子商务系统结合起来。以前的电子政务系统考虑更多的往往是政府政务流程的电子化和政府政务管理工作的设备更新,以组网建网为电子政务工作的主要内容。我们认为在电子商务充分发展的今天,传统的政府监管的方式也必须跟上信息化的脚步,必须提高在电子商务市场中政府监管的电子手段。

在医药流通领域,传统的政府监管方式主要是手工下发调查表、统计表进行统计,组织调查组分层次分批进行调查,组织汇报会进行经验交流等。综合来看,传统的监管方式有以下几个特点:

第一,各个部门监管内容重合,比如药品采购量、采购金额,供货商资质,供货价格等,而多部门的重复检查势必给被检查的医院和企业带来大量重复的工作量。

第二,监督的时间周期长。每次下发统计汇总表格少则一周,多则半月才能回收调查结果,再经过汇总分析,时间就更长。就招标工作而言,一个采购周期下来,能执行2—3次检查监督就很不错了。

第三,监督成本过高。不论下发统计表格,还是组织检查组、汇报会,成本都比较高。对于药品的招标活动的组织者来说,一个重要的政策目标就是降低参与各方的参与成本,包括降低监管工作中消耗的成本。如果每个地区的招标都采用这样的方式进行监管,那组织药品集中招标采购的政府参与成本绝对会上升,不符合开展这项改革工作的初衷。

第四,监管缺乏针对性、及时性。由于传统方式下的监管工作费时费力,等统计结果出来了,可能反映的已经是半年前的问题,从而使调整政策的实施失去了最佳时机。而且,由于检查组等形式的检查多数都是在被检查方知情的情况下开展的,这样很可能导致我们统计的数字和实际情况有出入,而统计结果又将在一段时间内才能反映出来,这就给不规范操作留下了空间。

第五,监管的范围难以扩大。目前监管的目标仅局限于招标中标和议价成交的药品,范围还比较有限。就行业监管的需求来看,应该贯穿整个药品流通的环节,覆盖范围应该包括所有品种,这样才能真正达到监管的效果。

行业性电子商务平台的建设和发展,将为相关行政主管部门对医药流通过程的统计分析和监督管理提供一个简便、迅速、准确、高效的监管工具。通过行业电子商务系统为电子政务工作提供基础数据,实现医药流通领域的统计分析和监管方式的变革,在更好地保证人民群众的临床用药安全的同时,更有效地规范医药流通行业的交易过程,达到行业监管的信息化、专业化和现代化。

由于药品招标和采购的全过程都发生在网上,行业电子商务平台将为政府的监管提供所有的基础数据,由此实现的效益将包括:

第一,政府行业监管工作的准确性、及时性比以前大大提高。所有数据都实时反映在网上,每次的数据查询使用非常方便,并且只要医院坚持在网上采购药品,数据的真实性是可以得到保障的,从而可使纠正行业不正之风的工作落到实处,确保监管的权威性和震慑力。

第二,提高监管效率,降低监管工作的成本。很显然,通过网络平台的监管,将显著提高医药相关主管部门的监管效率,以前需要一周甚至更长时间的统计工作,现在十分钟就可完成。

第三,政府部门之间协同办公,大大减轻了被监管用户的负担。相关主管部门的统计工作都直接来源于网上,不需要再组织工作组进行普查,相对以前的工作方式既减少了工作量,又减轻了被监管方每次安排检查接待的负担。

第四,监管流程实现无纸化操作,利用网络作为传输机制。在减少了大量的纸介质传递的成本的同时,提高了政府主管部门的信息化意识,使电子政务工程从设备信息化真正转向应用信息化,改变了以往只有很少一部分人使用信息化成果的状况。

第五,从政府部门信息化应用的角度出发,要求行业中的各个环节充分实现信息化,充分发挥政府部门的杠杆作用,利用政务信息化带动行业信息化,全面提高全行业的信息意识和信息应用水平。

第六,在监管工程全面开展,并逐步向社会公开监管信息后,社会监督和公众监督的作用必将得到充分发挥;同时也会有助于树立医药行业管理的政务公开新形象,真正体现政府为人民群众做好事、做实事的服务精神。

以上各方面的论述都充分表明,建立在行业电子商务基础上的医药监管网一旦投入使用,将给国家医药行业和政府带来重大的经济效益及社会效益,同时整体提高行业信息化水平。"E1项目"已经在北京、昆明、上海、海南等地建设了配合行业电子商务项目的电子政府统计系统,每个应用地区对该项目的反响都非常热烈。

跨区域信息共享的价值和难度

在运行"E1项目"之前,国家发改委在全国有300个药品价格监控点,以各地的大型医院为主。但是监管的效率不高,效果也很差,原因除了上述的各地各医院信息标准不统一之外,还包括统计整理工作耗费人力物力,不可能频繁

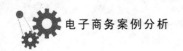

进行汇总统计,这就使这些药品监管的时效性很差。但"E1 项目"建设完成后,全国有 29 个信息采集点,每天这些医院的药品交易信息都实时汇总到中央平台上来,而且自动汇总和分析出各地药品价格的变化。

一个明显的例子是,2001 年海南完成药品集中招标采购前,每个月,省政府组织检查组下去检查采购执行情况,要求各个医院必须汇总数据到省卫生厅。2002 年以后检查组到医院的检查工作基本完全取消了,每天各医院的数据都会自动汇总到卫生厅的统计报表上去,2003 年以后卫生厅也取消了让医院上报药品采购数据的要求,因为不需要医院上报也可以清楚地看到每家医院的采购价格和数量等情况。

2004 年以后,国家卫生部信息中心和国家发改委价格司医药处每个月定期从 E1 的中央数据库中提取数据;作为药品定价和监控各地药品价格的重要依据。

2003 年开始,在全国的重点省市药品及中招标采购项目中,评标专家都可以看到类似地区的相同药品的价格,比如北京地区的专家可以看到同一种药品在广州、上海、深圳、天津、重庆等地的销售价格,并且比较分析是否某种药品在北京地区的销售价格过高。这些都是药品信息跨区域流通传递产生的效益,而这种信息集中分享的基础是,在全国有这样覆盖全行业的信息平台,并且上面的数据是按照统一的标准进行传递的。

电子支付方法与信用支付体系

在中国,电子支付方法已经不是阻碍行业电子商务发展的主要问题,网上银行的发展速度日益加快。在医药行业,问题的关键不是电子支付的方法,而是缺少银行信用的担保基础,药品交易过程中的资金占压和货款还款的信誉问题才是流通行业发展的重大障碍。

前面已经讲到,在全面实现药品交易网上数据全面跟踪的基础上,银行将会有条件地对部分医院进行综合授信,已经获得授信的医院的供应商将在货物交割后得到由银行信用担保的付款承诺,或者可以比原来的交易付款方式更早地提前获得付款。这样引入银行信用的结算方式必将带给中国医药行业一种全新的交易货款支付模式,见图 5-1。这种模式最大的好处是可以有效地减少三角债的发生,有效降低供应商获得付款的风险。

物流服务体系与电子商务服务体系的合作与分工

优秀的物流系统是行业性电子商务项目发展的基础,物流作为网上信息传递后实物传递的载体工具,在电子商务实现过程中占有必不可少的地位。但是在中国的医药行业,大量的物流企业是从传统的批发企业转型过来的专业医药

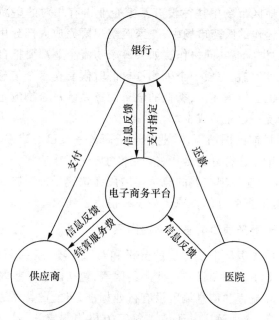

图 5-1　银行信用担保的新型支付方式

物流公司,对物流体系与电子商务信息服务体系的合作及分工的理解还远没有达到彼此信任和彼此分工合作的高度。

目前的医药行业大型批发企业,经历着从原有的供应链的分销方转变为纯粹的物流企业的过程。这意味着在药品购销的过程中,批发企业转向物流企业时必然伴随两个过程:第一是在药品购销流程中分享的收益会逐渐减少;第二是在物流企业的竞争中必然会有大量的中小型批发企业倒闭或者被合并,剩下的物流企业才能够靠巨量的物流订单获得盈利。在这个过程中,中国的医药物流企业没有选择和专业的行业电子商务公司合作,而是选择了竞争。一部分大型物流企业直接面向医院和中小药店推广自己的电子订单系统。应该说在发达国家的医药电子商务过程中,大型批发企业的电子商务系统已经深入到了医院和药店的采购过程中,但是中国的国情与日本和美国等国家不同。日本和美国的医药行业电子商务过程是从以卖方为主体的市场出发形成的,但是这样的过程在信息化方面的耗费是巨大的。我们看到的历史是,医院有自己的 HIS 系统,当本地有两家以上的大型物流企业的时候,医院就必须与两家企业的系统对接。在日本和美国发展医药行业电子商务 20 年的过程中,医院经历了多次的系统变化,尤其是伴随着当地企业并购的发生,医院不断地更新系统,当然医院更新系统的费用往往是物流企业提供的,这些都是大量的信息化投入。中国

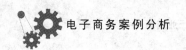

的国情首先是在地区市场中往往没有某家企业占有相对的垄断地位。在北京这样的大型规范运作的医药市场中,一家医院想要完成大部分用药的采购往往需要 30 家左右的供应商共同协作。如果每家物流企业都要把自己的系统深入到医院里去,那么医院在完成一个采购订单的时候要在多个信息系统之间反复切换。同时前面也已经描述了,类似的电子商务系统每家物流企业单独建立的成本往往会高于统一建立的成本。

所以在中国目前的国情下,行业性电子商务系统已经成熟,大型物流企业应该与电子商务企业进行分工合作,信息流的传递工作应该交给电子商务企业来完成,而物流企业应该把主要的竞争实力用在快速增加对物流市场的控制能力方面,这样才能够把各自的资源优势发挥得比较到位。

发展行业电子商务项目的主要制约因素

通过上面对中国医药市场环境的分析和对"E1 项目"的调查可以发现,在中国发展行业性电子商务项目有一些制约因素,包括以下一些内容:

电子商务业务流程和信息编码没有行业标准,可能的背景原因是政府没有能力制定行业标准,或者政府并不支持第三方机构制定和推广标准,或是行业标准的沿革经过多年的变化已经形成了各种标准并存的现状,政府很难改变这种现状去统一标准。

卖方市场整合不能达到效果(医药行业中的药品批发企业和生产制造企业),而买方市场的整合难度太大(医药行业中的医院和零售药店),对于电子商务企业来说过于困难。

由于缺乏具有规模的投入资金和人才力量,企业没有这方面的能力,而政府在这些方面并没有重视,不认为行业性电子商务市场是具有价值的。

信息化的过程中,企业之间的差别太大。有的企业已经完成了自己内部信息系统的构架,甚至已经开始面向用户对外延伸,同时仍然有大量企业的信息化工作还没有起步,从企业的领导人到企业的所有职能部门都没有认识到信息化的作用,更很少能够认识到行业电子商务项目给企业和行业带来的变化。

收费条件困难,如何从行业电子商务项目上获得收益不清晰,导致没有企业有投入的动机。

电子商务大环境不成熟,包括法律条款、银行支付方法、信用体系建立、物流配套体系成熟度等一系列的相关条件不成熟。

根据"E1 项目"的发展过程,我们可以从图 5-2 中看到 E1 的发展路径。

从图 5-2 中可看出,最初的能力是认识到行业电子商务发展环境的变化,找到最佳的切入时间,进入市场,开始规划行业电子商务项目的进程。第二步的

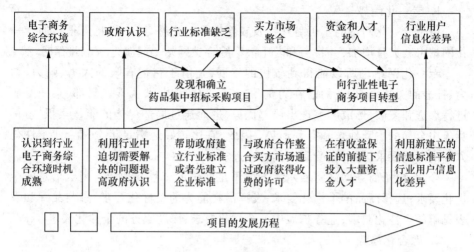

图 5-2 E1 的发展路径图

关键能力是找到行业中迫切需要解决的问题和行业性电子商务项目的相关性，或者说行业性电子商务项目可以帮助政府在该行业内解决哪方面迫切需要解决的问题，并且通过与政府的合作发现关键项目（类似于医药行业的药品集中招标采购项目），通过项目的运作过程完成三个重要的关键流程：第一，整合买方市场，第二，获得相对稳定的收益来源（或是收费的许可），第三，统一行业标准，尤其是关键项目的相关标准。一旦这些准备完成，就可以通过加大人力和资金的投入逐渐把关键项目向行业性电子商务项目进行转型。在完成转型的过程中，面向多种行业用户的信息化差异，需要不断调整和补充编制新的行业标准。在面向越来越多的企业服务的过程中，确立行业整合者的地位。根据"E1项目"的成功历程可做一个简单的评估，即具备什么条件的企业有可能在行业中作为行业电子商务项目的领军企业。重点发现这些企业，并且适当引导这些企业面向行业电子商务项目进行投入，相信在不远的将来对中国行业性电子商务的发展将起到不可估量的作用。

5.5 未来行业性电子商务项目的发展趋势

从"E1项目"的发展过程中，我们不难看出今后中国行业性电子商务项目的一些显著的发展方向和趋势：

1. 专一化趋势

由于专一化网站的不可替代性及较稳定的用户基础,个性特点很强的专一化网站将会大量增加,并将会和若干大型综合性网站一起渡过一个并存期。

专一化网站之所以能得到较快的发展,是由于它把有限的人力、财力、物力、社会的关注力、企业的潜在力集聚在某一方面,力求从某一局部、某一专业进行渗透和突破,形成和突现出局部优势,进而通过局部优势的能量累积,争得竞争中全局的主动地位和有利形势。因此,它比较好地满足了上网企业个性化方面的深层要求,所以会受到人们的欢迎。

今后,电子商务网站将从六大方面满足网民的个性化要求:制定信息的个性化要求;选择商品的个性化要求;发挥潜在能力的个性化要求;参与品评和发表见解的个性化要求;业务扩展中的个性化要求;深度服务的个性化要求。

2. 融合化趋势

网站建设的专业化和用户要求的个性化使任何一个网站都不可能满足用户全方位、多层次的个性化要求,都会遇到资源的短缺与内容的贫乏,因此,势必感受到融合的重要性,因为只有融合,才能实现优势互补、资源共享。这种融合首先反映在信息的融合上。为满足用户对信息更新的及时性的要求,各网站会捕捉信息、更新信息,这样采集信息便形成巨大的断层。不克服这个信息的断层,用户就会有一种缺失感,所以为了保证满足用户的多种商业需求,行业性电子商务项目的建设势必形成相类似的网站相互融合、互为补充的局面。

维持有价值的商业信息日复一日地更新,比构建网站要难得多。这会促使许多电子商务站点的整合观发生新的变化,会由扩充期兼并式的整合观跃升为互补式的整合观,双方和多方发现所长,发展所长,稳定所长,互补所短,互通有无地融合在一起,以求得共同的发展。

这种融合还反映在信息整合的流程上。一种以方便客户为原则,以共同利益为纽带的,以多方协同完成同一商务运作为目的的垂直型行业电子商务网络将得到迅猛发展。融合的深度发展,必然是市场的扩展和行业电子商务项目服务领域的延伸。这种扩展和延伸最终有可能导致在某个较大的行业领域形成一两个优势品牌的行业性电子商务项目,即形成电子商务应用服务提供方的寡头垄断。

3. 区域化趋势

我国经济发展不平衡,地区自然条件的差异性、生活水平的差异性、企业用户结构的差异性、文化风俗的差异性必将在网络经济和电子商务发展中表现出来。

一种以发达经济带为基础而形成的、有区域经济特点的、电子商务服务产业群将很快在京津及东南沿海地区出现,企业用户都希望得到行业性电子商务网络的贴身服务。为了满足这种需求,未来行业性电子商务系统将以分布式的建设模式为主,尤其以服务于本地域的企业作为明显的标志。形成区域特色的另一个重要原因是受区域文化的影响和制约。电子商务系统建设的深层发展必然在栏目建设上及销售物品上反映这一特色,并形成自己的区域文化特色和相对稳定的客户群。

4. 延伸化趋势

延伸化趋势是电子商务发展的必然结果,也是电子商务生命力的体现。这种延伸将主要体现在三个方面:

第一,向电子商务流程中的信息应用扩展和延伸。信息将进一步商品化,收集和人工采集信息的方法将有所创新。定制信息将受到企业家的欢迎。反馈转发和一网多发信息将得到发展。

第二,向产业化扩展和延伸。电子商务的发展,将影响和带动结算业、包装业、配送业等相关产业的发展,同时还将激活和延伸带动起许多关联的产业。比如,电子地图技术,初期发展并不快,电子商务和物流配送的需求将它激活了,使人们看到了它的连锁采用会形成一种增值效益,于是广阔的产业化前景出现了。

第三,向技术管理的新需求扩展和延伸。十亿农民的广阔市场将通过网络提出需求。远程教学、远程会诊、远程技术服务、远程科普教育都将得到大的发展。有可能出现一种网络中间体,成为连接边际地区和发达经济带,连接无网络地区和网络中心的桥梁与纽带。

5. 国际化趋势

电子商务的国际化趋势是历史的必然。国际网络经济和电子商务的巨商们早就看中了中国的潜在市场和无限商机。网络必将成为跨国集团和国外企业的首选目标、投资热点和开发热点。

国外资本的注入,将进一步改善和加强国外新技术的介入,包括外资投入建设新型的、符合国际标准要求的行业电子商务项目,当然更包括对现有行业性电子商务项目的直接投资和收购。宽带技术、交易安全技术等支撑技术将更快地进入中国,必将进一步推动我国电子商务的整体实力以及技术水平、装备水平的迅速提高,加快和国际市场对接的进程。

大量外国资本和外国企业的入市,必将冲击我们现有的电子商务市场。现有的电子商务企业的竞争态势和排位格局将被打破。整合的速度加快,内容方面也会扩展。这种国际化的趋势,使市场开放度加大,贸易机会增多,给中国的商家提供了千载难逢的机遇,特别是给中小企业提供了展示自己形象的广阔空间和表现自己的平等舞台,在给中国目前独立发展的行业性电子商务项目带来机会的同时也带来了挑战。但无论如何,对于行业性电子商务项目的服务对象——中国的大量企业用户来说,这无疑是一个福音,因为不论是应用本土成长起来的电子商务系统,还是通过全球通行的行业电子商务项目获得帮助,都更有利于中国企业更快地走向世界。

第二篇
内容提供与信息服务

■ 6　互联网娱乐平台的盈利模式:H8 娱乐网
■ 7　电子杂志产业的形成:四家电子杂志
　　　网站的比较
■ 8　在线地图信息服务的价值链:Google 地图
　　　和 Mapbar

6

互联网娱乐平台的盈利模式:H8娱乐网

6.1 企业情况

6.1.1 互联网娱乐的业务发展

互联网娱乐业务

随着互联网宽带技术的日趋成熟和内容的日渐丰富,互联网产业已从"接入服务扩张期"迈向"内容服务发展期",同时由于互联网费用的逐步下调,近两年宽带互联网用户数每年以150%左右的速度递增,以娱乐为核心的宽带互联网增值应用市场蕴藏了巨大商机。

H8信息技术公司是宽带互联网增值应用业务市场的早期进入者,在影视点播业务领域已粗具规模;2003年以来,H8在线影视在用户需求分析、商业模式设计、产品开发、节目引进、营销策划、渠道拓展、技术研发、业务流程化运作以及团队建设等方面积累了丰富的经验;2005年H8在线影视业务量达到1 500多万元,目前已成为国内最大的影视点播服务提供商之一,具备了全面发展宽带娱乐业务的实力;2006年,H8依托已有的运营平台和庞大的用户基础,将其在线影视建设成为以影视点播、网络音乐为核心,涵盖综艺、百科知识、多媒体彩信等内容和服务的宽带互联网娱乐平台,同时为运营IPTV业务打下坚实的基础。

项目意义

建设 H8 娱乐网,有以下三方面的重要意义:第一,提高中国电信实业的整体科技含量,有助于将来的资本运作,为中国电信实业整体上市提供新的概念;第二,提高公司整体收入,优化公司业务结构,将成为中国电信实业新的业务增长点;第三,快速形成规模化经营,抢先占领市场,直接面对公众用户服务,收入源于最终用户,为公司提供稳定的现金流,降低经营风险。

企业发展目标

1. 第一阶段(投资期第一年),成为行业大型知名网站

在现有基础上,继续巩固影视点播业务的领先地位,同时增加网络音乐、综艺百科、多媒体彩信等产品与服务,建设 H8 娱乐网平台,组建华南、华东、西南、北方四大运营中心,实施"百城计划",积极抢占用户市场,累计收费用户数约 70 万,业务收入约 1 600 万元。

2. 第二阶段(投资期第二年、第三年),进入行业前三名

巩固 H8 娱乐网知名度,持续提升各项产品的竞争力,IPTV 业务粗具规模。以四大运营中心为核心区域,开展大规模的推广活动,继续扩大市场占有率,将 H8 娱乐网建设成为有核心产品、渠道畅通、收费机制健全、用户规模庞大的娱乐平台,累计收费用户数 270 万,业务收入约 7 000 万元。

3. 远期目标(投资期第四至第八年)

H8 娱乐网成为国内互联网娱乐行业的领先者,为互联网用户提供高品质的视听享受,世界综合排名进入 100 名以内,累计收费用户数 900 万,业务收入约 31 800 万元。

组织架构

经过近五年的建设与发展,H8 信息技术公司已成长为一家专业科技公司,集互联网增值应用、通信与办公系统业务于一体(见图 6-1)。当时,公司作为专业的影视点播运营商,积累了丰富的运营经验,包括营销策划、技术支持、渠道拓展、节目引进、产品开发、客户服务等;聚集了一批行业骨干人才;建立了多种收费机制,如中国电信互联星空代收费、中国移动手机代收费、中国联通手机代收费、网上支付等;形成了多平台销售体系,其中以中国电信互联星空、腾讯QQ、网通天天在线为主。

6 互联网娱乐平台的盈利模式：H8 娱乐网

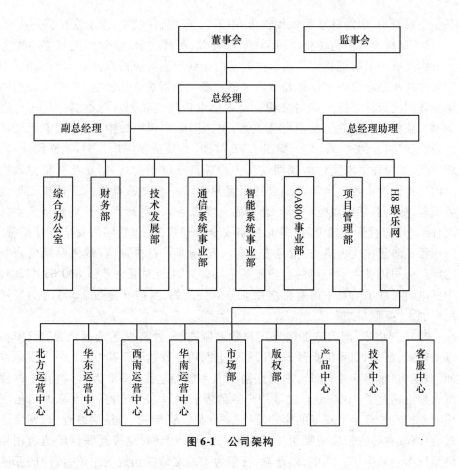

图 6-1 公司架构

6.1.2 进入互联网娱乐业的资源和条件

资源、条件及风险分析

H8 信息技术公司具有丰富的硬件和软件资源、管理资源、基础用户资源。在带宽资源方面，公司建立了互联网核心层接入 2000 Mbps 的网络设施。在硬件方面，公司拥有独立的 IDC 机房、服务器 70 台。在节目资源方面，公司已经累积了电影 1 200 多部、连续剧 5 200 多集、综艺百科超过 6 000 小时。在团队经验方面，公司在用户需求分析、商业模式设计、产品开发、节目引进、营销策划、渠道拓展、技术研发、业务流程化运作以及团队建设上积累了丰富的经验，从事互联网娱乐业务的专业人员约 40 人，均为大学本科以上学历。由于充分发挥这些资源的优势，公司获得了相当数量的用户，目前累计注册用户 600 万，累计付费用户约 130 万人次。同时，公司建立了完善的收费渠道，包括中国电信互联星空代收费、中国移动手机代收费、中国联通手机代收费、网上支付,等等。

H8 信息技术公司在企业资质、版权资源、品牌优势、规章制度和客户服务等方面具有一定的优势。公司已经取得的企业资质有原信息产业部颁发的《中华人民共和国增值电信业务经营许可证》、新闻出版总署颁发的《中华人民共和国互联网出版许可证》,同时公司还是中国电信星空联盟常务会员。公司已经与多家版权机构建立了长期合作关系,包括国际知识产权中心、中国电影资料馆、央视网络、e 视娱乐、文广集团、TVB 集团、香港美亚娱乐、广东福光影音等。H8 在线影视在国内宽带影视网站所占份额目前位于前五名,在互联星空影视类内容提供商中收入居第三。公司已经建立了一套完善有效的管理规范与业务流程,如内容管理规范(包括《新产品开发流程》、《电影产品计划制订及实施流程》、《用户投诉处理流程》等)、网络安全管理规范(包括网络安全审计措施、防病毒及防黑客攻击措施、信息安全保障措施等)、自律规范、敏感时期值班制度等。公司还设立了专门的客户服务中心,7×24 小时服务热线 800 830 2288。中国电信互联星空是中国宽带应用业务第一品牌,目前有超过 1 000 万的宽带用户加入"互联星空"。

2003 年以来,国内宽带接入用户数急剧增长,经济发达地区已普及 3Mbps 以上带宽,截至 2006 年 6 月 30 日,宽带上网用户数达到 7 700 万人。在娱乐方面,截至 2006 年 6 月 30 日,影视点播的人数已经达到 4 500 万,网络音乐的使用人数也超过了 4 000 万。宽带用户数的增长规模,为国内宽带互联网增值应用业务的发展奠定了良好的用户基础。即时通信、影视点播、网络音乐、网络游戏、网络教育等宽带应用吸引了千万网民长时间上网,宽带互联网增值应用领域呈现出勃勃生机。其中,以音频、视频为主的宽带应用成为主流,传统的互联网基本业务已逐渐让位于大量的娱乐业务。随着宽带接入用户的增长和 3G 业务的开展,国内宽带娱乐服务还有很大的增长空间。

2003—2006 年宽带增值业务的发展极为迅速,电信、网通、长宽等基础运营商开始着力打造宽带互联网增值应用业务价值链。代收费渠道多样化,覆盖范围广。53% 的用户安装宽带上网是为了娱乐,即时通信、影视点播、网络音乐、网络游戏、web 彩信是宽带用户的主流消费内容,其中即时通信居使用量首位,接下来依次是影视点播、网络音乐、网络游戏、彩信下载。

互联网增值应用业务产业链的上、中、下游各类运营商交叉合作,运营模式更加细化、多样化。目前主要有基础运营商的运营模式、内容运营商的运营模式和内容供应商的运营模式这三种模式。由设备供应商、软件开发商、内容供应商、内容运营商、网络服务提供商、CDN 服务商、基础通信运营商、终端渠道商、风险投资人、用户等参与的产业链体系正在形成。行业不断细分,运营商更加专业化,未来只有专业化强的服务商才能够生存。

宽带增值应用业务正朝着综合化、娱乐化、个性化、主动化和互动化的方向发展。在综合化方面表现为:用户将享受到更多的一站式服务,跨越计算机网、电信网和有线电视网三网的多平台业务将逐渐成长,宽带娱乐将成为互联网增值应用的主要业务。在娱乐化方面表现为:影视点播、网络音乐、彩信等娱乐业务将成为互联网增值应用业务的主流。在个性化方面表现为:各种业务更加细分,用户将享受到更多的个性化服务。在主动化方面表现为:用户不再被动地接受信息,而是主动地获取信息。在互动化方面表现为:用户追求更多的音频、视频互动服务。

从政策上看,政府鼓励宽带互联网在工业、商业、金融、教育、科技、文化、医疗以及公共管理等领域的广泛应用;鼓励企业采取多种途径和多种方式推广普及信息网络技术的知识和技能,加强信息网络技术教育和培训工作,缩小地区间差距。另一方面,2004年以来,政府和社会也加强了对网络环境的整治工作,国务院相关部委纷纷出台相关政策和监管制度,宽带网络的发展更加趋向健康化、规范化。

风险分析与控制

中国加入WTO后,电信增值业务不断对外开放,面对巨大的市场空间,国内外大企业、大财团凭借资金优势及资源优势大量涌入该领域参与角逐。

公司将在市场发展初期快速抢占市场,形成规模化经营,同时增强用户体验,着重培养独特竞争力,打造业内优质品牌。

非法网站影响了正规收费网站的成长,阻碍了国内互联网行业的健康发展。2002年以来,合法网站纷纷推出收费服务,整个行业环境从免费期过渡到收费期。随着用户消费能力的提高及法律管制的不断加强,更多用户倾向于使用合法网站提供的优质服务。

业务创新不够、同质竞争激烈、业务拷贝严重,是目前增值应用业务行业面临的最大问题。实践证明,对于以内容为核心的增值业务,需要SP投入大量开发成本,通过业务创新,不断推出他人难以模仿、复制的精品业务,寻求独特的目标客户群体,打造独特的竞争优势。

2004年12月22日最高人民法院和最高人民检察院联合颁布《关于办理侵犯知识产权刑事案件具体应用法律若干问题的解释》和2005年5月30日《互联网著作权行政保护办法》的正式施行,意味着国家对互联网知识产权的管制更加严格,任何违规操作都将面临刑事责任的风险。公司将遵循法律法规,坚持走正规渠道,加大版权上的投入力度,加强同上游版权商与内容供应商的合作,形成独占性内容资源优势。

随着国家政策对电信及互联网增值应用业务的管理逐步到位,目前比较成功的增值运营业务都将面临更加严厉的政策环境,如网络扫黄打非运动对一些依靠打擦边球的网站及无线娱乐增值服务商影响很大,国家对影视点播、音乐下载等服务的控制日趋严格,行业主管部门对违规 SP 的处罚也越来越重,这些政策因素客观上要求 SP 的经营更加规范。公司将严格遵守国家各行业主管部门的政策规范及资质要求,做到合法守法经营,以规避无谓的政策风险。处于产业链下游的基础运营商对 SP/CP 政策的变化的应对措施在很大程度上影响增值服务提供商的生存与发展。增值服务提供商需依赖基础运营商的政策扶持以获取代收费渠道及用户群发展的捷径,同时也需要通过运营商的网络将内容传送到最终用户。公司将做好与基础运营商的客户关系工作,遵守基础运营商对增值业务的管理规定,跟随运营商策略的变化及时调整业务与产品,快速拓展和控制支付渠道,加强对终端用户的控制,形成独特的盈利模式。

在技术方面,H8 娱乐网技术方案采用的是微软的 Media Server 技术和 DRM 技术,微软的软件版权策略发生改变,可能会使 H8 娱乐网存在使用软件方面的障碍。公司将逐步采用拥有合法版权的应用软件,并在系统设计中考虑采用兼容 Real 技术来减少风险。

6.2 互联网娱乐市场分析

6.2.1 互联网娱乐市场

宽带娱乐增值

宽带娱乐增值应用市场是一个横跨电信、媒体、娱乐、计算机等领域的综合性行业,供方市场实际上是一条上接内容供应商、软件提供商、设备制造商,下连网络服务商、电信运营商的完整宽带产业链条,见图 6-2。

图 6-2 宽带娱乐增值应用业务产业链

未来几年,某些供方市场因素将是影响公司投资和业务收入的关键,其中包括:基础通信运营商用户的增长规模、内容运营商之间的竞争、内容供应商节目的价格定位。基础通信运营商的用户增长速度和内容运营商之间的竞争将直接影响公司收入的高低,内容供应商节目的价格高低将直接影响公司利润的大小。

内容供应商处于宽带娱乐增值应用产业链条最高端,由影视节目制作、版权代理、发行和知识产权管理等机构组成,它们为国内的宽带内容运营商提供电影、连续剧、音乐、综艺等节目资源及政策保障。由于互联网在影音视频娱乐内容上节目相对缺乏以及知识产权方面的法律规范要求,内容供应商在整个产业链中处于谈判的强势地位。

基础通信运营商是指能提供公共网络基础设施、公共数据传送和基本话音通信服务业务的公司。中国电信、中国网通、中国移动、中国联通、中国铁通在整个互联网行业中扮演着基础通信运营商的角色,在接入服务上控制着终端用户,其政策、价格直接影响到宽带用户增长率的变化,是内容运营商生存的关键。

内容运营商是宽带娱乐增值产业链的核心,扮演着产品生产、运营服务的角色,2005 年年底国内正规的宽带影视运营商已近 20 家。H8 信息技术公司于 2002 年 12 月正式推出 H8 在线影视收费网站,是最早进入宽带娱乐领域的内容运营商之一。网站用户群为 18—36 岁有消费能力的宽带用户;几年来,H8 在线影视以强大的影片存量、流畅的收看速度、高品质的音画效果、灵活的价格组合、专业的产品设计、优秀的客户服务赢得了大批忠诚消费者;销售渠道已涉及电信、移动、联通、网通、大型娱乐门户销售平台,服务范围覆盖国内宽带用户。截至 2005 年 12 月,网站累积收费用户约为 130 万人次,日均访问量超过 500 万次,高峰期同时在线点播高于 2 500 人次,截至 2005 年 12 月市场占有率达 12%。

宽带用户数的剧增及宽带增值应用市场反映出的盈利前景,使得 2005 年供方市场竞争激烈。正规网站与非正规网站之间、早期知名运营商之间、新进入者与早期运营商之间三种势力交叉竞争,其中九州梦网、21CN、捷报宽频三家运营商是该公司的主要竞争对手,同处于影视类竞争第一阵营。供方市场主要竞争对手分析见表 6-1。

表 6-1 竞争对手优劣分析表

竞争对手	产品服务	推广渠道	版权数量	设备及带宽	管理团队	综合实力
九州梦网	很好	很多	很多	一般	一般	较强
21CN	中等	单一	单一	很强	一般	较强
捷报宽频	很好	单一	单一	一般	较强	中等

H8 在线影视的核心优势是第三方平台销售拓展的能力,劣势表现为自有网站销售力量不足;竞争对手的核心优势在于团队的创新能力与自有渠道建设,劣势表现为服务器、带宽的支撑力不足。

针对目前宽带影视市场竞争现状,公司将在版权策略上形成独占性节目资源,提高竞争对手的运营风险;在设备策略上加大设备投入,消除发展瓶颈,提高服务质量;在产品策略上拓宽产品线,业务覆盖大众用户;在渠道策略上一手抓自有站点推广,一手抓第三方渠道拓展;在人才策略上培养已有人才,引入行业专才。

需方市场分析

中国互联网络信息中心2006年6月30日的调查数据显示,上网用户中以娱乐为目的的占总需求量的35.7%,处于主导地位,见图6-3。超过五成的网民安装宽带的目的是用来玩游戏、看电影、听音乐,使用比率达到了53%。可见用户对音视频娱乐的需求量非常大。

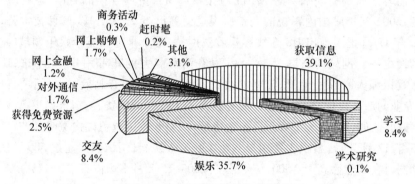

图6-3 用户主要上网目的分布图

资料来源:CNNIC。

用户使用宽带娱乐应同时具备以下两个条件:第一,有上宽带网络的条件;第二,有小额支付能力。依据上述两个条件,可以清晰地看出宽带娱乐有效需求用户的范围非常宽广(见表6-2)。年龄跨度可从14岁至51岁以上,其中18岁至36岁之间的用户是宽带娱乐的主体消费群,占有63.8%的比例。

表6-2 宽带娱乐有效需求范围表

场所	家庭、网吧、学校、酒店、办公场所							
年龄段	13岁以下	14—17岁	18—24岁	25—30岁	31—36岁	37—40岁	41—50岁	51岁以上
上网比例	6.4%	10%	35.3%	17.1%	11.4%	7.6%	7.6%	4%
支付力	无	小额	小额	大额	大额	大额	大额	大额

资料来源:CNNIC。

宽带娱乐作为大众型消费,在性别、学历及消费场所上无差异性限制。只要有电脑能连接宽带网络,并且有支付能力的用户都是宽带娱乐的有效需求用户。

市场细分及定位

影视点播采用的是流媒体技术,不需要下载整个文件,用户就可以在线观看电影、电视。利用流媒体技术可实现影视点播、在线直播等宽带业务。由于宽带多媒体业务需求的增加,影视点播业务将保持强劲的增长势头,具有广阔的市场前景。所有用户中,18—36岁年龄段的用户是影视点播主流消费用户,经济消费型用户占20%。中国电信、中国网通、中国移动、中国联通以及中国广电等都在不同程度上推出了影视点播、视频直播等流媒体业务,目前国内流媒体使用者占宽带用户的1/4。

网络音乐的特点在于音乐资源丰富、用户数量庞大、用户在线时间长以及选择音乐的自由度大。网络音乐兼顾在线收听、随身终端设备下载两种方式,不受地域场合限制,音乐压缩文件小,在传输速度上优于视频点播,便于使用。国内有近百家音乐网站提供免费在线收听和下载服务,培养了一批免费使用音乐网站的用户。如何将免费用户转化为付费用户,是国内收费音乐网站面临的最大挑战。2003—2004年是国内网络音乐盈利模式多样化的探索之年,三种运作模式共存:第一种是通过免费来促进主营业务收益的免费模式,以音乐极品网、百度MP3搜索引擎为代表;第二种是销售音乐产品的收费模式,以网蛙、九天、kuro为代表;第三种是iPod播放器和iTunes音乐网站的捆绑销售模式,以苹果为代表。目前电信、网通宽带平台与网络音乐进行内容合作,同时音乐网站整体推动收费,所以第二种销售音乐产品的网蛙、kuro已开始盈利。2004年国内网络音乐市场规模约8 000万元,2005年市场规模达到约1.2亿元,年增长率保持在50%。

彩信业务即多媒体短信服务,与原有的普通短信相比,除了基本的文字信息以外,更有彩图、声音、动画、震动、视频等多媒体的内容,大大增强了移动短消息的功能性和娱乐性,可以实现即时的手机端到端、手机终端到互联网或互联网到手机终端的多媒体信息传送。2002年年底至2004年上半年,我国彩信市场处于产品引入期。2004年中国移动和中国联通合计发送了2.5亿条彩信,市场总规模约为5亿元。截至2005年,国内有100多家企业从事彩信业务,其中空中网、搜狐、网易、TOM、新浪的彩信业务遥遥领先,处于第一阵营;腾讯、21CN、新华网跟随其后为第二阵营;清华深讯、华动飞天是业内较有竞争力的专业移动增值SP。

IPTV业务是一项新的电信增值业务。IPTV是以电视机为终端,基于IP宽带网络传输,利用宽带接入,向用户提供多媒体服务的宽带互联网增值应用业务。在世界范围内,IPTV业务发展迅速。截至2003年5月,全球已有33家电信运营商推出IPTV业务。在我国,IPTV业务还处于引入期进入商用前期的测试阶段。目前开展类似IPTV业务的有广电在线和中国电信,确定了以节目收视费为主的盈利模式。2004年,国内IPTV市场规模约为2 000万元。

通过对宽带娱乐各业务板块的市场分析,可以看到宽带娱乐的有效需求庞大,影视点播市场、网络音乐市场、彩信市场未来几年将迅猛增长,因此公司将H8在线影视全新定位为"H8娱乐网",将建立以影视点播、网络音乐为核心,涵盖综艺、百科知识、多媒体彩信等内容和服务的宽带互联网娱乐平台,同时借助H8娱乐网各种资源拓展IPTV业务。在新的市场定位下,依据公司的市场竞争策略,公司将在版权、设备、渠道等方面加大投入力度,以提高竞争对手的竞争难度,确定"多平台、多渠道、多收入点、独占性"的市场战略,实施"巩固影视、拓展新业务、提升服务质量"的经营策略,以支撑公司业务更快、更大、更长远的发展。在明确市场定位的前提下,H8娱乐网将坚持以影视点播为核心,致力于成为影视点播行业的领跑者、网络影视文化的倡导者,为各层次的目标客户群提供个性化、专业化的网络影视服务。具体而言,将着重从产品、市场营销、公关活动、版权引进、组织架构、人才和管理等方面着手,不断提升网站的专业化程度。

在产品上,H8娱乐网将致力于为互联网用户提供高品质的视听享受,一方面努力提高产品质量,务求以流畅的收看速度、高品质的音画效果满足客户的视听需求,并逐步建设内容丰富、种类齐全的影视库,为客户营造充分自由的选择空间;另一方面从专业的角度出发,为不同爱好的客户推荐各种影视精品,在满足客户深层次需求的同时,积极引导客户,倡导追求精品的网络影视文化。市场营销上,凭借先进的营销理念和专业策划水准,H8娱乐网将采取有效的市场营销方式,不断拓展营销渠道,在大力推广自有平台的同时,积极发展与主流运营商渠道及网吧院线的合作,通过专业化的市场营销,为更多的国内宽带用户提供更多的优质服务。

在公关活动上,H8娱乐网将通过积极参加各类影视节及影视展览会,参与政府机关及行业协会组织的活动,加强与行业内以及上下游企业之间的沟通等多种方式,进一步树立企业形象,提升知名度,提高自身的行业影响力。随着知名度的上升和影响力的增强,H8娱乐网将谋求在行业中发挥更大的作用,甚至考虑在未来适当的时机,组织宽带娱乐行业协会,并在其中发挥主导性作用。

在版权引进上,H8娱乐网不断尝试各种版权合作新模式,并逐渐形成适合自身发展状况的以合作分成为主的模式,取得了显著的成效,今后仍将根据业务发展的新变化继续探索新的合作模式。目前,H8娱乐网已与多家版权机构建立了长期合作关系,包括国际知识产权中心、中国电影资料馆、央视网络、e视娱乐、文广集团、TVB集团、香港美亚娱乐、广东福光影音、佛山天艺音像等,并在巩固与现有版权合作方紧密关系的同时,不断扩大版权合作范围。

组织架构上,在现有基础上,H8娱乐网将不断补充和优化,逐步形成分工明确、适合业务发展的组织架构,以提高各环节的效率并实现各个环节间的有效衔接,充分发挥出整体的优势。

在人才上,H8娱乐网将积极实施专业人才储备战略,除了继续为员工提供各种便利条件和培训机会,培养自身行业的专业人才外,仍将在合适时机引进行业顶级专业人才。同时,还将通过绩效考核,引导和鼓励员工朝着高、精、尖的专业方向发展,使其成为行业的顶级专业人才。

在管理上,H8娱乐网继续健全和优化内部管理规范与业务流程,如《新产品开发流程》、《首页显要位置栏目内容更新流程》、《显要位置栏目评估与优化流程》、《本地影库建设流程》、《宽带用户投诉处理流程》等以及网络安全管理规范、自律规范,不断提高工作效率,提升产品服务质量水平,满足客户需求。

6.2.2 进入市场的战略计划

营销渠道建设

公司计划在投入期以广州、上海、成都、北京为中心组建华南、华东、西南、北方四大运营中心,同时加大自有网站的产品推广,达到短期内快速抢占市场、聚集人气的目的。公司营销渠道规划见表6-3。

公司业务

公司2003年到2005年影视业务收入增长势头良好,2004年收入比2003年增长了187%,ARPU(Average Revenue Per User)值即每用户平均收入从2003年的15元增长至22元,年人均消费次数上升到1.3次。2005年公司业务收入1 600万元,ARPU值达到了22元,见表6-4。

表 6-3 营销渠道规划

营销范围	类型	细分	渠道拓展目标
销售渠道建设	基础运营商	电信	进入各地电信宽带运营平台,介入各省 IPTV 项目
		网通	进入各地网通宽带运营平台,介入各省 IPTV 项目
		移动	进入各地移动平台,介入多媒体彩信业务
		联通	进入各地联通平台,介入多媒体彩信业务
	网络销售平台	大型门户网站	进入 QQ、百度等大型运营平台
		同类型网站	并购或合作的方式进入同类访问量大的网站
		联盟型网站	聚合 100 家中小型站点
	本地销售	零售	卡类进入 4 大运营区零售终端
		大客户	企业团购
	广告销售	大客户开拓	发展 20 家广告大客户
		广告代理商	发展 4 家区域广告总代理
	其他渠道	网吧	H8 网吧院线联盟
		社区	落地服务
		酒店	落地服务
		学校	落地服务
推广渠道建设	活动合作引量模式	网媒	年用户引导量 220 万
		纸媒	年用户引导量 30 万
		无线媒体	年用户引导量 30 万
		电视媒体	年用户引导量 30 万
		地面媒体	年用户引导量 30 万
收费渠道建设	移动	移动手机	实现全网代收
	联通	联通手机	实现全网代收
	电信、网通	ADSL	实现全网代收
		小灵通	实现全网代收
	银行	网上银行	实现全网代收

表 6-4 2003—2005 年公司业务现状表

	2003 年 1—6 月	2003 年 7—12 月	2004 年 1—6 月	2004 年 7—12 月	2005 年 1—12 月
人均消费次数(次)	1.2	1.2	1.2	1.3	1.3
年消费总人次(万人次)	6	7	12	18	72
ARPU 值(元/人次)	15	18	20	21	22
实际收入(万元)	86	129	246	370	1 600

投资决策

H8 在线影视的硬件及软件现状如下：网站由 Windows 2003 操作系统下的 WEB 服务器、数据库服务器、流媒体服务器、下载服务器、DNS 服务器、邮件服务器构成，见表 6-5。根据业务发展的需要，结合系统总体设计要求，系统硬件及系统软件的选择必须遵循四点原则：第一是选择技术领先、市场和技术发展前景良好的厂家的产品；第二是设备要性能优良，配置合理，具备良好的性能价格比和扩充能力；第三是系统应当具有可靠性、实用性、安全性、扩展性；第四是系统应当按照先进、实用的原则，采用成熟的技术和开放体系进行构建。

表 6-5 软硬件清单

WEB 服务器	WEB 服务器、应用服务器、数据库服务器采用三层结构，采用四台 SUN V240 由四层交换机 Radware WSD 做负载均衡，操作系统采用 SUN 的 Solaris10，WEB Server 软件采用 BA 的 Weblogic
应用服务器	采用两台 SUN V490 服务器为网站三层架构提供中间件服务，两台服务器做群集以保证系统的冗余，操作系统采用 SUN 的 Solaris10，Application Server 采用 BA 的 Weblogic
数据库服务器	采用两台 SUN V890 做群集以保证系统的冗余，操作系统采用 SUN 的 Solaris10，数据库采用 Oracle 企业版 9i/10G
认证服务器	采用两台 SUN V440，操作系统采用 SUN 的 Solaris10
计费服务器	采用两台 SUN V440，操作系统采用 SUN 的 Solaris10
DNS 服务器	采用两台 SUN V240，操作系统采用 SUN 的 Solaris10
邮件服务器	采用一台 SUN V240，操作系统采用 SUN 的 Solaris10
流媒体服务器	由于用户的操作系统为微软 Windows 平台，因此必须采用运行在 Windows2003 Server 下的 MediaServer；本地流媒体服务器的容量必须满足 6 000 人同时在线，以每台服务器 400 人同时在线计算需提供 20 台流媒体服务器
网络设备	采用 Cisco 的 4 507 作为核心交换机，满足 2 或更高的 IP 城域网/Internet 的接入，为流媒体服务器提供千兆端口，为 WEB 服务器、应用服务器、数据库、DNS 服务器、邮件服务器、四层交换机、防火墙提供内网、外网、DMZ 区的百兆端口的接入；采用两台 Netscreen 204 防火墙为系统提供内网、外网、DMZ 区的安全策略，并且两台设备之间互相提供冗余；采用两台 Radware WSD 四层交换机为 WEB 服务器做负载均衡，并且两台设备之间互相提供冗余
系统软件	分别采用 BEA Weblogic 的 WEB 及应用服务器软件 Oracle 的 Oracle Enterprise Edition 数据库软件 Veritas 数据库备份软件

根据以上原则,目前国际知名服务器厂商有 SUN、IBM、HP、DELL,由于 SUN 公司提供的基于 UltraSPARC 处理器的服务器可提供增强的性能和更高的能效,但是价格要比其他业界标准服务器低,同时 Solaris 10 OS 包含 600 多项独一无二的技术,因此 H8 娱乐网拟采用 SUN 厂商设备构建 WEB 服务器、应用服务器、数据库服务器、DNS 服务器、邮件服务器,而流媒体服务器则使用安装了微软 Windows 2003 Server 操作系统、能向用户提供 MMS 格式流媒体节目的服务器。拓扑图见图 6-4。

该硬件、软件设计方案可以保证第一年能提供 4 000 用户同时在线,第二年能提供 5 000 用户同时在线,第三年能提供 6 000 用户同时在线,服务于 300 万用户,其中活跃用户 40 万。

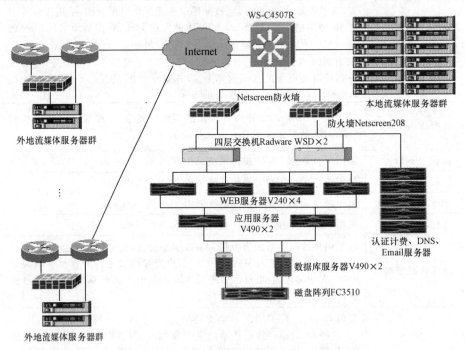

图 6-4 网站系统图拓扑图

由于业务运营的特性,暂未能对业务的单位变动成本形成合理评估办法。根据公司运营互联网业务的历史数据分析,在目前的成本费用项目中,只有业务费用与收入呈正比增长,即现有的大部分成本属固定费用。而运营期五年,考虑版权费与收入分成挂钩,所以,在运营期内,变动成本包括业务费用和版权分成两部分。投入期预计收入的安全边际率均在 20%—30% 范围内,运营期各年预计收入的安全边际率在 30% 以上水平,参照企业安全性的检验标准,处于安全等级,详见表6-6、表6-7和表6-8。

表6-6 硬件设备投资估算表　　　　　　　　　　单位:万元

年份 项目	第1年	第2年	第3年	合计
硬件	354	383	292	1 029

表6-7 软件开发投资估算表　　　　　　　　　　单位:万元

年份 项目	第1年	第2年	第3年	合计
软件	481	194	323	998

表6-8 版权投资估算表　　　　　　　　　　　　单位:万元

年份 项目	第1年	第2年	第3年	合计
版权	875	775	900	2 550

7 电子杂志产业的形成：四家电子杂志网站的比较*

7.1 电子杂志产业

随着互联网的快速发展、数字时代的到来，大众的阅读方式已经不局限于传统纸媒，从 BBS 到网刊，从免费的电子书到报纸杂志的电子版，一系列变革见证了广大网民阅读方式的转变。

2005 年，大部分的中国传统媒体经营都出现了不同程度的滑坡，而网络媒体则表现出另外一番景象：百度纳斯达克上市、阿里巴巴并购雅虎中国、WEB 2.0 概念大行其道并产生大量新鲜网络公司……电子杂志作为一种新媒体形式正是从这一年起进入了快速发展的阶段。

电子杂志的快速发展体现在几个方面。首先，电子杂志用户数量急剧增多。据 iResearch 的调查，2005 年数字杂志的用户已经达到了 2 000 万户，占中国网民总数的 18%，并且到 2010 年电子杂志的用户数量达到约 8 200 万户，占网民总数的 36%。其次，从市场规模看，iResearch 的数据显示 2005 年电子杂志的整体市场规模已经达到 0.2 亿元。再次，从电子杂志的发行量来看，iResearch

---

* 案例中应当事人要求隐去了其真实名称。

的数据显示2005年电子杂志总的发行量达到3.6亿册,月发行量在200万册以上的至少有4家企业,每期发行量在100万册以上的杂志也接近十家。

同时,电子杂志还得到了风险投资的青睐。2005年,Acer、联想投资和招商局三家联手注资发行门户XPLUS(新数通兴业科技有限公司),IDG两次注资POCO(广州数联软件有限公司),凯雷则出手投资ZCOM(智通无限科技有限公司)。2006年,软银中国向阳光导航网络技术公司(现改名为GOGOTIME公司)投资2 000万美元,成为电子杂志领域风险投资第一大单,同时也是2006年IT领域最大的单笔风险投资。

快速的发展、风险投资的青睐,2005年下半年之后,电子杂志已经成为业内外人士关注的焦点。为什么电子杂志在短短的几年内能取得如此的成绩?是什么在驱动电子杂志的快速发展?电子杂志产业内的公司又实现了怎样的价值创造?它们又为客户提供了怎样的价值?这些问题正是本章研究的出发点。

7.1.1 电子杂志

电子杂志的发展阶段

互联网实验室在《2006年中国电子杂志产业发展与投资研究报告》中将电子杂志的发展分为三个阶段:第一个阶段是从1994年到1997年出现第一份电子杂志开始,这个时期的电子杂志的特征是传统杂志简单的数字化;第二阶段是从1997年电子杂志的先驱索易公司发行电子杂志开始到2005年南方报业集团的《WOW! ZINE·物志》,这个时期的电子杂志特征是数字媒体的杂志化。然而,前两代电子杂志自开创以来,就在艰难地经营着,始终没有在互联网行业里掀起什么波澜,也没有获得网民的认可,先驱索易更是付出了倒闭的惨痛代价。目前的电子杂志是以P2P技术、互动技术和多媒体技术重新打造的第三代电子杂志。

目前,电子杂志行业内普遍接受和认同这种对于电子杂志发展阶段的划分方法。

电子杂志的定义

由于电子杂志的发展历史比较短,目前没有形成关于电子杂志的一般性定义。iResearch(2005)将电子杂志命名为数字杂志,并将其定义为:以视频、音频、图片与文字等多元素重复组合,强调互动性和多媒体,并利用P2P平台传播的第三代电子杂志。周荣庭(2004)将电子杂志定义为:以数字化方式存储,通过Internet传递,并通过计算机或类似设备在本地或远程读取的连续出版物。周荣庭的定义体现出了电子杂志作为网络出版物的特征。

从电子杂志发展的阶段来看,由于依托 P2P 技术、互动技术和多媒体技术发展起来的新一代电子杂志出现的时间比较短,而周荣庭定义电子杂志的时间在 2004 年,当时并没有出现这种新形式的电子杂志,因此周荣庭将电子杂志归类在网络出版的连续出版物的范围内,而 iResearch 则更倾向于将电子杂志归入新媒体的范围。

由于没有对电子杂志的统一定义,所以本章将结合 iResearch 和周荣庭的定义重新定义电子杂志:以视频、音频、图片与文字等多元素重复组合,强调互动性和多媒体,并利用 P2P 平台传播的网络连续出版物。这个定义既可以体现出电子杂志的新媒体特点,又可以体现出电子杂志的网络出版特点。本章对电子杂志相关问题的研究将采用这个定义。

7.1.2 电子杂志的产业链

电子杂志产业链组成

黄培、陈俊芳(2003)认为产业链是一个产业中的企业之间形成的供应商—企业—客户这样的链条关系。在产业链中,我们可以看到物质的变化、资金的流动、价值的创造和利润的生成,企业之间形成了相互依存的关系。由于电子杂志的发展历史很短,目前还没有形成比较成熟的产业链。仅就目前情况来看,电子杂志的产业链由四个部分构成,如图 7-1 所示。

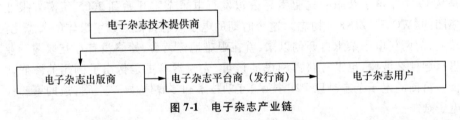

图 7-1 电子杂志产业链

电子杂志出版商即电子杂志的内容提供、制作单位或个人。电子杂志出版商可以分为四类:

(1) 个人出版者:创作者为个人,内容以原创为主。由平台商提供进行电子杂志制作的 DIY 软件,比如 ZCOM 提供的 iMag 杂志制作大师,网友利用软件制作电子杂志再通过电子杂志平台进行推广。

(2) 内容工作室:专门制作电子杂志的机构。近期名人推出自己的电子杂志也很流行,由于名人的电子杂志背后一般有一个专业的制作班子,所以可以将它们归入内容工作室的范畴,比如杨澜推出了其个人电子杂志《澜 LAN》。

(3) 传统杂志社:传统杂志社将其平面杂志的内容直接电子化或嫁接一些

其他内容后制作成电子杂志,如瑞丽的《瑞丽 PRETTY》。目前,以传统杂志为蓝本制作的电子杂志已经成为电子杂志的主流内容。

(4)制作内容的平台商:平台商自身组织编辑队伍制作电子杂志,比如 POCO 的《POCOZINE》、《印象》、《味觉》。

电子杂志平台商指搭建了宣传各类电子杂志的网站和利用 P2P 客户端软件——阅读器,向用户传播电子杂志的公司,其中以 ZCOM、XPLUS、POCO 等为代表。

电子杂志技术提供商指在将内容进行电子化以形成电子杂志的制作过程中提供技术软件、技术支持的公司,目前主要是由电子杂志平台商充当这个角色。

电子杂志用户指通过在线/下载阅读电子杂志的读者。

电子杂志产业链关系

目前,在电子杂志产业链上的几种角色中,电子杂志平台商基本上处于主导地位,很多平台商集出版商、技术提供商的角色于一身,同时还充当了产业附加价值链中的广告代理商角色。从产业目前的角色分工来看,产业市场的专业化分工不足,产业价值链还处于初级阶段。此外,在产业价值链之外还有几个角色:广告主、广告代理商、企业用户。其中,广告主是在电子杂志上发布广告的企业,广告代理商是为广告主发布广告的企业,企业用户指需要制作宣传型电子杂志或内刊型电子杂志的企业。它们和电子杂志产业链中的企业共同构成了拓展的电子杂志产业链,如图 7-2 所示。

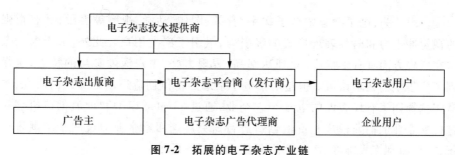

图 7-2　拓展的电子杂志产业链

电子杂志的商业模式

根据前面提到的电子商务模式分类,我们从两个分类角度来对电子杂志的商业模式进行分类。

第一,从参与角色角度看,现有电子杂志有 B2B 和 B2C 两种模式。B2C 模式是现在电子杂志平台商采用的主要模式,指通过电子杂志平台向读者提供电子杂志;B2B 模式指电子杂志技术提供商向企业用户提供电子杂志制作服务,比如GOGOtime公司的服务模式。

第二,从盈利模式的角度看,电子杂志有数字内容盈利模式(以下简称内容收费模式)、广告支持的盈利模式(以下简称广告模式)、广告—收费混合模式、服务费用模式。目前大部分的平台商采取的都是广告模式(XPLUS、ZCOM),有很少一部分开始尝试广告—收费混合模式(ZBOX),采取内容收费模式和服务费用模式的有GOGOtime公司。GOGOtime公司的服务收费模式就是与企业合作,通过为这些企业制作多媒体杂志收取服务费用来盈利,目前ZBOX也开始尝试采取内容收费模式增加收入。GOGOtime公司的《阳光卫视导航》电子杂志通过用户的订阅来发行,普通版每年定价为98元,VIP版每年为228元。

电子杂志是在2005年才开始快速发展的一种网络媒体形式,虽然发展速度很快,又获得了大量的风险投资,但是近期对这个产业进行批评的声音可以说是沸沸扬扬,主要集中在几个方面:用户流失严重、内容同质化、缺乏坚挺的盈利模式、存在版权风险等问题。其中缺乏坚挺的盈利模式主要是指电子杂志企业普遍采取的广告模式还有待市场的进一步验证,同时产业内缺乏其他盈利模式的支持。

7.2 电子杂志价值创造分析

7.2.1 分析方法

一般认为,电子杂志融合了文字、音频、图像、动画、视频等手段,具有很强的视觉冲击力和内容表现形式的吸引力,吸引了广大用户。此外,由于电子杂志在广告方面具有干扰度小、到达率高、表现力好、用户深度参与的特点,也得到了广告主的初步认可。但是对于电子杂志的价值创造还缺乏深入的研究,本章将选择四家有代表性的电子杂志企业,通过e3value模型和价值创造机理对这四家企业的商业模式和价值创造进行研究。这四家企业通过两个维度来进行选择:盈利模式维度、产业角色维度,如图7-3所示。

盈利模式	广告	XPLUS	POCO		
	广告+收费+服务费用			ZBOX	
	收费+服务费用				GOGOtime
		平台商	出版商 平台商	平台商 企业用户服务商	出版商 企业用户服务商

产业角色

图7-3 企业分维选择图

这四家企业在产业链中的角色不尽相同，XPLUS 属于平台商，POCO 属于出版商和平台商的结合，ZBOX 属于平台商和企业用户服务商的结合，GOGOtime 属于出版商和企业用户服务商的结合。这四家企业的盈利模式也不尽相同，XPLUS 和 POCO 采用的是广告模式，ZBOX 采用的是广告、收费、服务费用模式，GOGOtime 采用的是收费和服务费用模式。而且四家企业的客户也有所区别，作为平台商的 XPLUS、POCO、ZBOX，它们的客户群体比较广泛，这些客户是对电子杂志产品有阅读需求的人群。ZBOX 和 GOGOtime 的客户还包括对于企业版电子杂志具有需求的企业客户。同时，由于 GOGOtime 属于出版商，有自己的电子杂志，它的客户还包括它的杂志订阅客户。对这四家企业进行研究就是为了比较不同产业角色和盈利模式的企业在价值创造上有何不同，同时希望能够通过这一研究对如何提升企业的价值创造和改进商业模式有所帮助。

7.2.2　POCO 价值创造分析

企业介绍

据 POCO（广州数联软件有限公司）网站的介绍，POCO 成立于 2003 年，发展了主要针对时尚潮流用户的时尚类电子杂志在线阅读平台，以在线阅读和 P2P 下载两种方式提供超过万本电子杂志，累计发行杂志超过 2.2 亿册。在 2005 年 7 月推出电子发行平台 MagBox，目前已经有超过 120 种 3 000 余册杂志通过 MagBox 发行，并且已经有 4 800 万用户，并且还为网友提供 POCOmaker 电子杂志制作软件用于自制电子杂志。POCO 旗下有三种自创杂志：《POCOZINE》、《印象》、《味觉》。网站称，据来自 iResearch 的调查结果显示，《POCOZINE》在内容量、版面风格、多媒体元素、互动元素、广告满意度方面均位居第一。

E3value 商业模式描述

在 POCO 的商业模式中主要有四种角色：平台商、出版商、广告主、杂志阅读客户。平台商指 POCO，提供电子杂志的发行平台，是主要的研究对象。出版商指电子杂志的内容提供和制作单位。出版商有四种：传统杂志社、内容工作室、平台商和自制电子杂志网友。广告主指在电子杂志上登广告的企业或个人。杂志阅读客户是指在平台上通过阅读器或在线方式阅读杂志的电子杂志用户。POCO 的商业模式可以用简化的 e3value 方法描述，如图 7-4 所示。

图中显示了以 POCO 为核心的商业模式，POCO 为出版商提供发行平台和制作电子杂志的技术，而且还将包括客户阅读偏好等信息的分析报告提供给出版商，同时出版商向 POCO 支付制作费和推广费。POCO 为广告主提供广告发

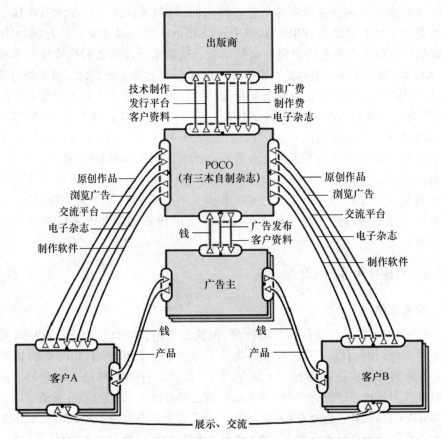

图 7-4 POCO 电子商务模式的 e3value 表示

布服务,同时向广告主提供用户行为资讯系统,而广告主向 POCO 支付广告费用。POCO 向客户提供交流平台、自制电子杂志的软件、用于阅读的电子杂志,而客户向 POCO 提供自制的原创杂志同时进行广告浏览。客户与客户之间则利用 POCO 提供的个人空间和读者互动频道等进行展示和交流。

价值创造机理

为了清晰地描述 POCO 的价值机理,我们采用一种简化的模式进行表述:

$$\text{角色(价值对象)} \xrightarrow{+/-} \text{角色(价值)} \xrightarrow{+/-} \text{客户需求}$$

假设有两个角色 A 和 B,角色(价值对象)表示角色 A 提供的价值对象,角色(价值)表示角色 A 为角色 B 带来的价值,中间的 +/− 表示角色 A 的价值对象对角色 B 的价值影响是正的还是负的,在角色(价值)和客户需求之间的 +/−

7 电子杂志产业的形成:四家电子杂志网站的比较

表示这种价值对相应的客户需求的满足是正的还是负的。我们用图 7-5 来表示这种价值创造机理(此图中的价值影响均为正)。

价值对象		价值		客户需求	
出版商	广告费	POCO	收入		
出版商	制作费	POCO	产品数量		
广告主	钱	POCO	信息量	出版商	收入
出版商	电子杂志	出版商	产品生产	出版商	产品改进
客户	原创作品	出版商	发行量	广告商	浏览量
客户	展示交流	出版商	客户资料	广告商	精确营销
POCO	技术制作	出版商	收入	客户	相关信息
POCO	发行平台	广告主	浏览量	客户	相关知识
POCO	广告发布	广告主	客户资料	客户	阅读乐趣
POCO	客户资料	客户	相关信息(免费)	客户	自制产品
客户	浏览广告	客户	相关知识(免费)	客户	沟通展示
POCO	电子杂志	客户	阅读乐趣(免费)		
POCO	制作软件	客户	自制产品(免费)		
POCO	交流平台	客户	沟通展示(免费)		

图 7-5 POCO 的价值创造机理

图中显示了 POCO、出版商、广告主、客户通过相应的价值对象获得的价值。POCO 通过收取出版商的推广费、制作费、广告主的广告费获得收入,通过出版商的电子杂志和客户的原创作品获得了一定数量的电子杂志在平台上发行,通过客户的展示交流获得了一定的信息。出版商通过 POCO 的技术制作出自己的电子杂志在 POCO 上发行,POCO 将包括客户阅读偏好等信息的分析报告反馈给出版商进行内容的改进,但是出版商的收入需求没有通过 POCO 获得直接的体现,出版商只有通过其他途径寻找广告代理并通过广告费获得收入。广告主在 POCO 平台和电子杂志内发布广告,通过客户对广告的浏览实现了自己的广告意图,同时 POCO 平台将用户行为资讯系统提供给广告主,以利于广告主的精细营销。客户在 POCO 平台可以免费下载和阅读种类丰富的电子杂志,这些电子杂志可以带给客户相关的知识和信息,同时由于电子杂志的多媒体特点,带给了客户全新的阅读乐趣。客户也通过 POCO 平台提供的免费制作软件制作电子杂志,通过 POCO 的交流平台进行自我展示以及和其他网友进行沟通交流。在 POCO 的 e3value 模型中,实际上是形成了一个以 POCO 为中心的多个角色共同创造价值的产业链条,广告主、客户在获得价值的同时又满足了需求。

7.2.3 XPLUS 价值创造分析

企业介绍

据 XPLUS(新数通兴业科技有限公司)网站上的介绍,XPLUS 是 2003 年成立的电子杂志平台服务商,2004 年成功开发 XPLUS 软件,完成下载及主动派送功能,同年 12 月,会员总量达到 100 万人。2005 年 1 月,单月杂志发行量超过 100 万。2005 年 4 月,完成新一轮融资,引进 Acer、联想投资和招商局等股东。2006 年推出面向个人用户的 MagA,集平台派送、订阅、制作、上传功能于一体。2006 年 12 月,全资收购上海商博尔科技有限公司,全面启动 E-paper 电子报业务。截至 2007 年 3 月 18 日,平台总注册用户 2 100 万户,平台内发行杂志 350 种,签约报社 30 余家,个人杂志上传总量 46 000 本。图 7-6 显示了 XPLUS 的业务模式。

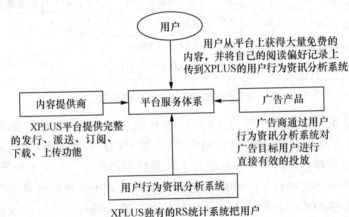

图 7-6 XPLUS 的业务模式

资料来源:http://www.xplus.com.cn/inc/aboutus.php。

e3value 商业模式描述

在 XPLUS 的商业模式中主要有四种角色:平台商、出版商、广告主、杂志阅读客户。平台商指 XPLUS,提供电子杂志的发行平台,是主要的研究对象。出版商指电子杂志的内容提供和制作单位。出版商有三种:传统杂志社、内容工作室、自制电子杂志网友。广告主指在电子杂志上登广告的企业或个人。杂志阅读客户是指在平台上通过阅读器或在线方式阅读杂志的电子杂志用户。XPLUS 的商业模式可以用简化的 e3value 方法描述,如图 7-7 所示。

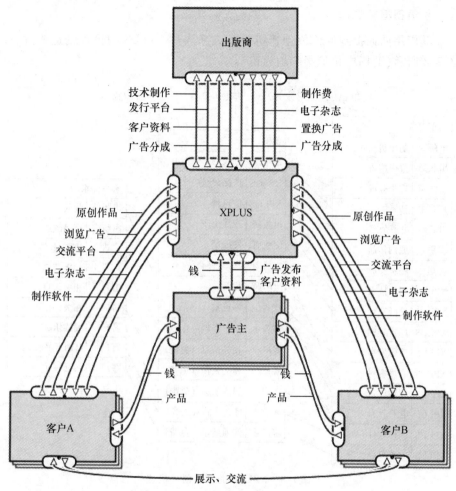

图 7-7　XPLUS 商业模式的 e3value 表示

图中显示了以 XPLUS 为核心的商业模式,XPLUS 为出版商提供发行平台和制作电子杂志的技术,同时还通过广告分成形式代理出版商的电子杂志广告,并将包含客户阅读偏好等内容的分析报告提供给出版商。出版商向 XPLUS 支付制作费,并以电子杂志内页广告的形式置换 XPLUS 的推广费,同时出版商自己拉的广告费也要和 XPLUS 进行分成。XPLUS 为广告主提供广告发布,同时向广告主提供用户行为资讯系统,而广告主向 XPLUS 支付广告费用。XPLUS 向客户提供交流平台、自制电子杂志的软件、用于阅读的电子杂志,而客户向

XPLUS 提供自制的原创杂志同时进行广告浏览。客户和客户之间则利用 XPLUS 提供的"我的空间"和论坛频道等进行展示和交流。

价值创造机理

我们用前面提到的价值创造机理模式来表述 XPLUS 的价值创造机理,如图 7-8 所示(此图中价值影响均为正)。

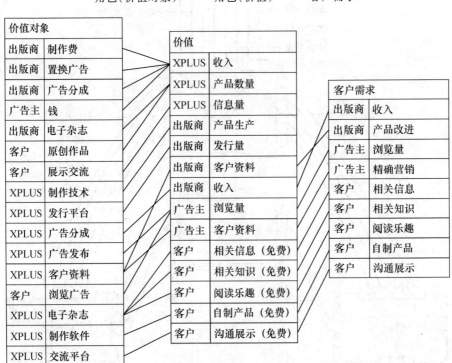

图 7-8 XPLUS 的价值创造机理

图中显示了 XPLUS、出版商、广告主、客户通过相应的价值对象获得的价值。XPLUS 通过收取出版商的制作费、出版商的置换广告、广告主的广告费获得收入,通过自己的原创电子杂志、出版商的电子杂志、客户的原创作品获得了一定数量的电子杂志在平台上发行,通过客户的展示交流获得了一定的信息。出版商通过 XPLUS 的技术制作出自己的电子杂志在 XPLUS 上发行,XPLUS 将包含客户阅读偏好等信息的分析报告反馈给出版商进行内容的改进,同时 XPLUS 通过广告分成形式代理出版商的电子杂志广告,满足了出版商的收入需求,而出版商自己拉的广告也要和 XPLUS 进行分成。广告主在 XPLUS 平台和电子杂志内发布广告,通过客户对于广告的浏览实现了自己的广告意图,同时XPLUS平台将用户行为资讯系统提供给广告主,以利于广告主的精细营销。客户在XPLUS平台可以免费下载和阅读种类丰富的电子杂志。这些电子杂志可以带给客户相关的知识和信息。由于电子杂志的多媒体特点,客户可获得全新的阅读乐趣。客户通过XPLUS平台提供的免费制作软件制作电子杂志,通过XPLUS的交流平台进行自我展示以及和其他的网友进行沟通交流。在XPLUS的e3value模型中,实际上是形成了一个以XPLUS为中心的多个角色共同创造价值的产业链条,出版商、广告主、客户在获得价值的同时又满足了需求。

7.2.4 ZBOX价值创造分析

企业介绍

据ZBOX(鹏泰传播)网站的介绍,ZBOX成立于2006年3月,于2006年7月正式上线,目标定位于打造中国最大的数字内容发行交易平台。网站设计采用了杂志分众、阅读兴趣圈等概念。2006年11月,企业频道上线。2006年12月,付费杂志频道上线,采用加密防盗版技术,2007年2月,与黄果树景区签订价值400万元的景区营销合同。目前在线有1000余种10000余本网络互动杂志。

e3value商业模式描述

在ZBOX的商业模式中主要有五种角色:平台商、出版商、广告主、杂志阅读客户、企业客户。平台商指ZBOX,提供电子杂志的发行平台,是主要的研究对象。出版商指电子杂志的内容提供和制作单位。出版商有三种:传统杂志社、内容工作室、自制电子杂志网友。广告主指在电子杂志上登广告的企业或个人。杂志阅读客户是指在平台上通过阅读器或在线方式阅读杂志的电子杂志用户。企业客户是指需要ZBOX提供技术制作企业内刊或宣传材料的企业。XPLUS的商业模式可以用简化的e3value方法描述,如图7-9所示。

图中显示了以ZBOX为核心的商业模式,ZBOX为出版商提供发行平台和制作电子杂志的技术,同时还以广告分成形式对出版商的电子杂志进行广告代理,并将包含客户的阅读偏好等内容的分析报告提供给出版商。出版商向ZBOX支付制作费,并以电子杂志内页广告的形式置换ZBOX的推广费,出版商自己拉的广告费也要和ZBOX进行分成。同时,ZBOX采用了收费和免费电子杂志相结合的方式,实行收费的电子杂志的收入和出版商分成。而且,ZBOX开展了企业电子杂志的制作业务,为企业提供企业内刊和企业宣传类电子杂志的制作服务,同时向企业收取费用。ZBOX为广告主提供广告发布服务,同时向广告主提供用户行为资讯系统,而广告主向ZBOX支付广告费用。ZBOX向客户

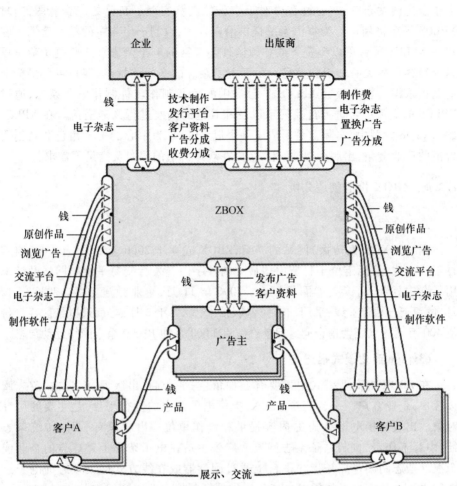

图 7-9 ZBOX 商业模式的 e3value 表示

提供交流平台、自制电子杂志的软件、用于免费以及收费阅读的电子杂志,而客户向 ZBOX 提供自制的原创杂志并进行广告浏览,阅读或下载收费的电子杂志需要支付费用。客户和客户之间则利用 ZBOX 提供的兴趣圈就某一主题等进行展示和交流。

价值创造机理

我们用前面提到的价值创造机理模式来表述 ZBOX 的价值创造机理,如图 7-10 所示(此图中价值影响均为正)。

$$\text{角色(价值对象)} \xrightarrow{+/-} \text{角色(价值)} \xrightarrow{+/-} \text{客户需求}$$

7 电子杂志产业的形成:四家电子杂志网站的比较

价值对象	
出版商	制作费
出版商	置换广告
出版商	广告分成
广告主	钱
企业	钱
客户	钱
出版商	电子杂志
客户	原创作品
客户	交流展示
客户	浏览广告
ZBOX	技术制作
ZBOX	发行平台
ZBOX	客户资料
ZBOX	广告分成
ZBOX	收费分成
ZBOX	广告发布
ZBOX	电子杂志
ZBOX	制作软件
ZBOX	交流平台

价值	
ZBOX	收入
ZBOX	产品数量
ZBOX	信息量
企业	多媒体形式宣传
出版商	产品生产
出版商	发行量
出版商	客户资料
出版商	收入
广告主	浏览量
广告主	客户资料
客户	相关信息(免费、收费)
客户	相关知识(免费、收费)
客户	阅读乐趣(免费、收费)
客户	自制产品(免费、收费)
客户	沟通展示(免费、收费)

客户需求	
企业	多媒体形式宣传
出版商	收入
出版商	产品改进
广告主	浏览量
广告主	精确营销
客户	相关信息
客户	相关知识
客户	阅读乐趣
客户	自制产品
客户	沟通展示

图 7-10 ZBOX 的价值创造机理

　　图中显示了 ZBOX、企业、出版商、广告主、客户通过相应的价值对象获得的价值。ZBOX 通过收取出版商的制作费、出版商的置换广告、广告主的广告费、企业电子杂志的制作费、客户下载收费电子杂志收取的费用等获得收入;通过出版商的电子杂志、客户的原创作品、企业的电子杂志获得了一定数量的电子杂志在平台上发行,通过客户的展示交流获得了一定的信息。出版商通过 ZBOX 提供的在线电子杂志制作技术制作出自己的电子杂志并在 ZBOX 上发行,ZBOX 将包含客户的阅读偏好等信息的客户资料反馈给出版商进行内容的改进,同时 ZBOX 通过广告分成形式代理出版商的广告,来自收费的电子杂志的收入,ZBOX 和出版商分成,满足出版商的收入需求。企业通过 ZBOX 的技术制作用于宣传的电子杂志并在 ZBOX 上发行,同时 ZBOX 将用户行为资讯系统提供给企业,以利于企业的精细营销。广告主在 ZBOX 平台和电子杂志内发布广告,通过客户对于广告的浏览实现自己的广告意图。客户在 ZBOX 平台可以免费或付费下载和阅读种类丰富的电子杂志。这些电子杂志可以带给客户相关知识和信息。由于电子杂志的多媒体特点,客户可获得全新的阅读乐趣。同时,客户可通过 ZBOX 平台提供的在线电子杂志制作系统制作电子杂志并在 ZBOX 上发行,还可通过 ZBOS 的兴趣圈进行自我展示以及和其他的网友进行沟通交流。在 ZBOX 的 e3value 模型中,实际上是形成了一个以 ZBOX 为中心的多个角色共同创造价值的产业链条,企业、出版商、广告主、客户在获得价值的同时又满足了需求。

7.2.5 GOGOtime 价值创造分析

企业介绍

据 GOGOtime(时代导航(中国)科技有限公司)网站的介绍,GOGOtime 成立于 2005 年 8 月,提供中国领先的网络多媒体推广平台服务,2006 年由软银中国创业投资有限公司投资 2 000 万美元。GOGOtime 有一本自制的电子杂志《阳光卫视导航》,主要通过代理的形式收费发行,同时通过为企业(或政府)客户制作多媒体的电子杂志获得收入。图 7-11 显示了 GOGOtime 的业务模式。

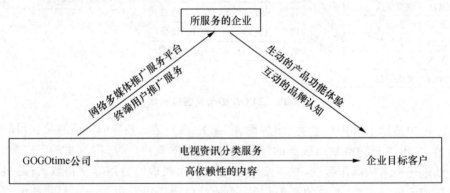

图 7-11　GOGOtime 的业务模式

资料来源:http://www.gogosun.com/introduce.html。

e3value 商业模式描述

在 GOGOtime 的商业模式中主要有五种角色:出版商兼企业用户服务商、企业(或政府)客户、代理商、杂志阅读客户、企业。出版商兼企业用户服务商指 GOGOtime,提供收费电子杂志《阳光卫视导航》,同时为企业(或政府)客户提供电子杂志的制作服务。企业(或政府)客户是指对于电子杂志形式的企业内刊和电子杂志形式的企业宣传有需求的企业。代理商指代理销售《阳光卫视导航》点卡的企业。杂志阅读客户是指阅读《阳光卫视导航》电子杂志的用户,这些用户获得这本杂志有两种途径,一种是自己花钱购买,另一种是购买了企业

7 电子杂志产业的形成：四家电子杂志网站的比较

的产品，企业以赠品形式进行派送。企业指大规模购买《阳光卫视导航》的阅读卡然后通过赠品形式派送给用户的企业。GOGOtime 的商业模式可以用简化的 e3value 方法描述，如图 7-12 所示。

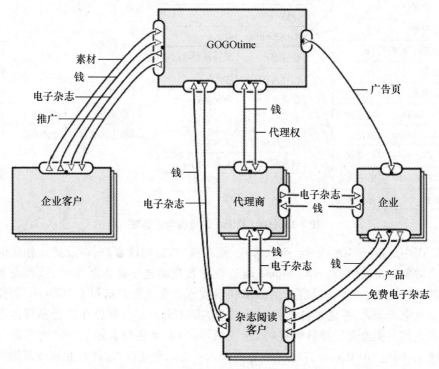

图 7-12　GOGOtime 商业模式的 e3value 表示

图中显示了以 GOGOtime 为核心的商业模式。在企业客户提供素材和制作推广费用后，GOGOtime 为企业客户提供电子杂志的制作和推广。同时，GOGOtime 通过代理商销售和直销的方式销售电子杂志《阳光卫视导航》。代理商拿到 GOGOtime 的代理权后，一方面直接销售给电子杂志阅读客户，另一方面通过规模销售的形式销售给企业，企业批量购买《阳光卫视导航》后以赠品的形式免费派送给自己的客户，同时 GOGOtime 可以在《阳光卫视导航》中赠送一些广告给企业。GOGOtime 还以直销的方式直接将《阳光卫视导航》销售给杂志阅读客户。

价值创造机理

我们用前面提到的价值创造机理模式来表述 GOGOtime 的价值创造机理，如图 7-13 所示（此图中价值影响均为正）。

角色(价值对象) —+/-→ 角色(价值) —+/-→ 客户需求

价值对象	
企业客户	钱
代理商	钱
杂志阅读客户	钱
企业	钱
企业客户	素材
GOGOtime	制作技术
GOGOtime	推广
GOGOtime	代理权
GOGOtime	电子杂志
企业	免费杂志

价值	
GOGOtime	收入
企业客户	多媒体形式宣传
代理商	收入
企业	宣传促销
企业	扩大宣传
杂志阅读客户	阅读需求
杂志阅读客户	免费促销品

客户需求	
企业客户	多媒体形式宣传
代理商	收入
企业	宣传促销
杂志阅读客户	阅读需求

图 7-13 GOGOtime 的价值创造机理

图中显示了 GOGOtime、企业客户、代理商、杂志阅读客户、企业通过相应的价值对象获得的价值。GOGOtime 通过企业客户的电子杂志制作费、代理商实现的销售收入、杂志阅读客户的缴费获得收入。企业客户通过 GOGOtime 制作出企业电子杂志,并通过自己的渠道以及 GOGOtime 平台对企业进行多媒体形式的宣传。企业通过批量购买《阳光卫视导航》点卡免费派送给自己的客户作为赠品,同时 GOGOtime 在电子杂志内加入一定的企业广告,使企业宣传促销的需求得以满足。《阳光卫视导航》的阅读客户通过自己购买、企业免费赠送两种形式获得电子杂志,满足了阅读需求。在 GOGOtime 的 e3value 模型中,GOGOtime 的商业模式和价值创造机理与前面的 POCO、XPLUS、ZBOX 有很大的不同,GOGOtime 的运作更接近传统商业模式。

7.2.6 四家企业商业模式和价值创造机理比较

价值创造机理的反馈机制

在前面分析的四家企业的价值创造机理的背后有一个反馈机制,这个反馈机制对于价值创造产生了关键的影响作用,如图 7-14 所示。

在发行平台上,出版商创作出越多高质量电子杂志就越能吸引更多的免费阅读客户以及付费阅读客户,而阅读客户越多就能吸引越多的广告主投放广告,广告主投放的广告越多或付费电子杂志的收入越多,就能刺激出版商创作越多的高质量电子杂志。同时,发行平台提供的服务体系越完善,比如自制杂

7 电子杂志产业的形成:四家电子杂志网站的比较

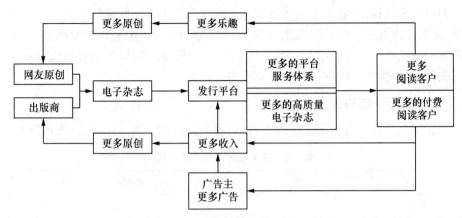

图 7-14 价值创造机理的反馈机制

志软件、个人空间、兴趣圈、更快的下载工具等,客户的阅读体验就越好,阅读乐趣就越浓,同时网友原创的内容越多,吸引的客户越多,吸引的广告主就越多,产生的广告收入也就越多,从而激发发行平台提供更多、更好的服务。总的来讲,在整个产业链中,各个角色获得的价值越大,需求获得的满足就越大,从而激发出更多、更好的价值对象,使整个的价值链向更大规模发展。

由于四家企业在商业模式和价值创造机理上的表现有所不同,所以我们从以下几个方面分别对这四家企业进行对比。

四家企业收入模式比较

四家企业在收入模式上有所不同,如表 7-1 所示(0 表示没有,+ 表示有)。

表 7-1 四家企业收入模式比较

收入途径	POCO	XPLUS	ZBOX	GOGOtime
杂志推广费	+	0	0	0
杂志制作费	+	+	+	0
广告费	+	0	+	0
置换广告	0	+	+	0
广告分成	0	+	+	0
企业杂志制作费	0	0	+	+
杂志收费	0	0	+	+

在四家企业的收入模式中,ZBOX 的收入途径最多,包括了制作费、广告费、置换广告、广告分成、企业杂志制作费、杂志收费六种收入途径。GOGOtime 只

177

有两种收入途径:企业杂志制作费和杂志收费。而 POCO 收取的费用包括广告费、杂志制作费、杂志推广费,而杂志推广费是 POCO 独家采取的收费方式,但是这种方式对于一些中小的出版商来讲是一个负担。XPLUS 的收入途径有杂志制作费、广告费、置换广告、广告分成四种。

四家企业内容来源比较

四家企业在内容来源上有所不同,如表 7-2 所示(0 表示没有,+ 表示有)。

表 7-2　四家企业内容来源比较

内容来源	POCO	XPLUS	ZBOX	GOGOtime
传统杂志社	+	+	+	0
内容供应商	+	+	+	+
网友原创	+	+	+	0
企业客户	0	0	0	+
传统报社	0	+	0	0
网友交流信息	+	+	+	0
网友展示信息	+	+	+	0

由于 GOGOtime 本身是内容供应商,只生产自己的产品,同时仅开展了为企业制作电子杂志的业务,所以内容来源仅是内容供应商(GOGOtime 自己)和企业客户。POCO 的内容来源主要是传统杂志社、内容供应商和网友原创,同时网友的交流信息和展示信息也是 POCO 的内容来源,而 XPLUS 除了 POCO 现有的内容外,还增加了电子报纸的内容。ZBOX 没有电子报纸的内容,但是有企业客户电子杂志的内容。

四家企业提供给出版商的价值对象比较

四家企业提供给相应的出版商的价值对象也有所不同,如表 7-3 所示(0 表示没有,+ 表示有)。

表 7-3　四家企业提供给出版商的价值对象比较

价值对象	POCO	XPLUS	ZBOX	GOGOtime
技术制作	+	+	+	0
发行平台	+	+	+	0
客户资料	+	+	+	0
广告分成	0	+	+	0
收费分成	0	0	0	0

由于 GOGOtime 本身是出版商,所以没有相应的比较项目。ZBOX 提供给出版商的价值对象是最全的。平台商反馈给出版商的客户资料,包括客户的阅读偏好等资讯系统,对于出版商进行内容的改进有很大的帮助,这应该是电子杂志平台商的独特价值。

四家企业提供给广告主的价值对象比较

由于 GOGOtime 没有开展广告业务,所以没有提供给广告主的价值对象。其他三家企业提供给广告主的价值对象基本相同,就是广告发布和客户资料,而客户资料包括客户的阅读习惯、阅读偏好、阅读时间等信息,对于广告主开展精确营销提供了很好的帮助,这应该是电子杂志平台商的一个独特价值。ZBOX 提出了分众概念,在网站内开辟了兴趣圈栏目,围绕每本杂志建立一个感兴趣的阅读群体,这种模式对于广告主的精确营销来讲价值会更大一些。

四家企业提供给客户的价值对象比较

四家企业提供给相应客户的价值对象也有所不同,如表 7-4 所示(0 表示没有,+ 表示有)。

表 7-4　四家企业提供给客户的价值对象比较

价值对象	POCO	XPLUS	ZBOX	GOGOtime
电子杂志(免费)	+	+	+	0
电子报纸(免费)	+	0	0	0
电子杂志(收费)	0	0	+	+
制作软件	+	+	+	0
在线浏览	+	+	+	0
客户端下载	+	+	+	+
个人空间	+	0	0	0
读者互动	+	0	0	0
我的空间	0	+	0	0
论坛	0	+	0	0
素材	0	+	0	0
兴趣圈	0	0	+	0

在对客户提供的价值对象方面,四家企业的差异可以说非常大。GOGOtime 作为单一的出版商,只向客户提供单一的收费电子杂志和可以下载杂志的客户端。在电子杂志供应方面,POCO 和 XPLUS 均免费提供,而 ZBOX 在提供免费电子杂志的同时也提供了收费的电子杂志。同时后三家为了能给客户提供更多高质量的电子杂志,普遍采取了和传统杂志社合作的方式来争取高质量的内容资源,而 XPLUS 还增加了免费的电子报纸。为了增加客户的体验和乐趣,后

三家企业普遍提供了电子杂志制作软件,用于网友自己制作电子杂志上传分享,但是POCO和XPLUS采用的是下载制作软件的形式,而ZBOX直接提供在线杂志制作,更加方便了客户的制作。同时后三家企业均采取了在线浏览和客户端下载浏览相结合的方式供客户进行选择,POCO和XPLUS采取的是下载阅读器后在线阅读的方式,而ZBOX采取的是直接在线阅读的方式。在客户沟通方面,POCO提供了个人空间让客户自己展示、交流,提供读者互动频道给客户更丰富的内容,读者互动包括了摄影、美食、电影、网摘、部落。XPLUS提供了"我的空间"让客户自己展示、交流,提供素材以方便客户自制电子杂志,还提供论坛让客户进行交流。ZBOX提出了分众的概念,在每本杂志上开辟了兴趣圈,以单本杂志、单个主题为单位聚集客户,一方面把有共同兴趣的客户聚集起来,另一方面为广告主的分众营销奠定了基础。

7.2.7 电子杂志提升价值的建议

多样的收入模式

电子杂志作为一种新的媒体形式,对视频、音频、图片与文字等多元素进行重复组合,同时具有强调互动性和多媒体的特征,而正是这种特征创造了独特而巨大的客户价值,让读者在阅读时可以边看文字,边看图片,边听音乐,边看视频,还可以随便翻页,这种特征可以说是电子杂志区别于其他媒体的代表性特征,也正是这个代表性特征使电子杂志在互联网经济中异军突起。电子杂志平台商在为出版商和广告主提供客户资料方面也可以说是创造了独特的价值,从而在促使电子杂志的内容快速丰富的同时获得了丰厚的广告收入。

通过对四家企业在五个方面的简要比较,可以发现作为出版商和企业用户服务商的GOGOtime采取的基本上是传统的商业模式,但是这种模式却为GOGOtime带来了可观的收入,原因在于GOGOtime的企业电子杂志满足了企业进行多媒体宣传的需求,而《阳光卫视导航》的成功在于独特的市场定位和销售方式。

在后三家平台商中,ZBOX采取了更为多样的收入方式,同时分众理念和兴趣圈的推出为广告主创造了更大的价值,而且ZBOX提供的在线浏览和在线电子杂志制作技术相比其他两家企业来讲更为领先,可以说为客户提供了更好的价值。

鲜明的价值创造特征

商业的本质在于价值创造。电子杂志虽然出现的时间很短,但是却有鲜明的价值创造特征:对视频、音频、图片与文字等多元素进行重复组合,同时具有强调互动性和多媒体的特征。而这种特征可以说是电子杂志创造巨大客户价值的代表性特征。但是仅仅有代表性特征还是不够的,电子杂志还应该考虑在现有价值创造的基础上如何进行更大的提升,从而使电子杂志能作为一个产业长期而健康地成长下去。

对于价值创造可以从两个方面去进行提升:一种方式是将现有的价值元素的价值含量进行提升,另一种方式是 W.钱·金和勒妮·莫博涅(2005)在《蓝海战略》中描述的那样:通过剔除和减少产业竞争中所比拼的元素节约成本,又通过增加和创造产业未曾提供的元素提升买方价值,这种方法也叫做价值创新。

如何让更多的人看电子杂志

就电子杂志产业本身来讲,还有很多不成熟的地方,iResearch 在《中国数字杂志研究报告》(2005 简版)中根据调查给出了网民不看电子杂志的主要因素,如图 7-15 所示。

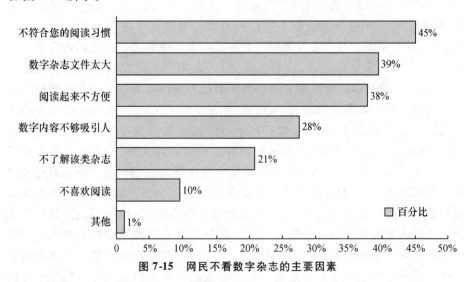

图 7-15　网民不看数字杂志的主要因素

其中,不符合阅读习惯被排到了首位,这是整个互联网数字内容产品遇到的共同问题,包括电子图书、期刊等,有待于整个互联网经济的进一步发展从而改变网民的阅读习惯。

数字杂志文件太大是被网民排在第二位的因素。电子杂志本身的多媒体特点,造成了电子杂志文件大。文件大造成了两种不利因素:一种是占用了客户的计算机资源;另一种是由于平台普遍采用 P2P 技术提供客户端来下载阅读,文件大造成下载时间长从而影响了客户的阅读兴趣。对于第一种情况,可以考虑在不影响内容和质量的同时改进技术。对于第二种情况,虽然现在各家企业普遍采用了在线阅读和客户端下载阅读两种方式,但是由于文件大,在线阅读速度很慢,而各家企业客户端下载软件各不相同,客户为了能阅读更多的电子杂志需要同时下载几个平台商不同的客户端软件,从而严重占用了客户的计算机资源。就这个问题,希望各个平台商制定统一的客户端软件标准或提供统一的客户端软件,就像银联卡一样,客户只要一个客户端就可以在各个平台下载电子杂志。这种方式可以提升整个产业的客户价值,有利于整个产业的健康发展。

　　阅读起来不方便一方面指电子杂志以电脑为载体阅读,没有纸质的杂志阅读起来方便,这个问题有赖于电子杂志与能更方便携带和阅读的终端阅读器的结合来解决;另一方面指电子杂志本身没有互联网经济中的超级链接功能和电子杂志的内容不能被搜索引擎搜索到,这样电子杂志的阅读体验将会大打折扣,电子杂志在这方面应该尽快进行技术的改进,增加客户价值。

　　数字内容不够吸引人主要表现在两个方面:一方面指现有的电子杂志内容质量不高,另一方面指电子杂志的内容形式不够丰富。电子杂志内容质量不高,这将成为阻碍电子杂志发展的一个重要因素。现有电子杂志的内容来源主要有如下几种:传统杂志社、内容生产商、网友原创。网友原创以自娱自乐为主,内容上少有精品。传统杂志社将其平面杂志的内容直接电子化或嫁接一些其他内容后制作成电子杂志,如瑞丽的《瑞丽 PRETTY》。内容生产商指专门生产电子杂志的企业或工作室,如 GOGOtime 的《阳光卫视导航》和 POCO 的《印象》。传统杂志社和内容生产商一般具有比较专业的人员,并投入比较大的资源进行电子杂志的生产,所以总体的质量要优于网友原创。电子杂志通过多媒体的形式展现内容,而这种展现不是简单地把内容和技术叠加起来,需要高质量内容和多媒体技术的完美结合,从目前电子杂志的内容状况来看,这种真正意义上的高质量电子杂志还非常少。目前整个电子杂志产业的上游内容供应方面缺少真正意义上的专业化制作企业,几乎所有的平台商都将有品牌影响的传统杂志的电子版作为高质量电子杂志的主流而开展内容争夺。另外一种提升电子杂志内容吸引力的方法是和其他的内容产业进行整合,包括博客、报纸、电影、电视等。电子杂志兴起的根本原因是运用多媒体技术对于单一的文字、图片等内容进行了多媒体化,从而丰富了阅读形式,提升了阅读体验,而这种方式是完全可以嫁接到其他内容产品上面的,这样的话可以极大地丰富电子杂志的内容来源,吸引到更大的阅读群体。

　　至于网友反映的不了解该类杂志主要是营销的问题。电子杂志应该采取多种营销手段和推广方式。目前绝大部分的电子杂志主要还是通过平台进行推广,这和电子杂志采用的P2P技术有关,由于客户端的下载软件是平台开发的,大部分的电子杂志出版商没有能力为客户单独开发一个独立的客户端软件,只能通过平台的客户端软件来推广,这样就限制了出版商运用多种营销手段推广电子杂志。像GOGOtime这样的企业,作为出版商有自己的客户端软件,同时采用了独特的营销方式——代理商方式,通过企业客户的大规模采购进行电子杂志的销售,可以说开创了电子杂志另类营销的先河。

iResearch在《中国数字杂志研究报告》(2005简版)中根据调查给出了网民选择数字杂志平台的主要考虑因素,如图7-16所示。

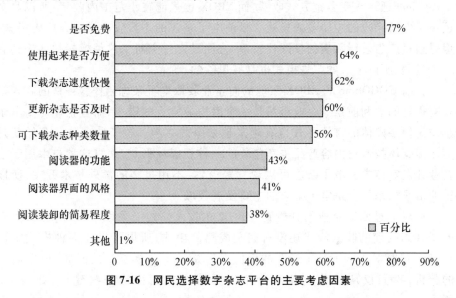

图7-16 网民选择数字杂志平台的主要考虑因素

调查显示是否免费是网民选择平台的第一考虑要素,目前整个电子杂志产业内对于内容进行收费的企业很少,GOGOtime的收费形式主要是通过企业用户的购买进行电子杂志的销售,而ZBOX也仅仅拿出少量的电子杂志作为收费杂志,大部分杂志采取的还是免费形式。免费占据了电子杂志的主流,主要原因是网上大量的免费内容培养了网民的免费习惯,另一方面也是因为缺乏值得让网民掏钱购买的真正高质量的电子杂志,还有一个原因是目前的电子杂志营销手段单一。

使用起来是否方便是网民考虑的另一个重要因素,这和各个网站的整体设计有关,网站的使用方便性可以多个指标进行体现:网站内的强大搜索功能(方便找到所需要的内容)、相关内容的链接功能(可以发现类似的或相关的内容及信息)、网站结构设计的相关性。在这个方面,各个平台商可以说各有千秋。

下载速度是网民考虑的第三个因素,这和各个平台商提供的技术有关。而

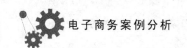

杂志的更新速度和可下载的杂志的种类、数量方面,网民对各个平台商的服务水平和内容整合能力提出了很高的要求。网民对阅读器的要求很高,包括了阅读器的功能、界面的风格、装卸的简易程度,这个方面也对各平台商的技术和服务能力提出了挑战。

商业模式的改进

目前的电子杂志企业普遍采取广告、收费、广告+收费、收费+服务费用、收费+广告+服务费用等收入模式,而对电子杂志进行收费还比较困难。GOGOtime 通过改变营销方式收费,而 ZBOX 也只能在小范围内收费,所以收费还不是电子杂志的主要收入模式。目前电子杂志的主要收入模式是广告模式,但是通过广告进行收费的模式比较单一,而且广告主对于这种模式的认识还有一个过程,所以单一的广告模式也是有风险的。

目前 GOGOtime 和 ZBOX 采取的向企业收取电子杂志制作服务费的收入模式有很好的盈利前景。企业市场是一个潜力非常大的市场,而且企业对于电子杂志这种多媒体的宣传形式也有越来越浓厚的兴趣。电子杂志从一开始就是运用多媒体技术对内容产品重新包装的一种新媒体形式,而将这种技术用于为企业开发宣传类的电子杂志可以说驾轻就熟,不用过多的额外技术开发,所以企业市场未来将会是电子杂志的主要发展领域。

从对上述四家企业的分析看,ZBOX 在收入模式上采取了多种模式,由于电子杂志目前的收入模式还没有完全成熟的模式,所以可以在多种模式中进行尝试和探索。电子杂志产业的价值提升是一个非常复杂的问题,根据前面的分析,我们仅从价值创新和价值提升两个方面提出一些建议,如表 7-5 所示。

表 7-5 中价值创新和价值提升的建议,主旨在于提升整个电子杂志行业和电子杂志企业的价值创造能力及水平。

价值创新建议主要是针对目前整个电子杂志行业在价值创造方面的不足和缺陷。由于电子杂志行业普遍存在电子杂志文件太大、电子杂志内容不能被搜索引擎搜索到、客户端软件不统一、内容制作缺少重量级的专业内容制造商、内容来源比较单一等缺点,而这些缺点和不足的存在妨碍了整个电子杂志行业的发展,如果行业内的电子杂志企业能够充分认识到这些问题,并且能够在技术、合作等方面有所突破的话,将会进一步促进整个电子杂志行业更加健康、快速地发展。

表 7-5　价值创新和价值提升

价值创新	价值提升
1. 采用新技术改进电子杂志文件太大的问题。 2. 采用新技术使电子杂志的内容可以被搜索引擎搜索到,同时在电子杂志内可以建立超级链接。 3. 统一客户端软件,同时真正做到可以在线浏览。 4. 产业内需要重量级的专业内容制作商,整体提升电子杂志的内容质量。 5. 和博客、报纸、电视、电影等媒体形式结合,丰富电子杂志的内容来源。	1. 提升现有电子杂志的内容质量:出版商可以通过客户资料反馈获得内容改进信息从而提升电子杂志的内容质量。 2. 平台商提升客户价值: (1) 提供品种更为丰富、质量更高的电子杂志。 (2) 改善现有客户端阅读器的功能。 (3) 提高客户端的下载速度和在线浏览速度。 (4) 提供更好的客户制作软件。 (5) 从网站的综合设计出发,改善网站使用的便捷性和页面的美观性。 (6) 为客户提供更多的交流和展示的平台,增加网站的趣味性。 3. 平台商为出版商提供价值: (1) 提供更好的电子杂志制作技术。 (2) 提供更强大的平台推广能力。 (3) 提供更为丰富、准确、及时的客户资料。 (4) 提供更加符合出版商利益的广告分成和收入分成方式。 4. 平台商为广告主提供价值: (1) 广告发布的对象群体更为符合广告主的精细化营销要求。 (2) 广告的有效受众量尽可能地提升。 (3) 提供更为丰富、准确、及时的客户资料。 5. 为企业客户提供的价值: (1) 提供更专业的制作团队,制作出效果更好、更加符合企业需求的电子杂志。 (2) 为企业的电子杂志推广进行更有效的推广。

　　价值提升建议主要是针对目前电子杂志企业现有的价值提供上需要提高的方面。目前电子杂志总体的内容质量不高对电子杂志的发展有非常不利的影响。当电子杂志客户对这种多媒体阅读形式不再觉得新鲜和好奇之后,电子杂志所承载的内容以及内容和多媒体表现形式的完美结合将是留住客户并使其成为忠诚客户的极为重要的因素。目前电子杂志的发展速度虽然很快,但同时客户流失率还是很高的,主要原因就是电子杂志的内容质量还有待提高。同时对于电子杂志平台商来讲,要关注客户、出版商、广告主、企业客户不同的价值需求,并通过提升价值对象所提供的价值提高不同利益相关者需求满足的程度。这样企业可以通过创造更多价值进一步实现更好的发展和更多的盈利。

在线地图信息服务的价值链：Google地图和Mapbar

8.1 在线地图服务

在线地图发展的背景

近年来互联网用户需求和在线信息获取方式都经历了巨大的变化。从互联网用户的生活方式和居住习惯来看，由于城市基础设施建设的发展和住房条件的改善，新城区、新道路、新社区逐渐涌现，而且跨地区人口流动越发频繁，人们对地图信息的需求也越发强烈。据专家估计，在经济建设、日常生活活动所涉及的数据中，80%的数据与地理信息密切相关，并且，大多互联网用户对自己身边的信息更加感兴趣，对本地信息的需求远大于对异地信息的需求。而从在线信息获取方式上，利用搜索引擎搜索产品和服务信息已经成为广大互联网用户的使用习惯。当这些在网页上搜索所得的信息不能满足用户精细化的地图信息需求和本地信息需求时，信息提供方式会向垂直化方向发展，其最主要的表现就是以地图搜索和本地信息服务为代表的专业在线地图信息服务的出现。在线地图信息服务基于用户"就近即时"的需求，能够对地图信息、本地信息和用户使用习惯进行结构化的搜集或再组织，提供更多、更专业、个性化的信息服务，能让用户快速进行基于指定区域的信息查找。

随着搜索引擎在互联网领域的迅速走热,在线地图信息服务也得到了运营商、业内专家和投资机构的空前关注。同时,Google、百度、Mapbar、新浪等运营商也投入了较大精力培育市场,提升产品,完善服务。尽管如此,这些在线地图信息服务在方便性、准确性、全面性等方面还存在诸多问题,面临着整合旅游、餐饮、娱乐、购物等相关增值信息,为用户提供"非可替代价值"并获得商业回报的突围思索。当前,综合搜索引擎提供商的在线地图信息服务还处于为运营商的其他产品黏住客户的地位,明确的商业模式并未真正实现;而一些专门提供本地搜索服务的中小型网站,盈利模式也不够清晰。面对看似巨大的潜在市场,企业如何挖掘市场潜力,迅速将概念中的盈利模式转换成实实在在的收入,已经成为当前业界最为关注的问题。

在线地图的概念

1. 在线地图信息服务

狭义地理解,在线地图信息服务是指地图服务方根据用户提出的地理信息需求,通过自动搜索、人工查询、在线交流等方式为用户提供方便、快捷、准确的所需地图及出行交通指引资讯的在线信息服务,其特点是将用户所需的本地信息、搜索结果直接在地图上呈现,同时提供地图浏览、公交路线、行车路线以及对目标地点的简介等常用功能。其广义的定义是通过搜索技术和空间信息技术把时间和空间、虚拟和现实完美地结合到一起,同时为个人用户和企业用户提供与空间信息相关的服务。

2. 在线地图信息服务的分类

按照服务方类型,在线地图信息服务可分为服务运营商提供的商业性的地图搜索和本地服务、移动运营商提供的手机地图搜索和本地信息服务、政府机构和公交公司提供的公益性电子地图查询服务,以及个人和社团提供的地图服务 Blog 和 Wiki 站点。

3. 地图搜索

地图搜索(Map Search)是指利用关键词等作为检索输入方式,运用自动检索技术,在地图信息数据库中按照用户需求进行匹配以查询相关地图信息,并以一定方式进行排序并输出地名、地点、交通路线、路径计算等结果的在线地图查询服务。本章所指的地图搜索不仅包括方位、地名、具体地址以及公交线路、行车路线等 POI(Point of Interest)基本信息的查询,而且还涉及扩展的信息层面。

4. 本地服务/本地搜索

本地服务/本地搜索(Local Service)是指主要利用自动检索技术以及相关

博客的亲身体验和维基的众人评价等方式,提供对属于同一区域的 POI 和 ROI (Region of Interest)信息的在线服务。在利用自动检索技术时能以一定的方式进行排序输出,并能够根据用户所指定区域的变化自动更新输出结果、去除非本地的结果,就近即时地满足用户需求。本章所指的本地服务侧重 POI 的扩展信息层面,更偏重 POI 本身的介绍和评价,并且要以地图显示为基础。

5. 地图搜索与本地服务的关系

目前国内对地图和本地两种服务的关系存在较大争议,尚无统一的结论。各个运营商和服务商在服务内容的选取上也存在一些差异,但鉴于国外特别是美国在线地图信息服务的发展历程和趋势,本章认为:第一,地图搜索是本地搜索的基础,没有快速便捷的 POI 基础信息自动检索查询服务就不会有良好的本地服务,甚至可以说,地图搜索是本地服务的基本功能元素;第二,仅提供地图搜索而无 POI 扩展信息服务的纯地图搜索无法满足用户的个性化需求,需要向本地服务层面迈进;第三,以完善的地图搜索技术为基础的具有丰富内容的本地信息服务是未来在线信息服务的重要发展方向。

8.2 在线地图信息服务的商业模式分析

8.2.1 在线地图信息服务

在线地图信息服务发展

在线地图信息服务首先是信息的整合,目前在线地图信息并不是很丰富(尤其是 POI 和 ROI),还处在快速增长过程中,这是其区别于其他互联网信息的最大特点,其次才是搜索,而且是一种基于网络地图的垂直搜索;从价值角度看,它是一种信息服务(搜索服务、广告服务、地图服务、本地服务、体验服务、软件服务及其他增值服务等)。因此,基于技术进步和价值创造理解在线地图信息服务,对认识其本质、找出其创新规律很有必要。从技术层面来看,地理信息技术(尤其是 Consumer Mapping Technology)、搜索技术及其他相关技术的进步直接使在线地图信息服务成为可能,而随着在线地图信息服务的广泛使用,服务质量的不足又迫使这些技术不断取得进步。

在线地图信息服务的发展离不开地理信息技术的进步,从地理信息技术的创新可以分析或预测在线地图信息服务可能的商业模式创新。地理信息技术的创新与发展体现在两个方面:一个是地理信息技术所处理的对象发生了质的变化;另一个是地理信息技术本身的创新。地理信息技术的广泛渗透与发展使得人类和现实世界的交互经历了手工模拟、数字化记录、信息化体系和知识化服务四个阶段。这和美国 USGS 对测绘的进程描述相一致，即地图、监测、解释和建模、预测。从而，空间信息基础设施建设与应用所带来的信息技术的发展对应的产业化进程必然是：测绘、地理信息系统与服务、地理信息产业、空间信息产业。所能有效体现产业特征的服务便对应为：基于地图（纸基）的服务、基于定位的服务、基于位置的服务、基于决策的服务。地理信息科学这种快速发展的必然而重要的结果就是极大地推动了空间信息产业及相关产业（如在线地图信息服务）的形成与发展。

从表 8-1 可以发现，随着地理信息技术的发展，处理对象也经历了四次变化，而这与信息沿纵向价值链深化正好符合，因此从这一角度说明了技术创新恰恰是商业模式创新的一个重要源泉（物质基础），这一点在信息时代尤为明显。

表 8-1 地理信息技术发展的四个阶段

阶段 内容	模拟化 Analog	数字化 Digitization	信息化 Informationization	知识化 Knowledge
数据类型 Data type	模拟数据 Simulation Data	地理数据 Geographic Data	空间数据 Spatial Data	时空数据 Cyber Data
处理对象 Object	实体 Reality	数据 Data	信息 Information	知识 Knowledge
处理方式 Process Mode	手工 Hand Made	3D 或 4D 产品 DEM/ DOM/DLG	集成服务 Integrating Service	智能保障 Intelligent
技术手段 Technology	传统方式 Tradition	3S 技术 GIS/GPS/RS	3S 技术集成 3S in One	决策支持技术 Decision
服务基础 Service Base	基于地图服务 Map Based Service（MBS）	基于定位服务 Position（PBS）	基于位置服务 Location（LBS）	基于决策服务 Decision（DBS）
产品模式 Product	地图 Map	监测 Monitor	解释与建模 Understand/Model	预测 Predict
主导身份 Host ID	制图者 Map-maker	地理信息提供者 Geo-information Provider	空间信息服务者 Geospatial-server	按需或一站服务 Server on Demand/ One Step Server
产业定位 Industry Direction	测绘事业 Surveying & Mapping	地理信息产业 Geographic Information Industry	空间信息产业 Geospatial Industry	知识经济产业 Knowledge Economic Industry

地理信息技术（如网络地图引擎）本身的创新直接导致了新服务的诞生、新

商业模式的出现。Consumer Mapping Technology（CMT）之前，各种网络地图在技术上采用 Java Applet、SVG、动态生成地图图片等，不尽相同，CMT 对网络地图的影响是革命性的，CMT 巧妙的设计（将地图数据分块压缩以 Rich Map Format 格式存储，便于互联网用户快速获取）、流畅的用户体验令传统的 WebGIS 相形见绌。CMT 之后，似乎所有的在线地图服务全都认同了这个无插件采用 Ajax 拼接静态图片的技术方案。从目前的技术水平看，网络地图引擎已经不是最重要的竞争门槛，相对而言，尽管各家的引擎在细节上有所差异，但本质上不构成竞争差异。但现有的网络地图引擎基本缺乏传统 GIS 软件具有的地理分析功能，下一代的网络地图引擎若能解决地理分析功能问题，则在线地图服务将会产生一个新的细分市场（行业应用），对传统 GIS 市场将形成有力冲击。

搜索技术的发展

从发展趋势看，"深度搜索"将成为新一代搜索的核心特征，搜索最终将成为直接面向人类社会关系的全面搜索。目前搜索功能从宏观发育阶段看，基本还停留在数据库基础建设和流程挖掘层面，搜索输出处于一种浅层的对搜索结果的初加工层次上，但在不远的将来，搜索必然向搜索流程的多次加工和搜索输出项的个性化方向演进。在竞争中即将出现的搜索升级，其核心特征是从浅表搜索向深度搜索进化，分词切词技术、内容相关性分析、内容归类等搜索的技术逻辑必须通过深度分析和综合分析为上述革命提供支持。总体而言，搜索的综合分析包括以下方面：搜索的用户分析、流程分析、文本分析、关系分析，这些共同构成搜索综合分析的主系统，而用户分析在新的搜索竞争时代将成为其中最基础性的子系统，流程分析将顺应互联网与现实的融合趋势发生最革命性的变化，文本分析将在综合搜索分析时代走进深度创新和内涵挖掘的发展阶段并且接受其他搜索门类的全新挑战，关系分析能力将决定最高水平的搜索力进而决定全新的搜索竞争力量对比。搜索技术的发展必将对在线地图服务产生深远的影响。

8.2.2 在线地图信息服务的价值创造过程

为分析在线地图信息服务的价值创造过程，本章运用价值链理论，参照 8.2.3 节的分析模型，基于信息利用的角度从横向价值链、纵向价值链两个维度分析其价值创造过程，寻找商业模式创新的方法。

产业价值链

产业价值链是指在一个产业内部的不同企业承担不同的价值创造职能，产

8 在线地图信息服务的价值链:Google 地图和 Mapbar

业上下游多个企业共同向最终消费者提供服务(产品)时形成的分工合作关系。产业价值链又称为产业链、产业生态链或产业生态系统。

在线地图信息服务的产业链包括的主体有:广告主(如联想、DELL 等)、广告代理(国内现象,Google 服务在国内的销售渠道就是通过四家代理铺设的)、广告服务商(国外现象,如 DoubleClick)、地图数据提供商(如四维图新、NAVTEQ)、技术平台开发商(网络地图引擎开发商,如 Telcontar)、地图服务提供商(提供在线地图信息服务,如 Mapquest、Mapbar、Mapabc)、渠道商(服务传递机制,通常为门户网站如搜索门户 Google、综合门户 Sina,或为无线门户)、最终用户(企业用户和个人用户)。图 8-1 所示的在线地图信息服务的产业链综合考虑了国内外的实际情况。

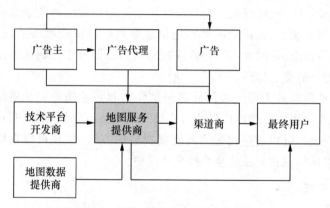

图 8-1 在线地图信息服务的产业链

目前,在美国,产业链的划分比较清晰,各环节按照各自的优势分工比较明确。在国内,在线地图服务领域尚未形成成熟产业链,各提供商还处在摸索阶段。

在整条产业链上,地图数据提供商在政府许可下采集、组织并制作相关的地图信息和本地信息,并将这些地图信息产品提供给地图服务运营商,然后再根据各方的反馈更新地图信息或推出新的地图产品,地图提供商与运营商服务商之间构成了一条数据供应链。

地图服务提供商为最终用户提供地图搜索和本地服务有两种途径:一种是通过渠道商间接为最终用户提供服务;另一种是直接服务用户。而间接提供服务的方式又有两种形式:一种形式是地图服务提供商与渠道商建立合作关系,即通过资源置换、优势互补的方式,共同为用户服务,典型的例子为 Google 与 Mapabc 的合作(2007 年 4 月 Google 收购了 Mapabc)、百度与 Mapbar 的合作以及 Yahoo 中国与 51ditu 的合作;另一种形式是渠道商通过并购的方式将地图服务提供商的服务纳入到自身的产品线中,通过与其他产品或服务的重新整合以一种新的面貌呈现给用户,典型的例子为 AOL 收购 Mapquest 以及搜狐收购 Go2Map。地图服务提供商所使用的技术平台有两种途径可获得:一种是自己研发;另一种是通过购买技术平台提供商的产品或服务。前者在国内较为普遍,几乎所有的地图服务提供商所使用的网络地图引擎均由自己研发,后者在美国则很常见。地图服务提供商根据地图数据提供商的地图信息产品,为最终用户提供关键词检索等服务功能,并且可以收录大量商家企业和服务型机构的基本信息及扩展信息,整理成为针对自身用户群体的 POI 信息集合,以此为最终用户提供精确的地图搜索和本地信息服务,并根据自身收集的本地信息对地图提供商提供反馈,更新地图信息或是对精细度提出更高的要求。

而作为最终用户,可以根据自身的使用情况对相关的地图信息和本地信息提供更新及修正意见,使得地图和本地信息更及时地反映城市的发展变化,更好地满足用户需求,同时也对那些体现在地图信息服务中的商家做出自己的评价,以达到更好的交互作用。

作为本地信息最重要组成部分的便是商家和企业用户的扩展信息。这些信息能够由企业用户以赞助广告的形式投放到适当的地图服务中,可以向地图服务运营商投放,可以通过代理商或直接投放的方式,甚至可以直接向地图提供商投放,直接体现在地图信息数据库产品中。

企业价值链

在线地图服务的企业价值链由纵向价值链和横向价值链组成,企业的纵向价值链在下文中讨论。企业的横向价值链由一系列的价值活动组成,包括基本价值活动和辅助价值活动。这里仅讨论基本价值活动,如图 8-2 所示。

从目前态势看,在线地图服务的基本价值活动包括地图搜索、本地服务及其他基于地图的增值服务(如地图标注、地图网站和地图名片等)。从图 8-2 可看出,在线地图服务的基本价值活动是由一系列的信息整合方法实现的,对这些方法的整合与综合运用将产生一些新的商业模式。对于这些信息整合方法的评价将在后文中讨论。

(1) 地图搜索(Map + Search):地图技术与搜索技术的结合,主要功能有地址搜索、商业建筑物搜索、路径搜索等,功能简单、常用和易用。代表网站是百度的地图搜索。

(2) 本地搜索(Local + Search):搜索技术、本地信息与地图展现技术的结合,使地理数据与本地信息有效结合,增强了实用性。Google、Mapquest 及 Yahoo 的本地搜索是典型代表。

8 在线地图信息服务的价值链：Google 地图和 Mapbar

图 8-2 在线地图服务的企业价值链

（3）博客地图（GeoBlog）：就是将自己的位置在地图上进行标注，然后通过一个简单的地址链接 URL 表现出来，放置在自己的博客里。博客地图可以让用户寻找周边的或指定位置的博客群，方便和他们的交流，使沟通更具乐趣。Mapbar 较早提供了此功能。

（4）地图订阅（GeoRSS）：RSS 已经成为互联网上共享知识、分享信息的主要手段之一，通过订阅 RSS，用户可以从网络的海量信息中获取自己所关心的数据，包括文字、图片等。通过一种地址信息的交互方式，使得应用可以请求、聚合、分享、发布 Feeds，成为地理信息在未来一段时间的一个热点。GeoRSS 提供了一种地理位置搜索与聚合的方案，并且可以用于地理分析，例如在指定地点 10 公里范围内所有可能受地震影响的建筑物的信息，在自己出行道路中出现交通事故的位置点，等等。只要 RSS 包含了地理位置信息，就可以将应用进行扩展。目前 Yahoo 和 Google 的在线地图已经支持此技术。

（5）地图社区（Map + BBS）：在线地图服务与社区的结合，充分发挥了社区的空间分布性、交流真实性和维护自发性等特点。典型的网站是丁丁地图。

（6）分类地图（Map + Catalog）：基于分类管理的在线地图服务，是一种朴素的信息管理理念，分类的方式有按行政区域划分、按用户兴趣划分、按行业划分等。典型的网站是丁丁地图。

（7）地图 Wiki（Map + Wiki）：一种基于 Wiki 理念的在线地图服务，这种网络地图可以由普通使用者自行编辑，充分利用广大网络用户掌握的地理知识和当地资讯，是一个能最大限度激发互联网用户的自主意识，发挥其主动性的互动平台。典型的网站是 EEMap。

（8）卫星图片（Satellite）：基于互联网的卫星图片浏览给用户以全新的感觉，更具真实感。目前能提供卫星图片浏览功能的有 Yahoo、Google 和 Microsoft。

（9）个性化地图（My Map）：为用户提供了一种个性化的手段用于地图信息的定制、管理、分享。Google、Mapbar 等提供了个性化地图管理功能。

目前在线地图服务的盈利模式主要有：竞价排名、广告收入、地图租用、项目定制、企业标注、收取加盟费、地图网站等。

纵向价值链

在线地图服务的纵向价值链不仅包括企业内部纵向价值链，还包括整个产业链的纵向价值链。企业内部纵向价值链不仅包括基本价值活动的纵向价值链，还包括辅助活动的纵向价值链，这里仅讨论企业内部基本活动的纵向价值链。

从信息的纵向价值链来看，传统价值链向虚拟价值链的转化经历了信息的收集、组织、选择、合成和分配五个阶段，而用户价值的体现在于满足其不断发展的需求，增加其满意度、忠诚度及其对服务的黏性。用户对于地图、本地及扩展信息的需求是不断深化的，可以概括为以下几个特点。

（1）丰富性：想要的都有（如绘制地图和卫星图片），尤其是 POI 的丰富性；

（2）准确性：不想要的不要，地理位置要准，POI 时效性强；

（3）快速：在想要的时候能方便地获取，使用任何终端都能获得；

（4）深度：能够满足用户所想要的；

（5）主动性：能够主动呈现在用户的面前，而不需要费力去寻找；

（6）关联性：相关信息能够很好地呈现；

（7）个性化：与用户个人的偏好与需求紧密相关，而不是泛泛关联。个性化较为浅层的应用是很好地分类整理信息，更为高级的应用形式是以用户为中心，进行相关信息的全面整合。

（8）存储：能够很好地保存重要的信息，并进行良好的分类整理；

（9）交互性：贡献用户的力量，展现自我，与他人一起交流观点；

（10）社交性：在偏好和需求趋于一致的情况下，达成良好的人际交往。

上述用户对信息的需求特点可概括为四个阶段，也是信息整合的四阶段：信息获取、信息加工、信息分享和信息的人际表达，与虚拟价值链的转化机制是一致的，如图 8-3 所示。

8 在线地图信息服务的价值链：Google地图和Mapbar

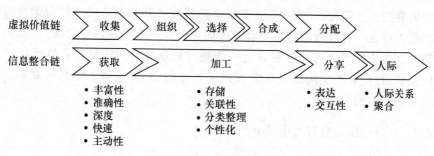

图8-3 用户对信息的需求

商业模式创新途径

在线地图服务的商业模式创新不仅在于技术的创新和产业链上下游企业的整合，而且在于企业内部价值活动的整合。

本章将基于服务质量角度，从信息的纵向价值链和横向价值链（企业内部价值活动）两个维度考察在线地图服务各价值活动信息整合的优势和不足，找到商业模式创新的可能性。在线地图服务各价值活动信息整合的优势与不足如表8-2所示。

表8-2 在线地图服务各价值活动的服务质量比较

	获取					加工			分享	人际
	丰富性	准确性	快速	深度	主动性	存储	关联性	个性化	交互	社交性
地图搜索	☆☆	☆☆	☆☆	☆☆	☆	☆	☆	☆	☆	☆
本地搜索	☆☆☆	☆☆	☆☆	☆☆	☆	☆	☆☆	☆☆	☆	☆
博客地图	☆	☆☆	☆	☆	☆☆	☆	☆	☆	☆	☆☆
地图订阅	☆	☆☆	☆☆☆	☆☆	☆☆	☆☆☆	☆☆	☆☆	☆	☆
地图社区	☆☆	☆	☆	☆	☆	☆	☆	☆	☆	☆☆
分类地图	☆	☆	☆	☆	☆	☆	☆	☆☆	☆	☆
地图Wiki	☆☆	☆☆	☆☆	☆☆	☆☆	☆	☆	☆	☆	☆
卫星图片	☆	☆☆	☆	☆	☆	☆	☆	☆	☆	☆
个性地图	☆☆	☆☆	☆☆	☆☆☆	☆☆☆	☆☆☆	☆☆☆	☆☆☆	☆☆	☆

就各种价值活动的应用情况来看，虽然许多企业目前做出了种种尝试，但整体上还属于探索期，在很长一段时间内，不同的价值活动信息整合方式由于有其各自的优势，将会长期共存下去。

从整体上来看，现在出现的种种价值活动信息整合方式，在提升在线地图服务质量方面做出了很多努力，使得人们能够更为简便地利用各种信息。但就目前所有的信息整合方式而言，没有任何一种方式能够有效地跨越理想信息整合所需要的四个阶段,有的只是在某一个阶段或者某几个阶段有较为优秀的表现。是否存在一种有效的信息整合方式能够很好地跨越这四个阶段,从而使信息整合离用户所想要的理想更靠近一步呢?最直接的方法就是各价值活动之间的整合,目前有不少网站在这方面做了有益的尝试,取得了很好的效果。这些成功的创新值得关注。

8.2.3 在线地图信息服务市场分析

全球在线地图市场

随着互联网的进一步普及,在线地图信息服务将会以前所未有的发展速度发展。美国互联网调查机构 Pew Internet & American Life Project 的调查显示,全球 87% 的互联网用户都使用过在线服务来查找地图或驾驶路线。

本地搜索越来越受到重视是因为它将成为一个快速成长的广告发布场所。由于现在越来越多的用户通过在线方式来获取本地服务信息,地图信息服务商期望能吸引当地的中小型企业来发布广告。市场调研厂商 Kelsey 集团指出,搜索与本地化资料相关的互联网用户占 25%(包括使用网页搜索和直接通过地图/本地信息服务方式来搜索)。

所以,考察全球在线地图信息服务的市场规模可以用地图/本地信息服务的广告营业收入来衡量。2005 年各种本地搜索服务和地图搜索服务陆续推出,这些服务吸引的广告投放产生的收入较 2004 年有大幅增长,约为 10 亿美元。而在 2006 年度和 2007 年度保持高速增长,到 2008 年之后达到 50 亿美元,见图 8-4。此后,本地搜索广告的收入将进入较为平稳的发展期。

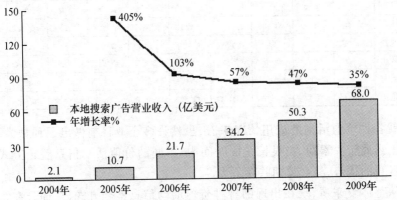

图 8-4 2004—2009 年全球本地搜索广告营业收入及增长率调研

随着新的商业模式的出现,本地搜索会对用户产生更高的黏性,带动更多的搜索请求。这种搜索请求会从偶尔使用转变为经常性使用。从本地搜索目前的发展看,应该抓住用户搜索请求量大幅增长的机会,创造新的商业模式。

中国地图信息服务的市场概况及特征分析

中国在线地图信息服务,按照其服务内容和功能可将其整个发展历程划分为四个阶段:在 2000 年之前,更多的在线地图服务采用的是不包括搜索功能在内的在线电子地图,仅能采用分类浏览的方式查询所需信息;而 2000 年之后,随着互联网搜索引擎技术和地理信息(空间信息)技术的发展,在线地图信息服务进入到可以采用关键词进行检索的地图搜索阶段,较为关注地理方位和交通线路的查询;而 2005 年之后,随着各大搜索引擎公司和门户网站的本地搜索服务上线,在线地图信息服务也进入到本地信息搜索阶段,更加强调用户周边的兴趣点及其扩展信息;而展望其未来的发展趋势,以用户为核心这一原则会更加突显出来,通过对信息的横向整合与纵向深化,为最终用户提供更多个性化定制服务,并给予用户更多的编辑权力,向着交互性更高的 Web 2.0 方向迈进。

目前国内的绝大部分在线地图信息服务都处于本地信息服务的发展初期,或正处于由地图搜索向本地搜索过渡的阶段,大多数停留在仅提供地理方位搜索＋交通路线＋黄页信息的初级阶段,尚没有整合为完善的本地信息搜索服务。由于地图信息服务出现的时间较短,各种服务方式也刚刚推出甚至还处于测试阶段,所以目前服务商和运营商的主要目标依然是培养广大用户,特别是规模庞大的手机用户对在线地图的使用习惯和品牌认知,因此,明确地图搜索和本地信息服务的关系及其差距,并据此来完善自身服务,是地图信息服务商面临的重要课题。

分析中国用户经常使用和最常使用的地图搜索服务,可以发现排在第一位的是 Google 在华推出的本地搜索,从严格意义上来讲,Google 的本地搜索不能算是标准意义上的地图搜索,而是以本地信息查询为主的服务。但在中国,由于这两者的区别目前为止还并不鲜明,因此,对绝大多数用户来讲,还没有体会到地图搜索和本地搜索的差异。于是,用户经常使用的地图搜索服务从其厂商的命名来讲,依次分别是百度的地图搜索、Go2Map 的地图搜索、搜狗的地图搜索、网易的公交查询、Mapbar 的地图查询、TOM 的地图服务、中搜的地图服务。这其中,用户最常使用的地图服务是百度地图服务,占整个地图搜索用户的 32.9%,其次是同属搜狐公司的 Go2Map 和搜狗,分别占 11.2% 和 4.3%,详见图 8-5。

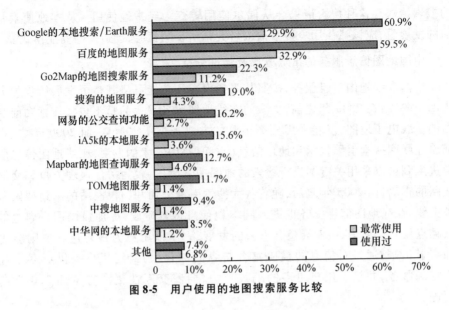

图 8-5 用户使用的地图搜索服务比较

8.3 Google 地图和 Mapbar 分析

8.3.1 Google 模式

公司情况

Google 的使命是"整合全球的信息,使其随处可得,使用方便",Google 的最终目标是为用户提供完全个性化的广告。Google 以搜索引擎发家,到目前为止,这家公司几乎所有的业务都是围绕这一中心展开的。支撑 Google 庞大搜索工程的是一种非常单一的搜索主题,以及非常简洁的广告模式。Google 目前超过 90% 的收入都来自网络文字广告。Google 的网络广告策略妙处在于其不是直接瞄准所有的受众,在某种程度上说,是用户自己选择了广告。Google 这种简洁的广告模式得以让它在竞争激烈的搜索行业轻装上阵。回顾历史,很少有公司像 Google 这样能够在公开上市之后继续精力充沛地保持其创新的活力。2004 年的公开上市后,Google 的发展方向主要有四个:深度内容搜索、多媒体搜索、地图及本地搜索、人工智能。

Google 地图服务的产业链、企业价值链

图 8-6 显示的是 Google 在中国的在线地图服务的产业链,目前在国内由于政策的限制,Google 提供的绘制地图服务是通过与 Mapabc 合作实现的,在产业链的上游,地图数据则由北京高德软件公司提供。

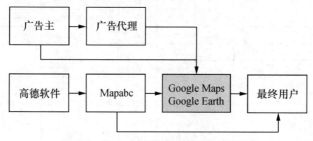

图 8-6　Google 在线地图服务的产业链

图 8-7 显示的是 Google 在线地图服务的企业价值链,包括横向价值链和纵向价值链。纵向价值链由信息的获取、加工、分享和人际四部分构成,横向价值链包括基本价值活动、辅助价值活动和盈利模式。

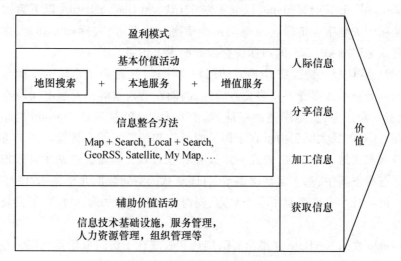

图 8-7　Google 在线地图服务的企业价值链

表 8-3 显示的是 Google 各价值活动能满足用户需求的质量,＊栏表示Google 地图服务所采取的信息整合方法,△栏表示的是 Google 的创新地图服务即关联地图,如 GMAP 和 Google Books 的结合,后续章节将会详细阐述。

表 8-3　Google 在线地图服务各价值活动的服务质量比较

		获取					加工			分享	人际
		丰富性	准确性	快速	深度	主动性	存储	关联性	个性化	交互	社交性
*	地图搜索	☆☆	☆☆	☆☆	☆	☆	☆	☆☆	☆	☆	☆
*	本地搜索	☆☆☆	☆☆	☆☆	☆☆	☆☆	☆	☆☆	☆☆	☆☆	☆☆
	博客地图	☆	☆☆	☆	☆☆	☆☆	☆	☆	☆☆	☆☆	☆☆
*	地图订阅	☆	☆☆	☆☆☆	☆☆☆	☆☆☆	☆☆☆	☆☆	☆	☆	☆
	地图社区	☆☆	☆	☆	☆	☆	☆	☆	☆	☆☆	☆
	分类地图	☆	☆	☆	☆	☆	☆	☆	☆	☆	☆
	地图 Wiki	☆☆	☆☆	☆	☆	☆	☆	☆	☆	☆☆☆	☆
*	卫星图片	☆	☆☆	☆	☆	☆	☆	☆	☆	☆	☆
*	个性地图	☆	☆☆	☆☆	☆☆	☆☆☆	☆☆	☆☆☆	☆☆☆	☆☆	☆
△	关联地图 GMAP + Google Books	☆☆	☆☆	☆	☆☆	☆☆	☆	☆☆☆	☆☆	☆☆	☆

技术创新创造了用户价值

　　Google 推出 Google Maps(以下简称 GMAP)和 Google Earth(以下简称 GE)看似是基于关键字竞价广告战略的两个重要垂直业务,实际远非如此,在线地图信息服务(GMAP、GE)的内涵将会因此而大大拓展。

　　2004 年 GMAP 初次在 Google 的门户中出现,其融合了全球的空间地图数据以及高分辨率的影像等众多良好特性,因而在公众空间信息服务市场夺得头魁,吸引了众多网民、地图迷的眼球,基于 GMAP API 构建的 Mashup 网站也遍地开花。GE 的最大吸引力就在于简易的操作和超酷的用户体验。用户可以从宇宙空间直接缩放到街区,曾经一度只有专业的 GIS 桌面工作站才可以把地球表现在三维空间中,基于因特网浏览、打印全球的空间数据几乎是不可能的,GE 则以一流的技术水准克服了这个难点,同时为无数的大众用户粉碎了昂贵的价格壁垒。

　　Google 收购 KeyHole 并推出 GE,期待和收获在于访问流量及利润。在访问流量上,Google 已经达到了它所期望的目标,并且 GE 对拉动 Google 的股价持续攀升贡献不小。在盈利上,分短期和长期两种。在短期盈利上,GE 设置了个人用户的收费版(Plus、Pro)和针对企业用户的 GE 企业版(Pro、LT、Bundles)。但 Google 更看重的是长期目标。Google 的运作习惯不仅仅是做一款软件,而是打造一个标准,通过标准来占据绝大部分的市场份额,从而享受垄断所带来的巨额利润。

直观来看,因为 GE 的出现,Google 已初步渗入了 GIS 行业,打乱了原本这个行业的王者 ESRI 的部署和如意算盘(如现阶段努力兼容各种传统 GIS 软件的数据格式、大力推行各种格式数据与 GE 的转换和导入,是一个明显的信号,这是 GE 要成为行业标准的一个必然步骤)。然而,Google 在 GE 这个项目上最看重的却不是政府部门或企业用户,而是海量的 Free 用户!至少目前,Google 并不太在意从传统 GIS 行业里分一杯羹,而且考虑到竞争的成本,这样做并不轻松,收购 KeyHole 的真正意图在于下一代 GUI 的垄断:从文字过渡到图像的 UI。借助真实地理图像信息的基础,目前互联网大约有一半的服务应用和业务可以从现阶段的以文字为主体的界面整体挪移到以地理图像为主的界面上或者可以有很深的结合,而且同样的服务应用以地理图像界面来表现后对以前传统形式的影响是颠覆性的!这里蕴藏着巨大的市场和能量,如房产行业(出租、求租、房屋买卖等)、旅游、交通(停车场、行驶指引、堵车规避等)、保险、交友、黄页等。而所有的这些,无一例外将全部构筑在 GMAP 之上(基于 GMAP 的应用是标准的瘦客户端,这也和 Google 一贯的发展理念高度吻合)!一旦 GMAP 的布局完成、应用花样百出,业界醒悟过来的时候,GMAP 已经成为了这一领域应用的事实标准。如果在这个领域 Google 没有对手,而是一枝独秀,全球互联网绝大部分的图像 UI 服务应用都构筑在 GE 或 GMAP 上,这对 Google 来讲将是一个美好的未来。

Google 正朝着这个目标全力前进。现阶段 Google 将为图像 UI 的应用普及做更多的催化工作,努力提升 GE 和 GMAP 的易用性、可用性,收购 SketchUp 便会使 GE 在三维建筑方面有更好的表现力,对用户有更高的吸引力。同时,为更好地融入 GIS 行业,GE 现阶段会继续努力兼容各种传统 GIS 的数据格式,或完成各种数据的转换和导入。GE API 开放的可能性相当大,如果 Google 走到这一步,那么这将是 Google 进军 GIS 行业的明显信号,此后 GE 上将会冒出层出不穷的插件,也因为众多插件的带动,将使得 GE 成为一个事实的平台标准,同时这也将把同类绝大部分中小型软件彻底打垮。

GE 和 GMAP 的发展会让 Google 牢牢占据一块新的市场——传统 GIS 行业下面巨大的空白的大众级应用市场将由 Google 独享。

公司内部价值活动的整合增强了用户体验

本章将通过一个实例讨论 GMAP 与 Google Books 的结合与影响。

图 8-8 为 Jules Verne 所著 *Around the World in Eighty Days* 的 Google Books 首页。该版本由 Edward Roth 翻译,在 1990 年由 Scholastic Paperbacks 出版发行。图 8-9 为该 Google Books 网页后续数据,包括相关书籍(Related books)、其

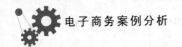

他版本(Other editions)、引用本书的其他书籍(References from books)、引用此书的科学文献(Reference from scholarly work)。图8-10为图8-9的后续内容,是GMAP插入到Google Books中的地标信息,标题为"Places mentioned in this book",主要呈现书籍中所提及的地名以及该地点在地图上相关联的地理位置。

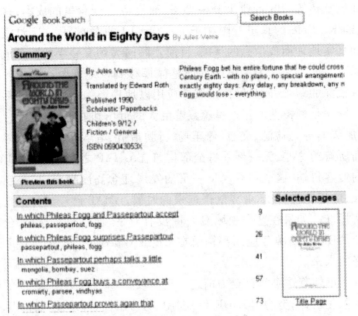

图8-8 *Around the World in Eighty Days* 的 Google Books 首页

图8-9 Google Books 网页后续数据

8 在线地图信息服务的价值链:Google 地图和 Mapbar

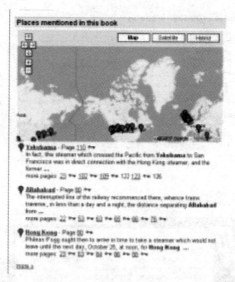

图 8-10　GMAP 插入到 Google Books 中的地标信息

图 8-11 为其中一地标新加坡(Singapore)所展现的结果,其中图 8-11(a)为二维地图,图 8-11(b)为卫星地图。由图 8-12 可以看出,主要出现页数在第 99 页,其余出现"新加坡(Singapore)"的页数包括第 96 页、98 页、101 页与 120 页等。点击其中的第 99 页,可得数据如图 8-12 所示,由图示可以发现,新加坡(Singapore)字体反白,如同搜寻图书结果一般。

上述实例给了我们两个启示,首先 Google 的发展已经走向虚实结合,其次 Google 跨领域的信息整合将越趋紧密。

所谓虚实结合,即将实体世界的信息内容与网络世界的工具相结合。以此例来说,Google Books 扫描过去出版的书籍即是一个将实体世界数据数字化的动作,而 GMAP 当然是建构计算机网络世界信息展现的工具,除了二维地图外,还包括卫星相片,当然还有由 Sketchup 所绘制的 3D 模型与 GE 的结合。虚实合一的好处很多,除了可以用信息(Information)描述实体世界(书、建筑、万事万物)的内涵外,实体世界可视化方法(Visualization)也提供了虚拟世界信息的一种表现方式。就此例而言,结合 GMAP 阅读"Around the World in Eighty Days",不仅能享受其中的文字经验,对于各地的实际景色与风光也能一览无遗。

为什么说 Google 跨领域的信息整合将越趋紧密呢? 就此例而言,Google 以 Google Books 为蓝本结合另三类信息:第一类为 Google Books 中与此书籍相关的版本,包括相关书籍(Related books)、其他版本书籍(Other editions)与引用本书的其他书籍(References from books);第二类为引用此书的科学文献(Google

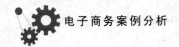

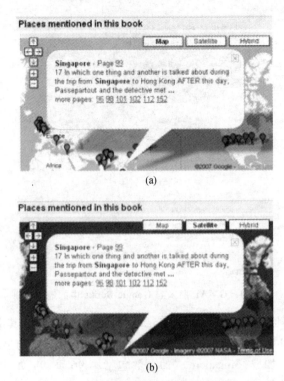

图 8-11 地标新加坡(Singapore)

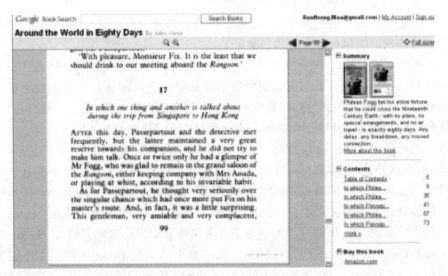

图 8-12 图书内容

Scholar),通过此功能 Google Books 可以与 Google Scholar 整合,当然反之亦可;第三类为 Google Books 与 GMAP 的整合,现阶段可以看到的是 Google Books 链接到 GMAP 的阅读导览模式。一旦相关网络关系得以建立,不难发展出由 GMAP 联结到书籍的信息种类,例如当我们在 GMAP 中点选一风景区时,自然可以联结到与此风景区相关的旅游书籍与小说等,买卖旅游书籍也成为可能。

从 GMAP 与 Google Books 的结合中,我们看出 Google 虚实结合与跨领域信息整合的趋势。随着 Google 收集信息内容种类的增加与相关技术的持续发展,虚拟世界与真实世界的界线将越来越模糊,当然信息平台也将成为以后人类共同沟通的平台,一个生活、工作与休闲的平台。

企业间的联合使价值最大化

以 GMAP 为例,向 Google 提供地图引擎技术的是硅谷一家名为 deCarta 的专业公司(以前叫 Telcontar),而基础数据则是由 Navteq 提供的,Google 将这些技术和内容与自己的搜索技术整合在一起,就诞生了 GMAP。可以说,Google 使用电子地图来拓展自己基础的搜索业务,不仅给用户带来了新的体验,同时也让 deCarta 和 Navteq 受益。而 deCarta 和 Navteq 都聚焦于自己的专业领域,为更多类似 Google 的应用提供商输送技术和数据,将自己的价值最大化。

无论是从信息内容的拓展,还是从横向价值链的信息整合以及纵向价值链的信息深化来看,Google 都将商业模式创新发挥得淋漓尽致,堪称"创新典范"。

8.3.2 Mapbar 模式

公司基本情况

北京图为先科技有限公司(Mapbar)成立于 2003 年,是中国目前领先的在线地图服务提供商、运营商。公司拥有具备自主知识产权的地图信息搜索引擎技术,并以此为基础,建设了在线地图服务门户 www.Mapbar.com,提供地图黄页、公交换乘、驾车路线查询等位置信息运营服务,先后与 Baidu、Sina、Yahoo、网易、QQ、Elong 等全国 2 000 余家大型网站达成合作伙伴关系,为其提供或者建设在线地图服务平台;Mapbar 专注于位置服务,基于互联网在线地图服务的优势,Mapbar 与中国移动、中国联通等服务商合作,先后推出基于短信、WAP、PDA 移动终端等多种平台的地图查询应用。Mapbar 将其地图服务范围扩展至整个互联网和无线领域,成为在线地图服务行业内的领跑者。

Mapbar 的发展历程如下:

2003年,Mapbar正式开展地图服务;

2005年1月,承建elong地图服务系统;

2005年4月,与网易共建地图频道;

2005年9月,百度与Mapbar推出在线地图搜索服务;

2005年,成为中国最值得关注的100家网络公司之一;

2005年12月,与通联无限携手打造中国地图搜索联盟;

2006年,进入中国互联网新锐50强;

2006年,被评为CCTV经济半小时"网络新剑客";

2006年,荣获中国新电信媒体行业"最佳位置服务"奖;

2006年,进入中国最具投资价值企业50强;

2006年12月,与MSN合作推出地图频道。

公司的产业链、企业价值链

图为先科技公司专注于互联网应用。公司本身并不具备测绘资质,数据主要由四维图新和众多合作网站提供。早期的图为先科技公司曾经走过一段时间的弯路,也曾倾向于导航软件和手机应用,在经过一段时间的摸索和对自身资源的认识以及对市场的重新判断后,最终还是将公司战略定位在以互联网的应用和运营为主,而且在国内确实也走在了前面。

在获得WiHarper和IDG的近千万美金的第二轮融资之后,这笔资金的主要应用方向将进一步拓展该公司的综合业务。首先,在互联网平台上,该公司全力拓展实用地图的应用,特别是在企业级应用方面;其次,在3G市场启动之际,把地图作为3G在无线增值领域中的重量级应用,考虑将互联网上的资源逐渐转移到电信增值业务平台;最后,将精力放在汽车导航等其他和百姓生活相关的地图应用上。

图8-13显示的是Mapbar在线地图服务的产业链,产业链的上游有内容提供商酷讯和地图数据提供商四维图新,下游有渠道商如百度和携程等,最终用户则包括企业用户和个人用户,目前Mapbar的盈利重点则在企业用户。

图8-14显示的是Mapbar在线地图服务的企业价值链,包括横向价值链和纵向价值链,纵向价值链由信息的获取、加工、分享和人际四部分构成,横向价值链包括基本价值活动、辅助价值活动和盈利模式。

表8-4显示的是Mapbar各价值活动能满足用户需求的质量,*栏表示Mapbar地图服务所采取的信息整合方法,△栏显示的是Mapbar的创新地图服务即地图和分类信息整合,后续章节将会详细阐述。

8　在线地图信息服务的价值链：Google 地图和 Mapbar

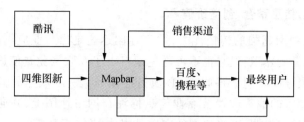

图 8-13　Mapbar 在线地图信息服务的产业链

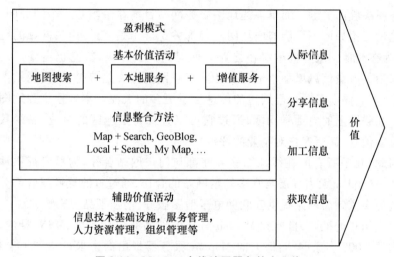

图 8-14　Mapbar 在线地图服务的企业价

表 8-4　Mapbar 在线地图服务各价值活动的服务质量比较

		获取					加工			分享	人际
		丰富性	准确性	快速	深度	主动性	存储	关联性	个性化	交互	社交性
*	地图搜索	☆	☆	☆☆	☆	☆	☆	☆	☆	☆	☆
*	本地搜索	☆☆☆	☆☆	☆☆	☆☆	☆☆	☆	☆☆	☆	☆	☆
*	博客地图	☆	☆☆	☆	☆☆	☆	☆☆	☆☆	☆☆	☆☆	☆☆
	地图订阅	☆	☆☆	☆☆☆	☆☆	☆☆☆	☆☆☆	☆☆	☆☆	☆	☆☆
	地图社区	☆☆	☆	☆	☆☆	☆	☆	☆	☆	☆☆	☆☆☆
	分类地图	☆	☆	☆☆	☆	☆	☆	☆	☆	☆	☆
	地图 Wiki	☆☆	☆	☆	☆☆	☆	☆	☆	☆	☆☆	☆☆
	卫星图片	☆	☆☆	☆	☆	☆	☆	☆	☆	☆	☆
*	个性地图	☆	☆☆	☆☆	☆☆☆	☆☆	☆☆☆	☆☆☆	☆☆	☆☆	☆
△	地图 + 分类信息 订票、 房屋租售	☆☆	☆☆	☆☆	☆☆	☆☆	☆☆	☆☆	☆	☆☆	☆☆

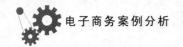

资源置换,信息整合,创造价值

借助于互联网超强的传播能力,数字地图迅速走出行业应用的深闺,为更多的个人消费者所熟识,但它也不可避免地打上了互联网免费使用的烙印。因此,在线地图服务商要想获得收入,必须另辟蹊径。一个成熟的盈利模式是地图标注,即将商家的地理位置及商业信息标注在网络地图上,并向其收取广告费。这一收费模式说明,网络地图的本质是媒体,收入源于广告。

从媒体的角度来理解网络地图就会发现,与门户网站相同,浏览量成为地图服务商决胜的关键。而单纯的地图服务网站目前在中国是一个细分的应用,其浏览量无论如何不可能与门户网站相提并论。于是,借力门户网站的巨大流量,成为在线地图服务商的必由之路。而对门户网站来说,它也需要借助地图服务来为其海量信息增加本地化属性。互联网的发展趋势是,面对网站上的海量信息,人们倾向于对自己周边的信息给予更多的关注。本地搜索和地图服务相当于互联网上的电话号码簿,通过它可以查找特定地区的企业,获得具体的地理位置信息,甚至客户对企业的评价。

因此,几乎所有的在线地图服务商都与门户网站合作,为后者提供地图查询服务。Mapbar 大力发展与众多知名网站的合作,通过资源置换或者部分收费的模式为多家知名网站提供互联网电子地图服务,增强了品牌影响力。

通过两年的推广,目前和 Mapbar 合作的网站有包括百度、MSN、雅虎、携程等在内的 2 000 多家网站,每天向 Mapbar 服务器提出的请求也达到了上亿次,而在拥有了如此庞大的用户群后,Mapbar 对企业用户的收费也就显得顺理成章了。更为重要的是,通过与网站组成地图联盟,Mapbar 建立起了一支广泛的数据协作队伍,这近千家网站的用户都可能去主动为 Mapbar 提供自己知道的地理信息,帮助 Mapbar 更新数据库。

与传统的地图服务不同,网络地图需要提供的不应该仅仅是单纯的地理位置,还应提供附着在位置之上的更多的有价值的内容信息,包括企业介绍、周边信息、路线指引,甚至是网民对该企业的评论等。于是,Mapbar 推出了定位于地图网站的产品。这个产品为客户企业提供二级域名,其网页核心是电子地图,并包含企业信息和产品介绍,这就是一个非常简单的企业黄页。对于没有网站又需要地图服务的企业来说,这一同时包含推广价值的产品就是一个比较好的选择,特别是那些跟生活相关的企业,比如餐厅和美容院,只有上网才能保证在搜索引擎里被找到,而专门建站又太麻烦和昂贵。

这样一项对企业而言很有价值的服务可以与网络实名网址这样的业务共享销售渠道,事实上很多代理 Google、3721 等网络产品的代理商也将 Mapbar 的地图产品纳入到自己的主营业务中,将其与域名和建站等产品一起打包出售。这样一来,对地图推广和综合搜索引擎的推广就形成了良好的补充。

Mapbar为企业用户提供基于网络地图的位置标注和搜索推广服务,目前主要的产品有黄金地标和地图网站等产品。由于很多商业信息具有很强烈的区域特征,如餐饮信息等,基于地图的本地化搜索可以让客户更容易找到企业,帮助企业达到有效推广的目的。目前,Mapbar的营业收入中,大部分来自于为企业用户提供的地图服务。

目前,Mapbar在全国的不同地区和重点城市设置一级和二级代理,各级代理通过电话直销、上门直销和打包的方式将Mapbar的产品销售给终端客户,并且通过代理商在当地的社会关系继续挖掘资源,从而将地图服务和本地服务紧密结合,比如把地图产品融入到项目合作中去,像银行网点和移动营业厅等项目都可以通过连锁地图的模板方便地呈现出来。而各地代理商为了提升网络地图的准确程度,增加服务的价值,也会主动帮助Mapbar来做数据库的丰富工作。这样的服务已经开始被市场所接受,销售收入和市场影响力在2006年就已有了巨大的增长和提升。

在Mapbar看来,即使是这样的服务其实也远远没有挖掘出本地搜索的价值,这是由地图的特性所决定的。与带有明确目的性的搜索不同,很多时候,人们在使用网络地图时并不知道自己会找到什么,他们可能是要寻找附近的餐馆,看看到哪里去休闲,在最终发现所需要的确切信息之前,地图使用者的头脑中仅仅有一个模糊的方向。这就需要本地搜索企业找到一种适当的表现形式,将用户真正需要的信息表现出来,而非仅仅提供精确的地理信息,当实现了这一步的时候,网络地图也将成为社会商务和社会生活的信息平台,成为"现实世界的二维表现"。网络地图上那些包含指定位置附近的商业信息、餐饮信息和娱乐信息等更加准确定位的信息对广告主及用户也都是极具吸引力的业务,这种理想状态下的本地搜索的商业价值也将得到充分挖掘。

IDG注资Mapbar,看中的就是它的业务模式,即通过地图联盟的资源置换解决了低成本充实数据库的难题,也为用户提供了更多的信息资源;而地图联盟的推广模式则令Mapbar客户的地理位置和信息可以在全部近千家合作网站上看到,这样的推广效果对于客户无疑更加具有吸引力。

整合分类信息,向地图门户迈进

易观国际《中国Map Service市场专题报告2005》指出,纯粹的网络地图服务受用户关注程度较低,目前只有12%的用户会关注这类服务,而与地理位置相关的其他信息,如餐饮娱乐、房产、旅游等,其受关注程度都明显高于地图服务,见图 8-15。

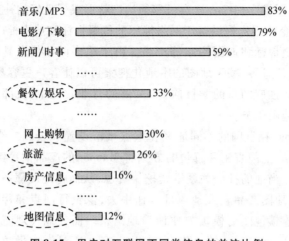

图 8-15 用户对互联网不同类信息的关注比例

由此可见,网络地图服务如果仅提供位置和出行路线查询,那么为用户提供的价值不够核心且容易替代。Web 2.0、博客的兴起,以及各种分类信息网站(例如酷讯、客齐集等异军突起)向人们展示着以用户自身为中心的本地信息将在下一阶段吸引用户更多的注意力。地图服务的出路在于以地理信息为基础,整合旅游、餐饮、娱乐、购物等相关增值信息,真正本地化,成为企业信息发布和用户综合搜索的平台,才能为用户提供不可替代的价值,并获得商业回报。

Mapbar 开展了一系列的活动,将传统的网络地图服务与生活信息查询、本地分类信息、博客等相结合,并通过网络地图的直观和城市的本地性,展示各类生活信息,对用户起到了巨大的引导和培养作用。

2006 年,Mapbar 全新改版后的网站更趋向于社区化,在吃、喝、住、行、用等生活信息搜索服务上增添了更多的亮点,见图 8-16。

在首页,可以看到 Mapbar 的五个常规搜索频道:本地搜索、地图查询、公交驾车、房屋租售、票务查询。页面左侧列表是快速搜索栏,包括餐饮、休闲、生活、医药、旅游、商业等热门搜索栏目,用户点击即可搜索出该类型的结果信息。中间列表为 Mapbar 提供的社区服务,包括图讯、图吧、地图专题等资讯。右侧一列为城市区域图、地图工具和人气地图等实用服务。

新版网站的社区化表现更为突出,列表中的"图讯"、"人气地图"提供了诸如"拼车"、"聚会"、"问路"、"杂谈"、"餐吧地图"、"长征地图"等个性化地图服务。用户可以发起问路,征求路线图,或者跟用户一起搭顺风车,还可以把自己喜欢或者推荐的餐馆或者玩乐地点标注在地图上,并把这些信息共享给所有的

8 在线地图信息服务的价值链:Google 地图和 Mapbar

图 8-16　Mapbar 首页

用户,与大家一起分享地图信息生活的乐趣。

在线地图信息服务在中国目前是一种细分的应用,尽管 Mapbar 与一些大的门户网站合作,为后者提供地图查询服务,但在这种松散耦合型的整合方式下,两者的目标和发展策略不尽相同,难以进行深度的资源共享和协同发展。从资本层面来看,与门户网站相融合,似乎是在线地图服务商的一个较好归宿,这在国外已经被众多门户网站收购在线地图服务商的例子所验证,如 Google 收购 Keyhole,微软 MSN 收购 Vexcel,AOL 收购 Mapquest。而在国内,走在前面的是搜狐,它在 2005 年 4 月份以 930 万美元收购了图行天下的全部股份,开始了一个堪称成功的尝试:图行天下过去的日浏览量大概在 100 万左右,在并入搜狐之后,增长了 10 倍;同时,图行天下的地图服务已经嵌入到搜狐的每个角落,如房产频道、交友频道、购物频道等,图行天下与搜狐融为一体,为双方都带来了巨大的价值提升。

第三篇
网络营销与客户关系管理

- 9 客户关系管理的应用:上海通用、用友、长风汽车
- 10 网络营销的策略与实施:宝洁、乐友网、思科、华夏旅游网

9

客户关系管理的应用：上海通用、用友、长风汽车

9.1 上海通用汽车公司 CRM 实施案例

实施 CRM 的原因

上海通用是上海汽车工业(集团)总公司和美国通用汽车公司各投资 50%组建而成的迄今为止我国最大的中美合资企业,总投资为 15.2 亿美元,共有冲压、车身、油漆、总装和动力总成五大车间,严格按照精益生产原则规划、设计、建设和管理工厂,五大车间采用模块化设计、柔性化生产,可以实现多个车型共线生产,以便满足汽车市场客户需求多元化的选择。

目前,IT 信息技术应用已经遍布上海通用公司业务的各个领域。上海通用公司建立了国内汽车行业最先进的 IT 平台,不仅为各项业务提供了强有力的技术支持,同时也实现了全球联网。上海通用公司还是目前国内唯一实现了共线柔性化生产线的汽车厂。共线生产,是目前世界上先进汽车制造企业普遍采用的一种灵活高效的生产方式,上海通用公司不但率先引进了该项技术,而且从一开始就在该项技术的应用领域中处于领先地位。

这种柔性化生产线的设计基于一个原则,即"以客户为中心"原则。同时,这也是 CRM 的原则。将两个原则结合起来,使每个客户的个性化需求都能够

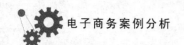

最大限度地体现在其得到的最终产品上,这也是柔性化生产的无穷魅力和强劲的后发力。

上海通用原来已经有一个呼叫中心系统,但是运行了一年多以后,就已经成为实施新战略、推进新业务的瓶颈。其中固然有随着别克汽车销售业务的突飞猛进,再加上赛欧汽车销售的日益火暴,原本薄弱的性能不堪重负的原因,也有系统自身设计的问题。例如,客户打800电话,得到的回答是咨询汽车方面的问题需要打一个号码;如果买车的话又需要打零售商的号码;如果是修车还必须再打维修服务站的号码。客户要面对很多接口,感到非常不方便。同时,由于客户信息既有放在上海通用工厂的,也有放在各地零售商那里的,甚至还有的信息在维修服务站,而所有这些地方互不相联,实际上形成了几个相互隔离的客户信息孤岛。信息不能够共享,客户资源严重浪费。由于汽车的销售工作都是由零售商直接完成的,上海通用需要从整体上凸显自己的品牌优势,全面树立公司整体形象。而这一想法,正好与美国通用的战略不谋而合。

几年以前,美国通用汽车公司曾经邀请国际知名的战略咨询公司到该公司进行深入的研究,研究通用公司在未来的环境中如何运作才能生存下去,研究通用汽车的产品应该如何发展。

有人曾问过通用公司:你们是一个什么样的公司?通用公司的回答是:我们是制造公司,是制造汽车的。但是,来自战略咨询公司的研究报告指出,如果通用公司仍然抱着做一个制造企业的战略不放的话,那么,少则20年,多则50年,通用汽车公司就有可能会从地球上消失。这个有点耸人听闻的研究报告,引起通用公司管理层的高度重视,因为支撑这个报告的翔实的数据资料以及科学的分析不能不引起他们的深思。

通用汽车公司如果想在未来的环境中生存下去的话,就必须要有自己的核心竞争力。这个能力就是满足客户需求的能力、赢得客户的能力。通用公司采纳了上述报告提出的建议,开始从赢得客户能力的角度来进行战略性的调整。

通用公司的汽车品牌有十几个,每年在全世界销售数百万辆汽车。通过长期的积累,通用公司有了非常丰富的客户信息资源。对于客户信息,通用公司一直是很重视的,在数据库刚刚问世的时候,通用公司就开始使用这一技术来管理客户信息,至今已有超过20年的历史。在早期,各种数据的收集是非常齐全的,从全世界的角度来看都没有几家公司能够与通用公司的庞大数据库相媲美。在通用公司的内部,IT技术的应用同样是非常普遍的,在管理与生产的许多方面都应用了不同的IT系统。然而,问题在于放在不同地方的客户数据不能够共享,例如,销售人员的信息就无法与维修服务人员共享,不同品牌的客户信息资源也不能够共享,通用公司拥有的几千个IT系统之间的沟通很少很少。

通用公司认为通过在全球范围内实施 CRM 系统,能够有效地管理客户信息,并且赢得更多的客户,使得客户价值最大化。实施 CRM 系统是保证通用公司在 50 年后还能够生存的重要战略之一,同时通用公司在全球范围内部署了实施 CRM 系统的时间表。

软件选型

上海通用汽车公司使用的 CRM 软件是美国 Siebel 公司的产品。Siebel 是目前在全世界 CRM 市场上占有率最高的企业。IDC 的报告显示,1999 年 Siebel 的 CRM 产品占据了 67% 的市场份额。Siebel 公司已经开发出了 14 个产品,140 多个模块,覆盖 11 个行业领域。按照美国通用公司的全球 CRM 战略部署,全球所有的通用机构,无论是独资还是合资,都统一使用美国 Siebel 公司的 CRM 产品。

作为一家跨国公司,通用公司提出了自己对 CRM 软件产品的 6 个选型评估标准:

(1) 产品功能;
(2) 软件结构;
(3) 厂商自身的管理水平与维护能力;
(4) 实施能力;
(5) 全球化的支持能力;
(6) 厂商自身的生存能力以及产品的灵活性。

值得一提的是,通用公司很注重考察提供 CRM 产品的厂商的管理状况以及管理水准。如果这家企业自身的管理能力没有达到一定水准的话,就不会考虑它的产品。通用公司认为,CRM 是一种管理软件解决方案,如果研发生产 CRM 软件的公司自己的管理都不规范、不科学的话,那么它所提供的管理软件的效果就要大打折扣。另外一点就是要考察 CRM 软件厂商的生存与发展能力,要把厂商放在一定的时间跨度里考察。如果其生存能力不强,在经济不景气时就没有对策,就有倒闭的可能,或者被别的企业并购,或者是发生产品转型。如果购买了这种企业的 CRM 产品,无异于让自己抱上一颗定时炸弹,软件实施后的服务、版本的升级、模块的扩充以及进一步的客户化都将成为未知数。因此,存在这样潜在问题的 CRM 厂商,也就早早被淘汰了。

系统实施

上海通用按照美国通用公司全球战略的部署以及在中国的具体情况,请在实施 CRM 方面非常有经验的 IBM 公司提出解决方案并负责项目的整体实施。

IBM 公司大中华区咨询与集成服务部具体负责实施这个项目。通过对上海通用的调研,他们提出了实施 CRM 的解决方案的要点:统一规划、分步实施。

实施 CRM 的企业,必须将已经形成并得到企业内部一致认同的明确的远景规划和近期目标落实在文件上,而不是口头上。这份文件要明确体现业务目标、实施周期和预期收益等内容,是整个 CRM 项目实施过程中最有价值的文件之一。它既是项目启动前企业对 CRM 项目共同认识的文字体现,也是实施进程中的目标和方向,同时还是在项目实施完成后评估项目是否成功的重要衡量标准。

CRM 方案的制订,始终结合"以客户为中心"这个根本点来展开。客户在购买汽车时面对的是零售商,但是完成购车程序后面对最多的就是维修服务站。当然也有零售商同时也是维修服务站,但是在这里处理维修与服务问题的是维修人员。所以客户既要与销售人员打交道,还要与维修人员打交道。客户还有可能会通过"8008202020"电话与上海通用公司呼叫中心的坐席服务人员打交道。新的中文网站开通以后,客户还会通过网上自助的方式,或者是通过电子邮件的方式与上海通用的网站或者是"百车通"购车栏目打交道。

在上海通用的零售商、维修服务站以及呼叫中心、网站等所有与客户进行接触的点上,如何能够通过彼此协作,共同处理和完成客户的各种请求、投诉、询问,是至关重要的问题。为此,客户的资料要集中化,销售人员的任何变化都不应影响零售商以及服务站给客户提供的服务。同时,车辆的信息也要集中化,原来汽车生产的信息是在上海的工厂内,但是汽车的库存则可能在各地的零售商那里,汽车在途的信息可能又会在运输公司那里,而车辆维修的信息又放在不同的维修站。

1. 上海通用实施 CRM 项目的步骤

第一步,集中管理客户信息。虽然上海通用在过去也积累了很多的客户数据,但是站在 CRM 的角度来分析,就会发现有些数据是残缺的,有些数据是完全没有用的。例如,原来的系统中只有客户购买汽车时的数据,包括客户的姓名、地址、电话、邮政编码、所购汽车的型号、车辆的发动机号码以及机架号码。但是,从客户购车开始至今,这辆车的状况如何,汽车有没有进行过修理,如果进行过修理,在哪个维修站修理了哪些内容、更换了什么零部件,甚至具体是哪个工人来操作的等数据都没有。缺乏这些汽车动态过程的数据,就无法对车辆进行完整的了解,也无法向客户提供更有针对性的服务。汽车是一种高价值的产品,上海通用生产的汽车,最便宜的赛欧也要 10 万元一辆,而别克轿车和商务车则都在 20 万—40 万元之间。汽车同时也是耐用商品,它的使用寿命一般都在 10 年甚至更长的时间。对厂商而言,汽车处于动态过程中的信息比购买信息更为重要,因为这种信息是提供服务的基础。再就是客户数据记录不科学,上海通用公司进行的电话营销活动有记录,例如对客户生日到来时寄张贺卡表示关怀有记录,但是客户对产品或者是服务进行的投诉却没有记录。除此之外,有很多数据是分布在上海通用内部各部门的,还有很多数据目前没有,是需要由全国各地的上海通用汽车零售商以及维修站来提供的。

第二步,提高机构内部协同工作的效率。主要是针对上海通用公司客户服务中心、大客户销售代表以及零售商、市场活动和售后服务站这样四个部分,使他们能够既协同工作,又提高效率。

第三步,开拓新的客户接触渠道。例如开通了"8008202020"免费咨询电话呼叫中心和全新的中文网站 www.shanghaigm.com "百车通"在线导购栏目,为客户提供新的个性化的接触渠道。

现在,上海通用的呼叫中心由三个部分构成:

(1) 客户支持中心。这个中心设在上海,对所有的人开放,通过"8008202020"免费咨询电话来实现这种功能。客户支持中心每天提供从早上8时至晚上8时的12小时服务。座席服务人员都有着丰富的从业经验,并经常接受相关的培训,他们的任务主要是回答客户的咨询,处理客户的投诉问题。

(2) 技术支持中心。这个中心只对上海通用的维修站开放。技术支持中心专门配备了汽车维修经验丰富的工程师,负责解答来自全国各地通用维修站的各类问题,以帮助维修站的工程师及时有效地解决客户的汽车维修问题。这个用于内部技术支持的中心,同样是通过 CRM 软件平台来完成工作的。上海通用将很多年积累起来的各种型号的汽车维修问题解决方案放置在数据库之中,中心的工程师在接到维修站的问题时,就可以将数据库里的解决方案调出来,工程师就根据系统的提示来处理提问。例如维修站提出客户的一部别克车刹车系统不是很好,中心的工程师就把别克车刹车系统的问题调出来,系统会自动提示工程师还应该问维修站几个问题,以便使问题得到进一步的确认,根据结果系统还会给出已经设定好的处理方法及步骤。

(3) 操作平台。这个平台只对上海通用的零售商开放,是为零售商下汽车订单而设置的,按照区域来进行管理。通过这个平台,可以掌握零售商所订购汽车的动态情况。零售商只要在系统中输入所订购汽车的号码,就可清楚地知道这部汽车目前的状况,信息可以具体到装配流水线的每个部分。

第四步,也是实施 CRM 项目的最后一步,是对客户进行细分。通过使用数据仓库与数据挖掘工具对客户信息进行细分,分析客户对上海通用汽车产品以及服务的反应,分析客户满意度、忠诚度和利润贡献度,以便更为有效地赢得客户和保留客户。这才是 CRM 真正能够发挥作用的阶段。但到目前为止,IBM 仅仅完成了前三个步骤的实施工作。

2. 从业务角度抓三条主线

(1) 潜在客户的开发。通用公司认为有两类人是自己的潜在客户：第一类是从来没有买过车的人或者单位，现在打算买汽车，他们有可能购买通用的汽车；第二类是没有买过通用汽车的人或者单位，通过做工作可以争取在他们购买新车时选择通用的产品。上海通用认为潜在客户开发的目标是要增加销售漏斗中潜在客户的流量，只有进入销售漏斗中的潜在客户数量增加了，从潜在客户转变为客户的数量才会增加。而且，增加潜在客户的流量，是一个循环往复的工作，不应该是阶段性的或随意性的。经过对以往数据的统计分析，上海通用发现汽车展览会是吸引潜在客户的重要手段，有30%以上的客户是通过这种途径了解了通用汽车，并且成为购买通用汽车的客户的，他们会在汽车展示过程中进行汽车的预定。通过对潜在客户的研究，他们还发现，喜欢听歌剧的人对通用的汽车有兴趣，于是就在上海大剧院做促销活动，效果很好。上海通用推出了国内第一个购车网站，客户可以通过网站直接下订单购车，还能获赠康柏的掌上电脑产品，在上海汽车展会之前已经有300多个客户通过购车网站来索取汽车资料。

(2) 潜在客户的管理。增加销售漏斗中的潜在客户流量，只是万里长征的第一步。将潜在客户成功地转化为客户，管理十分关键。上海通用将客户的购车时间分为立刻购买、3个月内购买、6个月内购买、1年内购买这样几种类型。根据客户选择购买时间的不同，分门别类地采取不同的应对方法。例如对于一个立即购买的客户，系统就将这个信息传递给销售人员，由销售人员进行及时的跟踪服务；对于3个月内购买的客户，系统会给销售人员提示，是不是可以将这个客户转化成立刻购买的客户，将客户的购买时间提前；对于6个月内购买的客户提供比较详细的资料；对于1年内购买的客户只提供普通的资料。通用的经验数据表明，选择考虑在3个月内购买的潜在客户中，只有10%的客户会买车；选择考虑在1年内购买的潜在客户中，只有4%的客户会买车。

(3) 客户忠诚度的管理。汽车的生命周期决定了汽车消费的周期性。买了新汽车的客户过几年就会回到汽车市场中重新买车。统计数据显示，已经买过通用汽车的客户，其再次购买通用汽车的比例可以达到65%，而从竞争对手那里转化过来的客户只占35%。客户购买新车一个月之内，销售人员必须对客户进行拜访，与客户沟通，倾听客户的意见。拜访与沟通的情况都详细地记录在CRM系统中。在客户购车以后的4—5年当中，系统会不断地提示销售人员以及服务人员，要求他们不断地与客户进行联系和沟通，为客户提供各种服务和关怀，从而使得客户在下一次购车中继续选择上海通用的产品。

CRM 系统与后台的连接

1. 与柔性制造系统的连接

上海通用的 CRM 系统也与后台进行了很好的连接,例如和柔性制造控制系统的连接,使得来自前台的客户个性化需求,能够自动安排进车辆的生产计划。CRM 系统中除了记录客户信息以及客户对车型、配置等个性化需求外,还记录了客户所选择汽车的 SGM 生产编号,这个编号可以称作汽车在流水线上通行的身份证号码。自动车体识别系统将制造信息自动读入电子标签内,制造信息跟随此车身经过每一生产工段直至进入总装车间。通过联网系统,"身份证号码"连同客户个性化的需求被唯一对应地传送到各个工位。机器根据车辆的不同生产编号执行不同的工作任务,生产线旁的工人则根据被粘贴至车身前左侧位上与生产编号一一对应的制造信息标签,完成不同的装配工作。质量报交系统则按照不同车型的不同检测标准进行测试,在每一个环节上保证车的可靠质量。同时,这个编号还可以用来正确地反映当前车辆的状态。

2. 与物料供应系统的连接

CRM 系统与物料供应系统也实现了很好的连接。企业可以根据收到的客户订单安排生产,与此同时生成相应的物料计划发给各个供应商。这样既保证生产时有充足的供货,又不会产生库存而占用资金和仓库。

从宏观的角度来看,上海通用实施 CRM 的项目符合美国通用的全球战略,领导高度重视;又选择了市场占有率最高的 Siebel 的产品和 IBM 的实施队伍;再加上自身良好的管理和信息化基础,可以说占尽天时地利人和,应当是顺水推舟的事情。但是在具体项目实施和应用过程中并不是一帆风顺,企业中仍然有很多阻碍成功的因素,最重要的因素都是可以想象的,例如不想改变现状、缺乏一把手的支持、脱离实际的期望、项目管理能力的欠缺等。但是与来自企业以外的困难相比,企业内的这些难题又似乎好处理一些。

实施 CRM 系统遇到的挑战和问题

合作伙伴是实施 CRM 系统过程中非常重要的部分。上海通用的销售体系是通过零售商直接面对客户,CRM 系统的终端需要安装在国内所有通用汽车的零售商那里,并且实现全国联网。上海通用希望能够找到应用 CRM 系统比较好的零售商,并帮助它们总结应用 CRM 的经验,作为标杆来带动其他的零售商,进而使得所有的零售商提高 CRM 系统的应用水平。

从零售商的角度来看,它们往往感到应用 CRM 系统是被动的,认为汽车生产厂家让其收集客户信息资料,对厂商是有益的,但是对自身而言,好处还看不到,因此希望得到经济利益的刺激。而上海通用对零售商无法通过行政手段来

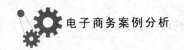

制约,因为它们与上海通用没有行政隶属关系,只能通过经济手段来调动它们应用 CRM 的积极性。

但是使用经济手段,又会使企业内部的利益分配出现问题,卖得很火的汽车问题不太大,但是对于销售不是太好的车型,则可能会有问题。是对不同汽车采取不同的激励办法,还是将同样的激励办法用于所有的汽车,都需要进一步的研究。在上海通用,负责 CRM 实施和应用的部门自己无法制定和实施经济激励手段,还需要通过上级来与有关部门进行协商。

而且,由于零售商多年来已经形成了一套销售汽车的习惯,现在要求它们采用 CRM 系统来管理客户、管理销售,它们感到非常不习惯。遍布在国内的 60 多家零售商,管理信息化程度不高,销售人员的文化背景也相差很大,在很短的时间内很难统一到一个水平。上海通用的 CRM 系统于 2000 年 9 月 9 日完成后,用了半年左右的时间进行各种应用 CRM 的培训,包括将各地的零售商统统集中到上海进行培训。但是,仅仅依靠集中短期的培训是难以取得效果的,再加上后来有很多特殊的情况发生,例如工作的调整或人员的流动,也使得培训的效果打了不少折扣。

以往,零售商并没有将会使用电脑作为选择销售人员的先决条件来考虑。但在实施了 CRM 之后,会不会操作电脑应该作为选择销售人员的首要条件。

实施 CRM 系统后,上海通用也发现现实与最初的设想有着很大的差距。原来设想零售商每两个工作人员有一台联网的终端,这样每天都通过网络将各种信息传递给上海通用。部门的主管只要打开系统就可对各种信息一目了然——今天有多少新的客户,有多少客户到了要买车的程度,客户在销售漏斗中处于什么样的位置,等等。

但是现在的情况是,由于系统对客户信息有要求,零售商不做不行,为了对付系统,零售商专门招聘一个会电脑操作的人员,他每天的工作就是往电脑里面录入各种信息。这一工作本来应该是销售人员自己主动来做,录入的过程同时也是对信息进行筛选分析的过程。现在的情形违背了系统规划的初衷,本来使用 CRM 系统是为了提高销售人员的效率,现在反而成了销售人员以及零售商的累赘。

上海通用正在考虑是否应该采取更加灵活的做法,例如让销售人员使用掌上电脑。由于目前电脑还没有完全普及,所以还必须要借助电话和面对面的谈话来进行沟通,这是中国当前的特点,对上海通用来讲也是文化上的一个挑战。

系统评价

目前,上海通用的CRM系统仍然处在实施过程之中。客户数据的收集整理工作正在紧张有序地进行着,这是一项长久的工作,只有起点,没有终点。诚然,如何计算CRM的投资回报很重要,但是,投资回报主要体现在哪里,这仍然是需要研究的课题。上海通用准备邀请国际专业顾问公司来协助进行这方面的研究,分析应该如何来描述投资回报。把这个问题搞清楚了,今后才会获得上级更多的支持,仍然在实施的CRM项目才会得到后续的投资。

CRM系统的目的,是如何留住客户,让客户成为通用汽车的忠诚客户,进而成为终生客户。

上海通用汽车通过CRM系统加强了与顾客的信息互动,为企业的整体管理提供了外部环境信息的支撑,也使得企业的销量得以攀升。全国主要经销商反馈的信息显示,上海通用汽车顾客忠诚度指数达到60%以上,这意味着60%以上的顾客会介绍朋友购买通用汽车,或当单位添置与通用汽车同等价位的轿车时,大部分原有的通用汽车使用单位仍然会选择通用。

据上海通用市场部介绍,去年美国最具权威性的独立调查机构针对中国市场上绝大部分进口和国产的轿车所做的调查显示,上海通用的销售满意度名列第二位,售后服务满意度居第一位。这样的成功在多大程度上归功于其CRM系统还很难测算,但是公司整体实力的提升已是有目共睹的。

9.2 用友售后服务支持信息系统

系统方案

用友Internet服务支持信息系统(http://support.ufsoft.com.cn/ufservice/)是用友财务软件公司为其10万客户设计的技术支持管理信息系统。用友Internet服务支持信息系统是国内提供在线支持服务较为先进的公司,其结构模块以及思想流程值得参考。

用友的客户只要通过互联网就可以进行在线问题查询、在线问题提交等操作。如果问题已经存在,那么用户就可以通过数据库进行在线查询;如果用户的问题在数据库中还不存在,那么,用户通过在线问题提交,就可以将发现的问题提交给用友软件公司,用友软件的后台技术人员在一定的期限内会及时解决问题,并将解决方案在用友Internet服务支持信息系统的数据库里公布,供客户查询。

下面介绍用友Internet服务支持信息系统的系统方案与结构功能。

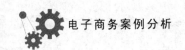

用友 Internet 服务支持信息系统的主体是一种 C/S 结构(Client/Server,即客户机/服务器结构),即以集团本部为 SERVER 端,各地区客户服务中心(分子公司)为 CLIENT 端,构成一个星形结构。其中只有集团本部的 WEB 服务器在 Internet 上发布,因此一般客户只能访问集团本部的服务器。而实际上各地区客户服务中心的系统平台同集团本部服务器一样,都采用 Windows NT + IIS4.0/SQL Server,而且所有系统用户的操作都采用 WEB 的方式,所以 C/S 各端都各自构成 B/S 结构(Browser/Server,即浏览器/服务器结构)。由于 C/S 各端都有自己的 WEB 服务器(即 IIS4.0),故而集团本部和地区客户服务中心之间可以采用简单的 HTTP 协议进行通信。

为了实现动态发布,系统采用了 ASP(Active Server Pages)技术。ASP 技术由 Microsoft 提出,为 MS IIS3.0 及以上版本所支持。其特点在于将脚本区分为服务器端脚本和客户端脚本两类(按脚本的运行时机)。只有客户端脚本直接发送到浏览器,服务端脚本在服务器上运行,而将运行结果发送到浏览器。这样,ASP 克服了 HTML 不能动态发布的缺陷。ASP 也是 Microsoft ActiveX 战略的重要一环。尤其它内建的 ADO 对象集(支持 ODBC 以及 OLE DB)使得与数据库的交互变得非常简单。由于 ASP 编程采用的是纯脚本语言(包括 VB Script、JavaScript 等),因此它也克服了传统 CGI 编程中的开发周期长、维护困难、不易开发大型商业应用等缺陷。

系统的开发平台主要为 Visual InterDev1.0(包含于 MS Visual Studio97)。InterDev 是 Microsoft 提供的用于 ASP 开发的一个 IDE。

系统功能划分

用友 Internet 服务支持信息系统架构于 Internet,适用于各类企业为客户提供在线的售后服务支持。系统功能包括:客户资源、FAQ 查询、问与答、Bugs 公布、BBS、客户投诉、留言簿、后台管理。

用友 Internet 服务支持信息系统主要包含以下四个模块:

(1) 客户资源管理;

(2) 客户支持及问题库;

(3) 客户培训;

(4) 服务监督。

对应于这四个模块,用友 Internet 服务支持信息系统涉及的用户类型(或叫工作岗位,包括集团本部和地区客户服务中心两级)主要包括以下 14 类:

1. 本部岗位

(1) 本部内建用户。

① 负责指定系统管理员,也可建立其他用户账户;
② 负责设置公司(地区客户服务中心)。
(2) 系统管理员,负责整个系统的管理和维护,包括:
① 用户管理(包括地区用户,但不包括系统管理员);
② 产品及相关设置(产品财务属性、产品模块等);
③ 问题现象、性质分类设置。
(3) 专家。
① 负责解答某一指定产品的疑难问题(由地区热线上载或来自其他来源);
② 负责某一指定产品问题的标准化(解答在 Internet 上发布的问题)。
(4) 开发人员,负责解答专家不能解答而转发的某一产品的问题。
(5) 客户信息管理员,负责客户信息的管理维护。
(6) 本部服务监督员,负责本部的服务监督,包括服务超时监督、服务信息统计等。

2. 地区客户服务中心
(1) 地区客户服务中心内建用户,负责下载用户表及产品表。
(2) 热线。
① 负责热线解答客户问题;
② 负责打印派工单;
③ 负责下载分流问题;
④ 负责上载疑难问题;
⑤ 负责下载标准问题库。
(3) 首访员,负责首次访问客户(确认客户身份,登记新客户信息,登记客户每次购买产品、服务卡信息,登记客户反馈信息)。
(4) 支持经理,负责安排工程师上门支持。
(5) 培训经理,负责安排培训。
(6) 专项经理,负责安排专项服务。
(7) 分子公司服务监督员,负责分子公司的服务监督。
(8) 分子公司经理,查询分子公司服务记录信息。
另有技术工程师(上门服务)岗位。

系统工作流程

1. 客户资源管理
客户资源管理涉及的岗位主要是首访员和客户信息管理员。

首访员根据销售单(由销售部转过来的)对客户进行首访(确认身份并询问反馈),并登记新客户,之后登记客户本次购买产品信息和首访信息(即客户反馈信息)。

客户信息管理员对首访信息进行补充(确认客户的行业、地区、等级、是否会员等),并负责客户信息的维护。客户信息管理员也负责原有客户数据的转换。

2. 客户支持

这是用友 Internet 服务支持信息系统的核心。这个模块涉及的岗位比较多,包括本部的系统管理员(初始化)、专家、开发人员,地区服务中心的热线、支持经理、专项经理等。

在系统初始化(包括设置公司、建立账户、设置产品、定义产品财务属性、产品模块、问题性质、现象等,由系统管理员实施)时期,为每一产品分别指定解答相关问题的一位专家(代表)和一位开发人员(代表)。

客户支持的整个流程由客户提出问题开始,到问题被解决或被判定无法解决为止。客户提出问题的方式主要有两类:一是通过 Internet(特指通过用友 Internet 服务支持信息系统界面)提交到本部服务器;一是在电话或者 Email 中提出(一般由地区热线接收)。下面分别介绍。

客户在线提交的问题,首先在系统中进行分流,即根据客户所属地区分别由各地区热线下载到本地。地区热线能解答的问题,通过电话或 Email(在客户提交问题时填写)进行解答。热线如不能解答,则根据客户意见派工程师(由支持经理安排)上门服务。如果工程师上门依然不能解决,则作为疑难问题上传到集团本部。

本部负责相关问题(在客户提交问题时填写)的专家负责解答热线上传的疑难问题。专家在解答问题之后,对于各地普遍出现的问题要进行标准化(放入标准问题库并在网上发布)。专家也不能解决的问题,则转发给相应的开发人员来解决。如果开发人员也不能解决,则要作为软件 BUG 看待,在内部网上公布。

客户通过其他方式提出的问题,除了不用从本部服务器下载而改为先在本地登记外,之后的解答流程同第一类问题。

3. 客户培训

地区培训经理根据销售情况,并参照客户需求反馈(首访信息),定期安排培训,主要工作为指定培训计划、发培训通知、培训注册、培训考核等。根据需要也可以将培训教案、培训考核试题上传集团本部,或在网上发布。

4. 服务监督、统计

服务监督员对客户支持的整个流程进行监督,并负责整理统计信息。

系统能统计问题的点击率。系统能统计每一位员工的工作情况(解答问题的数量、效率)。系统能自动公布服务超时的情况。

服务监督还包括针对客户支持、客户培训的问卷调查。

9.3 长风汽车网站升级

网站建立背景

长风汽车公司是全国最大的三家汽车制造企业之一。随着互联网在商业上的应用逐渐普及,长风汽车建立了网站。为了吸引网上用户来购买,长风公司花重金将公司网页设计得非常精美:公司产品的图片清晰度高,可以360度旋转浏览。为了给公司的网站赋予创造价值的能力,公司应用了最新的电子商务系统以便顾客直接从网上购买长风汽车。然而,长风汽车电子商务网站到目前为止的状况是,虽然网站吸引了大批参观者,但通过网站购买汽车的人却寥寥无几。

负责电子商务的副总裁唐池因此非常苦恼。现在摆在唐池面前的问题是:目前网站的定位是否有问题?进一步扩大电子商务的投入是否有必要?为解开心中的迷惑,他再一次调查和分析了网站的历史运行情况。他发现,虽然公司的网页里有产品外观和内部设施的详细说明及图片,大多数网上浏览者也有购买汽车的愿望,但他们并不愿意在网上直接购买,而是宁愿亲身体会,直接接触要购买的车。再看看一些同行的网站,他发现几乎所有的汽车销售网站都大同小异,靠精美的图片展示吸引人气,网站外观华丽,而较少顾及可操作性、方便性。以自己公司的网站为例,上面长风公司在各地的代理商资料都不甚详细。有的代理商已经有自己的网页,唐池想,为什么不能建立直接的链接呢?他发现很多浏览者倾向于先在网上查找当地代理商的网页资料,挑选两到三款自己中意的产品,然后去现场试一试车,最后再确定要购买的款式。最后,唐池发现公司提供的在线交易方式很简单,没有提供各种车型的比较和财务贷款等内容丰富的辅助服务,从而让浏览者无法即时做出决策。当然在传统店面或代理商那里,消费者可以很满意地得到这些服务。经过这些调查,唐池对如何改进网站大体有了一些意见,但对网站在整体市场营销战略中的定位仍然有些迷惑。

问题分析

长风汽车公司唐池面临的问题主要是电子商务网站的定位问题。而定位不明确主要是因为对实施电子商务(B2C)的环境认识不足。那么中国目前的B2C的电子商务环境的状况到底怎样呢?

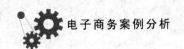

作为一家传统企业,长风汽车公司的网站应如何重新定位在整体市场营销战略中的地位呢?长风汽车公司面向消费者的网站(B2C)目前所处的环境,既有非常有利的一面,也有很多局限因素。对长风汽车公司来说,认清实施电子商务环境的现状非常关键,目前局限电子商务发展的因素有很多,比如:

第一,传统消费习惯的影响根深蒂固。由于社会公众信用体系不健全,长期以来,中国人的传统消费交易观念特别浓厚,耳听为虚、眼见为实,一手交钱、一手交货等交易观念已经在广大消费者的意识里根深蒂固。这一点唐池在调查中也已发现。

第二,现阶段网民的平均收入偏低。最新的调查显示,我国网民的数量又有增幅,但不可回避的事实是,中国网民的收入目前还偏低,个人月收入集中在2 000元左右。

第三,中国金融支撑体系乏力。社会信用体系不健全,网络安全和保密性缺乏保障,导致人们对网络营销这种虚拟交易的形式缺乏基本的信任和安全感,网民不愿轻易尝试网络购物。

第四,物流配送体系有待完善。物流配送是电子商务实施的生命线。中国目前物流配送体系不够完善,成本奇高,缺乏实力雄厚的专业的第三方物流服务提供商。

利用网站创新销售模式,类似长风汽车这样的传统企业要提高电子商务的经营效益,重要的是创新整合经营。网络整合经营,简单地说就是绕过中间批发商,运用网络商务并根据顾客需求,突出技术创新和定制产品,并直接向顾客销售,同时注重产品供应、技术创新、服务与信誉的整合效率,使消费者群体快速扩大,市场快速裂变与发展。网络整合经营的成功秘诀,关键在于以与顾客建立直接关系为基础,在市场和顾客需求、零部件配套厂商等方面整合与创新,同时运用网络快速进行市场开拓与设计、组合,以追求市场效益、合作分工的最佳化。比如美国福特公司在电子商务整合经营中,通过公司电子数据交换系统,直接与汽车制造部件供应商沟通,运用因特网加快与销售商交流,实行了全球商务电子化,运用因特网商务建立拉动销售的新模式。

解决方案

长风汽车公司目前的网站只定位在B2C上,网站在整体市场营销体系中应像福特公司那样起到创新销售模式的作用。明确了这样的战略地位,还有一个重要问题:在新的方案中,是应该以提高利润为先呢,还是以降低成本为先。然而据Gartner的报告显示,正确的选择是以一个完全不同的重点为中心,那就是创造更大的客户价值。也就是说较为成功的方案解决的应该是这样的问题,即,"我们怎样才能利用电子商务为客户创造最持久的价值?"这里的客户不单指消费者和用户,还包括所有与企业打交道的供应商、服务商等。了解这一核心问题对明确网站在整体市场营销战略中的定位以及实施战略至关重要。比方说,长风汽车公司可以利用网站通过下列一些机会改善客户服务过程:

(1)利用电子邮件及时地向分销商和客户提供关于合同履行状态的最新信息。

(2)允许分销商和客户在线了解产品的可用性信息,输入订单和追踪订单状态,这样他们就能在自己方便时随时开展工作。

(3)为分销商和客户提供在线产品支持信息,便于他们更快地解决问题。

在线客户访问不仅能提高客户的满意程度,而且还能降低企业内部的客户支持成本。提高长风汽车和分销商之间的透明度,有助于制造商合理地调配生产,减少断货情况的发生,增加销售额。但是,更重要的在于这些方案不仅应基于企业内部的利润或成本,而且还应基于怎样做才能最大限度地提高客户价值。完善的平台和应用价值开发同样重要,电子商务则是未来重要的贸易形式之一。

结合长风汽车的案例,传统企业在实施电子商务时,还有如下一些值得注意和商榷的地方:

第一,网站是摆设或"花瓶"。对300家重点企业调查后发现,虽然有超过半数的企业已接通互联网,但多数仅在网上开设了主页,提供了电子邮件地址,很多网站内容长期不更新,更谈不上利用网络资源开展商务活动。

第二,网络营销与传统渠道的冲突。渠道冲突是电子商务时代的最大挑战之一,厂商与潜在顾客的虚拟面对面交易,使一些传统渠道中的中间商的利益受到威胁。中间商散布于各领域、各行业,有自己的仓库店面、销售队伍、人际关系网络,是企业长期以来所倚重的市场营销中坚力量。而企业实施电子商务战略,使得一些传统渠道分销商的利益减少,甚至部分中间商可能即将面临被企业从销售方程式中抹去的潜在威胁。他们的灵活性将会很快使他们转投企业的竞争对手。在现阶段的市场生态条件下,网络营销与传统渠道如何有效结合、共生共长是企业要认真对待的问题。

第三,个性化与互动。目前许多传统企业开展了电子商务,特别是B2C电子商务,照搬国外模式较多,很少结合中国国情进行创新,从而缺乏具有企业自身的特色和迎合目标市场潜在顾客需求的个性化设置,未能为顾客提供个性化服务以强化顾客交易体验满意度。电子商务最重要的元素是互动。众所周知,网络的起源并非因商务而起,最早仅仅运用于情报与外交,之后逐渐普及而被作为信息沟通和娱乐的工具。因为其超高的传播效率、可供检索的大级别的信息存量、大面积的受众面和较传统商业模式更低成本的运作投入而得到全球商家的青睐,而互动则是承载这一全新商务运作手段的平台,因此,应在互动原则的指导下,为企业的顾客提供具有亲和力的界面和个性化的增值服务,使顾客得到高满意度的消费体验。

10 网络营销的策略与实施：宝洁、乐友网、思科、华夏旅游网

10.1 宝洁贴近用户的网络营销方式

宝洁公司

1837年,美国的英格兰移民威廉·波克特(William Procter)与爱尔兰移民詹姆斯·甘保(James Gamble)一心要往西部寻求发展机会。他们成立了一家开始时专门生产及销售肥皂和蜡烛的公司,以两个人的姓氏相合作为公司的名称,即Procter & Gamble,简写为P&G;1850年,"星月争辉"的标志成为公司非正式的商标。这就是宝洁公司当年的雏形。

经过170多年的经营,宝洁公司已经发展成为全美最大的跨国公司之一,在全世界70多个国家或地区拥有分支机构,产品畅销140多个国家和地区。通过收购Norwich Eaton制药公司、Rechardson-Vicks公司,公司活跃于个人保健用品行业;通过20世纪80年代末至90年代初对Noxell、密丝佛陀和Ellen Betrix公司的收购,宝洁在化妆品和香料行业内扮演了重要角色。这些收购项目也加快了宝洁全球化的进程。为充分发挥跨国公司的优势,宝洁建立了全球性的研究开发网络,研究中心遍布美国、欧洲、日本、拉美等地。宝洁的帮宝适、护舒宝、潘婷、汰渍、碧浪、佳洁士、Vicks和玉兰油等商标成为全球知名的品牌,

是市场竞争中的佼佼者。

网络营销策略

营销活动始终是和三个要素结合在一起的:信息流、资金流和物流。这三个环节的流畅运行才形成了整个商业系统的良性循环,理想化的网络营销正是借助网络实现了这一点。作为著名的跨国公司,宝洁深知网络营销的重要性。公司在网站建设上下了很大的工夫,努力使自己的网站与产品相协调和配套。从公司的主页上既可以体会到其悠久的历史,又能够感受到浓郁的现代气息,而且主页的色彩非常和谐,与公司著名品牌"Safeguard"(舒肤佳)相得益彰。

1. 网络营销对象分析

进行网络营销要求公司对营销对象有一个明确的界定。一般来说,如果生产厂商可以通过印刷制品来推广某种产品的话,那么,这种产品也可以在因特网上进行推广,并可得到同样的乃至更好的推广效果。当然,应该将那些必须经过试用才能促成正式购买行为的产品排除在外,因为客户显然不能从印刷制品或因特网上直接得到对相关产品比较强的感性认识。这些感性认识包括"触觉、味觉、嗅觉,还有听觉"。

宝洁公司经过仔细调查,将自己的网络营销对象定义为以下三个主要方面:

(1) 以中青年为主,迎合其追随时尚潮流的心态;

(2) 满足不同年龄段消费者的需要,不断开发新产品;

(3) 满足不同收入阶层的需要,不断拓展顾客群体的深度和广度。

2. 网络营销市场开拓

宝洁公司认为,网络营销的前提是树立良好的信誉。使消费者相信宝洁公司的产品、相信宝洁公司的宣传,都必须依靠良好的商业信誉。宝洁公司品牌的公信力在网络上就是无价的资本,尤其在网络市场并不发达的中国,消费者在网上一般都只购买知名品牌或自己所熟悉的品牌。在这方面,宝洁公司由于一贯注意品牌形象,在市场上已经有了较高声誉和良好口碑,所以发展网络营销具有很大优势。在此基础上,宝洁公司大力开拓以下市场:

(1) 中青年消费市场;

(2) 大中学生市场;

(3) 中等收入阶层市场;

(4) 具有较高文化水准的职业层市场。

3. 网络营销的分渠道销售

网络营销的弹性很大,可以由浅入深,由简到全,可以是一个网页,也可以是一个门户站点;可以做简单的广告,也可以建立客户关系的管理系统(CRM),定向分发一些电子邮件给目标客户,一直到条件具备的时候建立一个供应链管理系统。网络营销的最大优势就是能够直接面向客户定向服务、快速反应,相对成本又比较低。根据网络营销的特点,宝洁公司确定了自己的销售渠道。

网络营销的内容

宝洁公司的研究实验室和工厂一样繁忙,新产品一个接一个地诞生:象牙皂片——一种洗衣和洗碗碟用的片状肥皂;CHIPSO——第一种专为洗衣机设计的肥皂;以及 CRISCO——改变美国人烹调方式的第一种全植物性烘熔油。更为重要的是,所有这些创新产品都是基于对消费者需求的深入了解而研制生产的。公司以其独到的市场调研方法研究市场,研究消费者,从而不断做出正确的生产决策。在网络营销的发展过程中,宝洁公司的市场研究部(Market Research Department, MRD)正发挥着日益重要的作用。

宝洁公司的营销策略同样具有开创性,包括在电视台赞助播出连续剧,派发产品试用装,发放促销奖金以及在上海等一些城市开展"宝洁疯狂大采购"活动等。在网络这个虚拟空间中,宝洁公司精心设计了海飞丝、飘柔、沙宣等主要产品的普通话、粤语及英文网站,为用户提供了了解公司产品和交流使用心得的理想场所。

1. 宝洁的网络营销宗旨

宝洁公司一贯以人为本,以顾客为上帝,倡导网络市场营销的"5C"宗旨:

(1) Customer(客户至上宗旨):以客户为上帝,一切从客户的需要出发,让客户更方便地使用公司的产品;

(2) Creative(创造性宗旨):适应网络时代需要不断创新的要求,充分发挥网络市场营销手段的多样性和灵活性;

(3) Constructive(建设性宗旨):通过创新使营销现状得到更好的改观,并针对现有营销环节中的缺陷进行有效、合理的调整;

(4) Change(多变性宗旨):针对消费者需求的变化,公司不断地推陈出新,变换网络营销的内容及网页版式,并一直更新技术、完善服务以适应市场挑战;

(5) Confidence(自信宗旨):公司全体员工对自己的产品充满了自信,在进行网络营销的过程中将最好的产品和最好的服务提供给广大消费者,并以对自己产品的高度自信来打动消费者。

2. 宝洁的网络营销活动

从 2000 年开始,宝洁公司以名下的各个著名品牌为代表,在网络营销方面开展了一系列重要活动,主要包括:

(1)"冲击头屑的航母"——新海飞丝大型晚会在深圳明斯克航母举行。2000年10月,宝洁公司以其著名的洗发水品牌"海飞丝",于深圳在从俄罗斯购买的明斯克号航空母舰上隆重举行了一场名为"冲击头屑的航母"的大型晚会,庆祝其又一突破性技术成果——全新配方的海飞丝在中国市场的全面推出。在网站上,除了对此次活动进行介绍外,还向消费者解释了新海飞丝的四种不同配方,并邀请著名歌星王菲作为产品的形象代言人,这就为新配方海飞丝的市场推广做了生动的宣传。

(2)"佳洁士"倡议全国人民开展笑容绽放活动,支持北京申办奥运会。2000年10月,宝洁公司以享有"世界口腔护理专家"美誉的佳洁士品牌,与北京奥申委官员、学生代表和热心市民五百多人在北京天坛祈年殿前,向北京市民和全国人民发出热烈倡议——"笑容绽放、企盼奥运",号召全国人民绽放最灿烂的笑容,展现中华民族的风采,向全世界展示中国北京申办2008年奥运会的迫切心情和坚定信念。在宝洁公司的网页上,专门开辟了此项活动的介绍内容,将"佳洁士"品牌与申办奥运会联系在一起,从而收到了良好的网络宣传效果。

(3)"帮宝适"发起"婴幼儿互动保健ABC"项目。宝洁公司以世界闻名的婴儿用品品牌——"帮宝适"和中国优生优育协会共同发起了"摇篮工程——婴幼儿互动保健ABC"项目。该项目以"关心婴幼儿健康、推动摇篮工程发展"为主旨,意在向全社会推广、普及一系列更加科学、健康的育儿观念和方法,以提高婴幼儿的生命质量,完善婴幼儿的个性培养。该项目在北京、上海、广州等十大城市同时开展。公司还主动向旨在关心婴幼儿健康发展的"摇篮工程"捐赠了200万元人民币,为中国婴幼儿的健康成长奉献了一片爱心,同时也提高了公司的社会形象。

(4)"舒肤佳"开展"共筑新世纪健康长城"活动。2000年年底,宝洁公司与中国卫生部携手,在长城的居庸关脚下举行了"共筑新世纪健康长城"活动的启动仪式,给正在全国范围内广泛进行的社区基础健康教育活动又增添了新的内容。从美国专程赶来的宝洁公司董事长John Pepper代表公司属下的知名香皂品牌——"舒肤佳"向卫生部捐资200万元人民币,用于公众健康教育材料的制作和宣传。他表示,这座新世纪的健康长城将对中国人民提高健康水平、抵御不良生活习惯的侵袭起到积极的作用,宝洁公司愿意与中国人民共创健康美好的崭新世纪。

(5)建立互动性的网络商务美容公司。2000年11月,宝洁公司抓住电子商务和网络营销迅速发展的有利时机,推出了一个互动性的网络商务美容公司(网址:http://www.rflect.com)。在该网站上,宝洁公司大大增强了与消费者沟通的交互性,对消费者的意见和建议及时做出反应。公司还在介绍和推广自己的产品之外为客户提供多样化的服务。例如,公司作为发明者介绍了通过美国 FDA 检验的防治骨质疏松症的新药——Actonel。在与 Aventis 制药集团共同营销这一新药品的同时,宝洁公司还针对骨质疏松症提出了一系列的专门建议,为客户的选择提供了一定的依据。

面临的问题

1. 方便性问题

与欧美等发达国家网络化程度较高、基础设施建设完善的情况不同,中国的网络建设尚处于起步阶段,上网人数相对较少,公司进行网络营销的作用面较窄。与传统的市场营销相比,宝洁公司的网络营销在方便性方面有所欠缺。

2. 时间性问题

在宝洁公司进行网络营销的过程中,从提交网上订单到收货有一个"时间差",近年来的快捷递送业务无论从费用还是速度方面来说都不能令人满意。另外,中国辽阔的地域和经济发展的不均衡性使得商品配送异常困难,这就对宝洁公司的物流配送与营销环节提出了更高的要求。

3. 交互性问题

中国的市场经济,尤其是网络经济才刚刚起步,消费者普遍保留着相当浓厚的传统消费心态,习惯于在有形市场内对商品进行自我选择。因此,如何逐步解除消费者对网络营销的疑虑,逐步由传统的购物方式向网络购物的方向迈进,就成为宝洁公司需要解决的一个重要问题。同时,宝洁公司也面临着不断更新技术水平以及时回应消费者需求或意见的问题。

4. 机会性问题

目前中国的网络营销规模决定了网络市场的商机是相对有限的,而且目前网络人口的构成也使得宝洁公司不可能将网络营销作为自己推广商品的主要渠道。只有较少部分商品能够上网销售,其他商品仍然只能通过传统的营销渠道进行销售。如果过分依赖网络营销,那么宝洁公司的产品,特别是新产品的销售将遇到很大的困难。

5. 可信性问题

由于网络营销的虚拟现实性,即使是宝洁这样知名度高、信誉卓著的企业,仍然面临着消费者的网络信任问题,如果在这一环节发生偏差,将严重影响宝洁公司的声誉。在宝洁公司建立网站和发展网络营销的过程中,网站的知名度、服务质量等各个方面的因素都是一种品牌的营造。建立并维护网站的良好声誉在公司进行网络营销时是一个应该引起高度重视的问题。当然,也存在着

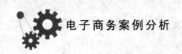

宝洁公司对消费者的网络信任问题需要解决,即必须确认网络所反映的客户需求的真实性。

6. 支付结算问题

在中国实施电子商务最大的困难之一,就是信用消费和在线结算与现实情况之间存在着不小的差距。目前中国银行卡众多,而且相互之间难以兼容;网络交易速度过慢且经常断线;银行与公司之间的资金划转过程环节较多。这些问题都对宝洁公司网络营销的支付结算环节构成了不小的障碍,以至于公司目前仍然采取的是传统支付方式与现代支付方式相结合的折中方案,这在一定程度上影响了网络营销的顺利发展。

前景分析

2000年,宝洁公司重新进入南非市场并大大扩大了自己的网络营销份额。同年,公司荣获美国劳动部颁发的"机会2000"大奖。这是一个年度性颁发的奖项,以奖励那些提供公平就业机会及建立多元化员工队伍的企业。宝洁公司对于中国市场一直抱有坚定的信心,自进入中国市场以来,逐步建立了四家合资公司和五个生产基地。2000年,雷弗瑞出任宝洁公司的总裁兼首席执行官。他表示,中国市场在宝洁的全球战略中占有极其重要的地位,宝洁公司一贯注重在中国市场的发展;今后,宝洁在不断拓展市场份额的同时,将加大电子商务和网络营销的发展力度,更好地为广大相关部门以及公司的同僚制造很好的外部条件,对整体工作给予大力支持。国家信息办公室表示,目前我国正在加紧宽带网的建设,为网络用户提供日益完善的物质基础。此外,电脑的普及和网络用户的迅速发展也为宝洁公司网络营销的发展提供了巨大的潜在市场。

就像一个多世纪前宝洁公司的创始人波克特和甘保一样,宝洁公司永远着眼于未来,目标是为全世界的消费者提供一流品质的产品,让消费者每一天的生活都尽善尽美。我们完全有理由相信宝洁公司网络营销的明天将会更加美好。

10.2 乐友儿童用品电子商务网

乐友网站

乐友网站是由北京乐友达康科技有限公司成立的一家网站,北京乐友达康科技有限公司是由从美国硅谷归来的留学生创办的高科技网络信息与服务公司,主要从事电子商务业务以及相关计算机网络软硬件的设计与开发。2000年1月18日,乐友网站正式在北京宣布开通。乐友网站旨在为中国的家长们提供最丰富、最便利、最经济的产品、信息与服务,帮助他们培养身心健康的孩子,使之走向成功的未来。乐友网站从网络技术、物流管理、信息编辑、产品采集、市场销售等方面体现了其专业化、智能化和个性化的特征。

乐友网站包括以下三大模块:

第一,乐友父母中心。乐友父母中心提供给家长吸收现代科学育儿知识的宝典和一个与专家交流、咨询的网上场所,内容包括保健、心理、学习等。

第二,乐友儿童中心。乐友儿童中心提供给孩子一个网上的知识宝库和游戏冲浪乐园,其健康、安全和有趣的内容提供给孩子一个边玩边学、了解高科技和吸收新知识的交互式渠道。

第三,乐友购物中心。乐友购物中心是中国规模最大、服务最完善、商品最丰富的网上少年儿童用品超市,有近万种图书、音像制品、教育/游戏软件、玩具、服装和婴儿用品,强调教育性、保健性以及高质量、低价格。

与其他网站不同,乐友一贯不主张像过去的网站一样盲目地大做广告宣传,那样做的费用太高。乐友所采用的方法是默默地耕耘,不断完善自身服务体系,透过满意而归的客户的推荐来拓展乐友的业务。

另外,乐友通过独家赞助儿童主题活动和参加儿童用品展览,加强了与各商家的交流和联系。例如,乐友网站独家赞助了申奥迎六一的"儿童多米诺表演赛",乐友网站作为唯一的企业参办单位,向活动提供了全部奖品。作为中国首家全国性儿童消费品网络商业公司,乐友公司应邀参加了于 2000 年 8 月 31 日至 9 月 2 日在上海光大会展中心举行的"上海第二届国际玩具展"。另外在 2000 年 8 月 29 日至 9 月 1 日,作为中国首家全国性儿童消费品网络商业公司,乐友公司在北京中国国际展览中心参加了中华全国商业信息中心主办的"新世纪儿童及婴幼儿用品博览会"。此次博览会以"为了孩子,关注未来"为主题,本着"响应扩大内需政策,启动终端消费市场,展示企业形象,沟通行业商家交流"的宗旨,邀请了国内外千余家生产厂家、经销商、代理商参会。展览内容包括儿童玩具,智力开发用品,少儿文教体育用品,儿童及婴幼儿食品、服装、保健产品等。通过参加此次儿童及婴幼儿用品博览会,乐友公司对中国儿童消费品市场有了更加深入的了解和更加全面的把握,这也有助于乐友网站为网友和商业合作伙伴提供更好的服务。

网下专柜是乐友推广其品牌的独特方式。乐友在经营网上 B2C 业务的同时开展了网下 B2C 业务,也就是零售。现在乐友在北京的 11 个商场里设有专柜,在全国 50 个城市的 250 个商场设有零售网点。这些网点对乐友品牌的建立起到了很大的作用,而且这些"广告"不但不赔钱,还帮乐友赚了钱,比在门户网站上登广告要便宜太多了。在网上和网下做 B2C 业务的同时,乐友也在做网上批发业务。从利用互联网整合整个儿童消费品产业和从利用互联网增进生产率的角度看,批发业务实际是 B2C 业务的一个延伸,不但从信息流、资金流和物流角度考虑与之有类似之处,可以享受到规模效益,而且能把乐友的销售量做上去,使更多的厂家更需要与乐友合作。上下游的客户都有了,业务自然也就发展上去了。当然,要做到这些,乐友必须是一个垂直的专业化企业,而不能像原先所谓的平台公司一样,盲目追求大而全。

事实上,乐友的营销理念受到了资本市场和舆论界的认可。首先从下游客户与销售的几个重要指标来看,每个月的营业额在以 50% 的速度快速增长,网站的访问量也是,客户现在遍布于中国的 500 多个城市,还有来自于美国、新加坡、日本、韩国、英国等国的海外客户,不但有消费者,也有商家,回头客的订单高达总订单量的 40% 以上,客户服务满意程度天天在改善。由于销售额上去了,厂家也更愿意与乐友网站合作,毛利也不断提高。同时,从上游的供应链来看,与乐友合作的厂家已经拓展到 200 多家国内外厂商,而且网上仍然每天有新的伙伴询问合作事宜。可以说,乐友在从事电子商务的发展历程中还是非常成功的,因为乐友目前的经营情况与之前的商业计划几乎完全一致。

乐友购物中心的竞争定位是：

(1) 产品齐全——中国最大的儿童用品商店。乐友购物中心(leyou.com)在开业的第一天就是全中国最大的儿童用品商场,提供上万种丰富的儿童书刊、音像制品、教育和游戏软件、玩具、服装和婴儿用品。乐友(leyou.com)充分发挥了互联网的技术优势,打破了时间、空间的限制,无论是浏览还是选择,乐友都拥有比传统网下商店更多的产品。在乐友,孩子成长过程中所需要的产品,无论是品牌、型号、尺寸、颜色,甚至动物造型都可以更方便地一步到位找到。

(2) 布局合理——以儿童为中心的产品结构。传统的商场往往只是一个地产业主,陈列商品的模式主要是一个一个招商来的厂家的并行排列,而较少考虑消费者的实际采购便利。在现在的市场上,几乎没有一个商场将所有儿童相关产品陈列在一起,包括图书、音像制品、软件、玩具、服装、婴儿用品等,使得带着孩子买东西的家长们往往需要在不同楼层中徘徊。

乐友不但产品齐全,而且利用高科技手段让每一位消费者都能用不同的查询方式找到他所需要的产品。如果用户在寻找某一类(种)特定产品,乐友提供给他多种查询方式——按年龄、类别、品牌和相关字进行搜索。例如,一个热爱恐龙的六岁孩子的家长可以在乐友购物中心(www.leyou.com)很快找到所有符合孩子兴趣、适合孩子年龄并以恐龙为主题的图书、音像制品、软件、玩具、服装和用品。

由于乐友使用了最先进的技术手段,充分发挥了互联网的技术优势,所以它不但能提供丰富的产品选择,更能从用户的角度出发为用户浏览和挑选产品提供便利。

（3）信息丰富——购物不再盲目。为孩子选购用品比采购一般产品更难,因为对产品信息量的要求更高。市场调查结果显示,传统商场的员工往往缺乏应有的专业知识,使得家长在购物时处于一种茫然的状态。乐友购物中心(www.leyou.com)不但有最丰富的产品,每一种产品也有最详细的介绍、信息与其他用户反馈回来的使用经验,使得家长在为孩子购买产品的时候能够做出更理智的决定,不但能达到家长的目的,同时也物有所值。透过互联网数据库技术的先进应用,乐友购物中心将消费者对每一种产品所关心的具体信息都以简单明了的方式呈现在消费者面前,包括外观、质料、尺寸、页数、颜色、重量、厂家等。每一种产品也都经过乐友产品分析师的仔细推敲、研究、调查,并透过详细的文字图片介绍客观地反映给消费者。乐友有自己的儿童心理学与成长发展专家,并用专业的眼光,从用户的角度审视产品。

乐友网站(www.leyou.com)也为父母亲提供了一个相互交流的机会。每一个家长在购物前可以听听其他家长的意见,不但可以在每一种产品查询调研的过程中得知别的用户的意见,也能通过乐友的聊天室与其他关心同样问题的家长相互交流。

（4）购物便利——全天候营业。乐友购物中心永远敞开着大门欢迎用户,一年365天,一天24小时。用户购物不再受时间限制,不但在浏览、挑选产品的时候整个店里的产品都在用户的掌握之中,购物结束后,乐友也会将用户选购的产品送货上门,避免了交通不便和商店拥挤带给用户的不快。

（5）安全可靠——灵活的付款与送货方式。无论客户当地的网络基础设施如何,银行自动化程度和网络化状况如何,乐友均提供简便的付款方式。乐友不但支持各大银行的网上银行、网上支付功能,也接收来自全国任何地方的银行、邮政汇款,还提供货到付款的服务。同时,乐友购物中心透过合作也提供严谨可靠的后勤送货上门服务,国内国外无处不到,无论客户所购买的商品是自用还是礼品,乐友都能负责可靠地送到。

（6）降低成本——给用户实惠的价格。电子商务的购物方式之所以风靡全球,被全球消费者接受,一个重要的原因就是它通过高科技技术手段,缩短了产品从厂家到用户的距离,扩大了传统商场无法企及的市场规模,因此大大降低了商品的流通成本。乐友网站充分发挥了电子商务的优势,并将成本的节省给予了客户,使得乐友的客户在购物中能得到具体的实惠。

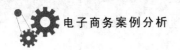

发展策略

1. 专业化

乐友购物中心的开业是中国电子商务专业化的一个标志。乐友网站在筹备期间就聚集了电子商务、网络技术、物流管理、信息编辑、产品采集、市场销售等各专业领域的优秀人才,并聘任儿童健康、教育、心理等各方面的专家组成顾问团,最大限度地保证了整体运作的专业程度。

2. 智能化

乐友将所有儿童相关产品陈列在一起,包括图书、音像制品、软件、玩具、服装、婴儿用品等,而且利用高科技手段让每一位消费者都能用不同的查询方式找到他所需要的产品。

3. 个性化

电子商务的优势在于个性化,它使得商家能够为用户提供有针对性的服务。乐友网站考虑了顾客在网上浏览和购物的每个细节,尽量给每个顾客提供最体贴、最周到的服务。

个性化的定位。乐友公司在 1999 年 8 月创建,12 月推出乐友网站,在中国电子商务领域充满浮躁情绪的今天,乐友避开轰轰烈烈的网上拍卖,将经营的对象直接切入到和千家万户息息相关的儿童消费市场,正如其副总裁所言,B2C 的电子商务形式的成功必将推动 B2B 走向繁荣。乐友不会稍微有一点名气就搭建帝国,乐友要做千家万户的目的地。

查询/挑选产品的方式个性化。如果用户在寻找某一种产品,乐友将提供几种查询方式,用户可以按年龄、类别、品牌和相关字分别进行搜索。

(1) 按年龄购物(网页页面左侧):无论是图书、音像制品、教育/游戏软件、玩具、服装或用品,儿童产品是否适合孩子或送礼对象,与儿童的年龄有很大的关系。按年龄查询乐友购物中心的商品将使购物更便利、更精确、更省事。进入某一个年龄段的购物区后,乐友还会将所有适合此年龄段的商品进一步按类别陈列。

(2) 按类别购物(网页页面左侧):用户可以按商品类别的细分逐步寻找需要的产品。每一类商品就像百货商场的购物区一样,将同类的产品陈列在一起。不过,百货商场往往只能将一种商品陈列在一个购物区内,使得客户不能按自己的意愿找到心目中的商品。而在乐友购物中心,用户可以在多个相关购物区中找到同一种商品。如果某一类产品的品种很多,乐友会将它们进一步细分,让用户查询起来更方便。

(3) 按品牌购物(网页页面左侧):如果想从名牌产品中挑选产品,可以到此名牌购物区按品牌查询。每一种名牌系列产品将会一一陈列出来。此购物区特别适合重视时尚和准备购买礼品的顾客。

（4）关键字搜索（网页页面左上角）：如果用户有目的地来购物，关键字搜索是既快又方便的一种查询方式。只需要将所要的产品类别、名称、品牌或特征的简称填入"找点儿啥？"方框，然后点击"搜索"即可。例如，如果要乐高（LEGO）的拼插玩具，可以填入"乐高"、"LEGO"或"拼插"，从而进入相关的购物区内寻找。

10.3 思科网络营销

思科网络客户服务系统

思科公司是专营网络设备和软件的公司。由于其经营的是网络产品，潜在顾客都在网上，所以它非常自然地在网上建立站点销售产品。思科在网上设立了专门用于销售产品和提供顾客服务支持的站点。思科获得了POINT'S的TOP 5%及MAGELLAN评选的4星级站点的称号，这对于一家商业网站来说是很难得的。

思科公司从1992年就开始着手利用电子工具来为顾客提供更为满意的服务。迄今，它对网络的利用经过了工具、服务手段和贸易三个阶段。最初它在网上建立站点的唯一目的就是向顾客销售产品，它将顾客作为生产、销售每一个步骤的出发点；之后，它又将顾客服务作为一个主要的方面加以发展，逐步开发出独具特色的顾客服务体系；随着这种顾客服务体系的整合，思科网上站点已经从原有的单纯的售货途径变成服务和贸易的有力手段及工具。

思科的成功很大程度上取决于其独特的顾客服务体系，通过该体系能使思科与顾客建立良好的一对一的关系，从而赢得顾客的信任，建立顾客忠诚度。

首先，思科的站点上有一个专门介绍负责站点的高级顾客服务系统小组成员的页面，这个页面详细介绍了小组中每个成员的职能，这是使站点人格化、给顾客以亲切感和责任心的重要举措。其次，对于顾客的提问，除FAQS（经常性问题）外，思科采取了以下两个措施：一是开放论坛（Open Forum），一是案例库（Case Library）。开放论坛是由顾客服务部门管理的私人新闻组（所谓私人，就是需要有密码才能进入）。它是只面向顾客的对稍复杂的技术问题提供帮助的工具。

回答顾客的问题时分两步操作：第一步，对问题解析，得出其关键词。利用关键词在思科顾客在线服务问题与答案库（CISCO Customer Online

Questions & Answers)中搜索答案。第二步,当搜索结束时,系统会列出一系列可能答案,并根据与关键词的匹配程度赋予权重。如果搜索结束后,系统不能返回任何相关的答案,或返回的答案不能满足顾客的要求,顾客可以换一种方式重新叙述问题,或单击"Send to Forum"按钮,这样就可以将问题发给思科负责寻找问题答案的专职人员,但是这并不保证他就一定能找到问题的答案。如果他们不能找到令人满意的答案,系统将会在思科的 TAC(技术服务中心)以提问者的名字在案例库中建立一个新的案例。问题创建者还应将他需要答案的时间告诉 Q&A Timer,比如 48 小时、一周,无论什么时候都可以。这样顾客服务小组就会按照提问者的紧急程度确定先回答哪个问题,如果需要马上就知道答案,最好是打电话。问题的答案提交给开放论坛的同时,也会给问题创建者发出 E-mail。他们之后会发现一个电灯泡的图标,提示问题的答案已经发至,正等候阅读。在图标上单击,即可看到提问者提的问题和一个或多个答案,顾客可以根据自己的需要选择最合适的解决方法。

顾客收到答案后,他所提的问题及其答案会被添加到 Q&A 数据库中,以后出现类似提问,通过 Q&A 库的搜索即可解决。思科于 1995 年 4 月开始启用开放论坛,至今已有长足发展,Q&A 数据库中的问题及答案对已逾千数。每周论坛上大约要接受 600 个提问,其中大约只有 70 个左右的问题需要进入案例库。

在开放论坛中不能搜索到答案的问题都要进入案例库由 TAC 负责解答。TAC 由一组资深顾客服务专家组成,他们见多识广,经验丰富,或当场回答问题,或通过适当试验后再回答,或请其他部门经理帮助解决。思科公布对各类问题回答的优先顺序,如果出现的问题涉及提问者的根本利益,思科建议其打电话。思科还公布各层次问题回答的时间限制,如果问题处于第三层次而未能在规定时间内得到答案,那有可能是该问题被上升到第二层次,并请其他专家辅助解决。总之,思科公布其内部的操作方法是一种可敬的顾客服务哲学。如果顾客遇到非常严重的问题,甚至可以找思科的总裁、首席执行官,他的地址可以在公司人员表中找到。

思科的顾客分类服务

思科网络顾客服务最具特色的部分是对顾客进行分类。思科建立了用户的 Entitlement Database,利用这个数据库可使一部分用户获得密码,允许他们接近公司某些重要的信息,而对另一部分用户则保密。这就使思科能灵活地按顾客的不同类型创建内容和服务。

第一层次是最广泛的网民,他们没有在思科系统中登记。他们是那些只想浏览一下思科产品目录或阅读产品年终报告而不愿让人知道他们是谁的普通网络冲浪者。这类访问者获得的关注和信息优先权最少,他们只能接触到有关公司、产品、服务等最基本的、公开的信息,但思科并不忽视这类顾客,它欢迎他们反馈信息。

第二层次是从思科的零售商、代理商手中购买思科的产品的顾客。他们可以获取思科的有关信息,但由于他们不是思科的直接贸易伙伴,所以思科无法知道他们的订货需求。他们也无法获取公司关于价格方面的信息,因为零售商被要求将这类信息对其顾客保密。这个层次中还有一类叫做"公司用户"(Enterprise Users),它们可以获取关于价格及订货状况的信息,但只能得到其所在市场区域的这类信息,只可以查看自己的订货状况。某些时候,企业对这类交易的历史信息非常保密,甚至不愿意让同一组织中的其他成员知道。因此,思科要求由专职人员(顾客服务代表)处理这类问题,而不采用自动查询的方法。

第三层次的用户是所谓的"签约服务顾客"(Constracted Service Customers)。他们是由思科商业伙伴保证的,并接受思科商业伙伴的服务的顾客群。他们可以浏览思科技术细节和参考部分的内容。另外,用户也可以创建自己的网络环境,通过 E-mail 或传真接受思科软件中新的、可实施的 BUGS 更换。签约服务顾客可能会获得接触软件库中全部信息的权利,这取决于思科商业伙伴和顾客之间的支持合同是只对硬件还是同时兼顾硬软件。签约服务顾客一般不能使用技术支持的案例管理工具,因为他们应从思科的商业伙伴那里获得技术支持。

第四层次的顾客是思科的直接购买者,他们和思科之间有服务约定。该层次的顾客可以获取上一层次顾客所接触的所有信息,此外,他们能直接从思科那里获得开放的技术支持,可以自由地下载软件库中的所有软件。

思科的分销商、代理商等也归入这一层次。他们能获得比直接购买者更多的信息,比如产品开发时间和价格信息。同时,他们还掌握着一些管理工具,对那些信息应对其顾客(即第二层次、第三层次的顾客)保密进行控制。思科的雇员可以接触以上提及的所有信息,并掌握一些控制、报告的工具,对系统、用户使用过程进行监测。思科采用的另一种将信息传递给特定用户的方法是"模糊中的安全"。这是一种风险很小的方法。它将信息放置在服务器上一个隐蔽的地址上,给它一个隐蔽的名字,并且不和其他任何页面相链接。如果一个顾客打电话来询问一个特殊的问题,比如说解决的方法可能是修改一下用户路由器的软件,思科的技术人员可以对软件进行修改,在实验室中测试,然后将修改好的软件采用这种方法放置在站点上,并告诉用户隐蔽的地址和名字,用户直接到该地址上取用软件即可。

思科的站点管理

思科网上联络的管理人员是由一群权力界限不很清晰的编辑和作者组成的。思科的信息交流小组包括站点的内容管理者，他们的责任类似总编辑，对服务的内容以一种较高的视角进行全局的把握。站点其他部分如 Software Library, Technical Tips, Commerce Agents, Marketplace 等也由相关人员管理，他们叫执行编辑；Technical Tips 部分由思科的技术支持中心（Technical Assistance Center,简称 TAC）的逐步升级小组成员负责；Commerce Agents 及 Marketplace 由电子商务小组（Electronic Commerce Team）管理。这些站点的各部分都有高级内容管理工程师和项目经理为新手们提供咨询、顾问和帮助，或引导他们进入新的领域和数据流。即使在每个组成部分，也有专人负责某一页面或一小块内容。如在 Software Librsary 中，一人负责新闻稿编排；一人负责软件的储存；一个程序员负责杀毒软件；一个程序员负责升级计划。思科的这些负责人员还会经常相互学习、交叉培训，这样就使得某一负责人员出差或缺席时，其他人员也能代为处理有关问题。

为了能调动大量的作者，思科公司赋予所有雇员在站点上添加内容的权利，为此思科还创建了许多使用方便的自动工具，方便内容管理系统（Content Management System）、产品营销部（Product Marketing）及知识产品部（Knowledge Product）等部门的作者把他们的文章放在这个系统中，供公司提取，在站点上使用，或将它们传送到其他相关的组织和部门。这个系统是由互交技术小组负责的。他们的另一个重要职能就是将内容管理系统中的有关信息转化为 HTML、GIF 或 PDF 文件"推"到站点上。思科甚至为作者直接创建了 HTML 写作环境，作者只要在此环境中写作，内容即能添加到站点上，而不用经过内容管理系统的再度制作。思科网上站点在成本方面有得天独厚的优势：思科的成本项主要集中在基础信息技术上，如数据库、内容管理系统及网络设备。思科的成本减少的其他方面和 Sun 公司的情况相类似，比如软件网上传送与传统的软盘或光盘传送相比，就可节约出包装费、联邦快递的运输费等费用。思科投资回报是令人振奋的。在 1996 年 3 月，思科已有 2.8 万位顾客户，13 万次访问，2 万多份用户订单，回答了 5 000 个关于价格的询问，获得了 4 000 多个技术问题个案，以及成千上万个关于工作机会、产品问题的咨询。

网上营销因成本低、速度快而成为现在各大企业新形势下的一种销售手段。思科从中脱颖而出，很大程度上取决于其独特的售后服务系统。通过健全的 Q&A 系统，思科能够让顾客在既定时间内获得疑问的解决方案。即时性和令人安心的保障措施建立了稳定的客户忠诚度。事实上，网络营销也是一种销售,只不过使用了现代互联网技术为中介媒体,所以传统营销中的各项措施在网络营销中也同样适用,而且由于网络的虚拟性,其售后服务的好坏显得尤为重要。思科正是在这一点上做得尤为出色,从而奠定了其优势地位。思科总裁钱伯斯最常说的一句话就是:"让用户满意是思科最重要的事。"同时,思科很注重调动员工的积极性。让员工都可以参与到网站内容的编撰工作中,这样可以增强集体凝聚力。

10.4 华夏旅游网

网站概况

网上旅游,简单的理解就是通过互联网获得旅游信息,预订旅行团、旅游线路、宾馆、航班来安排旅游。目前,基本上有两种应用功能,一个功能是预览,就是通过互联网了解目的地信息,如景点、食宿和交通等情况;另一个功能是预订,你可以在家里在线预订旅游机票、火车票,甚至目的地的酒店房间,也可以参加一些旅行社组织的旅游团,还可以根据自己的要求安排旅行计划等。网上旅游迅速发展,原因是其市场前景诱人。

从 2000 年年初开始,互联网中的旅游专业网站进入扩张期。目前,全国已有该类网站 200—300 家,而且仍有增加之势。据统计,2000 年全球电子商务交易额是 1 400 亿美元,旅游占 20%,这无疑是一个较大的份额,更重要的是,2000—2005 年,电子商务交易额中旅游占的份额基本上按 350% 的速度增长。新浪、搜狐、网易等国内著名网站都相继建立了自己的旅游栏目;香港的互联网巨头 Tom.com 公司也斥巨资投入华夏旅游网(www.ctn.com.cn)开拓网上旅游市场。

在目前国内众多旅游电子商务网站中,华夏旅游网以丰富的旅游资讯、优惠的预订价格深深吸引着上网者。华夏旅游网成立于 1997 年 10 月,由中国国际旅行社总社、广东新太信息产业有限公司以及华达康投资控股有限公司联合投资组建,现已成为中国目前旅游资讯最丰富、服务功能较完善的旅游电子商务专业网站,丰富易查的旅游资讯是其最大特色。2000 年 1 月 CNNIC 的调查结果显示,华夏旅游网以其丰富的内容、良好的交易功能和灵活的互动性在中国互联网优秀网站大赛中被评为生活与服务类网站第三名,旅游网站第一名。为进一步开拓国际市场,华夏旅游网络有限公司与华人首富李嘉诚先生旗下的香港和记黄埔、长江实业结成战略联盟,成立 iTravel 公司,并成为超级网站 Tom.com 在中国网络旅游业的独家合作伙伴。

设计思想和方法

1. 旅游资讯设计

据调查,丰富易查的旅游资讯是华夏旅游网的最大特色,也是其成功的首要因素。在华夏旅游网,上网者既可以用"望远镜"大致了解国内和十几个国家或地区的旅游信息,如景点地图、景点介绍、气温状况等,又可以用"显微镜"详细了解某一具体旅游点的旅游资讯,如交通信息、服务机构、风俗民情等。华夏旅游网通过以下栏目为上网用户提供旅游资讯服务:

(1)锦绣中华:分别从景点介绍、景点地图、导游指点、交通信息、消费指南、气候温度、风味特产、服务机构、风俗民情等多个方面详细介绍国内景点。现已建成黄山、西双版纳、九华山、黄果树、九寨沟、武夷山、张家界、海南、云南、山西等22个国内著名风景区、旅游城市的专门站点。

(2)环球之旅:提供出境旅游报名须知及程序,线路推荐,气温状况,以及当地的吃、住、行、游、购、娱等各方面的实用资讯。目前提供中国香港、中国澳门、韩国、新加坡、马来西亚、印尼、泰国、法国、德国、澳大利亚、新西兰、美国等十几个国家或地区的旅游信息。

(3)旅游超市:是针对上网用户的B2C交易平台,提供一站式旅游产品预订服务。旅游者可在线预订机票、火车票、船票、酒店、旅游线路、旅行用品和旅游书籍等。

(4)网上旅游交易会:是针对旅游企业的B2B旅游交易平台,旅行社、航空公司和酒店等旅游相关企业可通过此交易平台开展信息沟通,寻找合作伙伴。

(5)主题旅游:华夏旅游网专设探险旅游、宗教旅游、生态旅游、文化旅游四个主题旅游项目。

(6)旅游黄页:分类收集了国内上万家旅游企业和旅游相关企业的资料,是目前国内最强大的旅游数据库查询系统。可以提供两项内容的检索,一是各省的旅游资讯检索,包括饭店、旅行社、景点、交通、餐饮、购物等方面的内容,二是全国各地旅行社信息查询,以及餐饮、交通、景点、购物、游船等信息的查询。

(7)旅游百科:介绍旅游实用知识,主要有游前先知、衣着装备、交通住宿、旅游保健、饮食购物、法律看台、专家指导、案例评析等。

(8)交通信息:在此可查询国内航班、国际航班、国内列车时刻、国际列车、国际班轮信息。

(9)网上交流:开设有自助探险、旅游摄影发烧友、出门找个伴、旅游投诉台、乡土文化点评五大专栏。

另外,华夏旅游网链接了国内绝大多数旅游类网站,并提供易用的搜索引擎系统,这使网站信息更丰富,更有序。

2. 用户注册和服务设计

与其他网站不同的是,为提供个性化的网上旅游服务,华夏旅游网在用户注册之初即开展问卷调查。问卷题目不多,但这对华夏旅游网开展有效的网上旅游服务是极有帮助的。问卷主要有以下几项内容:

(1)您对于旅游(旅行)喜好程度(旅游级别)?

喜欢旅游,有机会就去外地玩;经常出差,顺便在当地游玩;对旅游感兴趣,计划利用长假去玩;没时间出远门,但经常在城市周边景点玩;偶尔为之。

(2)您比较倾向于到哪儿旅游(旅游倾向)?

风光优美的自然风景区,如九寨沟、张家界、武夷山等;历史文化气息浓郁的历史名城、人文景观,如古都洛阳、秦始皇兵马俑等;体验独特民族风情,如西双版纳、吐鲁番等;现代化程度高的大中城市,如北京、上海、大连等;参加主题旅游,如宗教之旅、王朝之旅等;喜欢运动和刺激,愿意参加探险旅游、体育旅游等。

(3)您一般采取哪种方式旅游(旅游方式)?

报名参加旅行团、自己安排行程、怎样都行、方便为主、想尝试网上与陌生人结伴出游。

(4)近期想去的旅游地或城市?

(5)请将下列旅游因素按您的关心程度排列顺序:

费用开销、交通方便、住宿舒适、风景秀丽、吃得美味、特色购物。

(6)您每年到外地出差办事的频率是?

每月几次、每月1次、几个月1次、每年1—2次、从不出差。

(7)您经常出差的城市主要有哪几个?

(8)您在外出旅游或出差时通常乘坐什么交通工具?

(9)您在外出旅游或出差时通常会住在:

四星级以上酒店、三星级及以下宾馆、服务设施较好的旅社、经济型招待所。

3. 专设都市旅游频道

华夏旅游网专设的都市旅游频道详细地提供了北京、上海、广州等大城市的旅游资讯。无疑,这对旅游者来说极有吸引力。目前华夏旅游网已完成了"休闲北京"频道的设计。"休闲北京"频道主要有三项内容:一是四个专栏,二是旅游新闻,三是北京旅游娱乐的查询系统。四个专栏为京城博览、上山下乡、吃喝玩乐、自游人生。京城博览介绍了世界遗产、皇家园林、宗教圣地、主题公园、北京胡同等北京最有特色的旅游景点;上山下乡则介绍了百花山、白龙潭、

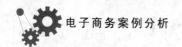

黑龙潭、红螺寺、石花洞、雁栖湖、金海湖、龙庆峡、十渡、京东大溶洞、京东大峡谷、京东第一瀑、康西草原等山水景点；而吃喝玩乐则详细介绍了北京的美味佳肴、酒廊啡吧、迪厅OK、购物逛街、休闲健身娱乐设施。这一栏目中的旅游查询系统可以轻松查询各项娱乐设施和旅游机构。

4. 强大的搜索引擎

华夏旅游网非常重视查询功能的开发和完善,专设搜索引擎频道,链接了国内绝大多数旅游网站,用户可以通过关键词或主题查询旅游信息。

收入模式

华夏旅游网的收入主要包括两个方面:一是B2B收入,也就是为旅行社、宾馆、旅游景点、航空公司等企业提供信息发布、广告等服务的收入,现有约3 000家旅行社、饭店和游船公司的销售部门已进网交易。二是B2C收入,也就是提供在线旅游预订,包括旅游线路预订,网上订房,订国际国内机票、长江游船票、国际游轮票、国际列车票等服务的收入。目前华夏旅游网的在线预订服务是通过代理商开展的,如宾馆预订即是与北京百德勤订房中心合作进行的,用户可以3—7折的价格预订全国各地100多个城市千余家酒店。

可以从以下几个方面比较华夏旅游网和携程旅行网:

1. 奖励和优惠比较

网上旅游服务的关键在于优惠和奖励。华夏旅游网和携程旅行网的奖励措施各具特色。携程采用"携程里程"为计价单位,华夏采用"分"为计量单位,显然携程的计量单位更具新意。按用户"携程里程"的数量,携程将用户分为普通会员、白银会员、黄金会员、白金会员和钻石会员五种类型,会员等级越高,享受的奖励就越多,预订的价格也越优惠。另外,携程会员每发表一条点评可得2公里里程数,每发表一篇游记可得10公里里程数,每次预订都会得到相应的里程数,注册用户每介绍一个用户即可获得20公里里程数。华夏旅行网在用户注册时提供1 000分奖励,用户每次预订都会得到相应的分数。发表可采用的文章每篇计100分,提出建设性意见计50分,参加华夏旅游网调查可得到50分,每介绍1个新会员入会得50分。积分达2 000分,华夏旅游网赠送精美旅游纪念品一份,积分达2 000分以上时,华夏旅游网组织定期抽奖,奖品包括精美旅行包、免费住宿酒店、免费参加旅游线路、免费机票等。另外,华夏旅游网还不定期举办各项有奖活动,如2000年3月举办游记大奖赛,凡参加者即可获得精美旅行包,每周评奖。华夏旅游网和携程旅行网都向注册用户提供会员卡。

2. 网站定位比较

华夏旅游网的定位为"旅游者休闲最佳朋友",其宗旨是"旅游业的助手,旅行者的朋友",目标为"亚太地区最大的旅游专业网站",口号为"伴您走遍天涯"。携程旅行网将其网站综合定义为四种角色,即一站、一社、一区、一部。"一站"即携程网站,一方面立足国内,是"中国人的旅行网站",另一方面服务于来华外国旅客,成为"中国的旅行网站"。"一社"即建立虚拟网上旅行社,在网上提供吃、住、行、游、购、娱六个方面全方位的产品,提供订票、订房、订餐、订旅游路线服务。"一区"即携程旅行网的旅游社区是用户发表点评、相互交流的场所。"一部"就是携程网友俱乐部。

3. 旅游信息设计比较

华夏旅游网通过专设的锦绣中华频道,分别从景点介绍、景点地图、导游指点、交通信息、消费指南、气候温度、风味特产、服务机构、风俗民情等多个方面详细介绍国内景点,并分别建成黄山、西双版纳、九华山、黄果树、九寨沟、武夷山、张家界、海南、云南、山西等22个国内著名风景区、旅游城市的专门站点。此外还设立专供查询的旅游黄页频道,分类收集了国内上万家旅游企业和旅游相关企业的资料,是目前国内最强大的旅游数据库查询系统,可以提供两项内容的检索,一是各省地旅游资讯检索,包括饭店、旅行社、景点、交通、餐饮、购物等方面的内容,二是全国各地旅行社信息查询以及餐饮、交通、景点、购物、游船等信息的查询。携程旅行网则是在后台数据库存储有2 000余个景点的介绍资料,包括当地特色、最佳旅游时间、风景、推荐行程、住宿、餐饮、娱乐、购物、地图、交通等十类信息,涉及旅游必备的食、住、行、游、购、娱六项要素。相比较而言,华夏旅游网的旅游信息服务功能更为全面。

我国已经从旅游资源大国转变为亚洲旅游大国,今后的20年将要实现从亚洲旅游大国向世界旅游强国的跨越;另据世界旅游组织预测,到2020年,中国每年接待的入境旅游者将达到1.3亿,大批国人会出境、出国旅游,旅游业与电子商务的迅速融合有着巨大的市场潜力。"五一"、"十一"长假的旅游热潮也证明"假日经济"已正式走入大众经济生活。

由于旅游电子商务不仅可以打破地域限制,而且可以最大限度地将各种旅游资源以最经济的方式结合在一起,同时,无店铺经营也有助于降低成本,使旅游资源的所有者和消费者都得到益处,因而网上旅游的价格更有竞争力。据调查,目前在网上预订酒店,一般可以打3—7折,网上订票可以打7—9折,网上组团的价格也比网下旅行社便宜。事实上,旅游业不涉及目前最复杂费力的物流配送问题,这也是它相对于其他行业的电子商务更容易发展的优势所在。旅游业较少涉及实物运输,对企业的物流配送系统要求不高,旅游服务的无形性更使其适合网上销售,比如预订酒店,上网操作后,客户只要直接去酒店享受就行了,不用担心延时服务、货不对路等问题。作为国内建设最早、规模最大的旅游网站,华夏旅游网有效挖掘自身资源,已拥有相当的优势,包括丰富的网上旅游信息、有效的预订设计等,现又成为香港著名网站 Tom.com 在内地网络旅游业的独家合作伙伴。通过网络营销,这家网站希望在国内竞争激烈的互联网市场中确立其网络旅游业的领先地位。

第四篇
虚拟经济与社会交往

■ 11　虚拟社区的价值整合：友人网、奇虎、乐趣园
■ 12　从 Web 2.0 到 3D 虚拟世界：第二人生、
　　　由我世界、IBM

11 虚拟社区的价值整合：友人网、奇虎、乐趣园

11.1 Web 2.0 和虚拟社区

11.1.1 虚拟社区

虚拟社区的兴起

当前可以说是进入了电子商务发展的又一新阶段，《中国电子商务报告（2004—2005）》指出，电子商务的发展呈现出两个特点：一方面，各种新的电子商务模式层出不穷，随着互联网的发展，网民走向成熟，以往被动地从门户接纳信息的模式已不能满足需要。互联网开始从启蒙阶段、商业化阶段步入社会化阶段，个性化需求日益迫切，互联网已开始进入 Web 2.0 时代。基于 Web 2.0 发展出一系列的新的互联网商务模式，一些原有的电子商务模式也在不断创新。另一方面，电子商务企业之间的并购频繁。国际 C2C 领头公司 eBay 在 2004 年以 1.5 亿美元追加投资收购易趣，大举进入中国市场，并在 2005 年 6 月宣布与环球资源建立战略联盟关系，进军 B2B 领域。eBay 旗下全球最大的在线支付平 PayPal（贝宝）也进入中国电子支付领域。eBay 宣称，Skype、eBay 和 PayPal 将为全世界的买家和卖家创造一个无与伦比的电子商务及通信引擎。

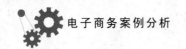

同时,雅虎以 10 亿美元与中国最大的 B2B 网站阿里巴巴合作,开始在各个领域与 eBay 展开全面竞争。总结起来,电子商务模式呈现出一种创新整合的趋势,在发展融合的过程中日趋复合和复杂。

在所有电子商务模式中,最重要的恐怕要算虚拟社区。据 CNNIC 发布的数据,截至 2005 年 4 月底,中国网民数量超过了 1 亿,iResearch 的调查发现有高达 68%的用户使用过网络社区,其中高达 36.8%的网民每天都上网络社区,25.5%的网民每周登录网络社区 4—6 次,23.8%的用户每周登录网络社区 2—3 次。虚拟社区巨大的用户数量和频繁的使用情况为电子商务的开展提供了无限的空间,虚拟社区引起越来越多学者和企业家的重视。

在过去的八年中,虚拟社区作为最重要的电子商务模式之一也发生了重要的变化。从最初的聊天室、论坛、BBS 开始,虚拟社区提供了一个网民相互展示和交流的平台。但仅仅这样还不能满足网民的需求,随着互联网的发展和人们需求的发展,人们对于休闲交友的渴望更加突出,虚拟社区发展成为各种各样的交友娱乐中心,如今虚拟社区更成为多元化的展示平台和互动娱乐平台。随着 Web2.0 的提出,博客、播客、SNS(社会网络)的兴起,更是为虚拟社区开拓了广泛的发展空间。Web 2.0 所强调的个性化、社会化和交互性与虚拟社区不谋而合,在此基础上融合博客、播客、SNS,与其他电子商务模式相结合的虚拟社区成为新一代网络社区。这其实也是一种创新和整合。

以大旗、奇虎、猫扑为代表的新一代虚拟社区凭借其创新的商业模式相继获得了风险投资的青睐,成为新一轮互联网热潮中的代表。以猫扑为例,成立于 1997 年,最开始仅仅是一个电视游戏站点,而根据猫扑方面目前的数据,该网站目前的注册用户达到 1 300 万、日平均浏览量 6 000 多万,同时在线人数 6 万多。为什么短短几年之间这些虚拟社区会有如此快速的发展?是泡沫还是创新?这些电子商务模式的背后究竟是什么?和最初的虚拟社区有何区别?它们只是个例,还是实际代表了虚拟社区的一个发展方向?这就是本章研究的出发点。

Internet 的发展,使得人们可以突破时间、空间的约束,自由地交流和分享信息,这就发展出了"虚拟社区"的概念。通过信息技术,人们与人交往沟通的愿望在网络上得以实现,虚拟社区为其所有者和所有成员创造了显著的价值。

虚拟社区最初起源于 BBS,随后出现了多种多样的表现形式,如新闻组、聊天室、交友中心、在线游戏等。中国最早的虚拟社区是新浪,从新浪开始有论坛,然后是网易网上社区,腾讯也设有社区,早期的互联网公司都是从社区做起来的。

虚拟社区的定义

最早的关于虚拟社区的定义来自于 Rheingold(1993)。他将其定义为:"一群分布在不同地理位置的人们通过计算机网络技术彼此交流沟通。他们有共同的兴趣爱好,共同分享某种程度的知识和信息。"后人在此基础上做了更多的阐述。Carver(1999)指出虚拟社区实际就是将人们整合在一起。虚拟社区为什么能吸引人们聚集在一起?是因为它们组织了一个可信赖的和具有现实性的与人联结互动的环境。Hagel 和 Armstrong(1997)将其定义为以计算机为媒体的内容和交流的整合空间,强调由成员自己提供内容。Ho,Schraefel 和 Chignell 指出虚拟社区是通过技术支持多种交互方式、实施交互和多用户参与的网络活动。Rappa 从更广泛的角度指出了虚拟社区的四种形式:源码开放、内容开放、公共广播和社会网络,分别做了解释并举例予以了说明。

Honglei Li(2004)对关于虚拟社区的研究做了一个文献综述,他指出对虚拟社区的研究主要从两个角度出发,一个是商业角度,另一个是社会学角度。早期对虚拟社区的研究主要是从社会学的角度出发,以下三个方面展开研究:虚拟社区和真实社区的区别(Wellman,1996;Agres,1998;等),虚拟社区的定义(Etzioni & Etzioni,1999;Ridings et al.,2002;等),从社会学、心理学的角度研究虚拟社区的活动(Coon,1998;Ridings et al.,2002;等)。另一个很重要的问题就是虚拟社区的商业潜力。Hagel 和 Armstrong (1997)是完整地分析了虚拟社区商业模式的潜力的先驱。在此之后,其他一些学者(Kozinets,1999; Evans et al.,2001;Maclaran and Catterall,2002;Kardaras et al.,2003)也研究了虚拟社区的潜在模式。他们中的大多数人是从市场价值的角度描述虚拟社区的潜力的。Rothaermel 和 Sugiyama(2001)认为面向商业的虚拟社区主要依赖交易来生存,并且建立了一些因素比如离线交流、成员经历、网站管理、网站内容、知识共享对虚拟社区的交易数量的正向影响关系。

综上所述,从社会学的角度来看虚拟社区,虚拟社区将具有共同兴趣爱好的人聚集在一起,彼此交流共享信息和知识;从商业角度来看虚拟社区,虚拟社区为社区访问者提供交流的平台,同时通过聚集的人气获取商业价值。

用 e3value 方法可以画出虚拟社区的价值交换和创造过程,如图 11-1 所示。

注意其中访问者和虚拟社区运营者的价值交换。虚拟社区为访问者提供交流平台,同时从访问者那里获得收入支持虚拟社区的运营。这里的获得可以是直接的获得,也可以是间接的获得。直接获得是指以会员费或产品服务提供费的形式获得收入,而间接获得是指在现有社区人气聚集的情况下,通过向第三方提供产品或服务获得广告收入、销售佣金等。

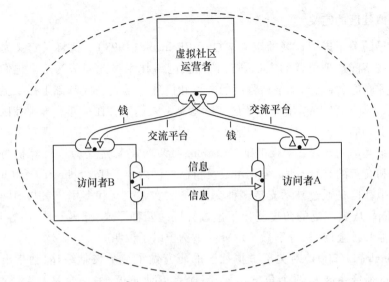

图 11-1　虚拟社区模式的 e3value 描述

虚拟社区的特点

詹骞指出虚拟社区为我们提供了第二类交互方式、另一种生存空间,具有物理上的不可触摸性和精神上的可传递性,与真实社区相比具有空间分布性、交流真实性和维护自发性等特点。崔巍也指出虚拟社区至少具有四个特性:(1)虚拟社区通过以计算机为媒介的沟通得以存在,从而排除了现实社区;(2)虚拟社区的互动具有群聚性,从而排除了两两互动的网络服务;(3)社区成员身份固定,从而排除了由不固定的人群组成的网络公共聊天室;(4)社区成员进入虚拟社区后,必须能感受到其他成员的存在。

另外,虚拟社区的主题性和互动性也经常被强调。主题性是指社区成员一般都有共同的兴趣爱好,在主题明确的前提下,社区成员相互之间才能自然和频繁地交流,才能使整个社区更具亲和力。当然这可能会丧失部分对此类主题毫无兴趣的用户,但是如果主题过于分散、缺乏鲜明特色,那么社区居民也因为兴趣各异,彼此的交流与沟通存在许多障碍,最终使整个社区人际关系较为松散。互动性是指虚拟社区最大的意义在于为有交流需求的人们提供相互交流的场所和条件。社区中的居民已经不再是被动的信息接收者和社区设施的使用者,而是主动的信息提供者和社区设施建设的积极参与者。

实际上,詹骞和崔巍以及目前很多的解释更多的是从社会学的观点来看虚拟社区的特点。虚拟社区吸引着大批的网友,从而使社区本身极具商业价值。我们希望从商业角度来说明虚拟社区的特点。

从虚拟社区的特点出发分析虚拟社区的商业价值：

1. 营销价值

虚拟社区拥有较高而且十分固定的访问量，那么商家在此投放广告，或是进行市场调查，将会获得良好的效果。厂商将会纷至沓来，在虚拟社区对其自身和产品进行商业宣传。由于社区所具有的主题性，访问特定社区的人往往只对某一方面感兴趣，商家如果有针对地进行广告宣传，实施有关营销措施，可以变盲目的"推动"为有目的的"推动"。

2. 信息价值

对于顾客来说，由于网络不受时间和空间限制，用户能方便地获取厂商信息，从而做出自己的选择。更重要的是，由于对于产品信息的及时掌握，顾客能从厂商身上索取更多的价值，或者说是避免厂商的价格歧视。由于社区具有的互动性，用户之间可以相互交流关于产品的信息，用户在购买产品之前可以获得其他人的购买和使用经验，减少信息的不对称。

对于厂商来说，社区内信息的获取是双向的，对于厂商将更为有利。厂商可以通过网上调查等多种形式来把握顾客心理和市场动向，从而开发新产品以赢得市场；厂商可以通过网络销售大大降低销售成本，避免中间商的介入，并扩大其产品的覆盖范围。

虚拟社区盈利方式

Timmer指出虚拟社区的最终价值来自于其成员（客户或伙伴），因为这些成员将为由社区运营公司所提供的社区环境增加信息量，另外，会员费和广告也能产生效益，虚拟社区也可以成为其他营销运作的一种补充。Hagel和Armstrong(1997)指出虚拟社区的盈利方式主要可以划分为五种：注册费、会员费、使用费、广告费和交易费。Weil也指出了虚拟社区的五种收入来源：会员费、提供产品和服务、广告、点击、销售佣金。丁乃鹏在其文章中对虚拟社区盈利方式做了归纳和进一步的解释。

1. 会员费

会员费有三种表现形式：第一种采取注册费的形式，社区对参加社区的用户固定收取一定的费用；第二种是使用费的形式，基于使用时间的长短和浏览网页的数量或是两者的组合收取；第三种是内容享用费和服务费。内容享用费是下载特殊信息所需支付的费用。

2. 产品或服务的直接销售的提成

通过直接向社区成员销售产品或提供服务获得收入。

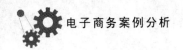

3. 广告费收入

在社区内发布广告获得收入。只要有点击,社区经营者就可以从广告商那里获得回报。

4. 销售佣金

根据成员销售的情况或文件数据获得销售佣金。比如在社区内建立相关产品的分类广告,对由此促成的每一笔生意收取一定的佣金。

对于虚拟社区而言,目前最主要的盈利方式还是广告收入,但是关于盈利模式的观点正在发展中,比如张海、张海霞就提出了第二代电子商务的盈利模式的概念。他们认为,各大网站已经从疯狂增加自己的页面浏览量过渡到增加自己真正的用户,拥有了用户就等于拥有了互联网的核心。于是网站将用户分为普通用户和认证用户两种:普通用户,即提供非经常性交易的大众用户;认证用户,即提供经常性交易的专业商家用户。网站对认证用户实行收费制度,认证用户需要交纳一定数额的认证费用,以保证其信誉度。另外,还可以通过无线增值服务和用户增值服务等方式创收。可以看出,各虚拟社区正在广告收入这一盈利方式之外,寻求更多新的盈利方式,通过提供产品或服务或者增加用户价值获得新的利润来源。

11.1.2 虚拟社区整合

虚拟社区整合趋势

根据前面关于虚拟社区的定义,我们通过雅虎分类目录和 www.hao123.com 及 www.265.com 找出了国内主要的 46 家虚拟社区(见表 11-1)。参考 Timmer 对电子商务模式的分类和定义,我们对这 46 家虚拟社区电子商务模式进行了分析,发现这些虚拟社区实际存在下列两种趋势:

第一,虚拟社区模式和其他电子商务模式的结合。虚拟社区的主要职能是为具有共同兴趣爱好的社区成员提供相互交流、共享知识的平台。但是研究发现,很多虚拟社区在此之外提供一些其他电子商务模式所具备的功能,比如内容提供商、电子商城等。

第二,虚拟社区聚合。以奇虎、大旗为例,它们不是传统意义上的社区,它们采用搜索、索引或其他方式将其他一些社区聚合在一起。

按照这种趋势,我们将上述 46 家虚拟社区划分成四类。第一类是传统意义上的虚拟社区。这种类型的虚拟社区主要是纯粹的论坛、BBS、聊天室等,没有上面提到的两种趋势。第二类是虚拟社区模式和其他电子商务模式的整合。第三类是虚拟社区整合。第四类虚拟社区既整合了其他电子商务模式,又提供了其他虚拟社区整合的渠道。上述四类虚拟社区的具体数目见表11-2,所占比例见图11-2。

表11-1 虚拟社区网站

网站	网址	模式	
大旗网	www.daqi.com		社区聚合（提供免费论坛空间）
奇虎	www.qihoo.com		社区聚合（提供免费搜索）
Teein	www.teein.com		社区聚合（提供索引服务）
中文论坛联盟	www.bbstag.com		社区聚合（提供索引服务）
乐趣	www.netsh.com	虚拟社区+电子商店	社区聚合（提供免费论坛空间）
西陆	www.xilu.com	虚拟社区+内容提供商	社区聚合（提供免费论坛空间）
跑跑龙论坛	www.woaita.com	虚拟社区	
碾尘心语	www.yf312.com	虚拟社区	
雅箐时尚社区	www.fokoo.com	虚拟社区	
中国大学生	www.ourdxs.com	虚拟社区	
E族论坛	www.ezhubbs.com	虚拟社区	
厦门猪猪社区	www.xmpig.com	虚拟社区	
星空网	www.xingkong.com	虚拟社区	
落伍者	www.im286.com	虚拟社区	
我是网管论坛	www.54master.com	虚拟社区	
肝胆相照	bbs.hbvhbv.com	虚拟社区	
天播网	www.skybo.com.cn	虚拟社区	
天极论坛	bbs.yesky.com	虚拟社区+内容提供商	
DoNews	www.donews.com	虚拟社区+内容提供商	
QQ论坛	bbs.qq.com	虚拟社区+内容提供商	
洪创网	www.sahu.net	虚拟社区+内容提供商	
摇篮网	www.yaolan.com	虚拟社区+内容提供商	
39健康社区	www.39.net	虚拟社区+内容提供商	
喜满你	bbs.xicn.net	虚拟社区+内容提供商	
子陵	www.ziling.com	虚拟社区+内容提供商	

(续表)

网站	网址	模式	
蓝色理想	www.blueidea.com	虚拟社区+内容提供商	
点金投资家园	www.djtz.net	虚拟社区+内容提供商	
哈哈社区	www.51haha.net	虚拟社区+内容提供商	
绿野	www.lvye.org	虚拟社区+内容提供商	
天涯	www.tianya.cn	虚拟社区+内容提供商+电子拍卖	
新生代社区	www.agenow.com	虚拟社区+内容提供商+服务提供商	
我易网	www.51space.com	虚拟社区+内容提供商+中介模式	
我爱打折	www.55bbs.com	虚拟社区+内容提供商+中介模式	
古城茶秀	www.forum.xaonline.com	虚拟社区+内容提供商+中介模式	
中国站长站	www.chinaz.com	虚拟社区+内容提供商+中介模式	
凯迪	www.cat898.com	虚拟社区+内容提供商+中介模式	
爬爬E站	www.3320.net	虚拟社区+内容提供商+中介模式	
友人网	www.younet.com	虚拟社区+内容提供商+中介模式	
猫扑	www.mop.com	虚拟社区+内容提供商+中介模式+服务提供商	
麻辣社区	bbs.newssc.org	虚拟社区+服务提供商	
西祠	www.xici.net	虚拟社区+中介模式	
秀成网	www.showcity.com.cn	虚拟社区+中介模式	
丫丫家庭社区	bbs.61.fm	虚拟社区+中介模式	
建筑论坛	www.abbs.com.cn	虚拟社区+中介模式	
蔻宝宝亲子论坛	www.qbabao.com	虚拟社区+中介模式	
温州社区	www.xrbbs.com	虚拟社区+中介模式+服务提供商	

表 11-2　虚拟社区分类数目表

模式分类	第一类	第二类	第三类	第四类	总数
社区数量	11	29	4	2	46

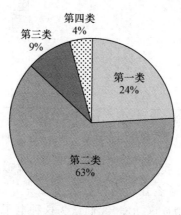

图 11-2　虚拟社区分类比例图

我们发现纯粹的虚拟社区(第一类)目前所占的比例已经很少,76%的虚拟社区采用了不同层次的模式创新,我们把这种模式创新定义为整合。通常意义上的电子商务模式的整合是不同电子商务模式之间的整合,但是这里我们将整合的概念拓宽,整合不仅指不同电子商务模式之间的整合,还包括采用同一电子商务模式的不同企业之间的整合,这样的整合实际是资源和能力的共享。也就是说,虚拟社区的整合包括两个方面的含义:

第一,虚拟社区模式和其他电子商务模式的整合。通过分析 46 家社区当中的 31 个和其他电子商务模式整合的虚拟社区,我们发现虚拟社区模式主要和内容提供商、电子商城、电子拍卖、服务提供商、中介模式这几种模式整合,其他模式还没有发现。其中最主要的是内容提供商模式和中介模式,见表 11-3。

表 11-3　整合电子商务模式社区数目表

电子商务模式	内容提供商	电子商店	电子拍卖	中介模式	服务提供商
社区数目	23	1	1	14	4

计算出每种整合的电子商务模式占所分析的 31 个虚拟社区的比例,如图 11-3 所示。

其他的一些电子商务模式没有出现在和虚拟社区的整合中,可能是由于存在冲突和资源能力的不匹配(Weil,2001),因此我们重点讨论上面提到的五种电子商务模式。

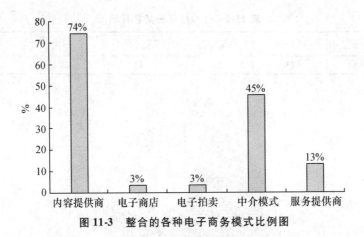

图 11-3 整合的各种电子商务模式比例图

这里有一些情况不在我们的考虑范围内,鉴于虚拟社区的营销价值和商业价值,越来越多的电子商务企业将虚拟社区作为一个附加的功能,在本来的电子商务模式之外加入虚拟社区功能,我们认为这种电子商务企业其主要模式不是虚拟社区,不在我们的考虑范围内。

第二,虚拟社区之间的整合。我们把虚拟社区聚合定义为虚拟社区之间的信息与服务的整合。单个虚拟社区往往有特定的用户群,提供特定的信息。当多个虚拟社区相互共享信息和用户时,我们就认为存在虚拟社区之间的整合。

通过对上述 46 家虚拟社区的分析,我们发现整合其实有三种情况:纯粹的虚拟社区和其他电子商务模式的整合、纯粹的虚拟社区之间的整合,或两者兼有。我们把虚拟社区的整合划分为三种模式:纵向整合、横向整合和混合整合。

虚拟社区整合的动因

为什么需要整合?袁海波、袁海燕的文章中根据社区运营模式的不同将社区分为两种形式:作为独立的商业模式的社区和作为网络企业多样化模式之一部分的社区。前者中的成员加入社区主要是为了与新老朋友联系,因此形成了一种不涉及经济利益的中性环境,这也使得社区在运营上比较困难。社区主要通过广告收入、会员费、会员捐款或是出售社区纪念品来维持生存。后者并不承担为企业产生收入的任务,企业建立社区的主要目的是提供与顾客相互交流的场所,并希望通过社区提高顾客忠诚度,为企业的总体营销战略服务。通过这样的分类可以看出采用单一的虚拟社区模式,可能会造成运营上的困难。社区实际聚集了大量人气和潜在消费者,如何从这些社区成员身上获取价值?社区可以采用与其他电子商务模式相结合的办法。

另一方面,虚拟社区最重要的是人气,但由于虚拟社区具有的主题性,往往只能吸引一部分与主题相关的成员,而丧失部分对此类主题毫无兴趣的用户,从而可能影响社区的用户数量。根据 Hagel 的研究,复制虚拟社区的价值主张(Value proposition)很难,因为社区的价值来源于它的成员。任何人访问社区的行为和过程,都应被视为是"消费"行为与"消费"过程,具体说是他在资金、注意力、时间甚至个人情感等方面的综合投入的过程(徐锋,2000)。而在此过程中,他又获得了个性的展示、情感的交流、人际的沟通以及各种问题的解决方案,时间久了,自然而然会对虚拟社区产生较高的依赖性。因此,社区对于成员来说转换成本非常高。也就是说,让其他社区的成员转到本社区的成本相当高,但是如果采用不同主题社区聚集,将多个社区用户转化为本社区的用户,各社区可以共享用户,互赢互利。

因此我们可以看出虚拟社区的整合有两个方面的考虑:一个是增加社区的用户数量,另一个是提高单位用户创造的利润。通过社区的整合,一方面社区之间用户可以共享,另一方面社区和其他电子商务模式的整合,又可以充分利用虚拟社区的人气产生商业价值。

虚拟社区整合分析框架

Bhattacharya 等(1998,1999)参考社会学、心理学和经济学的观点提出了一种数学模型方法,通过虚拟社区产生的利润来分析虚拟社区的信任问题。使用这种模型方法,Eric Walden(2000)的研究指出,虚拟社区企业的利润受三个因素的影响:用户对社区的信任、交易成本和企业对产品的控制。其中用户对社区的信任包括两个方面——产品的不确定性和企业的不确定性;交易成本来自于社区的努力;而企业对产品的控制受社区的影响力也就是社区对用户的吸引力和用户忠诚度的影响。

通过前面的分析,我们知道提高单位用户创造的利润和增加社区的用户数量是虚拟社区整合的动因,最终目的是通过这两方面提升虚拟社区的利润创造力。按照整合的动因,我们将 Eric Walden 提到的影响虚拟社区创造利润的因素分成两类,即单位用户创造的利润和社区的用户数量。单位用户创造的利润受虚拟社区所能获得的收入和社区用户进行交易的成本以及社区用户对社区和其他产品服务提供商的信任的影响。社区用户的数量则受以下三方面因素的影响:社区所能提供的信息量、社区对用户的吸引力以及社区对用户忠诚度的影响。

根据前面对虚拟社区整合的概念和动因的分析,我们可以提出虚拟社区整合的假设框架,如图 11-4 所示。

在后面的讨论中,我们要对下面三个假设做出分析:

假设 1:纵向整合通过对虚拟社区和其他产品服务提供商的信任及收入的正向影响、对交易成本的负向影响提高单位用户创造的利润。

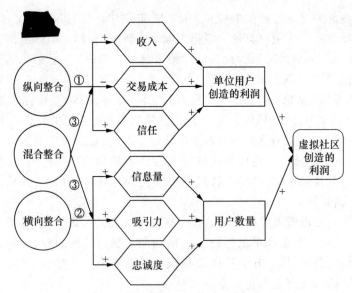

图 11-4　虚拟社区整合模式模型

对于纵向整合来说,虚拟社区模式与其他模式整合的根本目的就是充分挖掘现有的用户资源,提高单位用户所带来的收益,因此纵向整合的动因来自于提高单位用户创造的利润。当然,纵向整合在提高单位用户创造的利润的同时还有可能吸引来更多的用户,增加用户的数量,但总的来说,前者更为重要和主要。

假设 2:横向整合通过对虚拟社区信息量、吸引力和用户忠诚度的正向影响增加虚拟社区的用户数量。

对于横向整合而言,社区之间的聚合将带来社区用户实质性的增加,因此横向整合的动因来自于增加用户数量。同样,不同社区的整合也可能带来新的盈利方式从而提高单位用户创造的价值,但还是以增加用户数量为主。

假设 3:混合整合通过对虚拟社区的信任和收入的正向影响、对交易成本的负向影响提高单位用户创造的利润,通过对虚拟社区信息量、吸引力和用户忠诚度的正向影响增加虚拟社区的用户数量。

对于混合整合模式来说,既有横向整合又有纵向整合,两方面整合的目的是在提高单位用户创造的利润的同时又增加用户数量。

11.2 案例分析

11.2.1 虚拟社区纵向整合：友人网

整合模式与商业模式

纵向整合简单来讲就是虚拟社区和其他电子商务模式的整合。Peter Weill 和 Michael R. Vitale 认为现在的电子商务企业仅仅采用一种电子商务模式已经不能满足电子商务发展的需求，因此他们将电子商务分成八种元模式，认为实际电子商务往往不是仅采用一种电子商务模式而是整合多种模式。同样，在王刊良(2001)等人提出的电子商务模式创新框架中也提到，基于元模式和从属模式整合的复合模式是电子商务模式创新的一个发展方向和趋势。虚拟社区模式也是如此。纯粹的虚拟社区模式在吸引用户数量和增加单位用户价值上都遇到了一些问题，于是逐渐向与其他电子商务模式整合方向发展。通过纵向整合可以充分挖掘虚拟社区用户的商业价值，提高单位用户带来的价值。

友人网(www.younet.com)创立于1998年，是广大手机爱好者的交流平台。除了提供交流之外，友人网还发布大量最新的手机知识和产品信息。随着手机虚拟社区的发展，友人网新建立了手机商业区，为手机销售商提供新的经营方式。手机销售商和制造商可以以网上营业厅的方式与购机者交流和进行线上线下相结合的交易。销售商投入手机营业厅的成本大大低于传统经营，同时通过充分交流和对目标人群有针对性地进行促销，销售量不断上升，这实际上也为友人网不断地创造了价值。

在友人网上主要有四种角色：社区经营者、购机者、手机爱好者和手机商家。社区经营者指友人网的所有者和经营者，也是我们研究的主体。手机爱好者为参加社区讨论和信息交流的主要成员。手机商家为利用友人网提供的交流和交易平台销售手机的商家。购机者为通过友人网向手机商家购买手机的人。购机者可以由手机爱好者转变而成，也可能转变成手机爱好者。

友人网的商业模式可以用简化的 e3value 方法描述如图 11-5 所示。图中用虚框框出部分为虚拟社区的基本模式。友人网为手机爱好者和购机者提供交流平台，而手机爱好者和购机者为友人网提供信息，包括手机信息、使用经验等，同时带来收入。这里的收入指的是间接收入。友人网成员参与社区交流或者使用社区提供的信息和服务都是免费的，友人网的收入来自于广告费、对手机商家的收费以及其他一些来源。我们可以看出，手机爱好者或者购机者从友人网获得的价值除友人网提供的交流平台之外还有别的内容。因此实际上友人

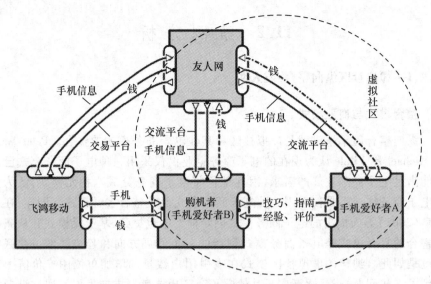

图 11-5　友人网电子商务模式的 e3value 表示

网还作为一个内容提供商的角色为手机爱好者或者购机者提供手机相关内容服务。同时友人网为飞鸿移动等手机商家提供交易平台,这实际上是一种中介模式。

可以看出,友人网在虚拟社区之外还整合了另外两种电子商务模式:内容提供商和中介模式。

价值创造机理

为了更清楚地分析横向整合的动因,我们对价值对象进行总结。我们采用如下简化的模式来表示友人网 e3value 图的价值对象:

$$\text{角色(价值对象)} \xrightarrow{+/-} \text{角色(价值)}$$

假设有两个角色 A 和 B,角色(价值对象)表示角色 A 提供的价值对象,角色(价值)表示角色 A 给角色 B 带来的价值。中间的 +/- 表示角色 A 的价值对象对角色 B 的价值的影响是正向的还是负向的,这实际上展示了电子商务模式价值的创造机理。

为简单起见,我们用 V 表示虚拟社区经营者,本例中即是友人网,C 表示虚拟社区成员,可能是一般的访问者或者手机爱好者,也可能是手机的购买者,T 表示虚拟社区提供的交易平台的受益者,本例中为飞鸿移动等手机销售商和制造商。按照前面提到的模式,我们将友人网 e3value 图中的所有价值对象列在左侧,通过对这些价值对象的分析,可以总结出价值对象带来的价值,列在右侧,然后确定两边的关系,如图 11-6 所示。

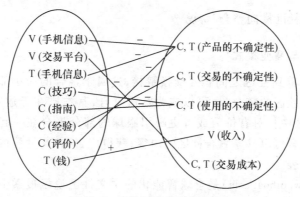

图 11-6 友人网价值创造机理图

友人网、手机销售商和制造商提供的手机信息以及手机爱好者或是先前购买者提供的手机评价信息,实际上降低了手机购买者对于产品的不确定性。想要购买手机的人可以更多地借鉴前人的购买经验,选择更好的手机销售商和制造商,避免由于信息不对称带来的损失,从而降低交易的不确定性。友人网提供的交易平台降低了手机购买者、手机销售商和制造商的交易成本,手机销售商和制造商通过较低成本就能找到购买者或者潜在购买者,而手机购买者可以通过对各个手机销售商和制造商价格、质量的比较做出更优的选择。手机爱好者相互之间交流手机使用技巧和指南也减少了手机使用的不确定性。友人网通过为手机销售商和制造商提供交易平台提高收入,增加利润。

通过对右侧创造的价值进行总结,产品的不确定性、交易的不确定性、使用的不确定性等问题实际可以归纳为手机爱好者、购买者对于虚拟社区、手机销售商和制造商的信任问题。从友人网的价值创造机理可以看出,通过整合带来了信任的增加、收入的增加和交易成本的降低,也就带来了单位用户创造的利润的提高,即纵向整合的动因和价值创造。

虽然我们仅对虚拟社区和中介模式以及内容提供商模式进行了讨论,但对于其他模式我们有类似的结果,所不同的只是提供的是产品还是服务。因此通过对纵向整合电子商务模式和价值创造机理图的分析,我们可以得出结论,虚拟社区通过纵向整合形成的新的电子商务模式实际创造了新的价值:增加了用户对于虚拟社区和其他产品或服务提供商的信任,对于用户和其他产品或服务提供商而言都降低了交易的成本,同时增加了虚拟社区的收入,证实了假设 1。通过以上的分析,我们也可以看出,通过整合,不仅增加了虚拟社区的收入,也为用户和其他参与者创造了价值。这也就是为什么虚拟社区愿意进行这样的整合,以及这样的整合受到推崇的原因,或者说是整合的动因。

11.2.2 虚拟社区横向整合:奇虎

整合模式与商业模式

我们常常看到社区之间相互交换链接,这属于整合的一小部分,横向整合简而言之就是社区的整合,也可以成为社区聚合,其本质在于建立某种过滤机制,将论坛社区中相对有价值或者更吸引眼球的部分聚合在一起,并将其呈现出来。社区聚合可以共享聚合社区的内容,获得广告,并与社区网站分成,以大旗和奇虎为代表。

奇虎(www.qihoo.com)是全球智能化的中文社区论坛搜索引擎,帮助各大虚拟社区增加搜索功能、创新互动产品,与虚拟社区创建共生、共赢的上下游产业链关系。对于单个特定的虚拟社区来说,它的客户群和客户数量有限,并且由于推广等原因也可能影响到它的用户数量。奇虎通过搜索引擎每天自动抓取联盟论坛的内容,然后按照一定的目录展示给访问者。对于各个社区论坛来说,能够分享到奇虎的用户和流量,而奇虎则可以通过这种各个虚拟社区内容的整合吸引各种各样的用户群。对于用户来说,可以通过奇虎提供的平台获得更多的整理过的信息。

参与奇虎的社区联盟的主要有三种角色:社区经营者、访问者和其他社区。社区经营者指奇虎网的所有者和经营者,也是我们研究的主体。访问者为通过奇虎查看信息,与其他访问者交流的人。其他社区是指加入奇虎的"蜘蛛计划",使用奇虎的搜索服务,将自己社区的帖子提供给奇虎的社区。

奇虎的商业模式可以用简化的 e3value 方法描述,如图 11-7 所示。可以看出在奇虎和访问者之间形成了一个虚拟社区,但是从更广泛的角度来看,奇虎实际实现了一个更大的虚拟社区,所有从奇虎上查看其他虚拟社区帖子的人都是这个更大虚拟社区的参与者。奇虎通过其"蜘蛛计划"为众多的虚拟社区提供免费的搜索技术和搜索用的服务器,从而把其他社区的帖子聚集到奇虎,提供给访问者一个信息的整合平台。奇虎不对它的访问者直接收费,它的收入也是间接收入,来自于广告或其他。同样,奇虎对其他社区提供的搜索服务也是免费的,通过广告费等收入来补偿。访问者通过奇虎链接到其他虚拟社区,浏览其他虚拟社区提供的信息,并为其他虚拟社区提供间接收入。可以看出,奇虎通过搜索服务整合其他的虚拟社区,实现了横向整合。

价值创造机理

我们用 V 表示虚拟社区经营者,本例中即为奇虎网,C 表示虚拟社区成员,

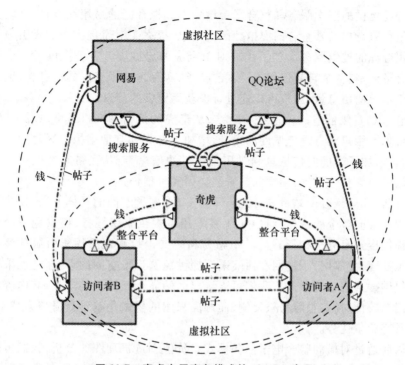

图 11-7　奇虎电子商务模式的 e3value 表示

即通过奇虎网访问其他虚拟社区的成员，T 表示其他虚拟社区，比如网易论坛、QQ 论坛等。我们采用前面提到的模式来描述奇虎网 e3value 图的价值对象：

$$\text{角色（价值对象）} \xrightarrow{+/-} \text{角色（价值）}$$

我们将所有奇虎 e3value 图中的价值对象列在左侧，通过对这些价值对象的分析，可以总结出价值对象带来的价值，将它们列在右侧，然后确定两边的关系，如图 11-8 所示。

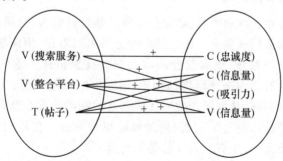

图 11-8　奇虎价值创造机理图

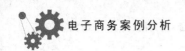

奇虎提供的搜索服务和整合平台增加了虚拟社区的易用性,用户可以更加方便地获取奇虎及其整合的虚拟社区的信息,提高了对奇虎用户的吸引力。通过使用奇虎的搜索服务增加了用户对于奇虎的忠诚度。奇虎提供了一个信息的整合平台,整合来自其他虚拟社区的帖子,实际增加了奇虎的信息量,也增加了对于用户的信息量,用户可以通过奇虎获得更多的信息。

通过对右侧创造的价值进行总结,从奇虎的价值创造机理可以看出,通过整合带来了用户对奇虎忠诚度的提升,增加了奇虎和其他虚拟社区对用户的吸引力,也增加了奇虎的信息量和对用户提供的信息量,从而带来奇虎和其他虚拟社区用户数量的增加,即横向整合的动因和价值创造。

目前,社区聚合网站目前有几十家之多,采用了不同的具体方法,在我们分析的六家横向整合的虚拟社区中,主要采用了提供索引服务、提供免费论坛空间和提供搜索服务三种形式。其中帖易和中文论坛联盟采用索引服务整合其他虚拟社区,大旗网、乐趣网和西陆采用提供免费论坛空间的形式,奇虎采用的则是提供搜索服务的形式。我们可以看出网站靠人工梳理的方式,其内容贡献机制门槛较低,模式很容易被复制,而奇虎采用的模式是基于自身搜索技术的,相对具有竞争优势。

因此通过对横向整合电子商务模式和价值创造机理图的分析,我们可以得出结论,虚拟社区通过横向整合形成的新的电子商务模式实际创造了新的价值:用户对虚拟社区忠诚度的提升,增加了虚拟社区对用户的吸引力,也增加了虚拟社区的信息量和对用户提供的信息量,从而带来虚拟社区用户数量的增加,证实了假设2。通过以上分析,我们也可以看出,通过整合,不仅增加了奇虎的用户数量,也为其他虚拟社区增加了用户数量,这也就是为什么整合和被整合的虚拟社区都愿意进行这样的整合,即是横向整合的动因。

11.2.3 虚拟社区混合整合:乐趣园

整合模式与商业模式

混合整合是指从横向来看,虚拟社区和其他社区整合,从纵向来看,虚拟社区和其他电子商务模式整合。通过前面的分析可以看出,横向整合的动因是增加虚拟社区的用户数量,纵向整合的动因是提高虚拟社区单位用户创造的利润。而混合整合的动因则是既增加虚拟社区的用户数量同时又提高虚拟社区单位用户创造的利润,从而增加虚拟社区创造的利润。混合整合可通过两个方面同时增加虚拟社区创造的利润,但是风险也相对高。在我们分析中,只有两家采用了这种模式,其中有代表性的是乐趣园。

乐趣园(www.netsh.net)是一个以论坛为主的大型网上社区,成立于1999

年。通过提供免费的论坛空间,汇聚了上万个精彩论坛,形成了国内最大的群体论坛,内容丰富多彩、包罗万象,涵盖体育、文学、军事、金融、艺术、情感等众多领域。该站统计数据显示,平均日访问量超过 4 600 万,拥有同时平均超过万人的社区同时在线优势,乐趣注册用户超过千万。除论坛外,乐趣园还提供了游戏平台,访问者可通过乐趣园提供的游戏平台玩游戏。另外,乐趣园还有自己的商城——乐趣商城。乐趣商城提供了一个商品交易平台,主要销售妈妈用品、日用品和玩具类商品。按照 Timmer 关于电子商务模式的定义,乐趣商城属于电子商店而不是电子商城。

参与乐趣园的主要有三种角色:社区经营者、访问者、购买者和论坛管理员。社区经营者指乐趣园的所有者和经营者,也是我们研究的主体。访问者为使用乐趣园参加社区讨论和信息交流的人。购买者为通过乐趣商城购买商品的人,购买者可以由访问者转变而成,也可能转变成社区的访问者。论坛管理员为在乐趣园上申请免费论坛空间,管理自己论坛的人。论坛管理员首先是社区的访问者,当他注册成为虚拟社区的成员后,他就可以在乐趣园上申请属于自己的论坛空间,形成自己的虚拟社区。

乐趣园的商业模式可以用简化的 e3value 方法描述,如图 11-9 所示。

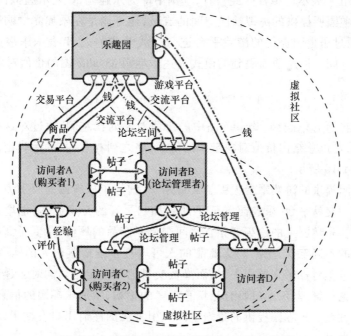

图 11-9　乐趣园电子商务模式的 e3value 表示

从图11-9可以看出,乐趣园提供的免费论坛空间,形成了一个个新的虚拟社区,通过这种方式,乐趣园整合了一大批的虚拟社区。从更广泛的角度来看,乐趣园实际上实现了一个更大的虚拟社区,所有在乐趣园上申请免费论坛空间的论坛管理者和其他访问者都是这个更大虚拟社区的参与者,图中用虚框框出部分为虚拟社区的基本模式。同时,乐趣园提供了商品交易的平台,用户可以通过乐趣商城购买商品,而乐趣园通过销售商品获得收入。这实际上是一种电子商店的电子商务模式。同时乐趣园还提供了游戏平台,获得间接收入,这些收入来自于广告收入以及其他一些来源,这实际上是一种中介模式。可见,乐趣园在虚拟社区之外还整合了另外两种电子商务模式:电子商店和中介模式。

通过前面的分析可以看出,乐趣园的电子商务模式实际上包括两个方面:一方面,通过乐趣商城实现电子商店和虚拟社区的整合,通过在线游戏实现中介模式和虚拟社区的整合;另一方面,乐趣园提供了免费的论坛空间,整合其他的虚拟社区。通过这两个方面,乐趣园实现了横向整合和纵向整合,这种模式称为混合模式。

价值创造机理

我们用 V 表示虚拟社区经营者,本例中即为乐趣园,C 表示虚拟社区成员,即访问乐趣园所提供的虚拟社区空间的成员,还可能是在乐趣商城购买商品的人,或者通过乐趣园提供的游戏平台进行在线游戏的人,T 表示乐趣园提供的虚拟社区空间。沿用前面提到的模式描述乐趣园 e3value 图的价值对象:

$$\text{角色(价值对象)} \xrightarrow{+/-} \text{角色(价值)}$$

我们将所有乐趣园 e3value 图中的价值对象列在左侧,通过对这些价值对象的分析,可以总结出价值对象带来的价值,将之列在右侧,然后确定两边的关系,如图11-10所示。

乐趣园提供的游戏平台吸引了大量用户,增加了乐趣园的吸引力。通过乐趣商城这一交易平台,乐趣园降低了商家和购买者的交易成本,也增加了乐趣园的收入。乐趣园上的购买者相互之间交流对产品的评价,降低了商品购买者对于产品的不确定性,想要购买商品的人可以更多地借鉴前人的购买经验,避免由于信息不对称带来的损失,从而降低交易的不确定性。同时乐趣园提供论坛空间给论坛管理者,通过整合论坛管理者的论坛,增加乐趣园的信息量,提升用户的忠诚度。乐趣园提供的论坛空间吸引社区的注册用户发帖子,增加了乐趣园的信息量。

通过对右侧创造的价值进行总结,可知,产品的不确定性、交易的不确定性

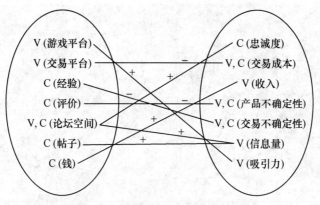

图 11-10　乐趣园价值创造机理图

等问题实际上可以归结为乐趣园访问者、商品购买者对乐趣园和乐趣商城的信任问题。从乐趣园的价值创造机理可以看出,通过整合带来了信任的增加、收入的增加和交易成本的降低,从而带来了单位用户创造的利润的提高。同时,通过提供免费的论坛空间带来了用户对乐趣园忠诚度的提升,增加了乐趣园和下属的虚拟社区对用户的吸引力,也增加了乐趣园的信息量和为用户提供的信息量,从而带来乐趣园用户数量的增加。综合上面两方面的分析,混合整合提高了单位用户创造的利润,增加了用户数量,实际增强了虚拟社区的利润创造能力。

12 从 Web 2.0 到 3D 虚拟世界:第二人生、由我世界、IBM

12.1 虚拟世界

12.1.1 虚拟世界的兴起区

2006年年底,3D虚拟世界掀起了全球性热潮,预示了虚拟世界产业生态圈的初步形成,以及作为下一代互联网发展趋势的巨大价值。3D虚拟世界以其交互性、实时性、社区性逐步成为互联网应用的一个革命性的新兴选择。从最早的MUD,到图形网络游戏,再到大型的3D虚拟世界,3D虚拟世界正逐步成为能够集娱乐、商务、教育于一体的虚拟生存平台,其影响力越来越大。与传统3D游戏注重体验性的纯娱乐功能不同,首先它的体验是全方位的,包括培训、娱乐、创造、社交等,其次它注重培养和鼓励玩家的创造性,玩家甚至可以通过不断体验或者创造内容,推动整个虚拟世界的前进和发展。而目前,全世界有160多个虚拟世界平台已经上线或正在研发。国外专家分析,到2011年,80%的网民和大公司都将拥有自己的虚拟化身或者虚拟形象,并以此在网上生活、工作。

2009年伊始,风险投资机构依然扎堆投资虚拟相关行业,使其在经济危机中一枝独秀。虚拟世界管理专业媒介公司(Virtual Worlds Management)公布的最新数据显示,2008 年 63 家虚拟世界公司总共获得了 5.94 亿美元的风险投资,其中 19 家面向于青少年的虚拟世界公司获得了 7 047 万美元的投资。数据显示,2008 年第四季度 13 家虚拟世界公司融资 1.01 亿美元,与前三季度的 1.84 亿美元、1.61 亿美元和 1.48 亿美元相比融资额有所下降。虽然从数据上看,2008 年对虚拟世界行业的投资额有所下降,但是与 2008 年第四季度风险投资总额锐减 30% 相比,虚拟世界行业受到的影响并不是很严重,而且从 2009 年开年的投资情况来看,风险投资机构还是在往虚拟世界行业持续注资。

现在运营比较成熟的 3D 虚拟世界是美国林登实验室 2003 年推出的第二人生(Second Life),见图 12-1。尽管目前的第二人生无论是用户界面,还是里面的人物造型及动作设计都还稍显粗糙,但是与传统的 2D 游戏甚至部分 3D 游戏相比,第二人生给人们带来了巨大的想象空间,其中所有的内容都不是预先设计的,在第二人生这个 3D 平台上,"居民"在林登实验室提供的土地上利用创新工具,可以充分发挥想象,亲自动手创造世界,比如自己创造衣饰、家居等物品,并拥有物品的所有权和销售权。

图 12-1 第二人生的 3D 虚拟社区

而第二人生从推出之初起就备受关注,其用户每年都呈爆炸式级数增长,2006 年 10 月还只拥有几十万的注册用户,截至 2008 年年底已经超过 1 300 万,日平均虚拟物品交易额超过 100 万美元。2009 年第一季度,用户上网时间高达 1.24 亿小时,比上个季度增加 42%,最高在线人数达 88 200 人,用户之间交易

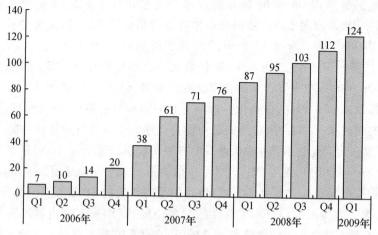

图 12-2 第二人生季度用户上网时间

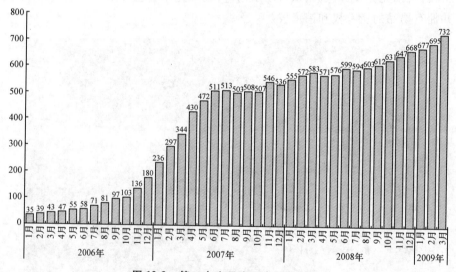

图 12-3 第二人生月度用户数量(千)

额达 1.2 亿美元,见图 12-2、图 12-3。世界知名的公司 Microsoft、IBM、Dell、Intel 等陆续入住,纷纷在这个虚拟世界建立业务中心和体验中心,利用 Second Life 提供的这一实时的共享空间举行各种活动,比如市场促销、与客户进行"面对面"的交流和开展员工培训。其中,IBM 在 Second Life 中的虚拟园区有 6 个区域——接待中心、销售中心、技术支持库、创新中心、互动中心、会议中心,从开放以来已经接待了近两万访客,开展了 8 次大型活动,包括虚拟会议、教育培训、客户互动等。在 2009 年 1 月 20 日,Second Life 为了拓展平台收购了两家专注于虚拟物品交易的网站 Xstreet SL 和 OnRez。收购这两家网站迎合了 Second Life 在 2009 年开拓全球市场、增强新用户体验的战略需求。收购完成后，Second Life 的"居民"将有更多的虚拟物品可供选择，可以在 3D 形式的商店和购物中心中浏览、购买及销售 Second Life 虚拟世界中相关的虚拟物品和服务，这其中当然也包括了"居民"们自己所创建的各类产品和服务。数据显示，2008 年 Second Life 的"居民"购买及出售了 3.6 亿美元的虚拟物品和服务，在虚拟世界中购物已经成为 Second Life 中最吸引人的体验之一。

国内 3D 虚拟世界目前还处于起步阶段，海皮士开发的 HiPiHi 和优万开发的由我世界（uWorld）都已经进入了公开测试阶段，旨在为中国网民提供本土化的创意设计和娱乐社交的 3D 虚拟世界。据不完全统计，截至目前，国内虚拟世界注册用户总数量为 20 万左右，尚处于初级阶段，但我们看到，在此期间，中国 3D 虚拟世界同样还是吸引了国际巨头公司的关注：2007 年 11 月，英特尔宣布正式入驻 HiPiHi，成为国内虚拟行业中的首位企业公民；2008 年 1 月 IBM 和由我世界达成战略合作意向共同推进虚拟世界平台的技术研发。虽然从时间上落后于 Second Life，但中国的虚拟世界优势就在于根植东方文化，背后有庞大的用户做支撑。中国互联网络信息中心（CNNIC）在京发布的《第 22 次中国互联网络发展状况统计报告》显示，截至 2008 年 12 月底，我国网民数量达到了 2.98 亿，首次大幅度超过美国，跃居世界第一位，同时，宽带网民数达到 2.7 亿人，也跃居世界第一，中国网民规模继续呈现持续高速发展的趋势。

在金融危机的大环境下，全球经济陷入衰退。然而世界范围的经济危机却往往给游戏产业带来契机，人们因为收入减少而缩减了诸如泡吧、卡拉 OK、旅游等相对昂贵的娱乐费用，相反选择在家玩游戏这种价格低廉的娱乐方式。美国 1929 年大萧条时期，一个失业的小伙子发明了一款强手棋游戏，风靡了全美国，这就是当代大富翁类游戏的鼻祖。20 世纪 90 年代末亚洲金融危机期间，韩国政府发现失业大军都在家玩星际争霸，于是大力扶植发展网络游戏，才有了韩国现在年产值数十亿美元的游戏产业。韩国和日本游戏产业的迅猛发展都跟上个世纪末经济发展受阻有直接的关系。相应地，诞生于网游业的 3D 虚拟世界，也将步入一个新的发展时期。

可以预见，3D 虚拟世界的多样性体验及创造性将会吸引更多互联网用户。Gartner 公司（全球最具权威的 IT 研究与顾问咨询公司）预计到 2011 年时 85% 的网民将加入虚拟世界，而根据市场研究机构 In-stat（全球著名研究机构）的数据，2012 年虚拟世界的注册用户将达到 10 亿，营业收入将达到 30 亿美元。

12.1.2 由我世界的体验

优万公司(UOneNet)成立于2006年年初,由海外风险投资集团投资,是虚拟交互平台和新兴3D互联网服务供应商,公司的宗旨是帮助用户在互联网上用最具人性化、有趣及有用的方式进行交互。优万公司开发及运营的中国首款原创超大型3D虚拟社区——由我世界是一个多人3D虚拟社区及交互平台,为用户带来了前所未有的虚拟交互体验。它能够同时支持百万级的用户在同一个虚拟世界内进行互动,能够为最终用户、商家和企业带来特有的创新价值,并借此提升互联网的交互和体验性能。由我世界建于优万公司自主研发的具有国际水平的虚拟交互平台——UniG之上,它是向Web 3.D概念迈出的坚实一步,该概念是优万公司于2006年年底率先提出的,引领了互联网新方向。优万公司自主研发的UniG引擎,已申请国家专利,它是MMOG(Massive Multi-player Online Game,多人在线游戏)引擎,支持真正的无缝多人虚拟世界。

由我世界是一个人机自然交互(Natural Human Computer Interaction)虚拟交互平台,在这个平台上,用户可以经历一次与现实世界完全不同的人生体验,沟通、娱乐、生产、交换、学习等让他们在这个奇妙的虚拟世界中得到了一次重生的机会,实现一直以来的梦想。这些体验和功能包括:

(1) 虚拟生存。提供无风险的虚拟化生存竞争体验,低成本的高端生活体验,深度的社会情感意识体验,高度个性化的个人成长体验,高心理认同度的成就感获得体验。

(2) 虚拟形象。提供的虚拟形象系统能够满足人物个性化的要求,用户可以无级调节身体的各个部位,同时能够随心替换各式服装,自由挂载各种饰物,各种人物形象在由我世界中都可以轻松实现,让用户在3D虚拟世界中自由展现风采。

(3) 创造平台。用户或第三方合作伙伴可以利用提供的各种内容创造工具及脚本等创造自己独立的虚拟空间。所有者可以在其中展示各种媒体信息,轻松建立产品展示平台,甚至可以开发复杂的3D对象乃至游戏。

(4) 资源共享平台。在由我世界上,用户可以通过实时的上传与下载,实现自己资源与他人的共享。

(5) 高交互性的社会平台。通过高度自由的组织构架和管理规则,任何人都可以根据自己的需求,在由我世界中加入或建立组织、团队。而动态的组织行为和组织评价,也会使用户与组织在由我世界中自然融合。

(6) 高交互性的经济平台。其价值的产生、流动、消耗都会根据虚拟世界的社会、经济状态以及用户行为做动态的自我调节和平衡。同时通过多种形式使现实世界的经济与虚拟世界的经济体系紧密相连,从而实现广大虚拟用户与现实中的经济实体实时交互,帮助他们通过由我世界平台实现一个投资—回报的良好循环。每一个用户都可以将现实世界中无法实现的商业形态在这里不断尝试、无限拓展,真正做到"由我"。

12.1.3 虚拟世界网站的合作

由我世界的首次亮相不是因为网站的上线,而是宣布与 IBM 建立虚拟世界的互联互通合作的消息。而在 uWorld 正式"开张"之前,IBM 已成为进驻这一虚拟世界的第一家 IT 企业。虚拟世界已不是什么新鲜的话题。一年前德国华裔女子钟安社(原名 AilinGraef)在第二人生里靠虚拟房地产大赚 120 万美元的故事,让虚拟世界风靡一时,国内也有不少的虚拟世界网站跟随其后。由我世界的起步不算早。

"我们 2005 年就开始筹划这样的一个网站,经过一年多的时间去解决相关的技术问题,然后是搭建网站平台,今年三月份网站会正式上线。"叶蓬说。对于网站的前景,叶蓬充满信心,虽然它的成立比第二人生整整晚了五年。"我想我们会比他们快得多,这是我很大胆的预测。"

IBM 的硬件支持——服务器等技术支持使由我世界的平台体验达到了相当不错的水平,更主要的是,这个全新的虚拟世界试图最大限度地接近我们生活的真实世界。"中国不可能复制第二个'第二人生',因为国情不一样。"叶蓬强调,"但我们有不一样的优势。"叶蓬对虚拟世界的兴趣最初来自于网游。但他又说:"网游的设计太死,许多情景包括人物都被事先定制下来。"2004 年年底,在 IBM 美国工作的叶蓬无意中登陆了第二人生。虽然当时第二人生还是一片"蛮荒"之地,但叶蓬立刻敏锐地感觉到这是一个完全不同的世界,是一种全新的方式。之后的一年他开始认真琢磨第二人生的模式。在筹划到了天使投资之后,2005 年年底,他决定回国创建一个全新的"第二人生"。

"我们不是完全照搬第二人生的模式,比如在第二人生里,起初只是一片空白,基本上所有的设施都是网友创建出来的,而中国人其实更喜欢在既有的空间里去改造去选择。"叶蓬说。另一方面,第二人生创建的是一个完全独立的世界,在第二人生里流传一句话,"一切让社区决定"。"但这个没有规则的世界却是与现实世界脱离的,不利于社区的形成。而中国人是非常社区化的。我们想做的是一个完全符合中国社会规则的虚拟世界。"

由我世界的设计以中国东方文化作为背景,并且充分考虑到中国人的思维与行为习惯,在这个基础上去建立场景。"比如第二人生的土地都是一样的价钱,没有真正的地域性的区分,而我们的地有好有坏,因为我们自己盖了些楼在里面,所以我能说这块是商业区,这块地就是比沙漠里的地要贵。"

虚拟世界已不仅仅是一个游戏,它已经从一个游戏者的天堂晋升为另一个商业世界。随着包括 IBM、戴尔、Sun、耐克、索尼博德曼、丰田等在内的许多大公司陆续入住"第二人生",在其中实现在线客服、员工招聘以及在线会议等功能,虚拟世界的商业价值受到了广泛的关注。2007 年 1 月,IBM 启动了"三维互联网和虚拟世界工程",并对公众开放公司在第二人生中买下的 12 块岛屿,希望这些地方能对培训、会议、交易以及其他商业活动有所帮助。

"虚拟需要和实体有紧密的结合,虚拟世界对科技、对经济文化都有着影响,同时也具备更多的商业价值,"叶蓬说,"个人和企业在这个世界里能够获得回报,这个空间才会长久。"当这个虚拟的社会越来越多地需要与真实世界接近和相连时,保持虚拟世界之间以及虚拟与真实世界之间的连接通道也变得非常重要。这正是 IBM、英特尔、思科等巨头倡导虚拟世界互联互通标准的原因。由我世界则是 IBM 在中国选择的第一家虚拟世界的合作伙伴。

互通的价值

"虚拟世界的发展开拓了一个新的局面。但现在的问题是,这些世界都是一个个孤岛,用户并不能像现在的互联网世界一样用一个 IE 就可以浏览所有的网站,很自由地在中间穿行。"IBM 中国研究院院长李实恭博士这样评说。"在虚拟世界中还没有办法实现这样顺畅的体验,一个人在某一个世界里的行为和他所得到的一切没有办法带到另外一个世界去,这会使体验大打折扣。为此,IBM 正在全球范围内积极寻找合作伙伴,只有大家都实现互通,整个虚拟世界才会形成一个有机的生态系统,才会壮大。将来虚拟世界的发展不仅要跟真实世界一样,而且还要比它更方便。"

事实上,如果虚拟世界畅通地连接到真实世界中,它所能做的事情或许会远远超出想象。最简单的一个例子是社区的延伸。李实恭博士举例说:"比如我住在天通苑,小区里不同阶层的居民可以进入虚拟世界中的天通苑社区,在这个虚拟社区里可以做很多的事情,或许以后小区都不用建论坛,直接入驻由我世界,然后大家开个会商量一下,一下就完成了。"

从这个角度来看,在时间上落后的国内虚拟世界网站有着先天的优势。一是虚拟世界的建立可以直接以社区的形式来进行,二是中国社会中本身就具备的许多社区可以非常快地促进虚拟社区的繁荣。"虚拟世界必须要和现实实体共同创造价值,这样其发展才会持续下去,否则虚拟世界就是大家一起在上面玩玩游戏聊聊天,这个同 3D、2D 的互联网没有什么太大的差别,虚拟世界要真的像我们的生活一样。"李实恭博士表示,"虚拟世界在建立社区社群的时候,如果考虑到与实体的整合,而且提供的体验够好,那么它的爆发力是不可想象的。国外的虚拟世界采用比较自由的、从无到有、草根性的成长方式,跟我们的社会环境不太一样,事实上我个人觉得,我们国内的条件优于国外"。

入驻第二人生已经让 IBM 和更多的公司看到了"虚拟商务世界"的价值。而选择中国的虚拟世界合作伙伴,IBM 与由我世界进行了半年多的沟通。而叶蓬在 IBM 十多年研究分布式高性能计算的工作经历,也让两家公司在合作上更加顺畅。"第二人生 2003 年创立,到 2007 年有了一个快速的发展,中国的虚拟世界还在起步阶段。我相信 uWorld 会发展得很快。"

在叶蓬看来,虚拟世界的技术还是最重要的。他说:"我们对用户体验的注重,可以说高于其他的虚拟世界,比如说用户界面的友好性、操作的简洁性,我们花了很大力气制作。""IBM 帮我们解决了硬件问题,我们负责软件。"由我世界的服务器能够做到支持 100 万用户同时在线。

"从两年前筹划网站到现在,我们没有宣传由我世界,我们在努力先把核心技术问题解决,再酷的技术如果不能给用户带来真正价值的话就只能是概念。"叶蓬是 Google 的"Fans","Google 的成功正在于它所拥有的超级先进的技术,让人们能够在一秒钟之内找到想要的信息"。叶蓬认为,以现在网络游戏的技术去做虚拟世界,明显是不够的。这也是为什么在 2005 年年底回国后叶蓬花了一年时间来做技术的原因。而由我世界会为用户提供不同的体验,用户可以选择下载一个几十兆或几百兆的客户端,甚至直接登录进入里面观光。

IBM 的虚拟帝国

当许多普通网民刚刚体会到由互联网为载体所呈现出的虚拟世界的无穷魅力的时候,IBM 已经在从中受益了。早在 2006 年 11 月,IBM 就在风靡全球的第二人生中虚拟的故宫太和殿里举办了一场新闻发布会,IBM 公司的 CEO 彭明盛宣布,IBM 将会在未来投入 1 亿美元用于在虚拟世界中进行营销。

IBM 大中华区首席技术官叶天正博士介绍,在 2003 年的时候,IBM 在全球做了一个脑力激荡大赛,即"Innovation Jam",最后选定了 8—10 个题目,题目之一就是"3D 互联网"。

2007 年 1 月,IBM 全面启动了由 CTO 欧文·伯杰负责的"三维互联网和虚拟世界工程"。"今天在 IBM 大概有 5 000 人有虚拟的化身在各个不同的虚拟世界里面,"叶天正说,"我们也跟很多的客户一起来探讨在虚拟世界里面 IBM 怎么帮他们增长自己的业务、探索新的业务模式以及新的效应等。"

2007 年 10 月 10 日,在美国加州圣荷塞召开的虚拟世界博览会上,IBM 与"第二人生"的运营商林登实验室共同宣布,将联手推倒虚拟世界之间的隔离

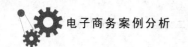

墙。按照 IBM 的观点,虚拟世界的发展不可能完全由一家企业主导。

近两年来,IBM 所构筑的虚拟帝国已经颇具规模。2008 年 1 月底,IBM 正式将其建立在"第二人生"上的 IBM 业务中心扩展到中国。"IBM 这样做是为了更好地为中国的客户或潜在客户服务。"ibm.com 大中华区总经理陈秀玟说:"这个业务中心是一项将三维虚拟体验、二维网站及真人结合起来开展业务的创新,这种新的模式有助于我们贴近客户,并使我们转变业务开展方式。""在亚洲,虚拟社区的参与量和社会网络组织正在飞速发展。亚洲既然可以成为 3D 游戏的理想场所,为什么不可以同样适用 3D 业务呢?"

除了在虚拟世界中建立业务中心,IBM 中国创新中心还在"第二人生"上建立了基于中国文化环境的虚拟创新中心,希望通过 3D 的虚拟平台提供适用于中国行业客户的创新技术和案例。与此同时,IBM 中国研究院还积极参与了优万科技推出的由我世界,与其一起合作探讨虚拟世界方面种种新技术的发展。

12.2 虚拟世界的经济

12.2.1 虚拟货币和虚拟财产

随着使用电脑和网络的人越来越多,网络游戏、即时通信、在线社区等互联网应用也逐渐发展壮大,并且互相影响、交融,形成一个颇具规模的虚拟世界。这个虚拟世界则包含了一个个虚拟社区,这些社区里的用户由于兴趣、信仰等走在一起,并如同现实世界里的人一样相互交流、分享、合作、进行价值交换。现实社会中也早有许多机构,包括银行和其他第三方机构,推出了它们的虚拟货币(电子货币),而一个个虚拟社区也随之悄然兴起了一种种虚拟货币。

据腾讯官方统计,Q 币的使用用户已经达到两亿,在 2006 年"超女"比赛期间,仅淘宝网一天 Q 币的交易额就超过 50 万元。

虚拟社区的繁荣需要依靠大量的用户和丰富的内容,"用户创造内容"、"内容吸引用户"则是虚拟社区的重点。尤其是知识共享型虚拟社区,需要用户来贡献、吸收有价值的内容,进行互动,而在虚拟社区中应运而生的虚拟货币(积分)就能够促进这种行为。从虚拟社区里出现的这些虚拟货币已经对现实的经济产生了巨大的影响。

首先,虚拟货币之所以被很多人认为是货币,有一些影响力大的还在很大范围内流通,必然有作为货币的特性。在网络上盛传的 Q 币冲击人民币发行体系虽然是危言耸听,不过这样的说法也有一定的道理。其次,作为诞生于网络的虚拟社区产物,虚拟货币具备了传统货币所没有的特性。

在所有的虚拟货币中,有一类是以积分形式出现的。《第二届中国互联网社区发展状况调查报告(2006)》指出,对于以积分或虚拟货币作为报酬,让别人在网络社区帮助自己解决问题,大多数网民持支持的态度。不过,虚拟货币在促进知识贡献和知识获取方面与现金存在差别。现金属于单纯的外部激励,虚拟货币不仅仅具有外部激励的作用,还有内部激励等其他作用,从而促进知识分享。

从上述结果来看,用积分形式的虚拟货币进行激励,促进知识共享行为,网民的参与度是很高的。全球最大的知识分享社区"百度知道"在短短两年内共产生17 596 864个问题,已解决17 012 767个问题,问题解决率高达96.7%。它所采取的就是积分形式的虚拟货币。现在的网络上,不仅有腾讯Q币、百度币、盛大币等虚拟货币,还有许多信息与知识共享型社区发展出的自己的虚拟货币体系。如在中国经济学教育科研网经济学论坛,用户通过阿里巴巴支付宝就可购买其论坛点券,用此点券即可购买论坛的相关付费知识产品;"百度知道"的用户通过回答问题可以获得"积分",通过提问题获得答案而给出"积分";阿里巴巴商人论坛的用户也可以通过规定的手段赚取"财富值",并通过规定的途径消耗"财富值"。该类虚拟社区比较普遍地采用虚拟货币,说明它在其中起到了较大的激励和促进作用。

除了在互联网上,企业的内部同样也使用虚拟货币作为促进知识共享的激励措施。"三星SDS的虚拟货币'areo'是三星SDS的员工将自己的知识共享在内部知识管理系统时而获得的。每个人共享的知识由别的同事评分来核算其等级,然后根据等级来核算虚拟货币,存入知识作者的网络账户中,然后分期转化为现金支付给员工本人。还有将虚拟货币作为礼物送给员工的激励措施,如双龙汽车将乐天百货店的网络购物网站的虚拟货币(价值10万韩元)作为礼物送给自己的员工。"

虚拟货币和财产的出现也带来了一系列有关虚拟物品的保护问题。2003年2月,《红月》玩家李宏晨猛然发现,自己ID内的所有虚拟装备都不翼而飞了,包括最心爱的3个头盔、1件战甲、2个毒物等物品。事后他与北极冰公司联系,经查这些装备已被转移给玩家SHUILIU0011。李宏晨向游戏运营商索要盗号者的具体资料被拒绝,到公安机关报案又因相关法律欠缺而无法立案,于是他以侵犯其私人财产为由提起民事诉讼,要求北极冰公司赔他丢失的各种装备,并赔偿精神损失费10 000元。2003年12月18日,北京朝阳法院对此案做出了一审宣判。法院认为,玩家玩游戏时,获得游戏时间和装备的游戏卡均要用货币购买,所以这些虚拟的"武器装备"是有价值的无形财产。由于运营商没对这些虚拟物品尽到保护义务,所以应恢复李宏晨所丢物品,并赔偿经济损失

1 560 元(购买 105 张爆吉卡的价款 420 元,交通费等其他经济损失共计 1 140 元)。对这一审判结果,李宏晨和北极冰公司都不满意,继续提起上诉。又经过一年的审理,二审法院于 2004 年 12 月 16 日做出终审判决,维持一审法院的判决结果不变。尽管从审理结果来看,虚拟财产作为具有价值的无形财产虽然受到了法律保护,但我国目前尚无健全的法律来规范网络游戏运营环境,需要积极推动立法,确定虚拟物品价值和产权的法律关系,使得法院、律师、运营商和玩家今后在此类官司中能够有更加确定的判断标准。

12.2.2 虚拟经济的特点

传统经济学理论的失效

生产、分销、交易产品与服务被视为传统经济现象,而类似第二人生、uWorld 这样的虚拟世界的生产、消费和服务具有不同的模式及特征。这也就导致了很多传统经济学理论在虚拟经济当中的失效。

西方经济学有三个基本前提假设:第一个基本前提假设是理性人假设,又称经济人假设,或最大化原则,是西方经济学中最基本的前提假设。第二个基本前提假设是信息完全假设。价格机制是传递供求信息的经济机制,信息完全假设具体体现在自由波动的价格上。第三个基本前提假设是资源稀缺假设,市场上商品难以满足消费者对商品的需求。然而在通过互联网和信息技术实现的网络游戏和虚拟世界当中,这三个基本前提假设已经脱离了实际。

例如,理性人假设认为,经济生活中的每一个人,其行为均是利己的,他在做出一项经济决策时,总是深思熟虑地通过成本—收益分析或趋利避害原则来对其所面临的各种可能的机会、目标以及实现目标的手段进行比较,力图以自己最小的经济代价去追求自身利益的最大化。但是在虚拟经济当中,人们对"利益"的感知不局限于货币和物质,更多的是服务、娱乐和精神层面。这样的模式中,消费者和网民在虚拟世界当中成了非理性人。

按理性人假设,市场中的每一个人的行为都是力图以自己最小的经济代价去追求自身利益最大化的过程。无论是买者还是卖者都是如此。而追求自身利益最大化的过程就是买者和卖者(我们称之为微观主体)对自身资源进行有效配置的过程,更进一步地说,就是市场机制通过对微观主体的诱导进而进行资源配置的过程。供求双方追求自身利益最大化的行为会形成市场的动态均衡——我们称之为市场均衡。于是,以均衡过程为核心就形成了微观经济学教材的基本分析思路:

(1) 在既定的假设条件下,生产者与消费者在完全竞争的产品市场上相遇,双方都力图以自己最小的经济代价去追求自身利益的最大化,最后形成一个双方都能接受的结果——产品市场局部均衡;在生产要素市场上相遇,双方也都力图以自己最小的经济代价去追求自身利益的最大化,最后也形成一个双方都能接受的结果——要素市场局部均衡。

(2) 静态分析基础上所形成的局部均衡既然是供求双方都能接受的结果,那么,第一,这种均衡就是一种最佳均衡,任何一种改变对于供求双方利益格局的变化都会带来再调整,这种状态在经济学上称为帕累托最优状态;第二,此时的人力、财力、物力的配置就是资源配置的最佳配置,整个资本主义经济也就实现了有效率的资源配置;第三,既然是最有效率的,既然是最佳配置,那么这种资源配置的制度基础——以私人产权为基础的资本主义市场经济制度就是最好的财产组织制度。

(3) 最好的制度并不意味着能够解决资源配置中所有的问题,不是所有的问题都可以通过市场机制来解决。为了维持市场经济效率,对于市场机制不能解决的问题,就需要政府的政策来修补。

理性人的假设不但在现实经济中不断受到各种各样的挑战,而且在虚拟经济中也明显表现了诸多不同。

第一,人的需求包括理性和感性的多个层次。马斯洛认为人的需求可以分为五个层次:生理需求、安全需求、社会交往需求、尊重需求、自我实现需求。这五个层次的需求具有由低级向高级演进、由物质向精神深化的特点。而且,精神层次的需求是很难用理性来分析与衡量的,自然也做不到完全理性化,而在虚拟世界当中,大多是为了满足社交、娱乐、尊重等高层次需求。

第二,人的理性是有限的。西蒙认为:"理性是指一种行为方式,这种行为适合实现指定的目标;而且在给定的条件下和约束的限度之内。"人自身的理性能力是有限的,人不可能穷尽一切精力去寻求最佳决策,而只是寻求满意的决策便罢了。

第三,理性要付出成本。威廉姆森说:"理性的有限性是一个不可避免的现实问题,因此就需要我们正视为此付出的各种成本,包括计划成本、适应成本、监督成本。"他认为,经济中的人都自利,只要能够利己,便不惜损人;正是由于人的理性有限,才使得有的交易者可以利用信息不对称环境或利用某种有利的讨价还价地位欺诈对方。

第四,不完全竞争市场对竞争的庇护。莱宾斯坦的 X 低效率理论认为,人是有惰性的,往往不尽全力去工作,人们往往很难按照接近于完全的计算程序来做出决策;人在顺利的环境下不会努力工作,只有当环境的变化引起的外部压力变得足够大时,人们才会改变他的行为;许多市场的竞争是不完全的,这就提供了免于竞争压力的庇护所。在得到庇护的环境中,企业没有必要使成本极小化。由加强庇护性引起的产品价格提高也许会伴随着生产成本的增加,但投入成本增加的百分率与产出成本增加的百分率之间没有必然联系。

第五,意识形态的作用。诺思认为,意识形态是决定个人观念转化为行为的道德和伦理体系,它对人的行为具有强有力的约束,它通过提供给人们一种世界观而使行为决策更为经济。每个人的个人行为都受一整套习惯、准则和行为规范的协调,如果每个人都相信私人家庭神圣不可侵犯,那么,可以在室内无人而门不闭户的情况下不用担心房屋会被毁或被盗。如果一个美丽的乡村被认为是公共物品,个人就不会随便扔杂物。如果人们相信政治民主的价值,他们就会把投票当做一项公民的义务来履行。为了所有者的利益,劳动者会勤勤恳恳,管理者会兢兢业业,契约就会像法律上那样,受到同样的尊重。

在虚拟经济中,由于交易的便捷和交易数量的大大增加,在非理性人的经济体中,会出现市场不均衡的状态。而且在虚拟世界当中,没有公共政策的约束,法律和规范难以形成,更多的是依靠网上形成的意识形态或者网民和社区的管理习惯,甚至是没有约束。在这样的环境中,虚拟财产和虚拟物品的价值不能被保证,而且市场调节的机制也难以实现,现实经济当中的市场交易规则和交易机制也就出现了失灵。

由于虚拟世界当中,很多创新的服务和娱乐,乃至虚拟产品,在虚拟世界当中是具有不可替代性的,因此存在着一定程度的垄断性。在这样的环境中,传递供求信息的价格机制不能跨越虚拟世界与现实世界的界限,自由波动的价格也就不能形成,这样就形成了虚拟世界的实际控制者(虚拟世界的网站和运营商)掌握了相对垄断的资源,将对价格形成机制产生影响。

还有,传统经济学假设市场上的商品难以满足消费者对商品的需求,但是在虚拟世界中,从技术角度,虚拟财产和虚拟物品几乎可以以零成本进行复制和转移,用户用自己的网络使用时间点击广告就可以交换网络虚拟财产。在这样的虚拟世界当中,商品的供应几乎成了按需分配,短缺的假设也不能存在了。

虚拟产权的重定义

在经济运行中,实体经济是用来描述物质资料生产、销售以及直接为此提供劳务所形成的经济活动,其中"生产"既包括物质产品的生产,如农业、工业、交通运输业、商业、建筑业、邮电业等产业部门,又包括精神产品的生产,如教育、文化、艺术、体育等部门;狭义虚拟经济则是用来描述以票券方式持有权益并交易权益所形成的经济活动,它不仅包括资本市场,而且包括银行业、货币市场、外汇市场等,是一个涵盖整个金融业的概念。在现代经济中,狭义虚拟经济主要是指信用膨胀和金融工具资本化所形成的金融资产以及金融市场中与实体经济没有直接联系的金融交易活动。而广义虚拟经济不但包括票券等交易权益,而且还包括虚拟世界的虚拟产权的交换和相关经济活动。这些虚拟产权甚至连持有证明都不存在,与之相关的仅仅是创作者和使用者短暂的拥有和使用活动。实体经济和虚拟经济产权的对比见表12-1。

表12-1 实体经济和虚拟经济的产权

产权类型	产权主体	产权依据	产权对象
物质产权	实体经济的经营管理者	才能	有形资产如土地、厂房、机器设备、现金、商品等
知识产权	实体经济的参与者	原创	无形资产、商标、品牌、版权、专利等
价值产权	实体经济的投资者	资本	实体资产的价值形式,如股票、债券、贷款凭证、租赁凭证等
虚拟产权	虚拟经济的参与者	?	虚拟资产的信息、数据、符号,如虚拟货币、游戏装备、网上物品等

在传统经济当中的物质产权、知识产权、价值产权,其产权主体、产权依据都是明确而有法律保障的,但是在虚拟世界当中,虚拟产权的对象是虚拟资产的信息、数据、符号,如虚拟货币、游戏装备、网上物品等,这些虚拟产权的依据可以包括才能、原创性和资本,也可以没有任何产权依据,大量的产权侵占和产权交易无法约束,因此造成了产权归属的问题。虚拟经济的发展带来了虚拟产权重定义的问题。

第五篇
公共服务与新农村建设

- 13 电子商务与电子政务的对接:城市信息亭的发展
- 14 信息化与新农村建设:中国农村电子商务的考察
- 15 政府服务流程的改进:海关电子服务

13 电子商务与电子政务的对接:城市信息亭的发展

13.1 政府信息化

13.1.1 全球政府信息化的趋势

在行政管理中应用信息技术提高效率,一直是最近十年来各国行政管理的一个重大方向。特别是以美国"信息高速公路"为代表,各国在信息技术改造行政管理流程方面做了大量的工作,通过建设各种形式的政府网站,为企业、居民和社会提供各种各样的服务,将提供网络服务作为提高行政管理效率、密切政府与企业和公民关系的有效手段。无论是从范围还是从质量来看,从个人身份证的申请到公民一生当中与政府有关的所有事务,从简单的信息发布到政府的实时在线事务处理,政府网站所提供的服务都得到了极大的丰富与提高。

美国布朗大学提供的《2004年全球电子政务报告》显示,近年来,各国在电子政务网站建设方面取得了明显进展。通过对政府网站特征的分析,该报告对政府应该提供给公众的信息进行了整理。与政府网站相比,为数不少的政务受理处已经成为昂贵的服务形式。全球89%的政府网站提供了针对市民的政务公开服务（2003年该比例为77%），62%的政府网站提供了数据库查询服务（2003年该比例为73%）。具体数据见表13-1。

表13-1 全球政府门户网站提供数据以及信息发布服务的比率

	2001年	2002年	2003年	2004年
联系电话	70%	77%	77%	77%
地址信息	67%	77%	77%	77%
网站链接	42%	82%	82%	82%
政务公开	71%	77%	89%	89%
数据统计	41%	83%	73%	62%
音频信息	4%	8%	8%	12%
视频信息	4%	15%	8%	13%

资料来源：*Global E-Government*, 2004。

为社会提供良好的服务是各国电子政务发展的基本点。为企业和公民提供每天24小时、每周7天、每年365天的服务，成为各国政府开展电子政务的目标。例如，美国政府提出了"以公民为中心、面向结果、基于市场"的三大指导原则；英国政府在各种政策文件中都将"建立以公众为中心的政府"作为电子政务建设的指导思想，试图通过发展电子政务而使英国成为世界开展电子商务的最佳场所。

13.1.2 亚太地区政府信息化的趋势

亚太地区电子政务的发展呈现出以下发展特征：

第一，通过客户关系管理技术，实现电子政务以用户为中心成为主流。将公众视为政府的客户，一切以客户为中心是21世纪政府管理创新的基本理念。客户关系管理是近年来在企业界非常流行的一种通过改善与客户的信息交流和互动、掌握客户消费习惯及行为方式来留住客户、扩大市场占有率的技术。现在，这种技术也开始用于电子政务之中，帮助政府管理与其客户即企业和居民的关系。因为，政府比任何企业或单位都有更多的客户，将客户关系管理引入到电子政务之中，可以体现以用户为中心，按照用户的意向来设计政府的电子政务系统的理念，这样可以帮助政府更好地为有特殊需要的客户服务，从而建立新的、更好的政府与企业、政府与公民的关系。

第二，通过政府门户网站提供公共服务成为电子政务发展的主要形式。政府门户网站已经成为电子政务发展的一种基本形式，即通过一个门户网站可以进入政府的所有部门，或者可以进入任何一个由政府向用户所提供的服务项目。涉及那些需要几个政府部门同时介入才能处理的事务，这种门户网站对用户来说极为方便。这种通过门户网站形成的用户与政府的互动，使得对于用户来说，政府的纵横交错的结构是看不见的,或者说是不存在的。用户只需要在网上完成他所需要的与政府互动的事务处理,根本不需要知道在这件事情完成的过程中,他与哪些政府部门、哪些政府官员打过交道。这种通过门户网站实现用户与政府互动的形式,为政府形态由工业社会向信息社会的改造提供了一个过渡的机会。

第三,通过服务资源整合将政府服务全面上网,实现单一窗口和一站到底成为电子政务发展的主要趋势。电子政务的目标主要是更好地向公众和社会提供政府服务。世界各国政府正积极应用互联网为民众提供在线服务,政府也将广泛运用公共信息站及自动柜员机等自动化服务设施,为民众提供获取政府服务的多元化渠道。信息技术的发展使得民众对未来政府的期望值不断提高,不仅仅要求服务质量得到提高,而且要求获得服务的方式和程序也要不断改善。民众期望在任何时间、任何地点,以多种渠道获取自己所期望的服务形式和服务内容。为满足民众需求,世界各国政府也在不断自我创新和调整,整合传统公共服务,建立单一窗口,力图给民众提供一站到底的服务。

13.1.3 中国的信息亭需求

国内政府向服务型政府的转变,使得大量的政府信息需要向社会、企业、居民发布,同时以上三者之间的信息也需要大量的互动交流,信息亭项目的诞生是解决信息交流的良好载体。

城市信息化的发展将是社会的需要。其中,城市生活信息化、便利化显得尤为重要。

城市生活便利化是中国政府努力的目标。信息亭除了具有信息载体的功能外,还能提供邮政、报刊、物流配送等服务。如果信息亭运营良好,城市生活便利化水平将有较大提高。

对于政府而言,尽量减少投入,少花纳税人的钱,也是政府的义务,这就需要信息亭运营商的投入。市场化的运作将会是城市信息化的发展方向。

对城市居民来说,城市居民有权利随时得到政府公布的信息,包括政府的政策、法规、紧急通告。同时,政府作为最大的信息拥有者,应允许居民通过互动的方式定制由政府加工整理的专业信息及统计结果。

居民有权利依赖科技的进步享受便利的生活:方便地乘坐公共交通,为此应加快城市公交卡的建设,使得公交乘客可以方便地进行小额支付;方便地缴纳各种公用事业费用,主要是各种公用事业付费的银行卡支付;就近获得居民需要的物流配送服务,购买所需要的小件物品(牛奶等),由于信息亭的物理空间以及其离居民的距离较近,完全有能力提供以上服务;信息亭有利于方便地

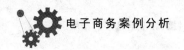

购买彩票等数字产品,将来的数字产品越来越多,信息亭可以解决小额支付的问题。

对企业来说,信息亭是信息服务提供商的发布渠道,随着现代服务业、电子商务的发展,将会涌现更多的专业信息服务提供商提供大量的商务信息。

公用事业的企业本身收取居民的使用费会是一个高昂的成本支出,由于信息亭的运用,将会大大降低收取费用的成本,由原来企业自行办收费网点变成利用信息亭的网点。

信息亭促进了数字产品的销售,如各种彩票、电影票等由于无须大量的实物交流,只要解决支付的问题即可。这也会帮助数字产品提供商大大降低销售费用。

信息亭促进了银行业银行卡的使用。信息亭大量终端的布放,将会改善银行卡的使用环境,反过来促进银行卡的发行与使用。

小额支付将会是金融业最热的一个方面,信息亭终端也是小额支付的重要使用渠道。

对运营商来说,信息亭借助成熟的宽带网络与政府部门、银行、通信营运商及相关企事业单位互联,使市民、企业、政府能进行广泛的多媒体信息交流,并实现安全可靠的电子交易、电子支付。这种业务将传统产业经营服务和电子政务、电子商务、多媒体信息服务有机地结合起来,建成一个新颖的集信息服务、交易服务与传统服务于一体的网络服务平台。

13.2 城市信息亭需求分析

13.2.1 城市信息亭的意义

2004年6月让北京措手不及的一次"洪灾"多少也在情理之中。大雨来的时候,交通堵塞了,公安局出动了,交管局出动了,水利部门、气象部门也都出动了,但是彼此联动得不够。时任北京市信息化办公室主任的朱炎这么形容当时的状况:"这样的短时间突发事件不像以前SARS那样周期比较长,暴雨来了等你联络完,两小时该堵的地方都已经堵上了。"北京的"智能交通"系统给每一辆出租汽车都配上了全球定位系统,但大雨来的时候广播媒体、口耳相传却成了交通的神经中枢。对于一个数字城市来说,应急联动系统就在于养兵千日,用兵一时。华深惠正公司副总裁胡武凯说:"真正的应急联动系统是一项非常浩大的工程,有时甚至比电子政务工程还昂贵。"然而应急联动系统仅仅是数字城市的一部分。按照关于数字城市的一些构想,它至少包括电子政务、电子商务、智能大厦、智能交通、城市规划等诸多内容。从更大的范围来看,每个人心目中都有一个理想的数字城市框架。这个众说纷纭的庞大叙事更重要的是看到它的生态圈和目标。城市政府需要效率和政绩、企业需要利益驱动、公众需要安全保障和情感体验,城市的数字面目就在上述三者的不断拉扯中渐次形成。因此,一个清晰的目标此时更显得弥足珍贵。

目标:取悦"客户"

2004年7月15日在北京举行的"亚太公共服务高峰论坛"几乎是当时中国在电子政务领域举行的级别最高的国际化会议,它由中国国务院信息化工作办公室和联合国开发计划署(UNDP)联合发起,来自中国、澳大利亚、加拿大、印度、马来西亚、新加坡、斯里兰卡、瑞典等国的官员和专家们把焦点集中到了"公共服务"上。当"大城市都大同小异"的论调让人们把越来越多的"黄金周"都花在了自然景区上而不是那些大都市时,意味着城市的工业化发展带来的同质化问题已经越来越严重了。芸芸众城除了希望吸引眼球之处,还希望满足市民对城市诸如舒适化这样的需求。这样的城市如何"经营"?新加坡财政部主管电子政务分部的前部长Chung Mui Ken(曾任新加坡信息通信发展局政府首席信息官)给了我们答案:"取悦客户,连接公民。"这一理念让新加坡成为数字城市的样板。我们来看看这个"公司"是如何取悦"客户"的。"以客户为中心"的理念在eCitizen这个门户网站上体现出来了。自1999年5月正式推出到2004年7月刚完成的第二次改建,这个门户中已经包含了1 600多项供市民获取政府电子服务的捷径,而服务流程一直在不断地被简化,同时,政府也通过保障在线事务处理的安全性、数据隐私保护等方式去"获得客户的信赖",所有政府电子服务在2004年5月之前都已经获得了全国性的信任标志"TrustSg"。

为了"挖掘客户","eCitizen扶助计划"、国家IT教育、PC普及计划正在不断扩大"客户群体"。"在新加坡,人们可以把旧的电脑捐赠出来,捐给社区、老人院,我们的员工教他们如何使用。"时任IBM个人电脑事业部大中华区总经理的洪月霞(Janet Ang)曾是IBM新加坡公司总经理,她对此颇有感触。"旧电脑非常便宜,我们这样的IT公司可以回收并捐赠旧的电脑,帮助政府实施这些社区计划。"

政府:效率提高的挑战

数字城市无非就是城市的信息化。信息或者知识、智慧、决策都以数字为媒介传递着,数字变成了城市的神经。这样一来,脑在哪儿?自然是政府。在数字城市还未成型之时,政府也一直是数字城市的推动者,而带着提高效率和改善公众服务双重目的的电子政务也必定是数字城市的先行者。那么,政府关于电子政务的远景是什么?政府所制定的政策又是怎样反映和实现这个远景的?默门顿研究集团(Momentum Research Group,简称 MRG)在 2000 年之后一直专注于互联网对社会、经济影响的研究。2005 年,默门顿的一份题为"网络影响 2004:从联网到生产率"的报告通过对欧洲 8 国的调查揭示了政府建设电子政务的目的:"电子政务计划的最主要目标是提高服务效率。加快运营速度和提高公众满意度是最常见的目标,大约有 79% 的受访者提到了这两点。"

国情不同、公民对政府诉求也不尽相同的 8 国政府部门有着惊人的一致。"一寸光阴一寸金",政府对于办事效率的关注程度已经逐渐超越了节约成本的考虑。不只在欧洲,这是全球的普遍现象。2005 年 7 月 1 日伴随中国《行政许可法》的实施而成立的天津市南开区行政许可中心在全国首创"超时默许"服务机制,可以称得上电子政务在服务型政府的一项最新应用。"超时默许"规定,如果行政许可的前置审批部门在规定的时限内,既不批准也不批驳,电脑就会自动生成打印盖有该部门红印的批准文件。这样的 IT 技术机制对行政许可中心各部门工作人员的办事效率显然是一个刺激。不过,制度改革的最大挑战或许就是跨机构之间的协作。不论有多么好的流程,效率最终可能因为各部门之间的不协调而被降低。技术并不能解决所有的问题。

"安大略省的经验是采用了强有力的企业 CIO 模式,"加拿大安大略省首席战略官 Joan McCalla 说,"安大略省的中央机构、社区服务、司法、运输、国土/资源、公众服务、经济和商业等部门都集中在一个'企业核心'周围,而类似'企业 CIO'的职位则拥有协调这些部门关系的权力。"效率也随之而来。例如,"在线缴税和企业注册只需花费 20 分钟,而几年前需要 6 周时间";"企业和居民可以在几天之内查看新的立法,而不需要等到 18 个月以后法律正式公布时才能看到";"房客可以在线提交对租金上涨的投诉、安排听证会和监督投诉处理进度"……

连通的城市和社区

数字的城市将造就怎样的改变?无形的、虚拟的数字空间可以使人们的活动完全超越具体时空的限制,这成为城市郊区化发展的一个新的基础。另一方面,"新城市主义"也开始以紧凑型社区来取代无序蔓延的郊区模式——广州市将电子政务网络建设成了社区与城市联结的通道。一边是自上而下的传递,一边则是自下而上的传递。121 条街道,1 500 多个居委会,35 个镇,1 100 多个村。

"网络延伸下去,应用环境建起来"是网络基础建设的总体思路,网络从区到街道,向下延伸进入家庭。于是,现在广州家庭拥有电脑的比率是73.7%,上网的家庭达到52.5%。网络已经达到一定规模,但这些"神经"是有效的或者合理的吗?

问题并不简单。"居民找街道,办事难办事烦"是个"传统保留项目"。另一条,"条条推广软件,造成基层乱"。当地负责干部说:"某个区的汇报说省、市一共在该区推广了59个软件,而一个街道也遇到了6个部门推广9个软件的混乱情况。"最后,"条块不结合,造成资源费"——多个不同的系统,每种信息在各个系统上都要录入一次,从而造成人力的浪费;不同的设备装这些冗余的软件,又造成设备资源的浪费。

"传统项目"问题的解决,基本要靠以上意见,再加上一个"综合业务系统"和为市民提供办事指南的"人性化的社区网站"。后面两个问题则是"互联"添的乱——本是好事,但"机关各部门从自身出发,方便自己采集数据和业务管理而不考虑方便基层和市民"。因此,针对"条条推广软件乱",广州市开发了"社区综合应用平台",并制定了广州市强制标准——《广州市电子政务系统社区接入规范》。"现在广州市的计划生育就实现了市到区、区到街道、街道到居委会的联动,并和民政局的婚姻登记信息能实时共享,上下午各一次,每天交换两次,"比较生动的说法是"一结婚计生委就开始为你提供服务了"。

"你的数字城市"

城市偏爱IT,那么它的市民呢?事实上,市民感受到的数字城市,正由前面提及的政府、机构乃至企业提供的数字化服务逐渐演变而清晰。上海市政府曾提出到2007年要初步构建起以"信息资源数字化、信息传输网络化、信息技术应用集约化"为主要标志的"数字城市"基本框架,这个目标就包含了社会公共服务机构上网比例由85%提高到95%,政府公共服务项目网上实现比例由10%提高到90%以上。

上海市的进步还体现在"社保卡"上,它为了方便市民享受政府服务,把各类社会保障与市民服务相关信息整合为统一完整的可容纳2000万人的信息系统;同时,每个市民持有一张具有4000个汉字存储容量的IC式社保卡,该卡是进入信息系统办理20多项公共服务的钥匙。时任上海市信息化委员会副主任的刘亚东表示:"社保卡的未来计划是进一步扩充系统容量,使服务系统能够覆盖流动人口、农村社保人口和16周岁以下学生,项目基本实现人手一卡;进一步拓展功能,并通过对系统积累数据的实时处理,促进政府决策的科学化。"同样,2008年北京的"数字奥运"除了IT技术要对奥运比赛本身进行支持外,还要实现任何人、任何时间在任何奥运相关场所,都能够安全、方便、快捷、高效地获取支付得起的、丰富的、多语言智能化的、个性化的信息服务。它涉及通信服务、广播电视服务、赛事信息系统、公众综合信息服务等多种服务,而其中面向奥运的电子商务平台、智能卡应用、多语言智能信息服务等都是实现数字北京的主要任务。

在数字城市的应用体系中,城市信息亭必将成为不可或缺的一环,它将后台的政府资源、企业资源、公众信息资源进行合理组织,有效地传递到前端用户,通过互动,使信息不只停留在眼球,而是能真正深入到具体的实际应用中。

13.2.2 城市信息亭的历史

作为城市信息亭的雏形,信息自助终端在20世纪90年代初开始出现,整个发展过程按照技术条件和应用模式可简单分为三个阶段。

初级阶段

实施时间:20世纪90年代。

应用模式:手段简单,造一个机壳,将个人电脑做成一体,开发简单的查询软件,作为独立的查询设备使用。

建设模式:各企事业单位独自建设。

服务内容:简单的城市公众信息查询,如邮局、宾馆、饭店、商场、机场、车站、码头、旅游景点等,脱机单向查询。

服务对象:旅游者、外来人员等少数对象。

项目特点:投入性项目、系统分散、单机信息量小、重复建设、技术手段落后、服务对象少、运行效率低下。

作为早期的应用项目,在特定阶段的城市信息化建设中起到了探索者的作用,提供了应用经验,现在已逐步被市场淘汰!

调整阶段

实施时间:2000年至2004年。

应用模式:互联网技术的发展为信息应用模式带来极大便利的同时也带来了太多的诱惑,造成应用形式多样,最直接的后果是大而杂,定位不明确,实际使用率低下。

建设模式:政府开始逐步建立统一协调、共同建设的理念。

服务内容:从简单的城市公众信息查询,如邮局、宾馆、饭店、商场、机场、车站、码头、旅游景点等拓展到了政务信息、企业信息、电子地图等,在脱机查询的基础上添加了联机业务。

服务对象:从旅游者、外来人员等少数对象拓展到了本地居民,重点不明确。

项目特点:投入性项目、信息量大但未经有效分类、业务模式及服务模式不够清晰、技术实现缺乏统一规划、服务对象多但未经有效分类、运行效率依然不高。

伴随着电子商务、电子政务的兴起,web、中间件等技术逐步投入应用,网络建设、信息库建设取得长足进步,信息终端建设进入了第一次快速发展期。

大量的信息、庞大的市场需求、多样化的技术实现手段是这个阶段的特点;在建设中倾向大而全,同时由于阶段性原因和缺乏总体规划逐步实施的长期准备,导致业务模式不够明确,技术服务困难重重,效率不高。

未摆脱投入性项目的本质,面临业务模式、技术服务、运营模式等多方面调整,困难重重。

发展阶段

实施时间:2004年至今。

应用模式:应用为本,市场化运作。

建设模式:政府牵头并协调改进,企业积极参与,市场化运作。

服务内容:根据市场调研和资源搭配互补原则,将电子政务、电子商务、公众信息服务有效组合,统一规划,持续改进。

服务对象:立足于服务需求,通过立体化的服务手段,多层次的服务内容,满足广大市民及流动人员的需要。

项目特点:资源一定程度有效组合,业务模式较为清晰,技术手段比较先进,兼顾社会效益和经济效益,效益和效率并重,可持续发展。

电子政务在内网建设、业务系统、办公自动化、外网建设、数据库建设和信息安全方面取得一定的成效。

城市信息网络、信息资源库等基础建设取得一定成效。

电子商务经过市场历练,业务模式和相关支持体系进入平稳发展期,已拥有数量可观的企业和个人用户。

13.3 城市信息亭的价值分析

13.3.1 政府的需求

作为社会信息的倡导者和协调者,政府既是一个参与者,也是一个指导者,在做好传统电子政务的同时,也承担着为企业、个人提供协调服务的重要角色,通过协调社会资源,更好地为社会服务。

城市信息亭正是实现上述政府职能的优秀平台。在电子政务发展需求、电子商务发展需求、信息发布需求等市场需求明确的情况下,在具备技术条件及社会资源的条件下,政府通过指导和协调,建立一种机制,通过市场化运作,使城市信息亭成为取之于社会、更多地回报于社会的一个良好平台,将极大地促进城市信息化进程。

13.3.2 公众的需求

信息化生活对于老百姓来讲并非高高在上,生活的许多方面都与信息化息息相关。政府信息的查询、企业信息的查询、各类公共事业费账单的自助交纳、地图信息的查询、电子商务的体验、公众信息的发布等,皆可以通过信息化更便捷、更方便地服务于百姓。

13.4 城市信息亭现状分析

13.4.1 数字北京

"数字北京信息亭"作为北京市公用信息网络服务平台,为多元化信息渠道的建设提供了一种全新的模式,并优化了"数字北京"便民信息化的基础环境。通过"数字北京信息亭"提供的安全而便捷的服务,市民不但可以了解到衣、食、住、行、娱、购、美等日常生活的必要信息,还可以通过它提供的支付服务享受电子商务为生活带来的便利。同时,利用"数字北京信息亭"这一载体对信息资源和社会资源的整合将带动地区消费和相关产业的发展。"数字北京信息亭"被列为北京市政府 2003 年为民办实事的 60 件事之一,2004 年为民办实事的 56 件事之一。

"数字北京信息亭"运营企业北京首通万维信息技术发展有限公司成立于 2002 年 11 月,由北京市国有资产经营有限责任公司和首都信息发展股份有限公司共同投资组建,是注册在海淀区中关村科技园区的高新科技企业,注册资金4 000万元人民币,2002年9月30日,信息亭试点应用正式开始,28台"数字北京信息亭"摆放在北京市的公共场所,2005年已投入617台信息亭。

"数字北京信息亭"可为广大市民提供丰富多样的内容及应用服务,主要包括便民服务、电子政务、电子商务三个方面:

- 便民服务——便民交费、社区服务、求职招聘、房屋租赁、电子地图等;
- 电子政务——包括政策法规宣传、政府办事指南、信息发布等;
- 电子商务——购物、票务、旅游服务等。

已开设栏目

目前已开设6个栏目。

1. 政务

- 市长信箱:这是"首都之窗"市长信箱的信息亭接收窗口,市民的意见或建议将以电子文件的形式直接发送到中共北京市委北京市人民政府信访办公室,由信访办统一收集整理后递交各位市领导。
- 政策法规:包括所有地方性法规和政府规章,覆盖面广,时效性强,并可按类别、时间等方式进行查询。
- 网上办公:提供北京市政府下属委、办、局的职责分工以及联系方式。
- 国家部委:提供国家各部委的地址、交通路线、联系方式以及职能介绍等信息。

2. 住

- 家居装饰:提供北京市各大建材商场、家具超市以及各装修公司的信息。
- 京城楼市:纵览楼市信息,推荐热销楼盘,让市民足不出户遍观京城楼市风云。

3. 行

- 行车路线、乘车指南。
- 电子地图查询方便。

4. 购

- 数字卡:全球通、神州行手机充值卡充值,如意通手机充值卡销售,信息亭售价更便宜!
- 电影票:提供在线预订电影票,还有意外折扣。
- 演出票:预售热门演唱会、大型演出等的门票。
- 惊喜折扣:各类打折信息多多,优惠券现场获得。

5. 文化
- 娱乐搜索：吃、喝、玩、乐、购信息快捷搜索，享受生活带来的欢愉！
- 科普之窗：普及科学知识，关注科技发展。
- 新影联：全市8家影院最新影讯，在线电影票销售，轻轻松松看电影！
- 演出看板：热门演唱会、大型演出等的票务预售。

6. 时尚特区
- e明信片：选一张精美的电子明信片，为亲朋好友送上一份祝福。还可以加入现场拍摄的照片，让礼物更特别！
- 演出看板：不看不点不知道，娱乐活动真热闹！赶快到活动看板，预订时间。
- 数字卡：全球通、神州行手机充值卡充值，如意通手机充值卡销售，信息亭售价更便宜！
- 新影联：全市8家影院最新影讯，在线电影票销售，轻轻松松看电影！
- 惊喜折扣：各类打折信息多多，优惠券现场获得。
- 娱乐搜索：吃喝玩乐大搜索，快乐生活全方位。

信息亭的交易支付手段为银联标志银行卡和在线支付。

业务合作

1. 地点加盟

"数字北京信息亭"是公用网络自助服务终端，已经广泛地摆放在北京的车站、机场、商场、社区、街道、娱乐场所、宾馆酒店、医院、学校等各种类型的公众场所。为了充分体现"数字北京信息亭"便民、利民的经营理念，欢迎广大符合"数字北京信息亭"加盟条件的单位与运营商开展合作，共创双赢。

地点加盟条件：
- 放置地点的所有人或合法使用人应保证该地点的所有权或使用权不存在任何法律纠纷。
- 放置地点环境明亮、清洁、安全、方便。

2. 广告合作

"数字北京信息亭"不只是电子商务、电子政务的便民服务终端，从信息传播的角度来看，它还是信息时代的一种新型媒体。无论从经济角度，还是社会文化角度看，它都担负着信息传播的职能。毋庸置疑，信息发布和广告服务是"数字北京信息亭"运营服务的重要内容。

北京首通万维信息技术发展有限公司既可以自己代理广告，又可以和广告公司结盟，获取相应的客户源，为企业和品牌提供广告与形象宣传服务。

"信息亭"广告分如下几种:
- LCD 广告——LCD 广告是多媒体互动式的广告,除影片外,还可以播放 Flash、DVD 等多种形式的视频文件,还可以实现分时段、分地点播放;
- 屏保广告——当无人使用时,触摸屏会自动切换到屏幕保护模式,随机播广告;
- 频道广告——占用"数字北京信息亭"的一个专有频道进行广告宣传;
- 外观广告——机身、灯箱等均可以成为各种广告的发布载体。

3. 栏目合作

"数字北京信息亭"面向全社会各界开放栏目平台,诚邀各企事业单位、中外合资企业、社会团体及组织通过"数字北京信息亭"这种综合媒体宣传企业形象、传播商业信息、扩大社会影响和提高知名度。

信息亭服务形式:
- 栏目冠名;
- 信息发布;
- 定制个性化服务;
- 配合企业宣传活动。

合作标准:
- 具有合法经营资格的企事业单位、中外合资企业、社会团体及组织;
- 合作内容遵纪守法、文明健康,有益于广大市民的利益。

栏目合作形式:
- 只选定某一个特定区域进行定制服务;
- 在放置地点进行唯一针对性定制服务;
- 采用共用栏目页的方式,在所有的信息亭上定制服务。

13.4.2 深圳 e 城便利站

e 城便利站的定位

对于消费者,e 城便利站是一种新的综合便民服务中心、落地式电子商务平台;它随手可及,人人会用,让电子商务真正进入寻常百姓生活,引领时尚潮流。

对于商家,加入 e 城便利站等于拥有遍布城市的无人销售连锁店、新型的销售通路整合系统。e 城便利站还是全方位、声像结合的新兴互动推广媒体、本地化的信息发布和传播中心。不用花费大笔经费建店面、招员工,加盟 e 城便利站便可拥有面对大众消费者的渠道,并可纳入企业的供应链中,它是企业实现低成本扩张的捷径。

对于政府,e城便利站可成为城市新型的便民公共服务设施,是政企联手为民办实事的举措,是普及信息服务、消除数字鸿沟、推动城市信息化建设的有力措施,同时也是政府信息化建设的平台。

e城便利站支持的交易支付手段为农业银行借记卡在线支付。

盈利模式

1. 平台加盟

该模式主要针对电信、证券等CP(内容提供商)。这些公司可以把业务放进来,卖标准化的产品和服务,进行信息交换。CP缴纳一定的费用就可加盟这个通路。CP加盟现已成为e城主要的收入来源。目前,e城已有52个加盟商家提供150多种服务。

2. 网点加盟

此模式为针对LP(网点提供商)推出的单位特许经营的方式,由e城(特许人)赋予合作商家以租赁或购买的方式加盟的权利。所有连锁加盟者按照e城制定的连锁公约加入。加盟者获取加盟的票务等代理费收入的分成,它与e城的关系以合同的形式加以确定。e城为合作商家的运营提供必要的支持和多方面的收益。

3. 交易代理

在便利站销售彩票、机票、门票等,获取代理费,但其中一部分让利给了LP。

4. 广告收入

e城本身就是一种媒体,具有良好的广告界面。另外,它还获得了深圳市37个电子信息屏的经营权。

5. 其他

e城还有一块非常重要的收入来源,即卖商业模式、提供技术支持,在外地推广e城便利站。

13.4.3 成都通

服务栏目设置

- 成都政务:帮助广大市民详细了解成都概况、党政机构、区县、办理事务的程序、政府公告及政策法规,同时提供详尽的便民电话。
- 股票彩票:介绍证券知识、引导证券投资、发布最新行情、推荐潜力个股、公布彩票开奖信息。
- 金融保险:介绍金融知识、引导消费理财、发布金融快讯、推荐金融产品。
- 在线购票:了解成都市各大影院的影片信息、放映场次的窗口,提供汽车站、火车站及飞机航班准确的时刻表,提供在线购买锦城艺术宫的演出门票服务。

- 休闲娱乐:为广大市民提供一个全面、准确、本土化的休闲娱乐信息查询平台,同时也为各休闲娱乐场所提供一个直接、现代、新颖、动态的信息发布、交流及沟通的新渠道。
- 成都美食:为广大市民及外地来蓉游客提供一个方便、权威、全面、准确的成都本土餐饮及食品行业的信息查询平台,同时也为遍布蓉城的各类餐馆提供一个形式新颖、动态直接的信息发布、交流及沟通的渠道。
- 游遍四川:提供远程购买景区门票、在线订房等旅游咨询服务。
- 电子地图:有基本的公交线路和换乘方案可供查询、选择,不但有行业地图,还有商家连锁网点在整个市区内的分布图,同时还有热点地图、典故地图这两个即将完善的趣味子栏目。
- IT通信:IT商家和消费者的一个交流的平台。
- 为您服务:提供生活公告、便民热线、为您服务、法律顾问、婚介婚庆、在线交友、二手货、宠物等信息。
- 买相因:提供成都商品市场最新讯息,展示成都商业布局。
- 房产家装:提供房产动态新闻、楼盘详情、装饰装修、购房须知等信息,可查询房源,特设三维看房功能。
- 汽车天地:提供有关汽车商家、厂家信息及二手车的买卖信息。
- 教育培训:为广大在校学生和家长以及想通过求学改变生存环境的媒体受众提供方便快捷的信息平台。
- 求职易:一个提供求职招聘信息的服务平台。
- 求医问药:提供医院、药房、药品、社保及其他健康保健的信息查询及医院、药品的智能检索功能。
- 人口计生:既是计生系统各单位发布新闻信息、政务公告和办事指南的新的传播媒介,同时又为广大计生用品、妇婴用品生产经营企业提供新的产品宣传和电子交易平台。
- 违章曝光:该栏目分为两部分,一部分按"违章事故类型"和"处罚分局"两种不同的途径提供违章车牌号码的查询服务;另一部分提供最新、最快、最翔实的成都市及其周边的交通咨询服务。
- 在线商城:"在线商城"旨在为市民提供一个街头式交易平台。相对于传统购物来讲,"在线商城"所提供的全新数字化购物模式无论在价格上还是空间上都占有很大的优势,也许市民只需要走出家门选择一个最近的成都亭点,几分钟便能轻松买到所需物品。

• 成都人游四川:该活动版块主要介绍四川省内著名景点的特色、相关线路的旅游细则以及提供相对便宜的出行价格。可以通过在成都通机器上在线刷卡报名,或者到成都通公司办理报名手续。

• 代费:点击成都通首页"代收费"按钮,进入"代收费系统缴费须知"页面,点击"确定"按钮,即可进入缴费项目选择页面。

成都通共 21 个服务栏目。交易时支持交通银行借记卡、招商银行一卡通在线支付。

业务开展

成都通通过六个部门来开展相关业务。

1. 大客户部

大客户部主要业务介绍见表 13-2。

表 13-2 业务开展表一:大客户部

主要业务类型	详细说明	备注
电子化代理销售	1. 电子卡类的销售	例如电话卡、游戏卡、认证卡等
	2. 门票类的销售	例如电影票、演出票、比赛票、景点门票、活动门票等
	3. 代金券类的销售	例如购物券、折扣券等
	4. 其他可电子化销售产品的销售	
电子化自助服务	1. 电子信息查询类服务	例如移动电话话费查询、社保账户查询、电子地图数据查询等
	2. 电子信息双向传输类服务	例如贷款申请、保险购买类服务等
	3. 代收代缴类服务	例如代缴电话费、电费等
	4. 其他电子化自助服务	
行业客户合作	1. 金融行业	例如银行、保险公司等
	2. 通信行业	例如电信运营商、增值服务提供商等
	3. IT 行业	例如行业软件平台开发商、数码影像服务提供商等
	4. 行业客户解决方案提供	

资料来源:根据 NTC 公司资料整理。

2. 广告部

广告部主要业务介绍见表 13-3。

表 13-3　业务开展表二:广告部

主要业务类型	详细说明	备注
亭身广告业务	1. 亭身广告、灯箱广告、圆弧广告及广告牌粘贴广告	成都通有人值守信息亭和无人值守信息亭的亭身广告、灯箱广告及圆弧广告、广告牌的粘贴广告
	2. 打印票据背面广告	成都通在线打印票据的背面广告
DM 单夹带广告业务	1. 夹带 DM 广告单	成都通有人值守信息亭销售各类报纸时的夹带 DM 广告单及《成都商报》零售渠道的夹带 DM 广告单
	2. 套袋广告	成都通有人值守信息亭销售报纸及其他产品的配送套袋的袋身广告

资料来源:根据 NTC 公司资料整理。

3. 业务部

业务部主要业务介绍见表 13-4。

表 13-4　业务开展表三:业务部

主要业务类型	详细说明	备注
信息发布	在成都通信息机上发布企业宣传介绍	简单的信息发布分为两类,A 类:文字简介及静态图片,每页限 300 个文字,只有一个页面。B 类:在 A 类的基础上可加入动画(Flash)、视频(MPEG-1)、声音(WAV)等文件格式,使信息更富有动感
冠名广告	成都通信息机上各个栏目可由企业冠名,以大广告位的形式对冠名企业进行宣传	广告位都可以设计成动画、视频、音频等形式,使广告更富有动感及更具视觉冲击力
栏目承包及栏目协办	可由各企事业单位对某个栏目进行承包或协办,栏目可提供各类现有功能	承办或协办的栏目可根据企业的需求进行栏目的设置及功能开发,使栏目能够尽可能地符合企业的宣传需要,达到宣传的最佳效果
屏保广告	在信息机无人点击的时候出现待机屏保广告,循环播放,以 5 秒为一个单位	广告可以设计成动画、视频、音频等形式,使广告更富有动感及更具视觉冲击力

(续表)

主要业务类型	详细说明	备注
首页按钮广告	可在成都通信息机首页上增开按钮,内容即可为一次性活动,也可作为企业的专门介绍,按月计算	在首页开设栏目为活动或企业宣传的最佳方式,栏目设置直观醒目,栏目可提供现有各类功能
网站广告	在成都通网站进行广告发布,可根据需要选择11种广告发布形式进行企业宣传	网站广告服务请参看成都通网站(www.chengdutong.com)广告服务

资料来源:根据 NTC 公司资料整理。

4．书报刊经营部

书报刊经营部主要业务介绍见表13-5。

表13-5　业务开展表四:书报刊经营部

主要业务类型	详细说明	备注
批零、配发	国内期刊、卡类的批零、配发	利用公司建立的300多个有人值守信息亭的销售终端,开展信息亭内所主营的国内期刊、卡类以及其他可经营商品的引进、配发及销售
有人值守信息亭租赁	有人值守信息亭租赁承包	将建设完成的新的有人值守信息亭面向五城区下岗工人进行公开招标租赁,由下岗工人承包租用,统一进行国内期刊、卡类的销售
信息亭建点	在指定地点进行信息亭的建设安装	主要由书报刊经营部及各业务部门办理,该业务主要指应一些要求安装建设信息亭的单位的要求,在与公司达成共识并签订建点协议后,直接在其指定地点安装信息亭,使信息机成为该单位为大众服务的又一便民设施

资料来源:根据 NTC 公司资料整理。

5．周刊编辑部

周刊编辑部的主要业务介绍见表13-6。

表13-6　业务开展表五:周刊编辑部

主要业务类型	详细说明	备注
报版广告	文字广告、提花广告、平面广告	在《成都通周刊》上进行文字广告、提花广告及平面广告的发布,每周五与《成都商报》同步发行10万份

资料来源:根据 NTC 公司资料整理。

6. 网站

网站的主要业务介绍见表13-7。

表13-7 业务开展表六:网站

主要业务类型	详细说明	备注
短信增值业务	成都通及网站短信点播、网站链接、定制业务	成都通网站开设"短信串串烧"短信专栏,设置中国移动用户、联通用户的短信点播及定制业务

资料来源:根据NTC公司资料整理。

13.4.4 上海付费通

付费通运营企业上海付费通信息服务有限公司是由上海市信息投资股份有限公司、上海市电信公司、银联商务有限公司、上海市自来水市北有限公司、上海亿通国际股份有限公司共同投资设立的。其主营业务是建立全市统一的账单信息处理平台,利用信息化技术和手段,为市民百姓提供更加便捷的电子缴费服务。

2003年5月30日上海付费通信息服务有限公司正式成立,该业务平台不仅被列为上海市2003年信息化重点投资建设项目,而且其提供的服务产品也被评为2004年上海市政府实事项目。其目标是以付费平台为基础,依托品牌实现业务扩展如票务代收费等;通过建立公共事业收费账单条码规范、联机代收业务流程规范以及核心业务平台的技术接口标准等三方面的规范和标准来控制整个行业,实现地域扩张。

2003年12月10日,付费通系统正式上线运营;2004年12月20日,首台付费通自助缴费终端落户步行街。

已开通查询、缴费业务(含预付费和充值)

- 移动电话:上海联通、上海移动;
- 固定电话:上海电信、上海铁通、上海网通;
- 自来水:市北公司、闵行公司、市南公司、松江公司、浦东威力雅;
- 煤气:大众燃气、市北燃气、浦东燃气;
- 电力:上海电力。

已开通付费业务的银行卡

- 浦发银行东方卡和存折;
- 上海银行申卡;

- 招商银行一卡通；
- 民生银行民生卡；
- 交通银行太平洋卡；
- 广发银行借记卡；
- 中国银行借记卡；
- 邮政绿卡和存折；
- 深圳发展银行发展卡和存折。

付费方式

- 付费通自助缴费终端:银行卡在线支付。
- 网上付费:付费通提供网上付费业务,在任何时候、任何地点只需登录各类加入了付费通系统的网站并按操作提示选择相应的出账机构、付费账期等匹配选项,即可轻松实现单张或者多张账单的缴付。可以实现网上付费的网站包括:付费通网站、各家银行的网上银行、各类出账机构的网站,以及经付费通授权的第三方网站。
- 委托代扣:委托代扣业务是将用户的银行账户与各类公用事业账单绑定,每月由银行代用户完成各类账单的缴费程序。

业务交易数据

从开通至2004年年底,通过"付费通"平台达成的交易数额已达1.8亿元人民币,交易笔数154万。

13.4.5 苏州城市信息亭

苏州市公共信息亭运营企业苏州市公共信息亭有限公司由苏州市信息化投资公司、苏州市邮政局、苏州工业园新海宜电信发展有限公司、苏州市城市信息化建设有限公司投资成立于2004年。信息亭于2005年3月28日正式启用。

已开设栏目

目前已开设21个栏目,这些栏目都是与百姓生活息息相关的,同时也具有较强的时效性,需要及时地传递到最终用户。

- 彩票园地:提供开奖特区、玩彩心得、买彩明星等彩票信息；
- 东吴证券(外挂业务):提供在线交易、专家在线、预约开户、短信中心、个股资料、经典数据、基金债券、B股外汇、研究员推荐、营业网点介绍等相关信息；
- 光大特区:提供银行简介、网点分布、银行动态、公司银行业务、私人银行业务、基金业务、新品推荐、电话网上银行、银行卡介绍、代缴费等相关信息；

- 理财经典：提供东吴证券、银行、保险、收藏、理财加油站、投资悟语、证券市场、基金、债券、外汇等相关信息；
- 求职招聘：提供人才市场、劳务职介、企业招聘、个人求职、专场招聘会、公务员专栏、职业培训等相关信息；
- 教育与培训：提供教育要闻、考试公告、培训中心、考试服务、家教、留学、姑苏院校录、公益教育等相关信息；
- 房产家装：提供楼市快讯、新房聚焦、二手房、出租房、家装博览、家居、家装课堂、房产助手等相关信息；
- 求医问药：提供名医名院、苏州药店、家庭小护士、疾病百科等相关信息；
- 人口与健康：提供苏州人口、政策法规、健康苑、生活保健、男人女人、办证指南等相关信息；
- IT通信：提供每周商情、品牌电脑、软件世界、数码广场、游戏专区、手机博览、培训资讯、维修百科、PC硬件等相关信息；
- 投资苏州：提供投资环境、企业名录、聚焦开发区、重点项目、投资指南、峰会展示等相关信息；
- 苏州政务：提供苏州概览、党政机构、政府公告、服务中心、苏州党建、政府采购、企业办事、市民办事、农民办事、公众监督、问计于民、视频苏州等相关信息，内容丰富；
- 旅行天下：提供姑苏风韵、苏州美食、旅游购物、在线旅行社、自助旅游、旅游服务站、住在苏州等相关信息；
- 苏州导购：提供商业区、旅游购物、商场纵横、家电数码城、大型超市、小商品市场、时尚小店、专卖店、打折优惠广场等相关信息；
- 食全食美：提供尝遍苏州、咖啡与茶、酒吧、饮食文化、苏州特色、快餐外卖、以食会友、热点推荐、惊喜优惠等相关信息；
- 文娱休闲：提供TV导视、看电影、排行榜、文化长廊、星Funing、乐翻天、酒吧、美容美发、康乐健身、KTV娱乐城、影剧院、足浴桑拿、画廊书店、美食（链接到美食）、宾馆（链接到旅游）、休闲度假（链接到旅游）等相关信息；
- 汽车：提供汽车导购、爱车修养护、交警便民窗、汽车金融、驾校陪驾、自助驾车游（共享电子地图）、加油站（共享电子地图）等相关信息；
- 新闻中心：提供热点聚焦、国际视角、国内动态、本地新闻等相关信息；
- 电子地图（外挂业务）：提供地理位置查询、地点介绍、道路指示、公交换乘建议（含打印）等相关信息；
- 为您服务：提供社保查询、交通查询、便民电话查询、便民服务、公安服务台、便民公告、婚庆婚介、驾校陪驾、消费投诉、法律咨询等相关信息；

- 天气预报:提供今明两天天气指数(日期、天气、温度、风力风向)、大气指数、防晒指数、穿衣指数、常识介绍等相关信息。

交易类业务

1. 缴费
- 市区水费:查询、缴费、凭条打印、发票打印;
- 电费:查询、缴费、凭条打印、发票打印;
- 市区煤气费:查询、缴费、凭条打印、发票打印;
- 移动话费:查询、缴费、充值、凭条打印、发票打印;
- 联通话费:查询、缴费、充值、凭条打印、发票打印;
- 电信固话(含小灵通)费:查询、缴费、充值、凭条打印、发票打印。

2. 证券
- 东吴证券(外挂业务):证券信息及交易。

3. 充值
- 苏州通卡:充值(集团卡、阳光卡)。

目前已开通八类交易,交易支付手段为光大阳光卡、苏州通卡在线支付。

二期工作即将开展的交易类业务为:
- 各区水费:查询、缴费、凭条打印、发票打印;
- 各区煤气费:查询、缴费、凭条打印、发票打印;
- 交通罚款:查询、缴费、凭条打印、发票打印;
- 电子订购与支付:例如买水(一个 B2C 小型电子商务系统);
- 代售汽车票;
- IP 电话;
……

其他业务

- 广告:亭身广告(共 3 面灯箱广告,人民币 1.5 万元/年/半个亭身;1 块 LED 屏做信息发布,面积约为 300 mm × 30 mm);
- 书报亭:外包,卖书报(人民币 8 000 元/年),承包人成为信息亭公司的信息员,指导客户操作,收集反馈有用信息;
- 电话亭:电信公司公用电话。

13.4.6 汇总综述

关于城市信息亭业务的综述见表 13-8。

表 13-8 城市信息亭业务开展表

项目	重点	评论
数字北京信息亭	• 信息类（电子政务及共众信息） • 广告类 • 收入主要靠广告和栏目合作 • 业务合作伙伴多	业务类型条块分割,简单地以搭积木的方式构成;业务合作伙伴多,但是收入来源比较单一;信息内容多,但是目标定位不够明确,加上后期服务不到位,信息更新不及时,信息服务的目的也没有真正实现
深圳e城便利站	• 销售平台 • 电子政务及共众信息 • 销售平台加盟为主要收入手段	以信息终端作为电子销售平台,拓展企业销售渠道,有了电子商务的意思,但是销售物品集中在电子产品,其他相应的配套措施不够健全,业务模式的核心定位造成其收入来源比较单一,该公司也一度陷入资金投入困境
成都通信息亭	• 信息亭、书报亭结合,另建网站参与运营 • 内容以信息为主（电子政务及共众信息） • 书报批发、零售和广告为主要收入手段	涉及面比较广泛,有运营的概念,希望能通过市场化运作,使项目进入良性循环,不足之处是缺了电子这一环,后期的发展规划也不够明确,似乎有点偏离城市信息化的初衷
上海付费通	• 公用事业缴费平台,业务涵盖上海所有共用事业缴费 • 交易佣金为主要收入手段	EBPP（电子账单呈递与缴费）是其目前唯一的业务定位,业务专一在一定条件下也是优势,但目前该模式的推广速度远低于预定计划
苏州信息亭	• 信息亭、书报亭、电话亭三亭合一 • 交易类（公用事业缴费）,信息类（电子政务）,书报、电话及广告综合开展 • 收入手段多样 • 业务合作伙伴多,共同开拓市场	业务经过总体规划,分步实施,在项目初期就明晰了政府、企业、运营商的职责,对需求的分析比较深刻,对合作伙伴的选择比较成功,目前运行良好,社会效益和经济效益都有所体现,未来发展有待进一步观察

资料来源:根据 NTC 公司资料整理。

13.5 城市信息亭运营

13.5.1 业务发展模式

城市信息亭是政府主导,运营商投入,城市人员使用,使城市的信息充分流通,促进城市信息化水平提升,并让政府的服务职能得到体现,城市居民生活的便利程度得到提高,运营商及相关企业得以获利的一种电子政务与电子商务结合的模式。城市信息亭的业务流程如图 13-1 所示。

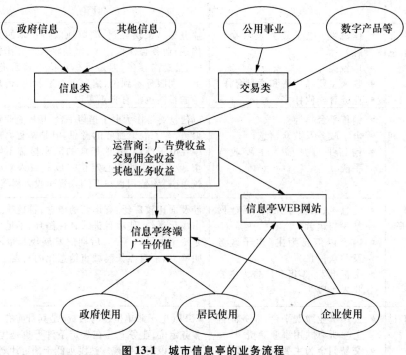

图 13-1 城市信息亭的业务流程

目前运营商的收益可分为如下几类：
(1) 广告类，包括信息亭亭身广告、LED 显示广告、信息亭动态广告；
(2) 交易类，如公用事业代缴费的手续费、代理业务的交易佣金；
(3) 其他收益，如邮政、报刊、牛奶等物流配送的收益；
(4) 信息类收益，如信息加工整理、信息互动的服务收益。
现阶段运营商的收益主要体现为广告费及交易费。

13.5.2 资源条件

政府主导的向服务型政府的转移，必须借助高科技手段来实现，信息亭是一个较好的载体。为了主导城市信息化的建设，一般情况下，政府愿意为信息亭项目提供城市的公共空间，同时允许信息亭的运营商承接户外广告。户外广告资源是非常重要的支撑。

政府也愿意牵头进行信息亭项目下的跨行业交流及行业的服务整合，比如公共事业、银行、电信、广电、电力、自来水等，以便为城市居民的生活创造便利条件，同时也为运营商的交易类收益提供基础。

有了政府的主导,在信息化背景下的社会居民也愿意尝试接受高科技、方便、快捷的便民服务。

既然有收入的支撑,那么企业必然会有投入的积极性。经过详尽的市场调查,目前已有多家运营商介入。

目前的技术条件已比早期有了较大的改善,完全可以实现信息亭的大部分需求。

13.5.3 系统建设

1. 中心机房的建设

主要提供信息亭核心软件及服务器的运行维护,服务器基本采用开放式小型机系统IBM/HP等,骨干网络为CISCO/华为等,总投资视接入的负载量、服务器台数及骨干网建设需求而定。经验值一般是1 000个自助服务终端的负载,中心机房建设应投资在1 000万元人民币左右。

2. 自助终端系统

自助终端系统相对比较成熟,平均3万元左右/台,但必须建立网络连接,为了广告收益,视城市规模而定一般应在1 000台以上,总投入4 000万元。

信息系统结构和软件结构分别见图13-2和图13-3。

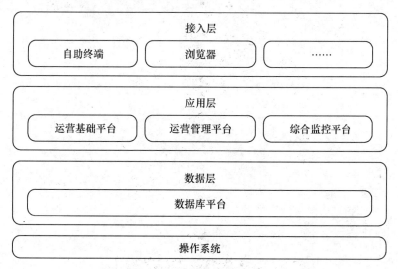

图13-2 信息系统结构

资料来源:根据NTC公司资料整理。

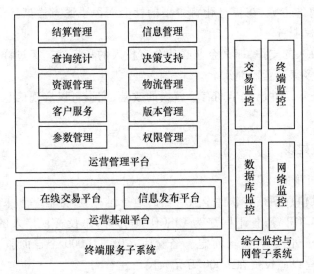

图 13-3　软件结构图

资料来源：根据 NTC 公司资料整理。

… 14

信息化与新农村建设:中国农村电子商务的考察

14.1 农村电子商务的意义

2004年下半年,笔者考察了硅谷的技术发展,参加了纽约的国际信息系统会议,然后到湖南农村实地调查。一年以后,研究组得出了令人惊讶的结论:和印度相比,中国的电子商务政策表现出明显的问题。在两个发展与竞争的关键——贫困地区和人口的发展问题方面,中国正在失去极为宝贵的机遇。

互联网没有城乡界线

从20世纪90年代开始,电子商务在国内如火如荼地发展着,但是一直以来,当我们谈到电子商务、互联网时,我们只会想到网络公司,想到金融业、制造业、商业,很少想到农业,农村的电子商务成了一个被遗忘的角落。据CNNIC 2005年7月发布的《中国互联网络发展状况统计报告》,中国上网用户总人数已达1.03亿人,但是在这1亿多网民中,从网民的行业分布来看,农、林、牧、渔业只占2.2%,从网民的职业分布来看,农、林、牧、渔工作人员仅占1.2%。这样可以粗略估计,农村的9亿人口中只有200万左右的上网者,普及率只达到

0.24%左右。我国的9亿农民人均年纯收入不到3 000元,实际的可支配收入在扣除(各种名目的费用)所得税和应交的基金等之后还要低很多,农村还有很多人处于贫困线以下。我们不禁要反问自己:我们正在为农村的这些贫困人群做着什么?为什么拥有现代的先进技术、管理知识和投资能力,我们仍不能为解决贫困问题做更多?

在很多行业,电子商务的效益已被证明,在农村、在农业中,我们可以同样看到电子商务带来的收益。目前制约农业和农村经济发展、影响农民增收的两大问题,一是信息,一是交易。农民每年要做的决策是生产什么,怎样生产。这些决策必须以市场为导向,市场信息是做出正确的调整决策的依据。农产品生产出来后卖给谁,到哪里卖,同样是困扰农民的问题,电子商务能够消除传统商务活动中信息传递与交流的时空障碍,不论是对农业产前信息的引导、产中信息的指导还是产后信息的发布,电子商务都有其用武之地。就这个角度而言,电子商务完全可以和农村、农业生产结合起来。电子商务和农业结合的例子我们可以在美国看到。美国共有210万个农场,它的绝大多数农产品是由其中38万个大农场生产的,目前已有60%左右的大农场主已经联网,他们通过网络采购农业生产资料,通过网络决定种植计划,改进生产管理等。

在国内一些形成特色产业的农业县市,电子商务也开始发挥日趋重要的作用。据《农民日报》记者调查,曾经是江苏贫困县的苏北沭阳县,花木种植面积有30万亩,居全省第一,2005年花木产值达30亿元。全县花农有三成的收入是通过网络销售获得的。记者在新河镇桐槐村一个张姓农民家里,就亲眼见证了他家网上销售苗木的场景。老张告诉记者,他家的苗木至少有一半以上是通过网上销售的,一年纯收入在60万元左右。目前,村里连一些小学没毕业的妇女都在学上网。当记者问起为什么要在网上销售苗木时,老张笑呵呵地说:"现在家家搞创业,户户忙挣钱,电脑这么先进,不学不用怎么跟人家竞争啊!"根据记者的调查,沭阳花农网上销售比例比较大,主要的原因还是市场利益的驱动,政府在这方面的作为还不很突出。

信息化和电子商务在中国农村严重"变形"

其实早在20世纪90年代中期国家就提出了"金农工程",目的是加速和推进农业及农村信息化,建立"农业综合管理和服务信息系统"。"金农工程"的实施和开展为我国农业电子商务的发展奠定了一定的基础,但成效并不显著。农村的文盲率还很高,农业科技化水平低,电脑拥有率更低,使得在农村推行电子商务受到种种局限。但是,更严重的问题是政府推行信息化的方式存在很大误区。

2004年10月,北大的研究小组在湖南平江县考察。该县是著名的"将军县",也是全国扶贫地区。在对一个相对偏远的村的考察中,我们发现整个村只有两台电脑,其中一台是为给村委会学习配置的,但是因为没人会用也怕损坏,该台电脑一直锁在办公室里,另一台电脑是管该电脑的人自己买的,主要功能是玩游戏、上网聊天和分析六合彩的趋势等。该村是农村现代远程教育试点地区,该计划主要由中组部牵头,对象以农村党员为主。虽然地方政府认为计算机和互联网是高科技,要推广到农村,但是实际上并没有达到预期效果。一些村委会专门派人管理电脑和电视设备,而且还有几位应届毕业大学生被作为志愿者派到乡里,每月补贴600元生活费,责任是帮助实现农村现代远程教育。但是他们反映下乡后基本无事可做,和预期的相差很远。各村配发的计算机主要用于基层党员教育、播放党课和科学种田的VCD。但是由于党员人数少,而且大家都没有积极性,因此一些乡发明了新方法:来听一天课给补贴6元钱,借以吸引党员来学习。与此相反,民间青年人对于电脑的接受程度逐渐加快。在另外一个村子,一位来自上海的张老师在当地开了"私塾",教室里面几台破旧电脑旁边从早到晚围着很多青少年。研究小组以北大学生名义赠送给当地村子一部电脑,让一位16岁的青年组织其他青年学习使用。当时这位青年立志要在当地办教育,开办连锁电脑学校,成为第二个"新东方"。但是一年以后,我们回访中了解到这个青年已经外出打工,那台电脑由张老师管理。张老师还是坚持在农村办民间教育,但是重点转变成办初级电脑学校,据说还是很受欢迎的。

事实证明,如果计算机和互联网仅被定义成宣传教育的工具,那么信息化发挥的作用将非常有限。一位老村支书介绍,该村有2 000人,其中40余名党员。党员呈现老龄化趋势,最年轻的28岁。虽然干部具有一定威信,但是很多家庭是四世同堂,家族和亲属关系更有权威。当地政府可能认为"计算机是农民富起来的标志",但与我们交谈的一些农民认为"信息是不需要的",也有些认为那部计算机是专门给党员使用的,群众不能用。更严重的问题是,农民感觉使用电脑是负担,觉得没有必要购买,因为当地经济仍然以自给自足为主,年轻人大都外出打工,而邻里之间依靠相互送礼互通有无。通过调查我们发现,大多数成年人和干部对信息化及学习新东西没有强烈兴趣。几年之中,设备贬值闲置,数亿元的投资被浪费了。而民间真正有意愿和需要接受教育的青少年,却苦于没有计算机和网络而得不到学习的机会。

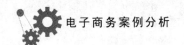

在苏北盐城市,2005年市、县委组织系统牵头,多方筹资1个多亿,在江苏率先、全国领先建成党员干部现代远程教育网络,全市2 216个村(居)实现了有线数字电视、电话、宽带"村村通",并开设了有线数字电视"七一"频道和"红色盐阜网"等现代远程教育辅助平台。2005年12月下旬,记者采访了其中三个县的做得比较好的三个村部,现场了解干部群众电脑应用情况。但是,三个村部的远程教育网络尽管设备很先进,都配备了电脑、电视、投影仪等,但有两台电脑无法开机,一台投影机不好用。电脑和网络真正在农村经济发展中发挥作用,还有待时日,至少干部要有个重视和学会使用、促民应用的过程。

为什么印度农村的信息化工作比中国扎实

一位印度裔学者在2004年美国信息系统年会上做了针对印度和中国的信息化问题的演讲,提出了很多前瞻性的观点。然而,在整个会场大厅里,环顾四周,1 000名听众中只有一位是来自中国内地的教授。令人反思的是,当国内最高学府的管理学教授们一心扑在如何发表让美国人欣赏的论文上时,美国的知名学者开始专心研究印度和中国贫困地区的发展问题。

这位学者就是核心竞争力理论的创始人之一C. K. 普拉哈拉德(C. K. Prahald)。他从1995年开始思考世界经济的金字塔底层(the Bottom of the Pyramid,BOP)的问题,描述了发生在世界各地的创新实践。普拉哈拉德认为,传统上,贫困群体被视为经济发展的负担或受害者,他们只能被动地接受赠与,无法主动地加入到财富创造的过程之中。结果是,这一庞大群体对社会的依赖性日益增强,投入其中的经济资源也无从发挥效率。他指出,绝大多数贫困人口居住在发展中国家,而按购买力平价计算,这些国家的GDP总计接近14万亿美元,超过了日本、德国、法国、英国和意大利诸国的总和,这绝不是一个可以忽略的市场。诚然,就购买力而言,每日收入低于2美元的人无法与发达国家的消费者相提并论,但是凭借其巨大的规模,贫穷人口却意味着重大的、必须被释放的潜在购买力。面对如此大的潜在的市场,完全可能将贫困问题转化为所有人的机会。商业建立在利益之上,只有以良好的商业原则和经济收益为基础,才能使企业保持热情和承担义务。因此大规模地引入商业观念,将可能成为解决方案的起点。

也许我们可以从同为发展中国家的印度的电子商务中找到一些灵感。普拉哈拉德在所收集的创新实践中提到了ITC电子会所和ICICI银行自助小组的例子。

ITC公司是英国烟草公司在印度的子公司。该公司从印度市场上采购大豆。传统上是农民将农产品带到市场上拍卖,由拍卖商汇总产品后再卖给ITC。由于中间人的存在,农民和ITC可能都会因为信息不对称而遭受一些不必要的损失。ITC公司采取了一些措施,公司在每一个村庄挑选一位协调人,给他一部可供村庄所有农民使用的个人电脑并对他进行培训,农民们因而能够检索附近集市的农产品价格,决定在何时、何地出售自己的农产品,而不用再依赖于当天集市上的拍卖商。我们可以看到,农村电子商务带来的不是单赢而是双赢。在传统集市中,从村庄到ITC工厂之间,大豆价格有7%—8%的差额,其中2.5%由农民承担,而ITC承担剩下的5%左右。现在,ITC的成本至少下降了2.5%。不仅如此,利用这台电脑农民们可以了解农业生产最重要的气候信息,可以查询市场信息,可以学习最佳的农业操作方法。四个月前,村庄里的农民甚至都不知道怎样摆弄鼠标,但是四个月后有人开始用电脑查看纽约期货交易市场的农产品价格,从而决定种什么。"即使他们把电脑拿走,我们也会再买一台。我们需要网络连接。"一个农民这样说。

在印度,每天生活费不足1美元的人数比整个美国的人口还要多。从社会角度看,这是一个人道主义问题。但是从商业角度,鉴于他们微薄的购买力和收入水平,这些人不被认为是一个有价值的消费群体。这些低收入人群实际存在着巨大的金融服务需求。据调查,印度贫穷人口有4亿多,但为其提供服务的正式金融机构所占比例仅为30%左右,有36%的低收入人群需要在非正式市场上贷款,其利率从每月3%至10%不等。如此庞大的人群是否也意味着一种机会呢?如何为这些人群服务?ICICI采取了一种创造性的方法:通过结成互助小组,直接向农村的穷人提供贷款。ICICI将来自同一村庄的20名左右的个人年收入低于贫困线的农民组成一个小组,每个小组选择一个领导人,负责征收储蓄、保存账目以及每月举行会议。小组形成以后,银行负责对小组成员进行银行业务的教育,并鼓励他们开始一项自己的储蓄计划,成为银行的顾客。经过一年的培训和对会议的定期监督后,再将平均每人1万卢比的贷款分发到小组,贷款按需要发放,而不是按小组成员现有储蓄比例发放。银行通过计算机管理每个小组的储蓄、借贷情况。这样,ICICI采用有效而低成本的方式,获得了大量客户,并向其提供金融服务。

印度在落后地区采用了很"土"的方法,但效果很好。比如作为国家发展顾问的普拉哈拉德帮助印度政府提出了"每个村子一台电脑"的口号并付诸行动。为了防止被侵占,在偏远地区的村口设立水泥亭子,里面放上可以上网的电脑,24小时向儿童开放。同时印度政府提供大量的扫盲课件,对当地各族成年文盲进行扫盲。这些举措都明确了要取得的效果和指标。一步一步地,农民开始自己购买计算机,开始使用电子商务平台搜索国际产品信息和交易信息。这种方式看似简单,但是和中国在农村实施信息化的很多方面是不同的(见表14-1)。

表14-1 中印农村信息化对比

	印度 某偏远村	中国 湖南某村
理念	信息人人可以获取,应该获取,人人可以受益 "每个村子都要有自己的计算机"	计算机和互联网是高科技,要推广到农村 "计算机是农民富起来的标志"
方法	在村口建立一个水泥信息亭,没有人可以挪用,儿童可以自由操作上网	村委会专门派人管理计算机,用于基层党员教育,怕儿童弄坏
内容	上网搜索商业信息,扫除文盲	播放党课和科学种田VCD
用途	信息终端,学习平台 农民(特别是儿童)自己操作使用	宣传终端 安排青年志愿者教学
主体	农民、儿童	干部、成人
效果	农民感觉离不开,要自己购买	农民感觉是负担,觉得没有必要购买
受益者	农民	硬件提供商

电子商务如何解决中国"三农"问题

通过对比印度和中国农村信息化的发展,我们发现了三个问题:

第一,电子商务应用于"三农"其实可以达到双赢。中国农村有9亿人口的庞大市场,给企业提供了巨大的商机,同时也将有可能通过这些机会改变农村状况,改善农民生活水平。电子商务提供了一种企业以低成本进入农村市场、农民以低成本进入外部市场的机会。解决问题的关键是创新性地寻找"三农"问题和电子商务的结合点,将贫困问题创新性地转化为所有人的机会。

第二,市场的拉动效果比政府的推动效果更强。互联网的特点是开放和广泛。互联网在全球经济中的迅速发展主要是由顾客和企业推动的,而不是由政府规划的。互联网与电视、广播和报纸等传统媒体的本质区别也在于此。在这种情况下,不能沿用原来为每个农村家庭装电话的思路来发展农村信息化和电子商务,要让农民,特别是农村青少年成为健康使用互联网的主力。

第三,重新认识农村信息化和电子商务问题是必要的。从管理角度讲,在现代社会获取信息是公民的基本权利,而不是特权。对于农村青少年,使用互联网使他们有可能不用外出就接触到全世界的信息和知识,有可能不用外出就参与国际经济。现在,互联网和计算机的成本已经降低到可以被普通家庭接受的程度,如果我们仍然认为这种机会是城市人口或者少数农村干部的事情,那我们就错误地理解了互联网和电子商务,也错误地理解了社会经济发展的规律。

根据我们的研究,对于发展农村信息化和电子商务提出如下建议:

第一,建立农村信息化和电子商务发展状况的评测体系。政府和高校联合,每年调查农村情况,从社会效益、经济效益、文化传播、使用状况、健康程度等方面全面把握和指导农村特别是贫困地区的信息化工作。

第二,发起城市支援农民健康使用互联网的活动。现在城市大量剩余的信息设备被当做垃圾处理,而贫困农村的青少年却花钱在县城的网吧上网。我们建议大学生发起活动,学生在毕业前将自己的旧电脑和企业淘汰下来的设备带到农村安装,赠送给农村家庭和学校并教会他们基本操作,同时带去学习软件和使用知识。

第三,鼓励以农村和农民为主体的电子商务模式的发展。对于以农村和农民为主体的服务企业和网站,适当给予鼓励和优惠条件。在北大等高校开设免费培训班,让贫困地区农村信息化的管理人员和基层的农民学习新的电子商务知识及管理技能,鼓励他们通过互联网致富,成为农村信息化发展的骨干。

农业问题和贫困问题是 21 世纪我们面临的异常复杂的问题,仅仅通过社会援助、政府补贴、青年志愿者帮助,效果极为有限。国际上的实践证明,信息化和电子商务对贫困地区的发展确实有很强的带动作用,但是中国农村现在还没有将这种作用发挥出来。其实农村信息化和电子商务不能单纯依靠政府的"推动",而是要依靠顾客和市场的"拉动"。政府在这个过程中,更多地应该扮演协调者和帮助者的角色,而不应该扮演组织者和设计者的角色,更不能将电子商务的应用变成寻求"政绩"的手段。政府要提出具有前瞻性的政策和方法,而不是直接通过商业手段插手市场,将信息化强推给农民。因此,通过信息化和电子商务解决"三农"问题要强调责任感和求真务实的精神,不能搞噱头,要从贫困农民的角度出发,而不是从企业和政府的角度出发,要能够看到真正的效果,只有这样,才能够避免走弯路。

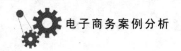

14.2 农村电子商务的相关政策

商务部关于实施"新农村商务信息服务体系建设工程"的通知[①]

商信发[2006]162号

各省、自治区、直辖市、计划单列市及新疆生产建设兵团商务主管部门、各有关高等院校:

为了贯彻《中共中央国务院关于推进社会主义新农村建设的若干意见》(中发[2006]1号)和2006年《政府工作报告》有关精神,积极开拓农村市场,改善农村消费环境,发掘农村消费潜力,使公共服务更多地覆盖农村和农民,商务部决定开展新农村商务信息服务体系建设(以下简称信福工程)。

一、宗旨和目标

信福工程以建设社会主义新农村为宗旨,为农民获取和发布商务信息服务,帮助农村逐步发展流通,帮助农民利用信息手段引福致富。信福工程以切实为农民带来实际效益和提高农民商务信息化能力为目标。

二、基本要求

(一)信福工程以农村基层商务信息化服务建设为重点,以公共服务方式向农民提供商务信息服务,不增加基层和农民负担,不向农民收费,不从事经营活动。

(二)试点阶段要精心组织,精心安排,选择那些既有一定设备安装基本条件又有经济发展迫切需要的乡村开展,试点布局要相对集中,以便组织实施和积累经验。

(三)信福工程是一项系统工程,需要各级政府和部门的协同配合,要形成齐抓共建、分工负责的有效机制,要明确任务,共同营造环境和创造条件,使农村商务信息服务建得起来,发挥作用,农民受益。

现将"新农村商务信息服务体系建设"工作方案(试行)印发给你们,请按照方案内容和要求于2006年5月10日前报送试点方案和表格。网上申报系统开通后,请按网上申报要求开展网上申报工作。

特此通知。

商务部
二〇〇六年三月二十八日

---

① 转自商务部公文。

新农村商务信息服务体系建设工作方案（试行）

为了贯彻《中共中央国务院关于推进社会主义新农村建设的若干意见》（中发[2006]1号）和第十届全国人大四次会议《政府工作报告》精神，积极开拓农村市场，改善农村消费环境，发掘农村消费潜力，商务部决定开展新农村商务信息服务体系建设（简称信福工程），大力开拓农村消费市场，加强农村流通体系和市场建设，使商务公共服务更大范围地覆盖农村，为农民增加消费提供信息服务和购销便利，全力支持新农村建设发展。

一、指导思想、发展目标和实施原则

（一）指导思想：以建设社会主义新农村为宗旨，全面推进新农村商务信息服务体系建设，提升农村信息化应用水平，为农民获取和发布信息服务，为政府采集信息服务，推动农村流通发展，拉动农村消费市场，帮助农民引福致富。

（二）发展目标：逐步建立覆盖全国农村的公共商务信息服务网络，将商务信息服务推广到农村基层，提供商品、市场商务信息，提供商务信息化能力培训，促进农村流通工作，推动农村经济发展。

（三）实施原则

1. 建立农村商务信息服务体系是一项系统工程，要以农村基层为重点，以农民受益为核心，以不增加基层和农民负担为前提，以点带面，总结经验，逐步开展。

2. 信福工程要充分考虑信息化推广特点，一是要扩大和规范信息源；二是要建立健全信息传播渠道；三是要培育提高信息化应用能力。总体思路是"扩大源头，建立渠道，提高能力，帮助受益"。

3. 要根据农村基层信息化实际情况，鼓励开展多种类型商务信息服务形式进行试点，降低试点进入门槛。

二、实施主体和运作机制

信福工程是一项公共服务工程，不向农民收费，不从事经营活动。采取"政府主导、分级负责、委托承办、绩效考核"的建设模式。

（一）政府主导：按照公共服务、公共财政的原则，制订实施方案、建设规划和项目资金的管理办法，会同有关部门共同开展工作。

（二）分级负责：商务部与试点省（区、市）采取联合共建的方式，商务部负责统筹规划，制订实施方案和实施细则，管理公共服务资金使用并检查监督，选择试点逐步推开。地方各级商务主管部门要高度重视、加强领导，有专人负责本地"信福工程"项目的选择上报、业务指导和组织实施,并向本级人民政府汇报工作,明确任务,分工负责,各级商务主管部门与县、乡镇政府共同做好实施工作。

（三）委托承办:地方各级商务主管部门根据不同情况,可选择了解当地情况有实力的单位或企业承办相关工作,按照权责明确的原则,与委托承办单位企业通过合同协议等方式,规范承办单位的工作内容和权利、义务,由承办单位做好日常运行服务。

（四）绩效考核:以实效为目标,建立绩效考评机制,讲求社会效益和经济效益相结合,提高农村信息化水平,为农民获取和发布市场信息、搞活流通、拉动消费服务,促进农村经济发展。

三、主要形式

信福工程的具体工作可推荐以下形式开展:

（一）建立农村商务信息服务站点

村级商务信息服务站的主要任务是:从新农村商务网、其他农业商务信息网等互联网上收集农副产品商务信息向农民提供,协助农民上网发布农副产品信息,为农民开展商务信息咨询服务。

1. 建立村级商务信息服务站。2006年起在全国选择1万个村(按每省约300个村计)进行建立农村商务信息服务站的试点工作。

2. 与"万村千乡市场工程"相结合,依托龙头企业建立村级商务信息服务站

2006年起结合"万村千乡市场工程",选择10个龙头企业,鼓励其在农村店附近的行政村延伸建设村级商务信息服务站。

3. 支持已有大学生担任村官的村建立商务信息服务站。2006年起在担任村官的大学生中选择3 000名,支持其建立本村商务信息服务站。

4. 发挥高等院校的作用对口支援建立农村商务信息服务站。2006年起商务部将会同教育部选择10所高等院校对口支援农村建立商务信息服务站,与省市商务主管部门开展信福工程相结合,开展商务信息服务。主要任务是:每所高校支援100个村建立商务信息服务站,并选派大学生到农村对口开展商务信息应用培训,每学期到农村对农民培训的时间不少于3天。

（二）完善体系建设的其他形式

1. 支持兼职乡镇商务信息助理。2006年起在全国2 000个商务信息服务站试点村的归属乡镇(按每个乡5—10个试点村计)中聘任1名乡镇干部作兼职商务信息助理。主要任务是:负责本乡镇商务信息服务的组织实施,开展本乡镇直接面向农户的各项农业信息综合服务。组织培训和收集农民对生产资料

和生活资料的需求信息,并利用网络媒体向农民发送生产、生活资料市场信息,组织本乡镇设立的村级商务信息服务站的工作。

2. 培训农户骨干基本商务信息应用能力。2006年起在全国10个省市20个县培训1万名农户骨干,并为培训合格人员颁发"农村商务信息员培训合格证书"。主要任务是:培训农户骨干使用互联网,提高其掌握和利用农产品市场供求信息开展经营的能力,更好地开展经营,带动其他农民致富。由市县一级具体组织农户骨干开展培训。

3. 建立信息资源体系,培育涉农网站的农产品专门数据库,为农民提供农村商务信息。2006年起在全国选择10个已有农村商务信息服务基础的涉农网站建立农产品专业数据库。主要任务是:扩大农村商务信息来源,增加服务方式,开辟面向"三农"的服务栏目,为农民提供更加便捷有效的信息查询和发布等服务。

4. 依托农副产品综合市场,开展公共信息服务。2006年起在全国选择60个县级以下的农副产品集散地进行试点。主要任务是:在大宗农副产品集散地,建立公共信息查询服务系统,通过信息发布栏、演示屏等形式,向广大农户提供实时农产品公共商情信息及综合信息服务。

开展上述形式试点的地点应相对集中,建立村级商务信息服务站、支持兼职乡镇商务信息助理、培训农户骨干和农副产品综合市场商务信息服务建设等形式应在同一个市(地)、县试点,以利于形成体系,发挥综合作用。

(三)除了以上推荐形式以外,各省(区、市)可以根据自己的情况提出新的试点形式,经商务部批准后实施

开展"信福工程"的地方各级商务主管部门应明确本部门商务信息化工作归口管理协调任务,确定相关工作机制。市(地)、县商务主管部门要设立专职或兼职商务信息服务协调员。

四、在商务部网站上创建"新农村商务网"专栏,创办"新农村商报",提供商务信息服务

在商务部网站的"中国市场指南"中开办"新农村商务网"专门栏目,针对农村市场提供"三农"需求的各项信息服务,并对农村商务信息化进行指导。创办"新农村商报",免费向农村发放,在乡村设立商务信息发布栏。

五、加强政策研究和建立农村商务信息标准与规范

与相关部委、高等院校、科研机构等联合开展新农村商务信息化建设专题研究。主要任务是:

(一)研究新农村商务信息服务体系规划方案。

(二)积极开展农村商务信息化政策研究。

（三）组织研究《农产品商务信息发布规范》，推动农副产品的商务信息规范化发布。

六、加强领导管理，制定试点标准，严格组织验收

（一）加强领导。各省（区、市）商务主管部门对"信福工程"要加强领导，建立工作机制，与试点市（地）、县政府明确任务、目标和责任，共同把"信福工程"落到实处。

（二）制定标准。制定各种试点类型的标准和验收办法，年终按照验收办法组织考核验收。

（三）资金支持。国家将对"信福工程"给予一定的资金支持，具体办法另行制定。

七、具体目标

信福工程采取试点推动、分期建设的建设模式。2006年至2007年上半年完成上述试点开展工作，2007年在总结经验基础上由点到面逐步铺开，试点项目数量在2006年的基础上争取翻一番，2008年将在2007年的基础上，将试点数目再扩大，逐步在全国范围内全面建设农村公共商务信息服务体系。

八、实施步骤

（一）2006年开展新农村商务信息服务体系建设试点。2006年上半年，以中部省（区、市）为主兼顾其他选择约15个省（区、市）开展试点。2006年下半年到2007年上半年在全国开展试点。各省（区、市）开展试点应相对集中，便于推动实施和加强管理。取得经验后，进一步扩大范围。

（二）商务部负责制订申报内容、程序，利用网上申报系统开展申报工作。

1. 商务部负责制订《"新农村商务信息服务体系建设"工作方案》，下发省级商务主管部门实施，并根据实施情况制订完善配套办法。

2. 地方各级商务主管部门负责组织试点申报工作，由各省商务主管部门汇总后，按照申报工作要求将相关材料报商务部。

3. 商务部接到各省（区、市）商务主管部门申报材料后，综合平衡下达试点任务通知。

4. 年终商务部根据《项目考核验收办法》（另行制订下发）组织验收。

15

政府服务流程的改进:海关电子服务

15.1 上海海关通关业务的实施

上海是全国最大的通关口岸之一。上海海关现在日处理进出口报关单1.2万份,征收关税总额占全国海关1/4强,进出口货物年递增约30%。上海海关全部通关业务均使用计算机作业。

上海海关在通关业务方面应用计算机管理,始于1985年,从刚开始时的单独业务环节处理程序发展成现在的能全面、系统地处理海关业务和采用EDI技术的现代化的大型数据处理系统,其发展过程大致已经历了三个阶段。

第一阶段:1985—1989年

该阶段是计算机应用的起步阶段,海关开始在单独的业务环节上(如征税、统计、查询等方面)使用计算机辅助作业,减轻了海关关员的劳动强度,提高了工作效率。

第二阶段:1990—1994年

该阶段上海海关全面使用了海关总署开发的H883报关自动化计算机管理系统,标志着上海海关彻底摆脱了手工作业的局面。计算机不仅作为一种辅助手段,而且发展成一种规范化的作业流程。计算机采集的海关业务数据通过全国海关的网络系统,汇总成国家的数据资源的一部分,为国家的宏观决策提供依据。

从信息化的角度来看,该阶段只能属于EDP(Electronic Data Processing,电子数据处理),是一种系统内部的电子数据处理系统。随着大量原始数据的采集和录入,逐步形成了信息化处理的瓶颈。期间国家不同的管理部门以及不同行业、企业等各自内部系统的 EDP 也得到了蓬勃发展,又产生了不同的 EDP 之间的数据交换需求。因此,海关总署开始组织研究和开发 EDI 系统。

第三阶段:1995—1999 年

海关总署将原来的 H883 系统升级为 H883/EDI 系统,并为上海海关装备了 EDI 平台使用的 AMTrix EDI 系统,使上海海关的计算机管理系统从 EDP 发展成了 EDI 系统。围绕海关业务,EDI 也在上海的外贸企业、进出口公司以及报关企业中得到应用。

作为海关 EDI 通关系统的一部分,1994 年年底上海海关开始应用"海关空运快递 EDI 系统",年均处理 200 万批国际快递物品,并全面实现无纸化作业。世界海关组织(WCO)和国际快递协会(IECC)曾联合在上海虹桥国际机场海关开现场会,向全世界推荐该 EDI 系统。

海关 EDI 通关系统荣获国家科技进步三等奖。在技术上,EDI 通关系统采用 EDIFACT 标准,其中对 EDIFACT 的报文类型 CUSEXP 的应用,还成为全球首例,使中国海关在 EDI 方面进入世界先进行列。现在上海海关的 H883/EDI 通关系统已经与 300 多家报关企业的 500 多台电脑实现联网。其 EDI 平台的 AMTrix 系统每天处理约 6 000 份进出口报关单,每天处理的各类报文多达 4.3 万余份。

上海海关的 EDI 通关系统已成为上海口岸通关环节的重要组成部分。如果说海关内部的 EDP 极大地解放了生产力,提高了海关内部的工作效率的话,那么海关的 EDI 通关系统则更多地为报关等有关企业带来了实惠,真正实现了足不出户完成通关的目标。

在新的世纪里,上海海关通关业务的信息化进程又将迈出新的步伐,相信在未来的五年里,上海海关在海关总署的统一领导和具体指导下,其计算机管理系统会向更高的目标迈进,在通过互联网报关、无纸化作业、开放式的体系结构等多方面取得新的进展。

15.2 新加坡国际贸易 EDI 系统

在国际贸易电子化的众多成功案例中,新加坡的国际贸易 EDI 系统是最具有代表性的。

新加坡国际贸易 EDI 系统的开发和运行是新加坡政府的一项全国性工程,其主要目的是要达到贸易过程的高效率。当时在新加坡贸发局的组织下,新加坡电脑局、海关等处理贸易文件的政府机构、贸易商会、货运商会等代表成立了一个领导委员会来规划整个系统。这个系统命名为贸易网络(TRADE NET)。委员会对政府机构对贸易文件的处理和海运、空运等要求进行了全面分析,并提出了一份综合性的贸易网络系统的设计蓝图。1989年这个网络开始了试运行,由50家公司上网试点,很快扩展到了大部分公司。1992年已经有90%的进出口批准证书的申请通过该网络进行。到1996年,在新加坡全国已经有14 000多家公司使用该系统,并且有99%的进出口批准证书的申请通过该网络进行。而1%不使用该系统的进出口贸易主要是一些需单独处理的特殊控制商品,如武器等。

这个EDI网络的最大特点便是贸易企业可以通过简化和易用的电子方式向政府机构包括贸易发展局、海关、商检等呈交进出口报文。一旦报文被批准,批准证书便迅速地以电子方式发回贸易企业。该批准证书由贸发局和海关联合设计,它包括了贸发局和海关两个部门需要审批的内容。因此,当贸易企业取得批准证书时,也意味着所有的审批手续,包括关税、处理费用和所有的报关要求都已缴纳和合格,可以凭批准证书马上清关出货或提货。为了提高工作效率,有关处理报文的电脑系统全部联网,采用简化的流程、统一的进出口企业编码、划一的电子数据通信界面和交换标准,使得报文在呈报之后能够在没有人为干涉的情况下在网络中自动处理。通过TRADE NET网络处理,一份报文由呈报到获得批准的时间由3—4天缩短到几十分钟。

关税和消费税是新加坡的财政收入之一。为了在EDI报关方式下确保税收,新加坡实行银行担保制度。担保金额每年由银行根据贸易企业上一年的实绩确定。通常,银行担保有效期为一年,年终即失效。额度可以周转使用,在一次报关完毕后,额度可以恢复。这样就把企业信用变成了银行信用。在货物进关或出关后,需要扣税的,海关可以通过与银行联网的电子划账系统直接到担保银行的贸易企业账户中进行结算。

随着TRADE NET的成功运行,新加坡又进一步将EDI应用推广到其他与贸易相关的行业,实现了与港口网络(PORT NET)的联网,使得TRADE NET的用户可以通过TRADE NET直接进行电子订舱、预订港口设施等。

新加坡政府在为贸易企业提供电子单据传递服务的同时,还在网上建立了一套较完整的贸易电子数据库服务系统。它包括提供商业信息的商业网络(BIZ NET)和提供法律帮助的法律网络(LAW NET)。两者都为用户提供大量的信息,帮助用户发现商业机会和在商业决策时当机立断。

据新加坡有关方面的估计,在使用了TRADE NET系统以后,新加坡贸易企业总体的生产力提高了30%,成本也相对降低了50%。随着政府对企业的EDI应用的扩展,贸易企业可以通过该网络进行电子订舱、电子划账和与国际EDI网络连接进行国际订单及相应商业单据的传递。这一切都提高了新加坡贸易企业、运输企业以及贸易和运输代理企业的国际竞争力。TRADE NET 自运行以来,已经为新加坡政府和商业企业节省了数十亿新元的庞大费用。

15.3 EDI 应用案例——出口贸易无纸化操作

传统的外贸操作模式由于工作量大、操作烦琐、单据飞扬、效率低下,因此,正受到 EDI 的无情冲击。在 EDI 的方式下可以把外贸业务中烦琐的操作、繁多的单据传递在计算机通信网络上进行,使单据处理和传递工作变得既轻松又简便,既安全又高效,这正是现代外贸工作方式的发展方向——趋于无纸化亦即无纸贸易。所谓无纸贸易是指将贸易领域中传统的人工传递业务单据的方式用现代电子化的方式加以替代,从而在贸易领域的整个信息流通中,摈弃纸质单据代之以电子单据。

出口贸易业务操作流程包括申领出口许可证和出口货物原产地证书;办理出口商品的报验、报关和运输业务;进行货款结算、收汇核销和出口退税等。以下就涉及海关、外汇管理局、银行和出口企业的出口收汇核销等业务流程,介绍其背景和以无纸贸易方式进行的出口收汇核销操作。

我国政府部门为了避免因未及时跟踪收汇导致外汇流失或利息损失,专门制定了出口收汇核销管理办法。根据该管理办法,经对外经济贸易部及其授权单位批准有对外贸易经营权的企业和外商投资企业,在货物出口后必须接受外汇管理局的监督,并及时主动向外汇管理局办理出口收汇核销手续。

出口收汇核销手续的办理涉及出口企业、出口地海关、外汇管理局和收汇银行等单位,具体手续的办理程序如图 15-1 所示。

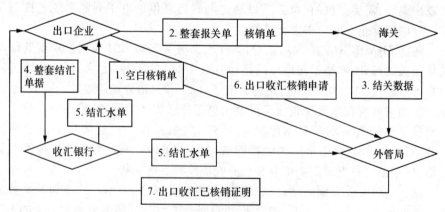

图 15-1 出口收汇核销业务流程

出口企业从外汇管理局领取已编号的空白核销单。

出口企业在货物出口前,将注明报关单编号的核销单连同整套出口报关单交海关,办理出口报关手续。

货物出运以后海关将出口货物的实际情况——结关数据——发送给外汇管理局。

出口企业凭整套结汇单据通过收汇银行向进口商或进口地银行收取货款。

收汇银行收到进口商或进口地银行的付款后,向出口企业和外汇管理局发送结汇水单,通知收汇情况。

出口企业在收到货款后,向外汇管理局办理出口收汇核销申请。

外汇管理局根据出口企业的核销申请,凭银行的结汇水单对海关的出口货物进行收汇核销,核对无误后向出口企业发送出口收汇已核销注明。

出口收汇核销所涉及的业务单据详见表 15-1。

表 15-1 出口收汇核销所涉及的业务单据

单据名称	发送方→接收方
结关单据	海关→出口商;财务处;外管局;国税局
结汇水单	出口地银行→出口商;外管局
出口收汇核销申请单	出口商→外管局
出口收汇核销单	外管局→出口商;财务处;国税局

以上各份单据的操作流程见图 15-2。

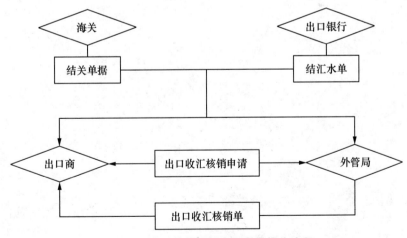

图 15-2 出口收汇核销无纸贸易操作流程

教师反馈及教辅申请表

　　北京大学出版社以"教材优先、学术为本、创建一流"为目标,主要为广大高等院校师生服务。为更有针对性地为广大教师服务,提升教学质量,在您确认将本书作为指定教材后,请您填好以下表格并经系主任签字盖章后寄回,我们将免费向您提供相应教辅资料。

书号/书名/作者	
您的姓名	
校/院/系	
您所讲授的课程名称	
每学期学生人数	＿＿＿＿人　　　＿＿＿年级　　学时
您准备何时用此书授课	
您的联系地址	
邮政编码	联系电话（必填）
E-mail（必填）	
您对本书的建议：	系主任签字 盖章

我们的联系方式：

北京大学出版社经济与管理图书事业部

北京市海淀区成府路 205 号,100871

联 系 人： 徐　冰

电　　话： 010-62767312 / 62752926

传　　真： 010-62556201

电子邮件： xubingjn@yahoo.com.cn　em@pup.cn

网　　址： http://www.pup.cn